漢書藝文志與
書目文獻論集

曾聖益　著

文 史 哲 學 集 成
文史哲出版社印行

國家圖書館出版品預行編目資料

漢書藝文志與書目文獻論集 / 曾聖益著. --
初版 -- 臺北市：文史哲，民 102.07
頁；公分（文史哲學集成；643）
參考書目：頁
ISBN 978-986-314-132-7（平裝）

1.藝文志　2.漢代　3.目錄學　4.文集

013.22107　　　　　　　　102015086

文史哲學集成　643

漢書藝文志與書目文獻論集

著　　　者：曾　　　聖　　　益
出 版 者：文　史　哲　出　版　社
　　　　　http://www.lapen.com.tw
　　　　　e-mail：lapen@ms74.hinet.net
登記證字號：行政院新聞局版臺業字五三三七號
發 行 人：彭　　　正　　　雄
發 行 所：文　史　哲　出　版　社
印 刷 者：文　史　哲　出　版　社
臺北市羅斯福路一段七十二巷四號
郵政劃撥帳號：一六一八○一七五
電話886-2-23511028 · 傳真886-2-23965656

實價新臺幣七○○元

中華民國一○二年（2013）七月初版

摘　　要

　　本書收錄作者近年來研究文獻學的相關論文十二篇，論述的重心在於《漢書・藝文志》與清代文獻學，清代文獻學包含《四庫全書總目》與清人的輯佚工作。

　　《漢書・藝文志》是現存最早的書目，因其著錄之書目及分類大致依循《七略》，故自鄭樵以下學者多逕稱班固裁取《七略》以成《漢書・藝文志》。本書考察劉向、劉歆的校讎工作，《別錄》、《七略》二書的編成撰過程，及班固《漢書・藝文志》對劉歆《七略》之依循與修正，據以論述劉氏父子及班固將其學術觀念付諸目錄書的意義，與班固將其書目載爲史志對學術發展之影響。收錄的論文包含：〈《漢書・藝文志》成書淵源論疑〉、〈《漢書・藝文志》著錄義例考辨〉、〈論《漢書・藝文志》未立史類之緣由〉、〈《漢書・藝文志》述論之西漢學術〉、〈「數術」與「術數」之名義辨析〉、〈劉向的校讎工作對經學儒學的影響〉六篇。

　　考據學是清代學術的代表，清儒因考證之故，重視文獻的蒐集與考辨，《四庫全書》的編纂與古佚書的輯存工作，既與考據學關係密切，亦是清代重要的文獻成就，對後世學術文化影響深遠。本書收錄作者相關論述五篇，包含〈《四庫全書總目》著錄《十三經注疏》提要疏議〉、〈《四庫全書

總目・詩文評類》論中國詩文評著之特性〉、〈乾嘉時期之輯佚書與輯佚學〉、〈鄭玄《六藝論》輯本十種合斠〉、〈《續修四庫全書總目提要》易類述論〉。

綜合《四庫全書總目》相關論述各篇,可以清楚得見《四庫全書》館臣的學術主張,及其對傳統學術的態度,而此態度影響清代三百年的學術風氣;蓋乾嘉考據學風主要因於不滿意傳統經籍注疏的解釋而建立,輯佚工作本是因考證需要而產生。

本書藉由論述清儒的輯佚工作,以探討其整理文獻的方式與過程,並藉考察《四庫全書總目》對《十三經》注疏的評價與〈詩文評類〉的收錄原則,闡述清儒寓教化經世思想於典籍整理的學術主張。

關鍵字:班固 漢書藝文志 文獻學 目錄學 斠讎 四庫全書 輯佚 藝術

A Research on "Han Shu Yi Wen Zhi" and Blibliographic Literature

Abstract

This book contains twelve philology-related papers recently studied by the author, and focuses on "Han Shu・Yi Wen Zhi" (《漢書・藝文志》) and the philology of the Qing Dynasty, including "Si Ku Quan Shu Zong Mu" (《四庫全書總目》) and the Qing people's efforts in collecting lost records.

"Han Shu・Yi Wen Zhi" (《漢書・藝文志》) is the earliest book of bibliography available. Because the contents of "Han Shu・Yi Wen Zhi" (《漢書・藝文志》) is roughly classified according to "Qi Lue" (《七略》), most scholars after the age of "Zheng Qiao" (鄭樵) acknowledged "Han Shu・Yi Wen Zhi" (《漢書・藝文志》) which is written by "Ban Gu" (班固) as the extract of "Qi Lue" (《七略》). This book studies the proofreading work of "Liu Xiang" (劉向) and "Liu Xin" (劉歆), how "Bie Lu" (《別錄》) and "Qi Lue" (《七略》) were written, and how "Ban Gu" (班固) revised "Han Shu・Yi Wen Zhi" (《漢書・藝文志》)

according to "Liu Xin（劉歆）'s" "Qi Lue"（《七略》）. Based on the study above, this book elaborates on the value of the Liu father and son putting their academic concepts into a book of blibliography, and the influence of "Ban Gu"（班固）recording their book of blibliography in history. The six papers collected in this book are: "The Background of How Han Shu・Yi Wen Zhi was Written"（〈《漢書・藝文志》成書淵源論疑〉）, "The Study on the Editing of Han Shu・Yi Wen Zhi"（〈《漢書・藝文志》著錄義例考辨〉）, "On Why Han Shu・Yi Wen Zhi was not Classified into the History Book Category"（〈論《漢書・藝文志》未立史類之緣由〉）, "The Xi Han Academic Achievements Elaborated in Han Shu・Yi Wen Zhi"（〈《漢書・藝文志》述論之西漢學術〉）, "Discrimination of 'Calculation Mathemetics Technology' And 'Metaphysics'"（〈「數術」與「術數」之名義辨析〉）, and "The Influence of Liu Xiang's Proofreading Work on Classical Study And Confucanism."（〈劉向的校讎工作對經學儒學的影響〉）

　　Textual criticism is the mainstream of the Qing Dynasty. Because the Qing scholars paid much attention to the collection and discrimination of literature, the compilation of "Si Ku Quan Shu"（《四庫全書》）and the recovery of lost ancient books are not only closely related to textual criticism, but also the main achievements of the Qing academic records, leaving far-reaching impact on the academic culture thereafter. This book collects five related papers by the author: "The Key Points of 'Shi San Jing

Zhu Shu' Collected in 'Si Ku Quan Shu'" (〈《四庫全書總目》著錄《十三經注疏》提要疏議〉), "The Features of Criticism of Chinese Poetry in 'Si Ku Quan Shu・Shi Wen Ping Lei'" (〈《四庫全書總目・詩文評類》論中國詩文評著之特性〉), "Lost Literature And its Study during the Qian-Jia Period" (〈乾嘉時期之輯佚書與輯佚學〉), "Ten Proofreading of the Collection of 'Liu Yi Jing' by Zheng Xuan" (〈鄭玄《六藝論》輯本十種合斠〉), and "Alternative Elaboration on 'Xu Xiu Si Ku Quan Shu Zong Mu Ti Yao" (〈《續修四庫全書總目提要》易類述論〉).

Taking into account all the related elaborations in "Si Ku Quan Shu Zong Mu" (《四庫全書總目》), we can clearly see the academic viewpoints of the editors of "Si Ku Quan Shu" (《四庫全書》), and their attitudes towards traditional academy. And these attitudes influenced the Qing academy during the dynasty's three-century reign. Because textual criticism of Qian-Jia period comes from dissatisfaction with the criticism of ancient classics, the recovered edition of the classics arose, in turn.

By looking into the criticism by "Si Ku Quan Shu Zong Mu" (《四庫全書總目》) on the comments on "Shi San Jing" (《十三經》), and the collection rules of 'Si Ku Quan Shu・Shi Wen Ping Lei' (〈四庫全書・詩文評類〉), this book elaborates on the Qing scholars' academic viewpoints that education lies in the rearrangement of ancient literature. Meanwhile, through the Qing scholars' recovery work, this book also deals with the process and approach that they adopted in rearranging literature.

Key Words

Ban Gu, Han Shu Yi Wen Zhi, Textual Criticism, Blibliography, Proofreading, Si Ku Quan Shu, Recovery, Arts

趙　序

　　凡是研究文史相關學術的人，一定都有一個共同的經驗，就是必須搜集大量的圖書資料，或購置，或贈送，或影印，即使不到汗牛充棟的境界，至少也得「四顧無非書也」。這是因爲文史研究離不開書本，一個人沒有書，也許還是可以從事「創作」，但絕對談不上「研究」。雖然現代社會裡，公立圖書館林立，個人沒有必要再貯藏大量圖書，佔用有限的居住空間。再者透過網際網路查詢資料庫、下載電子書也都非常方便，書本似乎已經逐漸失去其重要性了。然而「電子書」也還是「書」，其本質與代代相傳的紙質圖書，是沒有什麼區別的，也就是說：研究文史學術，終究是離不開「書」這個基本條件。而廣義的書，就是文獻；研究、處理文獻本身相關問題的學問，就是文獻學。

　　文獻學在古代又稱爲斠（案：「斠」通作「校」，先師王叔岷先生指出：校字之本義爲「木囚」，與校正書籍之義無涉，應用本義爲「平斗斛量也」的斠字）讎學，這是由於從事整理文獻，最主要的目的是要得到一個文字最正確、內容最可靠的本子，以做爲進一步研讀的基礎，而達到這個目的必須經過斠讎的過程，漢代劉向稱之爲「讎校」。程千帆教授曾在〈校讎廣義敍錄〉一文中，詳細討論了「校讎」一

詞的涵義，結論認為：校讎學應該包括校勘、目錄、版本、典藏四個部分。除了辨偽、輯佚之外，程教授的觀點實際也已包含了文獻學最主要的幾個領域，足以說明「校讎學」與「文獻學」是異名同實的。然而在現代語境當中，「校讎學」或「斠讎學」，都遠不如「文獻學」來得明確易懂，本文也因此仍然採用文獻學一詞。

　　文獻學是一門非常古老的學科，與其相關的歷史記載，東周初年已經出現。孔子的八世祖正考父，在宋國擔任上卿，曾經到周朝太師之處，校理〈商頌〉，凡十二篇。正考父的工作，應當已涉及文獻學中的版本、校勘，可惜歷史記錄並未詳言。孔子本人也是非常注重文獻的，為了教學與研究的需要，曾整理過六經，並且曾為了不能深入研究商代的禮制，而發出「文獻不足徵也」的感嘆。也因此有人主張孔子就是歷史上最早的文獻學家。重視文獻的收集、考證，是孔門治學的傳統，例如「四科」之一「文學科」的第二名─子夏，也曾留下因訂正「晉師三豕涉河」之誤而形成「魯魚亥豕」成語來源之一的美談。可知當時的「文學」不但是廣義的，而且也包含文獻學在內。從春秋、戰國以後，文獻的發展愈來愈豐富而多元，文獻學家也人才輩出，到了漢代，以劉向、劉歆父子為代表，文獻學已然逐漸成型，並成為學術發展中非常重要的一部分了。

　　本書是曾聖益教授有關《漢書・藝文志》及書目文獻學研究的論文集。曾教授是一位甚具潛力的學者，先後受業於喬衍琯先生、吳哲夫先生、葉國良先生等名師門下，在臺大就讀研究所博士班期間，其傑出表現就已廣受師長們的肯

定。畢業後多年來一直以經學、文獻學及學術史相關研究爲
主要範圍，發表成果也頗爲豐碩，本書即是其最新力作。

　　除附錄外，本書收入了 12 篇論文，從研究主題來看，包
括了目錄學研究 8 篇、輯佚學研究 1 篇、四庫學研究 3 篇，
可說是涵蓋了文獻學的主要範疇。由於曾教授目錄學根柢深
厚，往往能從目錄學出發，探討學術史問題，而言人所未言。
例如〈「數術」與「術數」之名義辨析〉一文，發現漢代「數
術」與「術數」二詞並存，同時使用，然其指涉不同，學者
往往混淆，甚至視爲是同義詞。曾教授據《漢書》本文及先
秦典籍之記載，比較考辨，指出《七略》之「術數」應屬誤
用，作「數術」爲是。又如〈古代藝術觀念與唐宋書目藝術
類的內容〉一文，從歷代書目的記載來看，宋代以前「藝術」
一詞是廣義的，方技、數術均包含在內，與後來專指書畫舞
樂不同，而與小學密切相關的書法，也在宋代以後由經部移
入子部，反映書法已從認字爲基礎的經學附庸發展成以技藝
爲主的藝術表現形式。再如〈論《漢書・藝文志》未立史類
之緣由〉一文，訂正學界習以爲常，認爲《漢書・藝文志》
是繼承《七略》而來，《七略》未立史部，是因爲當時史書
太少，不能單立一類的說法，而是劉歆、班固當時尙無「史
學」觀念，故對於史籍著述，考其著作形式，則或同於《尙
書》、《春秋》、《左傳》；考其著作目的，則或同於諸子，
雜亂而無所歸。再者由於司馬遷、班固志在承續《春秋》，
故以《史記》屬春秋類，其他近於《史記》者，亦以相同方
式安排。凡此，都是將文獻學上習見的定論，加以翻案或提
出新解，充分發揚「辨章學術，考鏡源流」的精神。其他各

篇也多有創見，極具參考價值。

　　筆者忝爲曾教授博士班的學長，又是文獻學的同行，承曾教授力邀，爲他的這本新書寫序，於情於理，均不容推辭。惟因近來公私瑣事紛冗，難以沈定心境，精心撰構。只能略爲談談我對文獻學及閱讀本書的想法，不足爲本書生色，謹就教於曾教授，也盼望讀者諸君指正。是爲序。

趙飛鵬

中華民國 102 年 9 月 19 日，於臺灣大學中文系

序　言

　　接觸「目錄學」，從我進入政大中文研究所碩士班就讀開始。碩一時，選修喬衍琯老師的「目錄學」，課堂上只有王書輝和我二人。第一次上課，老師問我為何選修這門課，我瞠目不知所對，勉強說：「想從這裡學到撰寫論文的基本材料。」喬老師笑答：「這只要看看工具書手冊和論文索引就可以了，不用來選目錄學。」當然，當時的我是不太相信的。經過一學期的學習，我知道「即類求書，因書究學」固然是研讀「目錄學」的目的，但「辨章學術，考鏡源流」才是這門學問的內涵所在，也是歷代目錄學家極欲闡發的宗旨。

　　喬老師上課以《四庫全書總目》的四十八篇類序為教材，老師先講授「史部」和「集部」，而後由王書輝和我輪流嘗試講解「經部」和「子部」。剛開始講解時，我每次得用一、二天去準備一篇數百字的類敘，從文字逐字解讀開始，到類敘標舉的門類主旨，涉及的代表學者及闡述的學術流變。但上課仍常常不知所云，時而失之簡略粗淺，時而流於駁雜無根，但老師總在我講完之後悉心補充，並指引閱讀相關的書籍。一學期下來，我詳讀了《漢書藝文志》、《隋書經籍志》及以下的各種書目，並研讀各部正史的〈儒林傳〉、〈文苑傳〉、〈道學傳〉及書目中著錄其著作的學者傳記，《漢志》、

《隋志》的大小序及《四庫全書總目》的類序也幾乎成誦。
清人金榜有云「不讀《漢書藝文志》，不可讀天下書」，我
略知學問門徑，即從選讀喬老師這門「目錄學」開始，而讓
我企圖深入去探討學術流變的，即是《四庫全書總目》的四
十八篇類敘。其後並以《四庫總目經部類敘疏證及相關問題
之研究》爲題，在吳哲夫老師的指導下完成碩士論文。

　　跟著喬老師和吳老師讀書作學問是件極辛苦的事。喬老
師注重原始資料的收集考辨，在分析比較之後，才能有結論，
大有「未讀天下書，不可妄下雌黃」之意。吳老師則注重對
文獻的體會、解讀及闡釋，要能提出自己的見解，發表自己
的看法。因此，在研讀及撰述各篇論文的過程中，我一方面
要求自己能不錯過相關的資料，一方面嘗試提出自己的觀
點，但常常我自認爲是創見的，在稍後看到的前人論著中，
已有闡述，挫折之感不免油然而生，但研習既久，亦不無若
干心得。

　　很幸運地，在剛進入學術研究之門的碩士班期間，能跟
著喬老師與吳老師學習，老師不厭其煩地指正我論述的不足
和缺失之處，也不時給我肯定和鼓勵，這些教導不僅爲我奠
立書目文獻的基礎知識，開展我的典籍視野，啓發我研讀傳
統文化和學術思想的渴望。同時也訓練我讀書的耐性和積極
訪求佐證材料的習慣，成爲支持我從事文獻整理和學術研究
的力量。

　　碩士班畢業後，我於民國八十五年進入臺大中文研究所
博士班就讀，先後跟隨王叔岷老師修習「斠讎學」，跟隨葉
國良老師研讀「石刻學」，從斠勘考證中體會典籍蘊含的文

化內涵，及文獻工作的精微細膩之道。葉老師藉由漢魏碑誌
的考訂及歐陽修《集古錄》的證補工作，指導同學研習禮儀
器物及典章制度。此不僅讓我將文獻知識應用於考證斠讎工
作，同時學習嚴謹細密的文獻分析與判斷原則；亦使文獻學
跳脫單純的書目簿錄及版本文字的斠勘工作，而與傳統的禮
制習俗結合，並以典章制度及禮儀習俗作爲典籍斠讎及闡釋
的依據。在斠讎同時，學習藉由禮儀節次與典章制度建構歷
史現場及文化情境，以考察古代學者的社會活動及生活方
式，體驗其詩文著述中蘊藏的生命情懷。我之能夠體會文獻
材料中蘊含的豐富文化，自問學於葉老師開始；能將文獻工
作提升至學術文化研究，亦是從問學於葉老師開始。幸蒙老
師不棄，錄爲弟子，剴切指導，終能完成博士論文。

　　就讀博士班期間，在戴璉璋老師與黃沛榮老師的指導
下，於中央研究院中國文哲研究所進行「歷代易學雜著資料
庫」的文獻蒐集及標點整理工作，其後點校《劉文淇集》、
《劉毓崧集》等書，均是文獻知識的具體應用。

　　本論集除〈序言〉及「附錄」外，收錄論文十二篇，其
中幾篇爲就讀研究所期間撰寫的習作，承蒙師長厚愛，薦刊
於學術期刊中。其餘爲近年來的撰述，均於學術期刊或研討
會發表，研討會論文亦經過審查後收錄於會議論文集中，茲
說明如下：
一、《漢書‧藝文志》成書淵源論疑
　　《亞東學報》第 28 期，2008 年 12 月。
二、《漢書‧藝文志》著錄義例考辨
　　《第八屆漢代文學與思想國際學術研討會論文集》收

録。臺北：政治大學中文系，2012 年 10 月。

三、《漢書・藝文志》未立史類之緣由

《先秦兩漢學術學報》第 13 期，2010 年 3 月。

四、「數術」與「術數」之名義辨析

《輔仁國文學報》第 30 期，2010 年 12 月。

五、《漢書・藝文志》述論之西漢學術

《第三屆漢代文學與思想學術研討會論文集》收錄。臺北：政治大學中文系，2000 年 5 月。

六、劉向的校讎工作對經學儒學的影響

《先秦兩漢學術學報》第 15 期，2011 年 3 月。

七、古代藝術觀念與唐宋書目藝術類的內容

《國家圖書館館刊》民國 99 年第 2 期，2010 年 12 月。

八、《四庫全書總目》著錄《十三經注疏》提要疏議

發表於「典籍・社會與文化國際學術研討會」，北京：中國人民大學，2013 年 6 月。

九、《四庫全書總目・詩文評類》論中國詩文評著之特性

《中央圖書館臺灣分館館刊》第 2 卷 2、3 期，1996 年 6 月、9 月。

十、乾嘉時期之輯佚書與輯佚學

《乾嘉學者的治經方法》收錄，臺北：中央研究院中國文哲研究所，2000 年 10 月。

十一、鄭玄《六藝論》輯本十種合斠

《中央圖書館臺灣分館館刊》第 4 卷 1 期，1997 年 9 月。

十二、《續修四庫全書總目提要》易類述論

《國家圖書館館刊》民國 86 年第 2 期，1997 年 12 月。

　　以上各篇，承蒙會議講評及論文審查者的指正，使筆者得以改正疏漏淺薄的論述，藉此表達筆者最誠摯的謝意與敬意。

　　附錄二篇，〈先師喬衍琯先生事略〉是喬老師辭世時，筆者爲訃文所撰之行述。〈歷代藝文志考評稿後記〉則是整理喬老師最後講稿時所作的說明文字。附載於此，感懷師恩，發蒙啓昧，以誌長思深念。

漢書藝文志與書目文獻論集

目　　次

《漢書・藝文志》成書淵源論疑

前　言

　　《漢書・藝文志》（下簡作《漢志》）[1]著錄先秦及西漢之典籍著作，是現存最早之歷史藝文志，不僅是研究中國古代學術之重要依據，同時對其後各朝代修纂藝文志均有深刻之影響。然《漢書》在刊本定式以前，傳抄近千年，故現今流傳之形式及內容與班固原本形式或有所差異，[2]後人對《漢志》種種問題之爭論，與此不無關係。學者在徵引《漢志》考論古代學術思想時，若未能辨析後代流傳之《漢志》形式與班固原書之差異，對其論斷自會有所影響。

　　歷來學者對《漢志》的辨析，大致從文獻形式及學術思

1　本書前半部以《漢書・藝文志》爲探討主題，由各篇單獨論文組成，文中《漢書・藝文志》或逕簡作《漢志》，或逕稱〈藝文志〉，後文中不再標注說明。

2　現存《漢書》最早刊本是北宋景祐（1034-1038）刊本，距離班固（32-92）近千年。〈藝文志〉部分，傳抄本、刊本及現今排印本（中華書局點校本）最大的差異在於傳抄本和刊本將同類書目連續記載，標點本則多將每一書單獨成行。因爲古書行文之際書名多省略，連續記載，後人可以即類推求原書名；分行後，各條獨立，書名作者反而易生混淆。說詳喬衍琯師《中國歷代藝文志考評稿・史志的著錄》（臺北：文史哲出版社，2008年）頁23。

想二方面著手，歷史學者及目錄學家透過注釋及考論之方式，探討班固（32-92）作《漢志》之原始形式及其義例，藉以辨析後代傳抄及刊刻過程中對《漢志》形式之改變。研究中國古代學術思想史之學者，則多方引證，藉以考論《漢志》記載之學術流變，進而辨析《漢志》之形式及內容。[3]故學者在書目、體例、學術流變及其價值等問題上的探討，成就可觀，頗能闡發《漢志》之價值。唯筆者讀《漢志》之際，則有某些與前人稍見扞格之若干想法，存疑已久，今乃就《漢志》與《七略》的淵源及關係的問題，加以梳理，並祈方家賜正。

欲探討《漢志》之種種問題，必先論其與劉向（前 77-6）《別錄》、劉歆（?-23）《七略》之關係，尤其是與《七略》之關係。前人對此問題所論述，大抵有三：一、《漢志》依循與刪改《七略》之處；二、《漢志》與《七略》體例、內容之差異；三、《七略》與《漢志》之價值。而欲論《七略》或《漢志》之價值，必先釐清後者對前書依循變易之處。

一、《別錄》與《七略》的關係

劉向、劉歆校書中祕，先後編纂成《別錄》[4]及《七略》，《隋書・經籍志》（下文簡作《隋志》）分別著錄有《七略別錄》

3　《漢書・藝文志》的研究重心及觀點流別，詳見傅榮賢《漢書藝文志研究源流考》（合肥：黃山書社，2007 年）

4　個人認為劉向並未編成《別錄》一書，詳見後文辨析。此為行文方便，暫且沿用前人之說。

二十卷及《七略》七卷二種,前者題劉向撰,後者題劉歆撰。兩《唐志》亦著錄《七略》七卷。二書之卷數差距三倍,內容亦應有所不同,其中差異頗值得探討。

　　《漢書》記載劉向、歆父子總領中祕校書之事,〈楚元王傳附劉向〉云:

> 成帝即位……詔向領校中五經祕書……(向子歆)河平中,受詔與父向校領祕書,講六藝傳記,諸子、詩賦、數術、方技,無所不究。向死後,歆復為中壘校尉。……(哀帝初)復領五經,卒父前業。歆乃集六藝群書,種別為《七略》。語在〈藝文志〉。[5]

〈藝文志‧敘〉稱云:

> 成帝時,以書頗散亡,使謁者陳農求遺書於天下。詔光祿大夫劉向校經傳、諸子、詩賦……每一書已,向輒條其篇目,撮其指意,錄而奏之。會向卒,哀帝復使向子侍中奉車都尉歆卒父業。歆於是總群書而奏其《七略》,故有〈輯略〉,有〈六藝略〉,有〈諸子略〉,有〈詩賦略〉,有〈兵書略〉,有〈數術略〉,有〈方技略〉。[6]

此記載劉向、劉歆前後繼承的校讎工作,但二處均明白指出劉向、歆父子工作重點的不同,劉向在於「每校一書,輒為一錄」,劉歆「與父向校領祕書」時所從事的工作,亦大致相同。但劉向卒,劉歆接任父職後,工作重心則在於「總群

---

5 《漢書》(臺北:臺灣商務印書館,1996 年。《百衲本二十四史》本)卷 36,頁 503-521。

6 同前注,卷 30,頁 436。

書而奏其《七略》」。前者爲校勘，後者編纂目錄。[7]後人混淆二者之差異，而異解徒起，阮孝緒（479-536）《七錄・敘目》曰：

> 至孝成之世，命光祿大夫劉向及子俊歆等讎校篇籍，每一篇已，輒錄而奏之。又曰：昔劉向校書，輒爲一錄，論其指歸，辨其訛謬，隨竟奏上，皆載本書，時又別集眾錄，謂之「別錄」，即今之《別錄》是也。[8]

阮孝緒謂劉向在每書完成校讎後，同時奏上校定的書及「錄」，並將眾人校讎所作的「錄」彙集成編，即《別錄》，如此則《別錄》的內容並非劉向所作。然此並不見於《漢書》相關記載。《漢志》論述《七略》之成書，則云：

> 會向亡，哀帝使歆嗣其前業，乃徙溫室中書于天祿閣上，歆遂總括群篇，奏其《七略》。又曰：向子歆撮其指要，著爲《七略》，其一篇即六篇之總最，故以〈輯略〉爲名。[9]

此說大致依循《漢書・楚元王傳附劉向傳》及《漢志》，惟內容稍有異同。〈楚元王傳附劉向傳〉稱「劉歆乃集六藝群書，種別爲《七略》」，阮孝緒稱「總括群篇，奏其《七略》」及「撮其指要，著爲《七略》」。班固強調「種別爲《七略》」，

7　傅榮賢《漢書藝文志研究源流考》云：「《別錄》係由一篇篇敘錄組成，僅涉及到篇目，即每一書的目錄，這和此前的《易經・序卦》、《呂氏春秋・序意》、《淮南子・要略》、《史記・太史公自序》等文篇性質相似。而旨在『種別』的《七略》則既編了目又分了類，形成了類似今天的書名目錄和分類目錄。」頁3。

8　姚振宗《隋書經籍志考證》（《二十五史補編》本，北京：中華書局，1995年）頁385-386。本文徵引《二十五史補編》均同此版本。

9　同前注，《七略》下。

乃劉歆將群書分類部居之事；阮孝緒則著重在「總括群篇」、
「撮其指要」，蓋指劉歆編輯劉向所作敘錄之事。姚振宗
（1842-1906）據阮孝緒說，而稱《七略》即《別錄》，其論
云：

> 阮氏《七錄·序目》言《別錄》體製至為明析，是知
> 《別錄》即《七略》之別本，言別有此錄本云爾。方
> 之《四庫全書》，《別錄》為《總目提要》，《七略》
> 乃《簡明目錄》也。[10]

細讀班固、阮孝緒說，已見不同，而姚振宗稱「《別錄》即
《七略》之別本」，意謂二書內容相同，然其稱「《別錄》
即《七略》之別本」，而非「《七略》即《別錄》之別本」
則《別錄》成書在《七略》之後，是「別有此錄本云爾」，
自非劉向所編撰，與班固、阮孝緒諸說更是大異其趣。其以
《四庫全書》之《總目提要》及《簡明目錄》相比擬，則又
自違其說，且不符合《別錄》與《七略》的差別。依其所舉
《四庫全書總目》為喻，《別錄》應是《四庫全書》的「書
前提要」，《七略》則是《總目提要》，然此說終未能明確
分辨《別錄》與《七略》的關係。蓋依據《漢志》及《漢書》
相關記載，《別錄》並非分類的書目，而是一篇篇的「書前
提要」（即後世所稱的「敘錄」），並且包含「篇目」及「校
勘記」，劉向校書時即奏上附在各書之後，[11]亦各自抄錄成

---

10 姚振宗《隋書經籍志考證》（《二十五史補編》本，北京：中華書局，
　　1995 年）頁 386。
11 此依據前引阮孝緒「昔劉向校書，輒為一錄，論其指歸，辨其訛謬，隨
　　竟奏上，皆載本書」的說法。

篇，《七錄‧敘目》稱「時又別集眾錄，謂之『別錄』，即今之《別錄》」即此意，但此係阮孝緒之說。考之《漢書》，在劉向生前固未將各「錄」編輯成書，《漢書》中無《別錄》的相關記載，《別錄》一名亦應非劉向所題。

　　劉向卒於任上，劉歆除承繼父業，賡續校讎工作外，並取劉向所作的「敘錄」分類編纂，以成《七略》，故班固稱劉歆「集六藝群書，種別爲《七略》」，明指分類出於劉歆，且劉歆最重要的工作，即是分類編目。

　　就卷帙言，劉向校讎各種流傳版本，考訂篇目及文字，故包含「篇目」及「校勘記」的「敘錄」卷帙繁夥，達二十卷；劉歆《七略》旨在編輯書目，辨別學術源流，故刪落劉向校訂各書之「篇目」及「校勘記」，書僅七卷。

二、《漢志》依循《七略》說辨析

　　《漢志》對《七略》之依循程度，從班固自身之說法中可看出若干端倪。《漢志‧總序》歷述孔子以後，戰國秦漢之際典籍散亡，至漢初乃廣開獻書之路、求天下遺書以充祕府。其中論及前漢末劉向、歆父子整理中祕藏書之事，篇末說明〈藝文志〉與《七略》的關係，云：

> 歆於是總群書而奏其《七略》，故有輯略，有六藝略，有諸子略，有詩賦略，有兵書略，有數術略，有方技略。今刪其要，以備篇籍。[12]

12　《漢書》卷30，頁436。

此段文末「今刪其要，以備篇籍」之言，顏師古《漢書注》云：「刪去浮冗，取其指要也。」[13]歷來注釋《漢書》和研究簿錄流變之學者，多沿襲其說，逐解作班固《漢志》係刪裁《七略》而成，惟顏氏實未說明刪去的「浮冗」是書目或是各書敘錄的內容，學者各以其體會闡發之。

「今刪其要，以備篇籍」是班固說明《漢志》編纂之依據及取裁，亦是聯繫《漢志》與《七略》的關鍵。但其「刪其要」之語意並不明確，應從兩方面理解：一是指內容刪裁劉向、歆父子所作之各書指意，使其更為精簡；「要」即指劉向、歆所作「撮其指意，錄而奏之」之內容，[14]此依循顏師古注說，前人多所論述。二是指刪去《七略》著錄之若干書目，「要」指劉向、歆書目中之重要者，「刪其要」是保留其要之意。[15]

前人從各角度解釋「刪其要」的「刪」字各種說法，在文字訓詁上並無疑問，但若回歸校讎文獻的角度，逐用以說明《七略》與《漢志》的關係，則仍有未備。

《隋書・經籍志・經籍總序》論述劉向、歆父子編成《別

---

13 同前注。
14 「要」字在《漢書》中即有「要旨」之義，如〈漢志・諸子略・道家類敘〉「道家者流……然後知秉要執本……。」〈古今人表・敘〉「茲以列九等之序，究極經傳，繼世相次，總備古今之略要」等。
15 今人紀健生〈再釋《漢書・藝文志》總序「今刪其要」〉（《史學史研究》2003 年 2 期。此文承蒙匿名審查者諭示，謹此致謝。）列舉前人釋「刪其要」義，云：「我們認為班固的意思應該是：劉歆《七略》無可替代，但限于體例）現在（只能盡量）保留它的精華和要點，用來作為我《漢書》的〈藝文志〉。」紀氏僅說明班固的編纂態度，並未說明《七略》的精華和要點為班固所保留者為何。依其意，仍是班固刪汰《七略》的敘錄或是書目。

錄》、《七略》之事，大體與《漢志》同。然其稱《七略》
著錄之書「大凡三萬三千九十卷」[16]，則數倍於《漢志》「萬
三千二百六十九卷」之數，此文字之有無訛誤，尚待佐證，
學者逕以《漢志》著錄之篇目數推論《七略》，未必可據信。
[17]然《隋志》、《舊唐書・經籍志》（下簡作《舊唐志》）均云
《七略》著錄三萬餘卷，則應是有所據依。於此可見《漢志》
與《七略》著錄之書目有相當之差距，若著錄書目有此差距，
則班固「刪其要」，自是指刪去書目，而非刪去劉歆之書目
提要。

　　《漢志》之書目是否依循《七略》，除就《七略》、《漢
志》本身著錄之典籍卷數考察外，尚須考量前後漢之際，動
亂征戰所造成之典籍損失情形。《隋志・經籍總序》云：

　　　王莽之末，又被焚燒。光武中興，篤好文雅。明章繼

16　阮孝緒《七錄・序》末附〈古今書錄〉記載《七略》書三十八種六百三
　　家一萬三千二百一十九卷，五百七十二家亡，三十一家存。《漢書・藝
　　文志》書三十八種五百九十六家一萬三千三百六十九卷（宋景祐刊本《漢
　　書》作一萬二千二百六十九卷，王先謙《漢書補注》本作萬三千二百六
　　十九卷），五百五十家亡，四十四家存。此書種即分類，班固依循劉歆
　　分類，二者相同殆無疑義。家數蓋為學術流派，沈欽韓《漢書疏證》（上
　　海：上海古籍出版社，2006 年）稱「其數皆足以兩相取證，惟卷帙則無
　　考耳。」

17　胡楚生〈隋書經籍志總序箋證〉云：「今以《漢志》校之《七略》，去
　　其所入與所省者，適符《七略》六百三家之數，其卷數雖不可考，而要
　　在一萬三千二百之譜也。今《隋志》乃謂《七略》有三萬餘卷，疑當於
　　「萬」字上衍一「三」字矣。」見《中國目錄學研究》（臺北：華正書
　　局，1987 年）頁 145-146。此說筆者所不採者，在於《別錄七略》及《七
　　略》二書，唐代尚存，既見之《隋志》著錄，亦見於《舊唐志》，魏徵編
　　纂《隋志》親見其書，其說應可據信。《古今書最》作者不詳，《七略》
　　萬餘卷之說惟見於此，並無旁證，沈欽韓引載其說而不遽信，筆者取其
　　義。

軌，尤重經術。四方鴻生鉅儒，負帙自遠而至者，不可勝數。石室蘭臺，彌以充積。又於東觀及仁壽閣集新書，校書郎班固、傅毅等典掌焉，並依《七略》而為書部，固又編之以為《漢書‧藝文志》。[18]

此段論述東漢光武中興後，典籍重新聚集之情形。與《漢志》有關者，在於「於東觀及仁壽閣集新書，校書郎班固、傅毅（?-90）等典掌焉，並依《七略》而為書部，固又編之以為《漢書‧藝文志》」數言。其大意謂前、後漢之際，官府典藏之書籍曾遭焚毀，[19]光武中興，徵集民間藏書，聚集天下典籍於石室蘭臺及東觀、仁壽諸閣，其後方有班固、傅毅校書之事。《隋志》云「並依《七略》而為書部，固又編之以為《漢書‧藝文志》」，說明班固整理徵集的的新書分成兩階段進行，先是「依《七略》而為書部」，即依據《七略》將徵集之新書編目，之後再「編之以為《漢書‧藝文志》」。

　　據此推斷，《漢志》著錄的書目，雖以《七略》為基礎，但主要應是光武中興後重新徵集於中祕的書籍，而非僅刪裁《七略》而成。蓋喪亂之餘，向、歆所編定之書尚存多寡，不無疑問，然《七略》既存，其體例則無亡佚問題。胡應麟（1551-1602）即云：

---

18 《隋書》（臺北：藝文印書館，1972 年）卷 32，頁 468。

19 此為牛弘所云典籍「五厄」之二。見《少室山房筆叢》（臺北：世界書局，1980 年）徵引。據《後漢書》（北京：中華書局，1961 年）記載，西漢宮室所藏典籍在王莽末年已遭焚燬，赤眉兵掠劫京師，再度焚毀宮室。《後漢書‧劉玄傳》：「王莽敗，唯未央宮被焚而已，其餘宮館一無所毀。」頁 470。又〈光武紀〉：「是月，赤眉焚西京宮室，發掘園陵，寇掠關中。」頁 28。

> 劉歆《七略》……原數三萬三千九十卷,固節其猥冗,
> 僅得十之三四。大概新莽之亂,焚軼之餘故也。然《七
> 略》原書二十卷,固但存其目耳。[20]

胡應麟稱班固所著錄僅是《七略》十之三四,蓋就書目著錄
之典籍卷數合計而言,其意此係班固就《七略》整理其他故
藏(如博士官所藏)所得,若如此言,則《漢志》書目全出自
《七略》,與《隋志》的說法不同。但光武中興以後,既徵
集四方典籍,則班固當時所見典籍,與前漢典藏自不能無異。
班固、傅毅校讎後編成之目錄,必然也無法與劉歆《七略》
盡同,胡應麟所言,於史實尚有參差之處。

　　《隋志》云「並依《七略》而為書部,固又編之以為《漢
書・藝文志》」,已明指《漢志》依循《七略》者,僅部類
之體例(書部)而已;著錄之書,則後漢初年,東觀、仁壽諸
閣之典藏。考其敘述所自,大致依據阮孝緒《七錄・序》之
說,文字則稍異,阮氏云:

> 歆總括群篇,奏其《七略》,後漢蘭臺,猶為書部;
> 又於東觀及仁壽閣(閣),撰集新記,校書郎班固、傅
> 毅,並典祕籍,固乃因《七略》之辭,為《漢書・藝
> 文志》。[21]

此段「歆總括群篇,奏其《七略》,後漢蘭臺猶為書部」為

20　見胡應麟《少室山房筆叢・經籍會通・二》卷 2,頁 21。此稱《七略》
　　二十卷,蓋兼《別錄》而言,據《隋志》等著錄,《七略》僅七卷。胡
　　氏又云:「向、歆《七略》卷三萬餘,班氏東京,僅覩其半。」卷 1,
　　頁 3。
21　《廣弘明集》(大正《大藏經》本第 52 冊,頁 108-109。臺北:新文豐
　　出版公司,1988 年)卷 3,頁 108-109。

一事，「又於東觀及仁壽閣，撰集新記」爲另一事。阮氏所
云「因《七略》之辭，爲《漢書‧藝文志》」者，較謹愼的
作法應理解爲班固依循《七略》形式體例，將其與傅毅於東
觀及仁壽閣撰集之諸書敘錄，編爲《漢書‧藝文志》。然歷
來學者，卻都逕認爲《漢志》係刪裁《七略》而成書。如鄭
樵《通志‧校讎略‧編次不明論》即云：「班固〈藝文志〉，
出於《七略》者也。」[22]

　　章宗源（1752-1801）《隋書經籍志考證》舉出《七略》、
《漢志》之異者，稱云：

　　　　班固因《七略》而志〈藝文〉，其與歆異者，特注其
　　　　出入，使後人可考劉氏原本……班固本注雖依《七
　　　　略》，而語多從簡。[23]

姚振宗《隋書經籍志考證》亦稱：

　　　　《七略》三十八種之書盡在〈藝文志〉，三十八種之
　　　　流別亦盡在于〈志〉，故其書雖亡，其流風餘韻，猶
　　　　約略可尋。[24]

章、姚均認爲班固《漢志》不僅分類及書目依循《七略》，
甚至班固自注語，亦是依據《七略》，近人論述《漢志》相
關問題者，亦多采此成說。如梁啓超（1873-1929）《圖書大
辭典簿錄之部‧漢書藝文志》：

　　　　全部採用劉氏《七略》，兼有增刪移易，則出自注……

22 《通志‧校讎略‧編次不明論七篇》（北京：中華書局，1995 年），頁
　　1823。
23 章宗源《隋書經籍志考證》（《二十五史補編》本），頁 61。
24 姚振宗《隋書經籍志考證》（《二十五史補編》本），頁 387。

> 又案：班《志》祖述劉《略》，人所共知…然〈序〉
> 末云「今刪其要，以備篇籍」，是明有所刪訂，非直
> 鈔舊文也。[25]

余嘉錫（1883-1955）論云：

> 班固《漢書・藝文志》自言就劉歆《七略》「刪其要，
> 以備篇籍」，又於篇末總數自注云「入三家五十篇，
> 省兵十家」，蓋除所新入及省併者外，其他所著錄皆
> 全本之劉歆。[26]

此數家皆稱《漢志》完全依據《七略》。其後諸家大抵均沿
襲此說，如姚名達（1905-1942）《中國目錄學史》[27]、許世
瑛（1910-1972）《中國目錄學史》[28]等均是。

　　余嘉錫、來新夏等又認為東漢並無新修之目錄書，故《七
錄・序》、《隋志》等所指為《東觀漢記》。[29]余嘉錫云：

> 「猶為書部」者，承歆奏《七略》言之，謂依《七略》
> 分類為書之部次。然不云嘗撰目錄。東觀及仁壽閣所撰
> 之新記即為《東觀漢記》，乃當時國史，非目錄書。[30]

此說當代目錄學者多信從之，然此頗違背文理，蓋《七錄》、
《隋志》全段敘述班固等人校書部類之事，豈文末突轉為國
史？稱班固所作為《東觀漢記》，實不如依循原說。唯王重

25　《圖書大辭典簿錄之部》（臺北：臺灣中華書局，1958 年）頁 4-5。
26　《目錄學發微》（臺北：藝文印書館，1987 年）七、〈目錄學源流考上
　　周至三國〉，頁 93。
27　其說見《中國目錄學史》（臺北：臺灣商務印書館，1981 年）頁 54。
28　其說見《中國目錄學史》（臺北：中國文化大學出版社，1982 年）頁 28。
29　來新夏說見《古典目錄學淺說》（北京：中華書局，1981 年）頁 66。
30　《目錄學發微》七〈目錄學源流考上　周至三國〉，頁 93。

民（1903-1975）以爲《隋志》之意，是「東漢新修的幾部官書目錄都是遵照《七略》的體系編製的」[31]。所謂「幾部官修書目」，理應包括《漢志》，但王氏強調體系，意謂班固、傅毅等曾修官書簿錄，體例依《七略》，而《漢志》則是刪節《七略》而成書。

三、班固以《七略》爲基礎編撰《漢志》說參證

班固以《七略》內容爲依據，檢視官府藏書，並在《七略》之基礎上，編纂《漢志》，非僅刪去《七略》敘錄而已，此王國維（1877-1927）、葉長清已論及，王國維〈漢書藝文志舉例跋〉提出三質疑，云：

> 《漢志》本以中祕書目爲國史書目。中祕書有不入《漢志》者……《別錄》有與《漢志》歧出者……既有新入之例，而入或不入，其取捨之故如何？[32]

此中祕書目未明言是何書，據孫德謙（1869-1935）意，即是《七略》，然就王國維的論述及提出的質疑，顯見其不認爲班固係逕就《七略》刪裁而成《漢志》，而是是以《七略》爲基礎，就當時中祕藏書增減而成。其說與《隋志》相近，

31　《中國目錄學史論叢‧中國目錄學史》（北京：中華書局，1984 年），頁 29。

32　孫德謙《漢書藝文志舉例》（《二十五史補編》本，北京：中華書局，1995 年）頁 15。孫德謙《漢書藝文志舉例‧刪要例》云：「吾嘗求班氏所以刪要之故，而不能得其解。及今思之，知史家作志異於專家目錄者在此。專家目錄於一書也，不憚反覆推詳。若史家者，其於此書之義理，祇示人以崖略，在乎要言而不煩。故以劉氏之〈輯略〉，雖是提綱挈要，尤取其至要之言，其餘則毅然刪之而無所顧惜。」頁 4。

葉長清取其說，《漢書藝文志問答》云：

> 東漢時，班固校書東觀及仁壽閣，乃本《七略》作〈藝文志〉。[33]

「乃」字即說明班固校書與「本《七略》作《漢志》」的密切關係，故知《漢志》是校書後新作的目錄，而《七略》僅是其所本，即編目的參考依據。

除《七錄》、《隋志》之記載及王國維、葉長清之論述外，班固以《七略》為基礎修纂《漢志》，尚可就二方面參證。

1、有錄無書

《漢志・六藝略・春秋類》著錄《夾氏傳》十一卷，注云：「有錄無書。」王先謙（1842-1917）《漢書補注》曰：

> 有錄者，見於二劉著錄。

二劉著錄，即指劉向《別錄》及劉歆《七略》。若「有錄無書」實屬班固自注，[34]據王先謙意，此注文即是班固清查中祕藏書的記錄。然〈春秋類敘〉末稱：「夾氏未有書。」王先謙注云：

---

33 葉長清《漢書藝文志答問》（臺北：正中書局，1988 年）頁 1。其說承襲王國維，《漢書藝文志答問》中擬問云：「近人王國維謂《漢志》本以中祕書目為國史書目。」頁 15。

34 《漢志》中之注釋文字，未題是何人之說者，《四庫全書總目・漢藝文志考證》（北京：中華書局，1987 年）：「《漢書・藝文志》因劉歆《七略》而修，凡句下之註不題姓氏者，皆班固原文，其標某某曰者，則顏師古所集諸家之說。」卷 85，頁 730。章學誠《文史通義・史注》（葉瑛校注本，北京：中華書局，1994 年）：「班書〈年表〉十篇，與〈地理〉、〈藝文〉二注皆自注，則又大綱細目之規矩也。」頁 238。

　　口說流傳，未著竹帛也。[35]

王先謙之說實有矛盾處，蓋「未著竹帛」之口說，如何著錄於《別錄》、《七略》中？且別為十一卷。然學者襲而不察焉，如張舜徽（1911-1992）謂：

　　班氏既明言未有書，則夾氏說《春秋》，但以口授，未著之竹帛也……凡志中稱「有錄無書」者，皆未成之書，非指亡佚也。[36]

王先謙、張舜徽皆強調班固作《漢志》之學術性質，故《春秋》既有夾氏一家之學，雖僅口授，亦著錄之。胡楚生以為不足據信，云「（張舜徽）以為《漢志》之中，即有著錄未成之例，則不足信者」。[37]此論周壽昌（1814-1884）亦曾言之，周氏稱「夾氏書在漢時已亡，既云有錄，其初必有書也」又云：「《鄒氏傳》無師，《夾氏傳》無書而存之者，存此兩家也。」[38]約略指出班固編撰《漢志》的目的，兼有記錄一代學術流變之意。

　　據上所論，班固所云之「錄」，應是僅指《七略》著錄，「無書」者，殆指東觀、仁壽諸閣無度藏，班固未能得見，故王先謙《漢書補注》稱「有錄者，見於二劉著錄」，意謂班言無書，特就中祕所藏言之耳，顧實《漢書藝文志講疏》

35　《漢書補注》（臺北：藝文印書館，1956年）卷30，頁831、833。
36　《漢書藝文志通釋·未成之書依類著錄例》（《二十五史三編》本，長沙：岳麓書社，1994年）頁749。
37　〈張氏漢書藝文志釋例糾繆〉，見《中國目錄學研究》（臺北：華正書局，1987年）頁95。
38　周壽昌《漢書注校補》（《周陳二氏漢書補證合刊》本，臺北：鼎文書局，1977年）卷28，頁468。

即採其說。[39]可知班固先以《七略》之著錄查核中祕所藏，再據以編成《漢志》，故有所謂「有錄無書」之情形出現。

　　《漢志》「有錄無書」之原因，王先謙前後說法不一，二說固可有若干解釋之可能，然終不完善。蓋班固若以劉歆《七略》著錄查核焚餘藏書，「有錄無書」者，必不僅寥寥數種而已。或者「有錄無書」之清查註記，係班固修纂〈藝文志〉時，應刪而未刪之條目，故存留有限。又其未刪之故，或許是因於學術流別（家數）記載的必要性，蓋班固修〈藝文志〉，所欲陳明者乃學術思想的流變，而非一時的著作書目。

2、類敘與著錄內容的差異

　　《漢志》於每一類後，均載明著錄之家數及篇卷數，[40]然核算其中家、卷數量，與其記載多見差異。全篇著錄之家數及篇卷數，今作「五百九十六家，萬三千二百六十九卷」[41]，然近人統計，則頗多參差，如姚振宗得「六百二十六家，一萬三千二十九篇卷」，顧實得「六百七十七家，一萬二千九

39　顧實《漢書藝文志講疏》（臺北：臺灣商務印書館，1980 年）：「有錄無書者，蓋二劉雖著錄，而西京祕府無其書也。」頁 61。

40　孫德謙《漢書藝文志舉例》有〈用總結例〉一篇，以《呂氏春秋》爲例，謂班固之作法，有其成例。頁 14。張舜徽《漢書藝文志釋例》（北京：中華書局，1963 年）申其說，分作「每類之末用總結例」、「每略之尾用總論例」。頁 748。

41　此總計數量，阮孝緒《七錄》記作「五百九十六家，萬三千三百六十九卷」，「二」誤爲「三」。書目中記載的家數、卷數統計多異，亦多誤。《漢志》各家統計的差異，明顯可見。岑仲勉《隋書求是》（臺北：史學出版社，1974 年）云「今以志文四類總數相加，無一相符，可見今本數目字必多錯誤。」頁 77。喬衍琯師《中國歷代藝文志考評稿·史志的體例》（臺北：文史哲出版社，2008 年）云：「目前看來，是沒有一種書目，在各類後的統計是很正確的。」頁 18。

百九十四卷」，陳國慶得「六百一十四家，萬二千九百九十篇」，又云「都六百三十二種」。家數之統計，涉及對學術流派之認定，劉向、歆之敘錄，當有論述，但班固並未清楚說明，後人與劉歆、班固之理解既不相同，則存在差異，並不足爲怪。但卷數則不應有差異，近人統計《漢志》的書目卷數，均在一萬二千二百九十篇左右，與《漢志》所言約有三百篇之差距，此恐是班固原書即如此，並非後人傳抄造成之訛誤。[42]

　　《漢志》各略、類著錄之書種篇卷數量與總數差異，似可推斷各篇類敘與書目之作者並非同一人，若云各類敘是劉歆《七略》原文，《漢志》是班固蓋據以查核府中藏書的記錄，顯見《七略》原著錄的書籍與內府所藏的篇卷有若干出入，即使同一人的著作，前後徵集所得的篇卷內容亦未必相同，班固將清查的結果逐部記錄，並於各類末總計，而類敘未配合修訂，故存此差異。

結　語

　　劉向《別錄》、劉歆《七略》與班固《漢志》，三者前後相承，同是漢代整理古代文獻的成果，對後代書目文獻工作及學術研究影響深遠，然三者的關係，前人所說，仍有若干待辨明之處。

---

42 《漢書》（《百衲本二十四史》本，臺北：臺灣商務印書館，1976 年）顏師古注「今刪其要，以備篇籍」云：「其每略所條家及篇數有與總凡不同者，轉爲脫誤，年代久遠，無以詳知。」卷 30，頁 436。

　　班固說明其編撰《漢志》是根據《七略》而「刪其要，以備篇籍」，然其意隨著時代語言文字的變遷，學者的理解不同，而有不同的解釋，《七錄》、《隋志》等考察兩漢之際文獻散逸及徵集的情況，說明班固所云是其「依《七略》而為書部，固又編之以為《漢書‧藝文志》」，指出《漢志》延續《七略》者，主要在於「書部」，而非書目，因阮孝緒、魏徵亦從事校讎及文獻整理工作，身分與班固相近，其說法應有可據信之處。

　　宋代以後，版本目錄學興起，《七略》、《漢志》以其為書目的創始之作，成為研讀文獻目錄的基礎，但學者論述《漢志》的內容及淵源時，多逕稱班固刪裁《七略》而成《漢志》，唯對刪裁的內容及方式，各家理解有所出入，故雖強調《漢志》與《七略》的關係密切，但實際情形仍難以說明。

　　清儒金榜云：「不通《漢‧藝文志》，不可以讀天下書。〈藝文志〉者，學問之眉目，著述之門戶。」（王鳴盛《十七史商榷》卷 22 引）昔日從喬衍琯師問學，師於《漢志》問題，嘗云：「即便讀遍天下書，也難以通《漢書‧藝文志》。」蓋文獻不足徵故也。《漢志》的體裁、著錄的內容、及家卷篇數等各種問題，今各家說法，仍多歧異，日後恐也不易獲得一致的結論。《漢志》的成書淵源是《漢志》各種問題的根源，雖較無爭議，但若依循通行觀點，則上述《漢志》的種種疑問，都不易釐清。

　　本文從《漢書》、《隋志》及相關記載中，考察《別錄》、《七略》及《漢志》的編撰過程，認為《隋志》所云合乎史實。即班固依據劉歆《七略》之分類編撰《漢志》，但著錄

之書目，主要係光武中興以後徵集之典籍。因劉歆、班固時代相近，所見的典籍，自是大致相同；惟西京數遭兵燹，前後徵集的書籍自有差異，故班固雖依循《七略》，著錄書目則根據當時收錄情形。因此《漢志》中部分記錄屬於《七略》，部分則是班固所作，二者理當分別觀之。惟實際的分辨，尚待更進一步的考察，然就此角度，《七略》與《漢志》中，若干扞格難明的記載，似可以獲得較合理的解釋。

《漢書·藝文志》著錄義例考辨

前　言

　　《漢書》的〈藝文志〉是我國第一部正史藝文志，不僅影響後代官方編撰正史的藝文志，對私家撰述藏書目錄的體例，亦有深刻的啓發。《漢志》依循劉歆《七略》成書，而僅存書目及體例，後人讀其著錄而見其淆亂無節，以其無關學術宏旨，直欲去之而後已。[1]

　　宋代因爲印刷術的發達，書籍流通聚集均較前代便利，故目錄學家輩出，而目錄學家祖述劉向、劉歆父子，及班固《漢志》，故對《漢志》始有深入的研究與辨析。其中主要代表爲王應麟《漢藝文志考證》及鄭樵《通志·校讎略》。王應麟之考證補苴，頗有功於《漢志》，鄭樵高舉「類例既分，學術自明」的宗旨，對《漢志》之議論攻錯，亦有助於體察《漢志》的條理。

　　其後，論目錄者，多依循鄭樵之道，賦予目錄崇高的目

1　劉知幾《史通》（浦起龍《史通通釋》，臺北：里仁書局，1993 年）卷 3
　〈書志·藝文志〉：「自史之立志，非復一門，其理有不安，多從沿革。
　唯〈藝文〉一體，古今是同，未見其可。愚謂凡撰志者，宜除此篇。」頁
　62。

標,故於《漢志》之研究分析也越深入,闡發其大義者有之,歸納其條例者有之。深責其缺失者亦不乏多見,明代焦竑及清代章學誠、姚振宗,均爲此中之代表。至於近代,孫德謙、劉咸炘及張舜徽等人,於《漢志》的條例,多有歸納闡發。然其申明《漢志》深蘊,或臆作條理,亦多見評論者。

　　茲略舉鄭樵、孫德謙論述《漢志》著錄的條例,考斠差異,驗以《漢志》,用以讀書治學之助耳,匪敢非議前人也。

一、鄭樵論目錄編輯條例

　　文獻學者對圖書目錄寄予高度的學術價值,在於其著錄一代的學術論著,因能藉以考察當時的學術風尚及思想主流,透過數代的書目,則能察其流變與興廢。書目之所以有此功用,在於書目編撰者對著述要旨的體察與掌握,因能立綱別流,使各歸其當,後學者可作爲探求學術之門徑。《漢書・敘傳》敘述書籍流傳的歷史,即強調孔子與劉向整理典籍對後代學術思想的貢獻,其論云:

> 虙羲畫卦,書契後作,虞夏商周,孔纂其業,纂《書》刪《詩》,綴《禮》正《樂》,象系大《易》,因史立法。六學既登,遭世罔弘,群言紛亂,諸子相騰。秦人是滅,漢修其缺,劉向司籍,九流以別。爰著目錄,略序洪烈。述〈藝文志〉第十。[2]

以此〈敘傳〉爲論,則班固〈藝文志〉所欲申明者,包含典

---

2 《漢書》(北京:中華書局,1962 年)卷 100 下,頁 4244。

籍制作整理的過程，亦即典籍與學術思想的關聯，故強調「因史立法」及「群言紛亂」的著作特性。其中漢代部分，則強調劉向斠讎典籍後呈現的學術流別。[3]因其已隱約提及此義，故鄭樵〈校讎略〉據之以倡發其「類例既分，學術自明」的宗旨。[4]鄭樵認為前人的學術思想可以流傳，首在典籍的整理與保存，而欲使典籍能不散失，則首在類例，〈編次必謹類例論〉云：

> 學之不專者，為書之不明也。書之不明者，為類例之不分也。有專門之書，則有專門之學，有專門之學，則有世守之能，人守其學，學守其書，書守其類，人有存歿，而學不息，世有變故，而書不亡。……書籍之亡者，由類例之法不分也。[5]

鄭樵以學術與圖書的關係，說明類例的重要，即書目著錄義例影響圖書及學術的存亡，以此強調類例的作用及重要性，[6]建立其校讎學的主要觀點。鄭樵論云：

> 類例既分，學術自明，以其先後本末具在。觀圖譜者，可以知圖譜之所始；觀名數者，可以知名數之相承。

3　劉向作《別錄》，應未分類，分類蓋自劉歆《七略》始。詳見筆者〈劉向的校讎工作對經學儒學的影響〉一文，本書第 6 篇。班固此序文稱「劉向司籍，九流以別」，蓋合《別錄》、《七略》言之。

4　鄭樵在其編撰的《通志・藝文略》中實踐其觀點，故其分類獨具特色，詳見鄭奮鵬《鄭樵的校讎目錄學》（臺北：學海出版社，1983 年）。然鄭樵著錄書目的作用及分類觀念與《漢志》截然不同，不具論，僅擇其中與《漢志》相關者析論之。

5　《通志二十略・校讎略》（北京：中華書局，1995 年），頁 1804。以下所徵引《通志・校讎略》均此版本。不另注。

6　同上篇，鄭樵論云：「類書猶持軍也。若有條理，雖多而治，若無條理，雖寡而紛，類例不患其多，患處多之無術耳。」

讖緯之學，盛於東都；音韻之書，傳於江左，傳注起
於漢魏，義疏成於隋唐，觀其書可以知其學之源流。
或舊無其書，而有其學者，是為新出之學，非古道也。
（同上）

此論述延續上則，均強調學與書的關係，但稍見不同處，在
於前段認爲有書方有學，稱「有專門之書，則有專門之學」，
此則認爲「舊無其書，而有其學者，是爲新出之學」，書籍
乃是學術的呈現與傳達，較符合實際情形。

　　鄭樵論目錄編輯，只須要使學者清楚一代的著述，並不
須要對學術下評斷，故其駁斥《唐志》將道家、道書及釋氏
併爲一類，而稱：「凡目之書只要明曉，不如此論高卑。」[7]
又因其認爲書目不須有注釋說明，故特爲強調類例的重要。
鄭樵以《漢志》至《崇文總目》爲依據，論述圖書著錄應包
含的內容，此著錄類例完整詳盡，則可以達到「即類求書，
因書究學」的目的。茲據其論述，條列其提出與《漢書・藝
文志》相關的類例：[8]

（1）記錄亡闕之書。〈編次必記亡書論〉云：

古人編書，皆記其亡闕。所以仲尼定《書》，逸篇具
載。王儉作《七志》已，又條劉氏《七略》及二漢〈藝
文志〉、魏〈中經簿〉所闕之書為一志。（頁 1806）

7　《通志二十略・校讎略・編次不明論》，頁 1823。
8　錢亞新《鄭樵校讎略研究》（臺中：文宗出版社，1974 年）第六章〈類
　例〉，歸納鄭樵的歸類原則有四，分別是：「歸類當以圖書的內容爲主」
　「同類或同一之書，必歸入一類」「歸類時當詳看全文，不得只憑書名或
　僅閱前帙」「類目性質差異的，雖無子目之分，仍不得相濫爲一」。頁
　37-41。

記錄亡闕之書的目的，不僅在於在於為當代學術留下記錄，亦使後世學者得以依據目錄訪求佚書。

（2）著錄必記錄作者及卷帙。〈編次失書論〉云：

> 書之易亡，亦由校讎之人失職故也。蓋編次之時，失其名帙；名帙既失，書安有不亡也。（頁1809）

古代書籍流傳，卷數內容常因傳鈔者或注釋者的增省，而有變易，鄭樵認為書目須完整著錄書名及作者，省易書名或作者名氏，則後人無從考察。記錄卷數，則可藉以了解不同版本間的增減變化情形。

（3）編次須考察書籍的內容。〈見名不見書論〉云：

> 按《漢朝駁議》、《諸王奏事》……隋人編入刑法者，以隋人見書也。若不見其書，即其名以求之，安得有刑法意乎？按《唐志》見其名為奏事，直以為故事，編入故事類。況古之所謂故事者，即漢之章程也，異乎近人所謂故事者矣，是之謂見名不見書。（頁1810）

古代著作的書名，或為作者所訂，或為門人所題，或為整理編纂者所稱，書名與內容未必完全相符。且古代書名多逕以作者名之，在未見其內容之前，僅能據史傳所載，考察其大意，此與作者論著中所欲闡述者，常有差異。

傳統的圖書目錄，自劉歆《七略》以後，多以學術分類，故書籍依據其學術觀點而歸入其類別，如此編目的主要依據是其學術主張，而非書名。書名既與學術主張有差距，後人編撰目錄自須詳考書本的論述內容，而後據以分類。

（4）編目應著錄當代典制。〈亡書出於後世論〉云：

> 古之書籍，有不出於當時，而出於後代者。按蕭何律

> 令，張蒼章程，漢之大典也，劉氏《七略》、班固《漢
> 志》全不收。按晉之故事即漢之章程也，有《漢朝駮
> 議》三十卷……並為章程之書，至隋、唐猶存，奈何
> 闕於漢乎？（頁 1811）

典章包含各項訓誥誓命及章程律令，當朝未必編成典冊，然
其與當代學術文化有密切關係，亦可作爲了解朝政興廢及風
俗流變的參考。然因其未成編，自未有書名，鄭樵認爲書目
編輯雖以藏書爲主，然屬於零編的典章制度，但仍應著錄，
以備學者考求學術源流。

（5）同類之書，不可分置。〈編次之訛論〉云：

> 一類之書，當集在一處，不可有所間也。（頁 1815）

編目者須明訂各類書籍收錄的內容及範圍，一書不可以兩
屬。鄭樵舉諡法之書爲例，說明《隋志》、《唐志》於「經
解」、「儀注」兩類均著錄此類書爲不當。

（6）編次完成，必計卷帙。〈編次之訛論〉云：

> 凡編書，每一類成，必計卷帙于其後。（頁 1817）

蓋可藉著作多寡以解該類的流變趨勢及興廢情形。

（7）著錄不可重複。〈編次之訛論〉云：

> 《隋志》最可信，緣分類不考，故亦有重複者。（頁
> 1817）

此與第（4）略同，而取義有別。

（8）目錄無須注解。〈泛釋無義論〉云：

> 古之編書，但標類而已，未嘗注解。其著注者，人之
> 姓名耳。（頁 1819）

目錄的作用以備檢閱，了解學術大勢，故以無注釋爲常體。

所注記者書籍之作者，蓋亦爲便於訪求該書，「因書究學」
而已。鄭樵稱「《崇文總目》必欲一一爲之釋，間有見名知
意者，亦彊爲之釋。如鄭景岫《南中四時攝生論》，其名自
見，何用釋哉。」[9]

（9）目錄注釋爲特例，避免混淆乃須注釋。〈書應有釋論〉
　　云：

> 至於雜史，容有錯雜其間，故為之注釋，其易知則否。
> 惟霸史一類，紛紛如也，故一一具注。（頁 1819）

鄭樵認爲睹類可以知義者，如史類正史、編年等書無須注釋。
但雜史、霸史則仍須釋注，乃是特例。其稱「《唐志》有應
釋者而一概不釋，謂之簡；《崇文目》有不應釋者而一概釋
之，謂之繁。」[10]

（10）目錄編輯以書的性質爲主，而非個人學術觀念。〈不
　　　類書而類人論〉云：

> 古之編書，以人類書，何嘗以書類人哉。人則於書之
> 下注姓名耳。《唐志》一例削注，一例大書，遂以書
> 類人。（頁 1820）

此據《新唐志》而發，《舊唐志》仍是以書爲主，作者注於
書下。鄭樵此主張乃以學術流變爲主體，個人的學術觀點須
置於整體學術發展中，才能彰顯其價值與意義。

（11）同類著述的編次，以類別爲次第。〈編次有敘論〉云：

> 《隋志》每於一書而有數種者，雖不標列，然亦有次
> 第。如《春秋》三傳，雖不分為三家，而有先後之列，

9　《通志二十略‧校讎略》，頁 1819。
10　《通志二十略‧校讎略》，頁 1819。

先《左氏》，次《公羊》，次《穀梁》，次《國語》，
可以次求類。（頁1822）

編目既已學術爲別，則大類中仍須暗分小類，小類方以著作
先後爲序，如此方能顯示學術流變之大概。

此十一項雖非針對《漢志》而提出，但是因《漢志》乃
《史志》之始，故鄭樵實以《漢志》爲本。其《校讎略》中
論班固編次不當者，主要有二：

（1）班固失類例者，〈見名不見書論〉云：

尉繚子，兵書也，班固以爲諸子類，置於雜家，此見
名不見書。隋唐因之，至《崇文目》，始入兵書類。
（頁1809）

此即前（3）所論云。

（2）班固失著錄者，〈亡書出於後世論〉云：

蕭何《律令》、張蒼《章程》，漢之大典也，劉氏《七
略》、班固《漢志》全不收。……蕭何《律令》、張
蒼《章程》則無之，此劉氏、班氏之過也。（頁1811）

此二者，鄭樵認爲前者是班固之失。後者則是自《七略》即
未著錄班固依循耳，然此失章學誠認爲劉歆之過，而非班固
所致也，其論云：

鄭樵以蕭何律令、張倉章程，劉《略》、班《志》不
收，以爲劉、班之過；此劉氏之過，非班氏之過也。
劉向校書時，自領〈六藝〉〈諸子〉〈詩賦〉三略，
蓋出中祕之所藏也。……不知律令藏於理官，章程存
於掌故，而當時不責成於專官典守，校定篇次，是《七
略》之遺憾也。班氏謹守劉《略》遺法，惟出劉氏之

後者，間為補綴。其餘劉氏所不錄者，東京未必盡存，
〈藝文〉佚而不載，何足病哉！[11]

又云：

鄭樵議章程律令之不載《漢志》，以為劉班之疏漏，
然班氏不必遽見西京之全書，或可委過於劉《略》也。
（同上）

章學誠所論意旨與鄭樵稍有不同，章學誠認為蕭何《律令》、
張蒼《章程》這些書，劉歆、班固本無由得見，故未著錄，
本屬常情。但鄭樵的用意乃在於律令、章程之類的篇章，起
始於漢代，其著作的事實見之於《史記》、《漢書》，本該
著錄於《漢志》中。鄭樵編《藝文略》，本不認為需要親見
其書，班固知其書而著之於《漢志》，則章程之書，知其流
變矣。

　　若揚雄書，則是班固新增著錄者，鄭樵〈編次不明論〉
論云：

班固〈藝文志〉，出於《七略》者也。《七略》雖疏
而不濫，若班氏步步趨趨，不離於《七略》，未見其
失也。間有《七略》所無而班氏雜出者，則躓矣。揚
雄所作之書，劉氏蓋未收，而班氏始出，若之何以《太
玄》、《法言》、《樂箴》三書合為一總，謂之揚雄
所序三十八篇，入於儒家類……《太玄》易類也，《法
言》諸子也，《樂箴》雜家也，奈何合而為一家？是

11　《校讎通義‧補校漢藝文志》（葉瑛：《文史通義校注》，北京：中華
　　書局，1994年），卷2、〈補校漢藝文志〉，頁993-994。

　　　　知班固胸中元無倫類。[12]

鄭樵對揚雄三書的評論，主要在於分類問題，而非班固應否收錄揚雄書的問題，其對劉向、劉歆及班固主要的評議，是在於「胸中無倫類」[13]，可見鄭樵對目錄所重視者惟在於類例。認為藉由類例，即可探求學術發展及流變趨勢。

　　《漢志》的功用，如班固〈敘傳〉所論，並未賦予彰顯學術流變之用，〈藝文志敘〉亦未提及此目的，故劉知幾稱「蓋欲廣列篇名，示存書體而已」[14]。鄭樵對《漢志》的評論，乃因於對書目的作用，有不同的理解。章學誠承鄭樵藉書目考辨學術流變的觀念，而批評其鄭樵「鄭樵深惡班固……強坐班氏之過，此獄吏鍛鍊之法」[15]，實則鄭樵批評班固者寥寥數處耳。章學誠與鄭樵最大的差別在於，鄭樵認為「類例既分，學術自明」，反對一書二屬，反對藉由目錄評議著作，反對注釋等觀點，與章學誠強調學術的「道」、「器」分別，推崇「互著」、「別裁」等觀念截然不同。然章學誠除承祁承鄴說，暢演「互著」、「別裁」義，以闡發目錄書的「辨章學術，考鏡源流」之用外，並無提出著錄義例，[16]故

12　《通志二十略‧校讎略》，頁 1823。《樂》《箴》乃二書，見《漢志》
　　班固自注。章學誠於此亦譏鄭樵失當，其〈鄭樵誤校漢志第十一之一〉：
　　「《樂》與《箴》，本二書也，鄭樵誤以為一書。又謂『《樂》《箴》
　　當歸雜家』，是樵直未識其為何物，而強為之歸類矣。亦此譏正班固，
　　所謂楚失而齊亦未為得也。」《文史通義校注‧校讎通義》，頁 1003。
13　〈編書不明分類論〉稱：「惟劉向父子所校經傳、諸子、詩傳，冗雜不
　　明……緣劉氏章句之儒，胸中元無倫類。」頁 1821。
14　浦起龍：《史通通釋》（臺北：里仁書局，1993 年）卷 3，頁 62。
15　〈鄭樵誤校漢志第十一之二〉，《文史通義校注‧校讎通義》，頁 1003。
16　張爾田〈漢書藝文志舉例序〉：「近代章實齋始悟官師合一之旨，其所
　　著《校讎通義》，廣業甄微，傑然知言之選。而史家發凡起例，為後世

暫不置論，其「互著」、「別裁」者，歷來討論者多，略述
於後。

二、孫德謙《漢書藝文志舉例》的著錄義例

　　孫德謙推崇章學誠，表彰劉向之學，先著《漢書藝文志
舉例》[17]，凡四十六例。再著《劉向校讎學纂微》，以彰顯
劉向、劉歆父子校讎工作創發的目錄體制，及經由班固刪裁
而成的《漢志》著錄體例，合二者以考見校讎大旨。《漢書
藝文志舉例》所立四十六例，實多依循鄭樵立說，茲略舉其
要，其中雖不盡妥當，[18]用以研治《漢志》，仍可參酌，故
歸納其說以論述之。

　　茲先列《漢書藝文志舉例》四十六例如下：

　　（1）所著書不用條注例、（2）刪要例、（3）一書下挈
大旨例、（4）辯章得失見後論例、（5）每類後用總論例、
（6）一類中分子目例、（7）分類不盡立子目例、（8）分標
題例、（9）稱出入例、（10）稱並時例、（11）稱省例、（12）
稱等例、（13）稱各例、（14）稱所加例、（15）稱所續例、
（16）書有別名稱一曰例、（17）此書與彼書同稱相似例、
（18）尊師承例、（19）種家學例、（20）書有傳例、（21）
書爲後人編定者可並載例、（22）書名與篇數可從後人所定

著錄成法，尚不能無待於後人。」《漢書藝文志舉例》（《二十五史補
編》，北京：中華書局，1995 年），頁 2。

17　《二十五史補編》（北京：中華書局，1995 年）第二冊收錄。本文所徵
引均此本，下僅注明頁碼。

18　詳見前注書，胡楚生所論。

著錄例、（23）學派不同者可並列一類例、（24）書無撰人
定名可言似例、（25）書中篇章須注明例、（26）書有圖者
須注出例、（27）一書爲數人作者其姓名並署例、（28）一
人之書得連署不分類例、（29）別裁例、（30）互著例、（31）
引古人稱說以見例、（32）引或說以存疑例、（33）其書後
出言依託例、（34）不知作者例、（35）不知何世例、（36）
傳言例、（37）記書中起訖例、（38）前後敘次不拘例、（39）
一人事略先後不複注例、（40）書缺標注例、（41）人名易
混淆者加注例、（42）書名上署職官例、（43）自著書不入例、
（44）書名省稱例、（45）篇卷並列例、（46）用總結例。

　　以上四十六例，是就《漢志》中出現的各種情況，提出
說明，孫德謙藉條例賦予積極意義。

　　就其形式，略舉數條與《漢志》及書目體例密切者探討
之：

1、《漢志》取裁及沿襲《七略》

　　班固《漢志》沿襲《七略》成書，見於其序文，然其沿
襲者是分類，或包含全部書目，後人則有不同見解。[19]孫氏
舉二者以說明其沿襲之例，包含（1）「所著書不用條注例」
（2）「刪要例」二條。「所著書不用條注例」，孫氏稱：

> 史之有藝文，肇始於班氏，觀其首序是所據者為劉歆
> 《七略》，乃每書下則不復用條注。然則後之編訂藝
> 文，於所引用書目，必為詳注之者，誠未合乎史例

---

19 詳見筆者〈《漢書‧藝文志》成書淵源論疑〉一文，本書第一篇。

也……藝文之入史志，為目錄之初祖，亦讀經及群書
之綱要，以傳體比類觀之。修史者，但求部次確當，
得失詳明。引據之書，無取條注，此《漢志》之舊例
然也。（頁 4）

「刪要例」，孫氏稱：

史家者，其於此書之義理，，衹示人以崖略，在乎要
言不煩，是故以劉氏之〈輯略〉，雖是提綱挈要，猶
取其至要之言，其餘毅然刪之……編藝文者，但當采此
一二語揭明要旨，彼繁辭縟說，則皆可刪也。（頁 4）

此二條雖是論《漢志》條例，實本鄭樵立說。「所著書不用
條注例」即不用載明出處，蓋目錄作用在著錄典籍，闡發學
術流變，此及鄭樵編〈藝文略〉備載前書而不注出處之故，
孫氏暗徵其觀點以例班固《漢志》。然二者亦見有不同，鄭
樵綜集前代各種書目，班固《漢志》因襲《七略》一書，不
條注亦知其所自也。

　　至於「刪要例」，孫氏認為是刪劉歆《七略》之「輯略」，
今人多認為是刪各書提要，即劉向所作書錄。[20]若所刪者為
各書書錄，則亦為鄭樵所稱「目錄無須注解」之觀點。

2、論類敘之體例

　　包含（3）「一書下挈大旨例」（4）「辯章得失見後論
例」（5）「每類後用總論例」三條。

---

20 余嘉錫《目錄學發微‧目錄書之體制二‧敘錄》（北京：中華書局，2007
　年）：「班固取《七略》作〈藝文志〉，雖刪去書錄，然尚間存作者行
　事於注中，但意在簡質，不能詳備，則修史之體不得不然。」頁 50。

　　孫氏「一書下挈大旨例」雖是在各書下，但主要作用仍
輔助該類的內容，孫氏云：

> 史家者，凡一類之中，是非異同，別為議論以發明之，
> 其於一書之下，但舉大旨耳。……班氏於六略之中，
> 未必一一注明，而此數書者，欲究其旨意何在，即可
> 以得其大略矣。（頁5）

「辯章得失見後論例」及「每類後用總論例」則論各略序及
各類序的作用。孫氏重視類序，以此作為論述學術發展的主
要方式，蓋分別書目與類序的作用。當代目錄學者昌彼得、
潘美月等均贊同此原則。[21]

3、論著錄分類及著錄原則

　　包含（6）「一類中分子目例」（7）「分類不盡立子目
例」（8）「分標題例」（23）「學派不同者可並列一類例」
（29）「別裁例」（30）「互著例」（38）「前後敘次不拘
例條」。孫氏云：

> 各分子目，使之以類相從，此選家之軔例，後人因之
> 是也。史家之藝文志，余嘗謂區立門戶，在乎辨明家
> 學，子目之分，則則近瑣碎，似不必也。（頁6）

孫氏不認為各類須立子目，但編排之中，自須以類相從，此
實即鄭樵所主張「同類著述的編次，須以類別為次第」的觀
點。

　　所謂「學派不同者可並列一類例」，蓋特指諸子略同一

21　見《中國目錄學史》（臺北：文史哲出版社，1991年）第6章，頁77。

家之中，如孟子、荀子同爲儒家，然孫氏此例殊爲不必，蓋
學派乃當時學者所公認習稱，非史家自行定義者，史家編撰
藝文，惟能辨別其說，使不相雜廁耳，即上「一類中分子目
例」，或如鄭樵所論，以類別爲次第。

　　其中「互著例」及「別裁例」因循章學誠之說，孫氏稱：
「諸家之學術兼通，仍不廢互著之例，若編藝文者，苟知一
人所著書可互裁他類，則宜率而行之矣……要之〈藝文〉一
志，苟不達互著之例，凡書可兩通者，將有舉此遺彼之患。」

4、論類敘用語

　　包括（9）「稱出入例」（11）「稱省例」（46）「用總
結例」三例。

　　「出入」、「省」等均是班固《漢志》改易《七略》之
著錄。其中用「用總結例」即說明各類著錄書籍數量，鄭樵
所論書目必計卷帙之觀點。

5、著錄書籍須注釋之義例

　　包含（16）「書有別名稱一曰例」（17）「此書與彼書
同稱相似例」（21）「書爲後人編定者可並載例」（22）「書
名與篇數可從後人所定著錄例」（25）「書中篇章須注明例」
（26）「書有圖者須注出例」（37）「記書中起訖例」（40）
「書缺標注例」（44）「書名省稱例」等九例。

　　以上十例，說明《漢志》著錄圖書之複雜程度，其中書
名、篇目篇數等內容，班固自注中過於簡略，後人難得其詳，
且無注者遠多於注者，難據以說明其例，如「記書中起訖例」，

孫氏云：

> 嘗謂志藝文者，於書中起訖亦當記之，即讀《隋志》，
> 而見其記載甚詳，知史家目錄，固於此深致意焉……
> 今觀《漢志》，《世本》云：「古史官記黃帝以來訖
> 春秋時諸侯大夫。」然則孟堅韌例於前，《隋書》者
> 遂踵而行之耳。（頁12）

《世本》屬「春秋類」，春秋類中，《太古以來年紀》、《漢
著記》、《漢大年紀》等各篇均無記起訖年代。

6、注明作者之義例

包含（18）「尊師承例」（19）「重家學例」（20）「書
有傳例」（24）「書無撰人定名可言似例」（27）「一書爲
數人作者其姓名並署例」（28）「一人之書得連署不分類例」
（33）「其書後出言依託例」（34）「不知作者例」（41）
「人名易混淆者加注例」（42）「書名上署職官例」十例。

其中「尊師承」、「重家學」均用以辨章學術源流，故
特立此二例，孫德謙「尊師承例」論曰：

> 漢儒傳經最重師承，班氏蓋審知之……孟堅撰述此
> 志，蓋尊崇師承之至矣，後之志藝文者，於其人學有
> 師承，不當注之曰「爲某氏弟子乎」，誠以史家目錄
> 須明乎學術源流，固不徒專司簿籍已也。（頁8）

「重家學例」亦曰：

> 藝文志者，爲學術之所關，其人親稟家學，又可闕而
> 不書乎？（頁8）

此爲其藉考察《漢志》記載作者的相關義例，以強調《漢志》

重視學術流辨的功用。

7、書籍不明例

　　古籍流傳，作者失考或依託僞作者，時有所見，《漢志》中多此類，孫氏亦歸納其例，有（24）「書無撰人定名可言似例」（33）「其書後出言依託例」（34）「不知作者例」（35）「不知何世例」（36）「傳言例」五例。

　　此五者均屬無法確定書的作者及時代，此類書籍，不知作者則闕疑，僞造者必辨明之。

　　孫氏所歸納條例，欲使《漢志》可以達到「辨章學術，考鏡源流」的作用，然《漢志》著錄分類，不過六略三十八種，而孫氏所列義例則達四十六，可見其紛繁複雜。而其所列，多不具通例性質，用之爲闡釋注釋《漢志》則可，欲藉以探求學術發展，則實所不能。然此非孫氏不能，乃《漢志》雖有其論列的現象，但非著錄義例也。

　　在孫德謙（1868-1935）《漢書藝文志舉例》之後其次，爲劉咸炘（1896-1932）《漢書藝文志略說》[22]中有〈校錄義例〉，係在孫德謙之說上論述而成。張舜徽（1911-1992）《漢書藝文志釋例》[23]，分甄審、著錄、敘次、標題、注記五類，總計三十例。胡楚生先生作〈張氏漢書藝文志舉例糾繆〉[24]，舉張氏之未當者十二例，以「餘論」綜論孫、張二家之異同。其既已闡發張氏對孫氏的沿襲與失當之處，茲不再論。

22　氏著《推十書》（成都：成都古籍書店，1996 年）收錄。
23　張舜徽：《漢書藝文志釋例》，北京：中華書局，1963 年。
24　胡楚生：《中國目錄學研究》（臺北：華正書局，1987 年），頁 91-126。

結　語

　　班固編纂《漢志》以記錄一代文獻，其是否有「辨章學術，考鏡源流」的目的，與《漢志》是否可以作爲「辨章學術，考鏡源流」的依據，是研治目錄學者所關注主題。欲透過書目著錄，以類例達到「學術自明」的功能，在任何強調學術的分類法上，都是一種理想，這種理想的建構，可就著述本身和分類兩方面而言。在著述上，至少在內容或是形式上，必須一致。

　　在內容上，作者的思想純一，故著作之內容爲明顯的學術主張。如孟子、荀子、老子、莊子等先秦諸子之書，後人據其著作稱其爲儒家、道家，其義自爲儒、道之學。

　　在形式上，全書的體例一致，如純爲詩集、文集。這類著作多見於詩賦略，或後代的集部詞曲類，其中所著錄必然爲詞曲無疑。但此類書籍以作品形式分，則難以探討其中的思想，《漢志》的《詩賦略》只有〈略序〉，而無類序，蓋即因於詩賦略乃依著作形式分類，因其以形式，故屈原以下三種賦、雜賦、歌詩，各有各的內容，無法如〈六藝略〉〈諸子略〉述其流變，甚至連如〈兵書〉〈數術〉〈方技〉各類，論述其作用均有困難，否則以班固乃東漢著名賦家，豈有不作類序之理。蓋學術內容可以述其主張，而以著作形式分類，則無法論述其學術思，亦不容易論述其流變。

　　簡單而言，即一書之內容僅爲一類，如此就可以透過分類，以「類例」統學術，而見類即知學術。

　　再就著錄而言，以著作「內容」或以著作「形式」爲分類的依據，亦須分辨。以著作形式爲依據，可看出某一著作形式（文體）之流變；以著作內容爲依據，則可得見學術淵源及流變，是形式或是學術觀念，二者難以在一目錄中同時呈現。

　　鄭樵提出「類例自分，學術自明」，但是並未歸納《漢志》的著錄義例，以作爲其主張的依據，蓋其了解到《漢志》爲一官府藏書目，受限於庋藏的內容，難以達到呈現古今學術流變的作用。其鄙稱劉向、歆父子及班固「胸中元無倫類」，乃責其不識目錄既是記錄學術著作，則經過妥善編排，即可以作爲學術發展及流變的記錄，發揮目錄的功用，使其不再只是簿錄而已。而劉歆及班固既無此觀念，其所編纂的目錄，自無此功能，章學誠藉《漢志》的類序暢發學術流變之旨，深得其要。孫德謙等欲藉書目考辨學術源流但受限於目錄本深，故雖殫思竭慮以創發義例，終難以達到其目的，徒增紛擾耳。

論《漢書・藝文志》未立史類之緣由

前　言

　　《漢書・藝文志》依循劉歆《七略》的類例，著錄東漢初年的官府藏書。[1]其中史書並未獨立成類[2]，而是附錄於〈六藝略・春秋類〉，此作法與後世各種分類法大異其趣，故學者有述其緣由者，亦有疑其未當者。認為兩漢之際史籍不多，不足以成類，故附於《春秋》末，自阮孝緒《七錄》始（引文見後），後人多依循其說。然鄭樵《通志・校讎略》疑云：「《漢志》以《世本》、《戰國策》、《秦大臣奏事》、《漢著記》為春秋類，此何義也？」[3]蓋以其未妥，鄭樵雖未進一步申明，但可推知其意是就學術流變而論，劉歆、班固對史籍的安排有未臻妥善之處。

　　史籍著作獨立成部，自晉荀勗《中經新簿》始，其細分

1　《漢志》依循《七略》的分類，除「輯略」外，各略的類目未見增省，故本文論述中舉《漢志》，均兼及《七略》，不另作說明。
2　文中所稱類，包含大類、小類，即《漢志》中的略、家二者及其後史志的部、類、屬三者而言。
3　見鄭樵《通志・校讎略》「編次不明論七篇」。本文徵引自王樹民點校《通志二十略》（北京：中華書局，1995 年）頁 1824。

則失載，[4]，大抵以史籍爲主，兼及雜記諸書。梁阮孝緒《七錄》立〈紀傳錄〉，專紀史傳[5]，《隋書·經籍志》在其基礎上，更創小類，後世部錄雖有更易，然大抵沿用。[6]

　　在史書獨立成部類以前，史籍的數量並不比各類著作少，《墨子》有「百國春秋」之語，漢代史籍今可考見者，仍有十數種，散見於「六藝略」及「諸子略」中[7]。《七略》、《漢志》未將史籍獨立成類，蓋因於其分類乃依據學術流別，然據司馬遷撰《史記》自云其「欲以究天人之際，通古今之變，以成一家之言」的論述，春秋家著錄《世本》以下九書，應歸入「諸子略」的儒家或雜家，而非「六藝略」，此觀點已見前人論述，其中不乏精闢見解，然於劉歆、班固作此安排之緣由，則尚有未及之處。本文就漢代的學術發展，史書

4　《隋志》稱《中經新簿》「丙部有史記、舊事、皇覽部、雜事」，然此並非其分類名稱，由其泛言甲部「紀六藝及小學等書」可知。見《隋書》（北京：中華書局，1973 年）卷 32、〈經籍志敍〉，頁 906。

5　見《隋志·序》，頁 906。《七錄·紀傳錄》分爲十二類，可視爲後世史部分類之濫觴，其十二類爲：國史、注曆、舊事、職官、儀典、法制、僞史、雜傳、鬼神、土地、譜狀、簿錄。見《廣弘明集》（大正《大藏經》冊 52，臺北：新文豐公司，1983 年）頁 110。

6　《隋志》雖繼承前人分類而立史部，然其〈目錄類敍〉稱：「劉向《別錄》、劉歆《七略》，剖析條流，各有其部，推尋事跡，疑則古之制也。自是而後，不能辨其流別，但記書名而已。」〈史部後敍〉又稱：「班固以《史記》附《春秋》，今開其事類，凡十三種，別爲史部。」是知其分類是欲直承《漢志》辨彰學術流變的精神。

7　王仁俊《今傳西漢史籍考》（臺北：臺灣中華書局，1972 年）例言二：「西漢史籍蓋寡，故《漢志》及《拾補》（姚振宗《漢書藝文志拾補》）或入禮家，如《漢禮器制度》是也；或附春秋，如《戰國策》、《楚漢春秋》、《史記》是也；或入《儒家》，如《列女傳》、《列仙傳》、《孝子傳》、《十二州箴》是也；或歸法家，如《漢律》、《西漢詔令》是也；或屬雜家，如《茂陵書》、《七略別錄》、《七略》是也；或歸形法，如《蜀王本紀》、《水經》是也。」頁 1。

的地位，劉歆、班固的編纂原則等方面探討冀能有所發見。

一、史籍數量不足以獨立成類之說

　　史志書目的編纂，多依據官府的藏書目錄，既是前代學
者著述的記錄，也是當代官府藏書的具體呈現。官府書目的
分類則是依據書庫的庋藏，因此，官府收藏典籍的種類及數
量的增減，自然影響到書庫的分閣別架，同時影響到書目部
類的分立與省併。[8]《漢志・諸子略》的兵書、數術、方技各
類在後世併入子部，除學術流變外，著述數量的減少，亦是
重要原因。班固編纂《漢志》，將史籍放在春秋類中，而未
說明其緣由。阮孝緒則以當時典籍數量不多，不足以成類故
也，《七錄・敘目》云：

> 向、歆《七略》，實有六條，劉氏之世，史書甚寡，
> 附見《春秋》，誠得其例。〈詩賦〉不從〈六藝・詩
> 部〉，蓋由其書既多，所以別為一類。[9]

阮氏不僅為班固解釋史書為單獨成類的原因，並稱「誠得其
例」，此說法證諸《漢志》春秋類中著錄的史書數量，有其
客觀性，故後人多採其說，馬端臨《文獻通考・經籍考・漢
志》按云：

> 班孟堅（固）〈藝文志〉、《七略》無史類，以《世本》

8　余嘉錫《目錄學發微》（臺北：藝文印書館，1974 年）十：「藏書之目，
　　所以供檢閱。故所編之目與所藏之書必相副，收藏陳設之間，多酌量卷冊
　　之多少厚薄，從來官撰書目，大抵記載公家藏書，是以門類不能過於繁碎。」
9　姚振宗《隋書經籍志考證》（《二十五史補編》本，北京：中華書局，1995
　　年）頁 386。

以下諸書附於〈六藝略・春秋〉之後。蓋《春秋》即
古史，而《春秋》之後，惟秦漢之事，卷帙不多，故
不必特立史部。[10]

《四庫全書總目・別史類敘》：

《漢藝文志》無史名，《戰國策》、《史記》均附見
於春秋，厥後著作漸繁，《隋志》乃分正史、古史、
霸史諸目……。[11]

《文獻通考・經籍考》與《四庫總目》均是影響深遠的目錄
著作，其說廣被近世目錄學家採納，如余嘉錫[12]、王欣夫[13]、
胡楚生[14]、吳楓[15]、李瑞良[16]及程千帆、徐有富[17]等均據以立

10　《文獻通考》（臺北：新興書局，1965 年）卷 192、〈經籍考〉卷 18，
　　頁 1619。

11　永瑢《四庫全書總目》（北京：中華書局，1987 年）卷 50，頁 445。

12　余嘉錫《目錄學發微・十》：「《七略》之變爲四部，不過因史傳之加
　　多而分之於春秋。」頁 162。又：「劉歆七略收書不多，又周秦學術，
　　至漢雖有興廢，而古書尚存，篇卷約略相當，故即按書分類，因以剖判
　　百家，尚不甚難。然史附《春秋》，而詩賦別爲一略，以不能不遷就事
　　實。」頁 165。

13　王欣夫《文獻學講義》（臺北：臺灣商務印書館，1992 年）第二章〈目
　　錄〉：「史本出于《春秋》，後立爲史部，詩賦本出于《三百篇》，後
　　來立爲集部，但是《七略》的分類，卻把史附入〈六藝略〉的《春秋》，
　　而詩賦則獨立爲一略……這是根據兩類書所存的多寡而定的。《七略》
　　所錄史家的書，自《世本》至《漢大年紀》只有九家，包括《太史公》
　　一百三十篇，只有四百四十一篇，數量太少。不能獨立一略，所以只好
　　作附錄。」頁 30。

14　胡楚生《中國目錄學》（臺北：文史哲出版社，1995 年）第七章〈流別〉：
　　「《漢書・藝文志》中，無史類書目，蓋西漢之時，史書甚少，故仍附
　　於〈六藝略〉之春秋類末，是以《國語》、《國策》、《太史公書》等
　　《漢志》皆次於《左氏》、《公羊》、《穀梁》之後，亦權宜之計耳。」
　　頁 120。

15　見《中國古典文獻學》（臺北：木鐸出版社，1988 年）第四章第二節，
　　頁 101。

說。

　　各家以著述數量稱史籍無獨立分類的必要，又因《春秋》
原本即史書，故將史籍附錄於春秋家。然就史籍數量而論，
《漢志‧春秋家》所錄《世本》以下著錄史籍九部四百一十
一篇，其數量多於〈樂〉之六部一百六十五篇，亦多於〈諸
子略〉之〈名家〉、〈墨家〉及〈數術略〉之形法，〈方技
略〉之〈醫經〉、〈房中〉各家。史籍數量未足以成「略」，
豈不足以成「家」，況且散見於〈諸子略〉中的《高祖傳》、
《孝文傳》、《劉向所序》等書，及後世歸入史部各類的著
作，《漢志》中著錄的史籍數量遠過於此，故知僅計算將《世
本》以下各書，而稱《漢志》因數量不多之故而不將史書獨
立成類之說，實有未盡妥當之處，亦有失劉歆、班固立略分
家的本旨。

二、以源流論史籍附於春秋類

　　將史書附於〈六藝略〉春秋類中，胡楚生稱其為權宜之

16　李瑞良《中國目錄學史》（臺北：文津出版社，1993 年）：「《七略》
　　把史書附在六藝略春秋類下，因為《七略》所錄史書，自《世本》至《漢
　　大年記》，只有九錄，四百一十一篇，很少，不夠一略的份量，只好作為
　　附錄。東漢以後，史籍日益增多，所以荀勗將它獨立出來，成為丙部……
　　丙部的設立是《中經新簿》的一大成就。」頁 81。
17　程千帆、徐有富《校讎廣義‧目錄編》（濟南：齊魯書社，1988 年）第
　　四章〈目錄的分類沿革〉：「後世史書出於《春秋》，詩賦出於《三百
　　篇》，然而《七略》卻將史書附在《春秋》之後，而詩賦卻自成一略，
　　源流雖同而處理各異的原因就在於篇卷多寡不同。史家之書，自《世本》
　　以下，僅八百四十一篇，不足成略。」頁 131。

計。[18]然各家目錄學著作，除就書籍數量探討外，亦有就學術源流考論，而稱史籍歸入春秋類爲是者，如汪辟疆論云：

> 古代目錄，史書統轄於六藝之中，蓋以史本出於六藝之《春秋》，劉《略》班《志》六藝略之春秋家，即爲史部。觀於司馬遷之《太史公書》及馮商之《續史記》併入春秋家內，不復別立史目可證。此經史合一也。自荀勖出《史記》於六藝春秋家內，別創丙部，李充亦然，但改丙爲乙耳……至唐初修《隋志》，而史部確實成立，一分而不可復合。蓋以經書只此數，後人注疏，亦不離其宗，而史書則與日俱增，盡附存六藝之春秋家，其勢不能。此史部與經部開合之一大變遷也。[19]

此段前半論述經史合一，後半說明史籍不得不別立成類的原因。其稱「劉《略》班《志》六藝略之春秋家，即爲史部」，此即「經史合一」，係承章學誠「六經皆史」的說法[20]，而內容則與章氏略有差別[21]，呈現漢代學術史的某些實情，即

18　見注 11。
19　汪辟疆《目錄學研究·七略四部之開合異同》（臺北：文史哲出版社，1973 年）頁 90。
20　章學誠《文史通義》（葉瑛校注本，北京：中華書局，1994 年）〈易教上〉：「六經皆史也，古人不著書，未嘗離事而言理，六經皆先王之政典也。」頁 1。葉瑛稱此說「倡自王守仁，特章氏推闡其義而益精耳。」見《文史通義校注·易教上》注二。頁 3-4。
21　章學誠論「六經皆史」，強調經學家論述的材料及源頭來自史料，而非「經史合一」，〈報孫淵如書〉（章學誠：《章學誠遺書》，北京：書目文獻出版社影印劉刻《章氏遺書》，1985 年）：「愚之所見，以爲盈天地間凡涉著作之林，皆是史學。六經特聖人取此六種之史以垂訓耳。子集諸家，其源皆出於史，末流忘所自出，自生分別，故於天地之間，別爲一種不可收拾不可部次之物，不得不分四種門戶矣。」

以史實作爲各種思想論述的主要來源；因此，不僅是經史合一，同時也是子史合一，各家均廣泛的取裁史料，整理運用，以論述其主張，展現其獨特的思想。

　　然此說忽略了經、史性質的不同，以及孔子《春秋》與《魯春秋》義含的差異。以學術精神及思想內涵論，春秋家相關的著作顯然不能逕視爲史書，且其中漢代盛行的《公羊》、《穀梁傳》，內容更明顯與史籍不同。《魯春秋》不與百國《春秋》俱亡，而能流傳於世的主要原因，並非其記錄的內容有何特出之處，而在於孔子賦予史事或史料之外的意義。不僅《春秋》，《漢志・六藝略》著錄群經及諸子著述皆然。

　　汪氏後半所論，以歷史論述漸多，且著作性質與經部書不同，故不得不獨立成類，此沿襲前人說而略有不同，著重在內容的分歧與龐雜，亦即就學術流別論述史書不得不立爲一類，昌彼得、潘美月《中國目錄學》論云：

> 兩漢以前，史部附屬於經，劉歆班固都說明它們的源流，因此太史公書可以附屬於春秋，後代記傳之書日漸增多，流別亦較龐雜，春秋一類難以包括一切史書。[22]

此特以司馬遷《太史公書》（下稱《史記》）爲例，說明《漢志》的考量，尚能合於實情，然《漢志》著錄的《世本》以下九部，其性質即與《史記》頗有差異，已經是「春秋一類難以包括」，自不待後世史部收錄的書目。舉《史記》代表

─────────────

22　見昌彼得、潘美月合撰《中國目錄學》（臺北：文史哲出版社，1991 年）第 2 章，頁 105。

《世本》等書，實未能反映出劉歆、班固將史書附在春秋類的意義。

　　司馬遷《史記》固然自稱是為繼承孔子《春秋》而作，然其特欲達成之「通古今之變」及「成一家之言」，均與《春秋》五《傳》的體裁不同，精神亦殊，此且暫不論。《漢志》著錄《世本》以下各書，其性質顯與《春秋》異趣，如《戰國策》、《楚漢春秋》二書，《隋志》云：

> 自秦撥去古文，篇籍遺散。漢初，得《戰國策》，蓋戰國遊士記其策謀。其後陸賈作《楚漢春秋》，以述誅鉏秦項之事……其屬辭比事，皆不與《春秋》、《史記》、《漢書》相似。蓋率爾而作，非史策之正也。[23]

《隋志》稱其為「率爾之作」者，尚有劉向的《列仙傳》、《列士傳》及《列女傳》等書[24]，此類著作的形式與《春秋》不同，內容則多屬不經，尚不及「《六經》之支與流裔」[25]而成一家之學的〈諸子略〉所著錄各書。〈諸子略〉儒家類著錄各書，如《高祖傳》、《孝文傳》等書，據《漢志》注文，分別是「高祖與大臣述古語及詔策」及「文帝所稱及詔策」[26]，則仍是古史官記言、記事的遺風，性質與《尚書》、《春秋》相同。

　　故知就學術源流，解釋《漢志》將史籍附於春秋的說法，應非劉歆、班固原意。

23　《隋書》卷 33〈經籍志〉（下略作《隋志》），頁 962。
24　見《隋志·雜傳類》，頁 981-982。以上劉向各書《漢志》未收錄，各家《漢志》補書收錄。
25　見《漢志·諸子略·序》，頁 1746。
26　見《漢志·諸子略·儒家類》的《高祖傳》、《孝文傳》二書注，頁 1727。

三、漢代以前有史書而無史學

　　《漢志》未將各種史書合併成一類，而將其分散〈六藝略〉及〈諸子略〉中，此自非是數量不多的緣故。將《世本》以下九書附於春秋家，亦非因於史籍出於《春秋》的緣故，蓋若以史官的性質來論史籍與六藝的關係，應是六藝出自史官的記錄，而非史籍出於春秋，以此則《七略》、《漢志》在〈六藝略〉前立史略為是。

　　《漢志》未將史籍獨立成部，蓋因於劉歆、班固當時尚無史學觀念，故於史籍著述，考其形式，則或同於《尚書》、《春秋》、《左傳》；考其著作目的，則或同於諸子，或雜亂而無所歸。而終以司馬遷、班固志在承續《春秋》，故以《史記》屬春秋類，其或近於《史記》者，亦以相同方式安排。

　　史書與史學的關係，金毓黻《中國史學史》云：

> 史學寓乎史籍，史籍撰自史家。語其發生之序，則史家最先，史籍次之，史學居末。[27]

撰史者，未必成為一家之言[28]，金氏稱史家在史籍之前，則撰史者均為史家，故知其所謂史家包含古代史官。中國史官的設置，始於文字之前，許慎《說文解字‧序》云：

> 黃帝之史倉頡，見鳥獸蹄迒之迹，始造書契。[29]

27　金毓黻《中國史學史》（臺北：鼎文書局，1994 年）第一章，頁 3。
28　此一家之言者，取法《漢書‧諸子略》所論云。即有核心思想及明確的主張，方成為一家之言，若小說家，因其為街頭巷議，無核心思想，故無可觀者也。
29　段玉裁《說文解字注》（臺北：漢京文化公司，1985 年），卷 15，頁 753。

黃帝、倉頡的事蹟固有傳說性質，但在夏商時代，已設立史官，則應可確信。[30]《周官》「左史記言、右史記事」只是泛言，古代朝廷設立史官，職務近乎卜祝，掌理天地人間各種事務，其名稱不一，記錄的範圍無所不包[31]，《隋志·史部·正史敘》云：

> 古者天子諸侯，必有國史，以紀言行，後世多務，其道彌繁。夏殷已上，左史記言，右史記事，周則太史、小史、內史、外史、御史，分掌其事，而諸侯之國，亦置史官。又《春秋》、《國語》引周志、鄭書之說，推尋事迹，似當時記事，各有職司，後又合而撰之，總成書記。[32]

又〈雜傳敘〉云：

> 古之史官，必廣其記，非獨人君之舉……是則王者誅賞，具錄其事，昭告神明。百官史臣，皆藏其書。故自公卿諸侯至于群士，善惡之跡，畢集史集。

從《隋志》的正史、雜傳二〈敘〉，可見古代天子史官將各種職司的史官所記錄的內容「合而撰之」，以成國史；此「合而撰之」的過程，必然有所取捨，也應有撰述的章法在，是時史學應即已成立。然後世並未見古代史法之條例或著作，此則是因於史官將「善惡之跡，畢集史集」的主要作用是用以昭告神明，作為誅賞的依據。

周代自周公制禮作樂亦後，禮既是「上下之紀，天地之

30　杜維運《中國史學史》第一冊（臺北：三民書局，1992 年）第二章，頁41。

31　詳見杜維運《中國史學史》第一冊第二章，頁 42-46。

32　《隋志·正史敘》，頁 956-957。

經緯也，民之所以生也」[33]，也成為「經國家，定社稷，序民人，利後嗣」[34]的基礎，因此可以推知，古史官勸善懲惡的標準亦是禮，史官在禮儀制度下執行其職司，以此，則史官秉禮，史籍述禮，史學即是禮的展現，若有史籍的編撰章法，亦是如數術方技的各種條例耳，未足以成學。故知，秦漢以前，史官之人數及史書之數量固然不少，然史學未曾成立。

　　兩漢之際，史學觀念既然尚未成立，史冊記事，既轉為六藝群經的材料，或為儒者及諸子徵引，則其學術價值已在六藝、諸子之中，故就《七略》、《漢志》以學術流派分類的原則，劉歆、班固不立史類，亦屬情理。

四、著史以顯經的學術思想

　　因漢代史學尚未成立，故劉歆、班固將史籍著作附於《春秋》之末，然此方式顯然與史籍在當時流布的情況及時人對史書的態度不合。

　　漢代流傳的史籍，包含各種《史記》續書、詔告、律令、傳記及當時尚存的戰國秦漢舊史等被後世史志歸入史類者，則其數量遠多於春秋類中的九部。[35]且就戰國以來之學術流變及《漢志》之內容考察，古代官府重視史官，亦重視國史，

---

33 《左傳》（李學勤主編：《十三經注疏》標點本，臺北：臺灣古籍出版社，2001 年）昭公二十五年傳，頁 1675。
34 《左傳》隱公十一年傳，頁 140。
35 見姚振宗《漢書藝文志拾補》等各家《漢志》補志。見姚氏《快閣師石山房叢書》（杭州：浙江書局排印，1929 年）及《二十五補編》（北京：中華書局，1995 年）收錄。

戰國至秦初，各國都有史書流傳。而各國史書，與經孔子編訂而後成為六藝的《魯春秋》，其形式亦應無大差別。秦焚禁各國史書[36]，表示當時各國尚存國史之觀念，各國王孫貴族豈不收藏國史。漢初「建藏書之策」，「大收篇籍，廣開獻書之路」，各國史書的殘編斷簡，其數量必然遠多於各類著作。然何以劉向、歆校書祕府，《別錄》、《七略》不收錄，是其未及整理或逕為刪汰？應是以後者近於實情。

　　劉向習《穀梁傳》，劉歆好《左傳》，二人本是經師，其校讎中祕注重微言義理，班固《漢志》亦然[37]。故〈六藝略〉強調微言大義，作為經國體民之用，在諸子略則強調「一家之言」，屬「六經之支與流裔」，亦是重視其思想主張。百國春秋及戰國的史書既未賦予思想義涵，其記載內容，諸子百家引之以為說，則成一家之言，於〈諸子略〉中呈現。其餘斷簡殘篇，既不被經師博士所重視，諸子百家亦棄之不取，則劉向效法孔子刪《書》、《詩》，誰曰不然。

　　又若因史籍無須獨立成類，就《漢志》所著錄的《世本》、《戰國策》、《史記》等書的內容而言，歸入〈諸子略〉是

36　《史記・秦始皇本紀》（北京：中華書局，1965年）：「臣請史官非秦記皆燒之。」頁255。李斯建議禁書，先是各國史書，而後非博士官所職的《詩》、《書》、及百家語。

37　《漢志》：「昔孔子沒而微言絕，七十子喪而大義乖。」顧實《漢書藝文志講疏》云：「百家之文亦稱微言。」劉光蕡云：「經籍之重，自孔子始，故從孔子說起也。然不自孔子生說起，而從孔子沒說起。為《漢書・藝文志》作緣起，見此志敘藝文有別擇之意，非漫無去取而錄之也。」又：「通篇之綱，志藝文，即是志孔子之道。孔子是藝文之祖，七十子其宗也。大義微言，藝文之蘊乖絕，則傳記諸子宜間存，不可偏廢也。」此皆可見《七略》、《漢志》以義理思想作為著錄書目之基礎。

否更合乎實際情形？[38]司馬遷的後人在王莽時代被封爲「史
通子」[39]，顯見漢代學者是視其爲諸子一家，而非說《春秋》
者。且就司馬遷〈答任安書〉，稱其「欲成一家之言」，亦
說明其著作實爲一家之書；既是一家之言，則理應歸於〈諸
子略〉，而非〈六藝略〉。且《史記》的論述方式與態度皆
大異於《春秋》，姑且不論其記載疏略牴牾，班固對司馬遷
《史記》的評價，是「是非頗謬於聖人，論大道則先黃老而
後六經」，如此何以能附於《春秋》末？所謂「善序事理，
辨而不華，質而不俚，其文直，其事核，不虛美，不隱惡」[40]
之稱，與「是非頗謬於聖人」相較，實不足道也。且「不隱
惡」的作法，亦與《春秋》爲尊親賢者隱諱之義不同。

　　劉歆、班固將史籍附於《春秋》後，實有其不得不然，
蓋司馬遷、班固著書均以承繼孔子爲志，司馬遷〈太史公自
序〉云：

> 先人有言，自周公卒，五百歲而有孔子，孔子卒後，
> 至於今五百歲，有能紹明世，正《易傳》，繼《春秋》，
> 本《詩》、《書》《禮》、《樂》之際，意在斯乎？
> 意在斯乎？小子何敢讓焉！

明白表現司馬遷繼承周公、孔子的信念，及非我其誰的承擔
勇氣，而司馬遷認爲孔子的思想和精神全然表現在《春秋》

38　此說今人已多論述，如高步瀛、程金造、阮芝生諸家說，詳見李紀祥〈《太
　　史公書》由「子」之「史」考〉、〈《史記》之「家言」與「史書」性
　　質論〉、〈太史公「成一家之言」別解〉各篇，《史記五論》（臺北：
　　文津出版社，2007 年）收錄。
39　見《漢書》卷 62〈司馬遷傳〉，頁 2737。
40　〈司馬遷傳‧贊〉見《漢書》卷 62，頁 2737-2738。

中，亦即禮義的具體呈現。故其答壺遂云：

> 夫《春秋》，上明三王之道，下辨人事之紀，別嫌疑，
> 明是非，定猶豫，善善惡惡，賢賢賤不肖，存亡國，
> 繼絕世，補敝起廢，王道之大者也……《春秋》以道
> 義，撥亂世，反之正，莫近於《春秋》……故《春秋》
> 者，禮義之大宗也。

司馬遷《史記》既然是繼承《春秋》，且以禮義為本，闡發
孔子思想，就司馬之志及寄寓的褒貶，其附於《春秋》，應
屬合宜。然劉歆《七略》將《史記》附於《春秋》，班固依
循其說，尚有寄寓在。

　　蓋劉歆好古文經，尤好《左傳》，欲立學官，今文家竟
「不肯置對」，而終「求出補吏」，「以病免官」[41]終此爭
論。《左氏傳》的體例與《公羊》、《穀梁》二家截然不同，
義例亦與《公羊》、《穀梁》多異，經師博士不肯置對，並
非全然無據。劉歆欲證明《左傳》為闡釋《春秋》之作，須
說明闡發孔子《春秋》思想，非僅字句褒貶之義例一端，言
行事蹟中，實能彰顯禮義精神及褒貶標準，而司馬遷《史記》
正證明褒貶之道「載之空言，不如見諸行事之深切著名也」，
《史記》既列《春秋》之末，則性質相近的《左傳》，更可
名正言順的列於六藝經傳之林。劉歆《七略》將《史記》附
於《春秋》，固有其深刻寓意在。

　　班固《漢書》繼承《史記》，在史事敘述中亦頗寄寓褒
貶，此皆遠承孔子《春秋》大義，班氏固然未肯將其自外於

---

41 見《漢書·楚元王傳》，卷36，頁1972。

孔門儒林，而居於十家九流之曹；繼承《七略》書部，保留其對司馬遷的評論，將《史記》附於春秋家之末，即同時將其《漢書》躋身於六藝經傳之列。

司馬遷作《史記》，班固作《漢書》，目的不在於編纂史料，而在於繼承孔子之《春秋》事業。司馬遷繼承孔子思想，將戰國秦漢以來足以作為施政龜鑒及人倫教化的史實編纂成書，評論得失，賦予思想內涵，此經過選取、編纂，賦予規範意義之史書，就如同《春秋》般，不是單純的百國春秋。孔子藉《魯春秋》闡發禮義標準，司馬遷、劉歆、班固依序繼承其作法，以史顯經，以史事闡發孔子思想、道德標準及寄寓的褒貶，其附於《春秋》之末，不亦宜乎！

五、史書的作用與獨立成類

漢魏之際，史籍著作日興，亦逐漸脫離於《春秋》之外，經過六朝發展，《隋志》將史部別為十三類，起自「正史」，終於「簿錄」，史部類例，差為定制，學者論述此發展，多稱此為史學發展臻於成熟的過程。《隋志》史部各類有類敍，申明其由始，蓋均出於官府史官所職司。各類敍所論云，除其源流外，對於當時各類史籍著作，亦評論其得失，如〈史部敍〉云：

> 自史官廢絕久矣，漢氏頗循其舊，班、馬因之。魏、晉已來，其道逾替。南、董之位，以祿貴遊，政、駿之司，罕因才授。故梁世諺曰：「上車不落則著作，體中何如則祕書。」於是尸素之儔，盱衡延閣之上，

> 立言之士，揮翰蓬茨之下。一代之記，至數十家，傳
> 說不同，聞見舛駁，理失中庸，辭乖體要。致令允恭
> 之德，有闕於典墳，忠肅之才，不傳於簡策。斯所以
> 為蔽也。[42]

此論述史籍獨立成類，係在史官放絕之後。蓋史官放絕，官
府記載喪失筆法，記錄因此荒誕不經，「理失中庸，辭乖體
要」，不足為典要，故難與六藝、諸子並列。記言、記事的
內容既失去可信性，又失去鑑戒作用，如此則各家書無經國
體民之用，又未成一家之言，其獨立於群經、諸子之外，自
屬適宜。《隋志》史部十三類中，對於各類著作肯定者少，
否定者多，茲依序列其評論：

古者天子諸侯，必有國史，以紀言行，……其後陵夷
衰亂，史官放絕，秦滅先王之典，遺制莫存。至漢武
帝時，始置太史公，命司馬談為之……談卒，其子遷
又為太史令，嗣成其志……遷卒以後，好事者亦頗著
述，然多鄙淺，不足相繼。

古史：

自史官放絕，作者相承，皆以班、馬為準。起漢獻帝，
雅好典籍，以班固《漢書》文繁難省，命潁川荀悅依
《春秋左傳》之體，為《漢紀》三十篇。言約而事詳，
辯論多美，大行於世。至晉太康元年，汲郡人發魏襄
王冢，得古竹簡書……多雜碎怪妄，不可訓知……其

著書皆編年相次，文意大似《春秋經》。諸所記事，多與《春秋》、《左氏》不同。學者因之，以為《春秋》則古史記之正法，有所著述，多依《春秋》之體。今依其世代，編而敘之，以見作者之別，謂之古史。

雜史：

《戰國策》……《楚漢春秋》……《越絕》……《吳越春秋》……其屬辭比事，皆不與《春秋》、《史記》、《漢書》相似，蓋率爾而作，非史策之正也。靈、獻之世，天下大亂，史官失其常守。博達之士，愍其廢絕，各記聞見，以備遺亡。是後群才景慕，作者甚眾。又自後漢已來，學者多鈔撮舊史，自為一書，或起自人皇，或斷之近代，亦各其志，而體制不經。又有委巷之說，迂怪妄誕，真虛莫測。然其大抵皆帝王之事，通人君子，必博采廣覽，以酌其要，故備而存之，謂之雜史。

舊事：

漢時，蕭何定律令，張蒼制章程，叔孫通定儀法，條流派別，制度漸廣。晉初，甲令已下，至九百餘卷，晉武帝命車騎將軍賈充，博引群儒，刪采其要，增律十篇。其餘不足經遠者為法令，施行制度者為令，品式章程者為故事，各還其官府。搢紳之士，撰而錄之，遂成篇卷，然亦隨代遺失。今據其見存，謂之舊事篇。

職官：

漢末，王隆應劭等，以百官表不具，乃作《漢官解詁》、《漢官儀》等書。……搢紳之徒，或取官曹名品之書，

撰而錄之，別行於世。宋、齊已後，其書益繁，而篇卷零疊，易為亡散；又多瑣細，不足可紀，故刪。其見存可觀者，編為職官篇。

儀注：

儀注之興，其所由來久矣。……漢興，叔孫通定朝儀，武帝時始祀汾陰后土，成帝時初定南北之郊，節文漸具。後漢又使曹襃定漢儀，是後相承，世有制作。然猶以舊章殘缺，各遵所見，彼此紛爭，盈篇滿牘。而後世多故，事在通變，或一時之制，非長久之道，載筆之士，刪其大綱，編于史志。而或傷於淺近，或失於未達，不能盡其旨要。遺文餘事。亦多散亡。今聚其見存，以為儀注篇。

雜傳：

自史官曠絕，其道廢壞，……漢時，阮倉作《列仙圖》，劉向典校經籍，始作《列仙》、《列士》、《列女》之傳，皆因其志尚，率爾而作，不在正史。後漢光武，始詔南陽，撰作風俗，故沛、三輔有耆舊節士之序，魯、廬江有名德先賢之讚。郡國之書，由是而作。魏文帝又作列異，以序鬼物奇怪之事，嵇康作《高士傳》，以叙聖賢之風。因其事類，相繼而作者甚衆，名目轉廣，而又雜以虛誕怪妄之說。推其本源，蓋亦史官之末事也……今取其見存，部而類之，謂之雜傳。

地理：

載筆之士，管窺末學，不能及遠，但記州郡之名而已。晉世，摯虞依《禹貢》、《周官》，作《畿服經》，

其州郡及縣分野封略事業，國邑山陵水泉，鄉亭城道里土田，民物風俗，先賢舊好，靡不具悉，凡一百七十卷，今亡。而學者因其經歷，並有記載，然不能成一家之體。

簿錄：

古者史官既司典籍，蓋有目錄，以為綱紀，體制堙滅，不可復知。孔子刪書，別為之序，各陳作者所由。韓、毛二《詩》，亦皆相類。漢時劉向《別錄》、劉歆《七略》，剖析條流，各有其部，推尋事迹，疑則古之制也。自是之後，不能辨其流別，但記書名而已。博覽之士，疾其渾漫，故王儉作《七志》，阮孝緒作《七錄》，並皆別行。大體雖準向、歆，而遠不逮矣。其先代目錄，亦多散亡。今總其見存，編為簿錄篇。

據以上論列，可知史籍獨立於群經諸子之外，主要並非因於著作數量增加，而在於其內容不足採擷。《中經新簿》將其獨立成部且置於諸子之後，固有其評判的寓意在，然將《史記》、《漢書》列於諸子及數術、方技之後，固非司馬遷、班固所能接受者也。《隋志》將史部移在子部之前，既因於魏晉以後子部著述的發展，其龐雜不下於史部，且史部中多存官方記錄，正史更是官方主持撰修，勢不得置於子部書之後。然《史記》、《漢書》脫離《春秋》，成為史書之首，亦成為難以改變的發展。

據此，則史部書獨立成類，既是史學觀念逐步成立，同時也在於史籍的性質與群經諸子的不同發展。經部著作篤守

文武周公及孔孟之道，史書著作則無此理念。[43]道不同，不相為謀；經、史分立，其勢必然也。

結　語

　　本文探討《漢志》未如後世立史部之原因，在於兩漢之際史學觀念未成立，而非學者習稱的史籍數量少的緣故，《漢志》著錄的史籍數量不多，亦因於劉向、歆父子未有史學觀念，故將流傳的史冊及殘篇斷簡擇刪汰，僅存若干，著於書錄，即《漢志》中附錄於「春秋家」末及〈諸子略〉中各書。

　　班固《漢志》因循《七略》書部，史籍著述主要附錄在〈六藝略〉「春秋家」末；在諸子略中各書，劉歆、班固不視其為史書也；此顯見劉歆、班固的分類原則，乃以著述的思想觀點為主，先考察其學術，而後辨其流別。

　　前人頗有贊述劉歆、班固將史籍附錄於「春秋家」之方式，為「誠得其例」，本文則以為班固將司馬遷《史記》附於「春秋家」，乃不得不然。

　　首先，漢代史學觀念尚未成立，史籍著作未成流別，必然依附於各家中，以各史籍的內容而論，或近於儒家，或流於雜家，然此二者均有非司馬遷、班固本旨。

　　再者，劉歆校讎中祕，得《左氏傳》以其內容形式與《公羊》、《穀梁》不同，欲立博士而不得。將《史記》等形式

---

43 劉咸炘《文史通義識語・史德》（成都：成都古籍書店，1996年）：「盡其天者，各如其分也。後之為史者，豈能如孔子，惟有各如其分，以待論定，不敢以私意擊斷，勿過方板……。」頁704。

與《左氏傳》相同的史籍附於「春秋家」，不無爲《左傳》申辨之意，蓋司馬遷明確說明其承繼孔子《春秋》之志。班固《漢書》則繼司馬遷而作，《史記》列於《春秋》末，則班固《漢書》亦得附驥尾。

　　史籍獨立成部，代表史學觀念趨於成熟，或是著作的內容龐雜，二者意義不同。本文考察兩漢之際的學術發展，及司馬遷、劉歆、班固之觀點，知其欲承繼孔子，而魏晉之後史家，則多無此抱負。然史家擺脫六藝經傳的束縛，獨立發展，終蔚爲大國，此又司馬遷、班固所未能預見者也。

「數術」與「術數」之名義辨析

前　言

　　《漢書・藝文志》有「數術略」[1]，在「兵書略」之後「方技略」之前，分爲天文、歷譜、五行、蓍龜、雜占、形法六類，收錄著作一百九十家二百五十八卷。同類著述，《隋書・經籍志》（下簡作《隋志》）以下各書目分散在子部「天文」、「曆數」、「五行」類中。[2]宋鄭樵（1104-1162）《通志・藝文略》立「五行類」，下分「易占」等三十類。[3]「天文」、「曆譜」相關著述另立「天文類」。《四庫全書總目》大抵因循《通志・藝文略・五行類》收錄之內容，類目則改作「術數類」，下分「數學」、「占候」、「相宅相墓」、「占卜」、「命書相書」及「陰陽五行」六屬；存目則於此六屬外，收

1　《漢志》此名稱依循劉歆《七略》，惟《七略》所用名稱爲「術數」或「數術」不可考，故此不具論，遂以班固《漢志》之類目名稱爲本文探討的依據。
2　依據姚名達《中國目錄學史》（臺北：臺灣商務印書館，1988 年）頁 102 附表〈四部分類源流一覽表〉。
3　三十類分別是：易占、軌革、筮占、龜卜、射覆、占夢、雜占、風角、鳥情、逆刺、遁甲、太一、九宮、六壬、式經、陰陽、元辰、三命、行年、相法、相笏、相印、相字、堪餘、易圖、婚嫁、產乳、登壇、宅經、葬書。

錄「雜技術」書，合計凡七，大抵包含傳統推測之術，《清史稿・藝文志》及彭國棟（1902-1988）《重修清史藝文志》因之。

「數術略」，亦見於《漢志・序》，惟今傳各本《漢書》於〈藝文志・序〉多作「術數略」，蓋即《四庫全書總目》所據，後世學者論及多承其說，並稱「數術」與「術數」無異。[4]

「數術」與「術數」俱見先秦典籍，然二者含義頗見差異，即班固（32-92）《漢書》中用法亦有不同，故推知《漢志・序》之「術數」實爲誤乙。前人於此，似未見考辨之論述，故略輯先秦兩漢典籍所載以論辨之。

一、數與術之名義與字詞組合

「數」與「術」二字，均見於先秦典籍，亦見於許慎（約

4　如俞曉群〈數術對哲學與科學史研究的意義〉（《科學史通訊》第 16 期，1997 年 12 月）：「數術一詞出現在兩漢之際，又稱術數。」
又：殷善培〈四庫全書子部術數類圖書著錄評議〉：「什麼是『術數』？簡單的說，就是陰陽卜筮之術。或做『數術』，兩者實無區別。」，《淡江中文學報》第 4 期，臺北：淡江大學中文系，1997 年。
又：張永堂〈中國古代術數的流傳與運用〉（《歷史月刊》第 66 期，1993 年 9 月）：「術數也就是數術，在以往這是可以互通的名詞其涵義有三：一是指權謀、策略……二是指法制治國之術……三是指以天干地支、陰陽五行生剋制化等數理，推測人事與社會發展與吉凶者，總稱術數。」
又：宋宇農《術數珍藏・敘》（臺北：宋林出版社，1995 年）：「『術數』，又稱『數術』；三國韋昭認爲，術指占術，數指歷數；也就是說『術數』爲易學家、陰陽家、占筮家，以觀察、分析宇宙大自然環境的變化現象，所產生的陰陽理論；用五行(現代之物理元素)生、剋、制、化的數理，來推測國家、人類的命運，以及事物榮枯、窮達的一種方術。」

58-147)《說文解字》（下簡作《說文》）中。《說文》：「數，計也。」段玉裁（1735-1815）《說文解字注》曰：

> 六藝曰九數，今《九章算術》是也。……引申之義，分析之音甚多，大約速與密二義可包之。[5]

桂馥（1736-1805）《說文解字義證》云：

> 計也者，本書算計歷數者，算數也。《一切經音義‧三》：「數，計也，閱其數曰數也。」《史記》：「張蒼主計。」《秦策》：「以上客料之趙何時亡。」高注：「料，數。」《通鑑》：「市井不復料數。」[6]

段玉裁之解釋，將原爲計算動作之數[7]，轉爲名詞數字用，並說明其引申之義以速、密爲要。此二義見於先秦典籍者，速義爲《爾雅‧釋詁》[8]所載，《禮記‧祭義》「祭不欲數，數則煩，煩則不敬」[9]之數均此義。密義如《孟子‧梁惠王上》「數罟不入洿池，魚鱉不可勝食也」[10]及《禮記‧哀公問》

5　段玉裁：《說文解字注》（臺北：藝文印書館影印經韻樓刊本，1958年）3篇下，頁33。

6　桂馥：《說文通訓定聲》（北京：中華書局，1987年）卷8，頁73。

7　《爾雅‧釋詁上》（李學勤主編《十三經注疏》，臺北：臺灣古籍出版社，1997年。本文徵引均以此版本爲主，若文字有疑義，則以《四部叢刊初編》本《十三經》參校，上海：上海書店，1997年）：「算，數也。」卷2，頁54。

8　《爾雅‧釋詁下》：「肅、齊、遄、速、亟、屢、數、迅，疾也。」卷2，頁32。

9　見《禮記‧祭義》，（《禮記正義》，李學勤主編《十三經注疏》本）卷47，頁1528。

10　趙岐注：「數罟，密網也。」疏：「數，密也。」見《孟子注疏》（李學勤主編《十三經注疏》，臺北：臺灣古籍出版社，1997年）卷1上，頁11-12。

「非禮無以別男女父子兄弟之親，昏姻疏數之交」[11]及《呂氏春秋‧士容論‧辯士》「稼欲生於塵，而殖於堅者。慎其種，勿使數，亦無使疏」[12]等等段。然先秦典籍中，「數」字作爲密、速二義並不多見，其義仍以計算及計算所得之數字爲主。部分則進一步引申爲推算之結果，如《韓非子》中所言之數，〈孤憤〉云：

> 夫以疏遠與近愛信爭，其數不勝也；以新旅與習故爭，其數不勝也；以反主意與同好爭，其數不勝也；以輕賤與貴重爭，其數不勝也；以一口與一國爭，其數不勝也。[13]

此數有推算結果之含義，不同於單純之計算或是數量，此用法仍與計算及數量關係密切。「數」字作爲技術之用法，似唯見於《孟子‧告子》「弈之爲數，小數也」[14]及《韓非子‧姦劫弒臣》「操法術之數，行重罰嚴誅，則可以致霸王之功」[15]數段。而《孟子》及《韓非子》書中他處「數」字亦不作技術解。《荀子》中用數者多，然多爲「次序」及「步驟」

---

11 見《禮記‧哀公問》（《禮記正義》）卷 50，頁 1604。

12 呂不韋：《呂氏春秋‧士容論‧辯士》（陳奇猷《呂氏春秋校釋》，上海：學林出版社，1984 年），卷 26，頁 1756。

13 韓非：《韓非子‧孤憤》（陳奇猷《韓非子新校注》，上海：上海古籍出版社，2000 年），頁 241。

14 趙岐注：「弈，博也。數，技也。」見《孟子注疏》，卷 11 上，頁 3。

15 《韓非子》（上海：上海古籍出版社，2000 年）書中數有技術、原理、、步驟、運勢等各種含義。又〈姦劫弒臣〉「伊尹得之湯以王，管仲得之齊以霸，商君得之秦以強。此三人者，皆明於霸王之術，察於治強之『數』，而不以牽於世俗之言」句，「數」宜釋爲原理。又如〈飾邪〉「臣故曰：明於治之『數』，則國雖小，富；賞罰敬信，民雖寡，強。」，此「數」亦釋作原理或步驟，較爲恰當。

義，如〈勸學〉「學惡乎始，惡乎終？曰：其數則始乎誦經，
終乎讀禮。其義則始乎爲士，終乎爲聖人」[16]。

　　桂馥所釋由計數引申爲推測、預料之義，然推測須有若
干徵兆及依據；古人取天地間各種事物及現象以推測者，即
《漢志・數術略》所分之天文、歷譜、五行、蓍龜、雜占、
形法等內容；相對之現象各自有不同之推測方式，其方式即
爲術。

　　術，《說文》：「邑中道也。」桂馥《說文解字義證》：
　　「邑中道也」者，《倉頡篇》：「邑中道曰術。」《廣
　　雅》：「術，道也。」《一切經音義・十》云：「《字
　　林》：邑中道曰術。道、術者，通也。又言：達解也，
　　無所不通也。」……《漢書・武五子傳》：「橫術何
　　廣兮，固知國中之無人。」瓚曰：「術，道路也。」〈刑
　　法志〉：「圜圍術路。」如淳曰：「術，大道也。」[17]
段玉裁注：
　　邑，國也。引申為技術。[18]
桂馥所引釋義，均強調術是道路之義，唯轉引自《字林》說
明道、術有「達解也，無所不通也」之義，應是針對典籍所
用之「道術」一語而發，說明道術具有普遍性意義，能廣泛
說明各方面的道理。段玉裁注特別說明術字引申爲技術，顯
然注意到先秦各種典籍中用「術」字，已少有作爲衢道之用，

---

16 此「數」，楊倞注云：「數，術也。」鍾泰曰：「數，猶言程也。術字
　　之訓未確。」見王天海《荀子校釋》（上海：上海古籍出版社，2004 年）
　　卷 1，頁 25-26。
17 桂馥：《說文通訓定聲》（北京：中華書局，1987 年）卷 6，頁 40。
18 段玉裁：《說文解字注》2 篇下，頁 18。

而多作技巧之義，如《墨子‧尚賢》云：

> 「然則眾賢之術將奈何哉？」
>
> 子墨子言曰：「譬若欲眾其國之善射御之士者，必將
> 富之，貴之，敬之，譽之，然后國之善射御之士，將
> 可得而眾也。況又有賢良之士厚乎德行，辯乎言談，
> 博乎道術者乎，此固國家之珍，而社稷之佐也，亦必
> 且富之，貴之，敬之，譽之，然后國之良士，亦將可
> 得而眾也。」[19]

其中「術」字無道路義。而既稱「術」，又論及「道術」，
顯見「術」特指技術，如射、御類之技巧；士有「道術」則
為國家之珍、社稷之佐，顯見「道術」包含眾術，具有普遍
性意義，其含義較各種技術為高。又《莊子‧達生》云：

> 梓慶削木為鐻，鐻成，見者驚猶鬼神。魯侯見而問焉，
> 曰：「子何術以為焉？」對曰：「臣工人，何術之有！
> 雖然，有一焉。」[20]

此「術」字指方法或是技巧，與前段《墨子》所云之術含義
大致相同，即段玉裁稱「引申為技術」之意。

　　單純作為方法或技巧之「術」字，在先秦諸子中頗常見，
除前引《墨子》和《莊子》書外，如《商君書‧農戰》云：

> 雖有詩書，鄉一束，家一員，獨無益於治也，非所以
> 反之之術也。[21]

---

19 墨翟：《墨子》（孫詒讓《墨子閒詁》，北京：中華書局，2007 年）卷
　2，頁 40。
20 莊周：《莊子‧達生》（郭慶藩《莊子集釋》，北京：中華書局，1997
　年）卷 7 上，頁 658。
21 商鞅：《商君書‧農戰》（蔣禮鴻《商君書錐指》，北京：中華書局，
　1986 年）頁 24。

此「術」字可直接解釋作「方法」，衛軼蓋申明詩書教化並非反亂世於治道之方法。《荀子・修身》云：

> 治氣養心之術，血氣剛強。則柔之以調和；知慮漸深，則一之以易良……。凡治氣養心之術，莫徑由禮，莫要得師，莫神一好。夫是之謂治氣養心之術也。[22]

禮是修養身性的重要依據，即「治氣養心之術」，故此術可單純釋作途徑或方法，並非一種學說或是一家之學。同例，〈榮辱〉云：

> 仁義德行，常安之術也，然而未必不危也；汙慢突盜，常危之術也，然而未必不安也。[23]

「仁義德行」與「汙慢突盜」是各種不同之術，是分別造成安、危的主要關鍵，「術」即指方法，此類用法，在先秦典籍中頗為常見，茲不俱引。《呂氏春秋》中所論述之術，則在此方法、原則之外，[24]更近一步視為道理。如〈慎行論・求人〉云：

> 觀於《春秋》，自魯隱公以至哀公十有二世，其所以得之、所以失之，其術一也。得賢人，國無不安，名

---

22 荀況：《荀子・修身》（王先謙《荀子集解》，北京：中華書局，1996年）卷1，頁25-27。
23 荀況：《荀子・榮辱》，卷2，頁627。
24 呂不韋：《呂氏春秋》（陳奇猷《呂氏春秋校釋》，上海：學林出版社，1985年）中，「術」作為普通原則或是方法，與《荀子》相同者，如〈似順論・有度〉云：「孔、墨之弟子徒屬充滿天下，皆以仁義之術教導於天下，然而無所行，教者術猶不能行，又況乎所教？是何也？仁義之術外也。夫以外勝內，匹夫徒步不能行，又況乎人主？唯通乎性命之情，而仁義之術自行矣。」（卷25，頁1651-1652）

> 無不榮；失賢人，國無不危，名無不辱。[25]

此論國家安危、國君榮辱之道，固不得以一方法、原則視之。
又〈孝行覽〉云：

> 夫執一術而百善至、百邪去，天下從者，其惟孝也。
>
> 詐偽之道，雖今偷可，後將無復，非長術也。[26]

孝，固非一術，而長「術」既以論述「詐偽之道」，則此術
亦爲一道，其義與以釋孝道之術，內容雖有差異，但作爲道
理之同義詞則相同。

　　「術」既由道路轉成各項方法和技巧的通稱，因此在各
種不同的論述中，自會加上若干觀念以成爲特殊的方法或是
技巧，在先秦典籍中，有「道術」、「方術」、「心術」、
「儒術」、「墨術」及「法術」、「王術」、「力術」「謀
術」等各種學說及技巧。[27]

　　雖先秦經籍中，似未見「數術」一詞，[28]但就相關字詞
的組合，仍可推得劉歆、班固「數術略」一名稱之所由。即
由計算、數字引申爲各種徵兆，及徵兆推算、預測結果的

---

25 呂不韋：《呂氏春秋‧慎行論‧求人》，卷 22，頁 1514。

26 呂不韋：《呂氏春秋‧孝行覽‧孝行》，卷 14，頁 731。

27 如「道術」見於《荀子‧哀公》、《莊子‧天下》；「方術」見於《莊子‧天下》、《荀子‧堯問》；「心術」見於《禮記‧樂記》，及「儒術」、「墨術」見於《荀子‧富國》，「法術」見於《管子‧明法解》、《商君書‧算地》及《韓非子‧孤憤》等；「王術」、「力術」見於《荀子‧彊國》，「謀術」見於《呂氏春秋‧季春紀》。

28 俞曉群〈數術對哲學與科學史研究的意義〉：「漢成帝時，劉向校書，分經傳、諸子、詩賦、兵書、數術、方技各略，校編後寫出提要，稱《別錄》，其中始見『數術』的稱呼。」其說可從。雖《墨子‧節用》（孫詒讓《墨子閒詁》，北京：中華書局，2001 年）云：「攻城野戰死者，不可勝數。此不令爲政者，所以寡人之道數術而起與？」（卷 6，頁 148）然此「數術」與劉向、班固所云「數術」無涉。

「數」，加上由道路引申爲技術、方法的「術」，二者合成一詞，即指由徵兆推算吉凶禍福的技術，《漢志》「數術略」取其義。

二、術　數

「術數」爲法家所特別強調，是國君駕馭臣民的方法，雖著重技巧，但實爲包含思想及技巧的完整概念，與以上所論各種「術」的含義不同，其出現時代在「儒術」、「墨術」、「法術」及「王術」、「義術、「力術」及「詐術」等名稱之前。典籍中徵引相關概念，並論述其作用及重要性，自《管子》已見，如〈形勢解〉云：

> 人主務學術數，務行正理，則化變日進，至於大功，而愚人不知也。亂主淫佚邪枉，日為無道，至於滅亡而不自知也。[29]

「術數」與「正理」並稱，既是修身必須依循之道，亦用於治國。又〈明法解〉云：

> 明主者，有術數而不可欺也，審於法禁而不可犯也，察於分職而不可亂也。
>
> 亂主則不然，聽無術數，斷事不以參伍。
>
> 主無術數，則群臣易欺之，國無明法，則百姓輕為非。[30]

此「術數」與律的法關係密切，專指國君治國及管理群臣之

29　《管子・形勢解》（黎翔鳳《管子校注》，北京：中華書局，1994 年）卷 20，頁 1183。

30　同前注，卷 21，頁 1207-1215。

方法，故有術數則為明主，無術數則為亂主，術數在法家的
重要性，不下於儒家的道德修養。而此方法為何稱為「術數」，
則《尹文子》及《商君書》中略可得見。《尹文子‧大道上》：

> 藉名、法、儒、墨者，謂之不善人，善人之與不善人，
> 名分日離，不待審察而得也。道不足以治則用法，法
> 不足以治則用術，術不足以治則用權，權不足以治則
> 用勢。勢用則反權，權用則反術，術用則反法，法用
> 則反道，道用則無為而自治。故窮則徹終，徹終則反
> 始，始終相襲，無窮極也。[31]

其中道、法、術、權、勢等層遞運用，各自有完整的做法。
術是治國理民的重要方法，有其特定的內容，非泛指一般的
技術。《商君書‧算地》云：

> 主操名利之柄，而能致功名者，數也。聖人審權以操
> 柄，審數以使民。數者臣主之術，而國之要也。故萬
> 乘失數而不危，臣主失術而不亂者，未之有也。今世
> 主欲辟地治民而不審數，臣欲盡其事而不立術，故國
> 有不服之民，主有不令之臣。[32]

此分別論述「數」與「術」之關係，數殆指運勢、時勢，術
則依據數而因應運作的方法或是手段，因此「術數」合而言
之，即謂掌握時勢，配合運作之原則，故管子稱「人主務學
術數」。《韓非子‧姦劫弒臣》云：

> 夫姦臣得乘信幸之勢以毀譽進退群臣者，人主非有術

---

31 尹文《尹文子》（上海：上海古籍出版社，1990 年）卷上，頁 1。
32 商鞅《商君書‧算地》（蔣鴻禮：《商君書錐指》，北京：中華書局，1986 年）頁 46。

數以御之也，非參驗以審之也……。

然則有術數者之為人也，固左右姦臣之所害，非明主
弗能聽也。[33]

此術數仍是管理國政，辨別是非的能力，但由國君擴及及臣
屬，可見術數在韓非思想中的重要性。自《管子》提出術數
是人主治國理政，駕馭臣民必須具備的能力，戰國時期的法
家學者，特別重視，商鞅、韓非書中單言術者，多沿用《管
子》術數義。內容雖略有差別，然與後世以陰陽五行、星象
占卜爲內容的數術，則是有明顯差別。

　　漢儒著述中，稱及「術數」，其含義與《管子》、《韓
非子》大致相同。[34]可作爲「術數」指法家之術之明證，與
被後人混淆之「數術」之含義不同。

三、《漢書》用「數術」與「術數」二詞之差異

　　《漢書》中，「數術」與「術數」並用，同一詞在不同
版本，亦有歧異。如〈藝文志‧序〉之「太史令尹咸校術數……
有術數略」[35]一段，清武英殿刊本及文淵閣《四庫全書》本
《漢書》，此二詞相同。王先謙《漢書補注》，則前者作「數

33　《韓非子‧姦劫弒臣》（陳奇猷：《韓非子新校注》，上海：上海古籍
　　出版社，2000 年）頁 294。

34　如王充《論衡‧答佞篇》：「讒人以直道不違，佞人依違匿端；讒人無
　　詐慮，佞人有術數。故人君皆能遠讒親仁，莫能知賢別佞。」

35　此段文字據百衲本《漢書》（臺北：臺灣商務印書館，1996 年），該本
　　書前題記：「上海涵芬樓借常熟瞿氏鐵琴銅劍樓藏北宋景祐刊本影印」，
　　實此書多元代補刊，如〈藝文志〉一卷，分別有元祐二年、元統二年、
　　大德八年、九年四年補刊，見於各卷版心。

術」，後作「術數」，今通行《漢書》標點本[36]即據此。《八史經籍志》之《漢書藝文志》則前者作「術數」，後作「數術」[37]，很顯然，「術數」與「數術」的互用，其中應有一為誤字。據《漢志》各處的用詞，殆「術數」應屬誤字，蓋卷中著錄書目後之「凡數術百九十家二千五百二十八卷」，及「數術者，皆明堂羲和史卜之職也」二段，各本《漢書》文字均同，應可據信，故知「數術」為是。

「術數」與「數術」含義不同，證之《漢書》，更為顯見。〈晁錯傳〉云：

> 人主所以尊顯功名揚於萬世之後者，以知術數也。……竊觀上世之君，不能奉其宗廟而劫殺於其臣者，皆不知術數者也。皇太子所讀書多矣，而未深知術數者，不問書說也。夫多誦而不知其說，所謂勞苦而不為功。臣竊觀皇太子材智高奇，馭射伎藝過人絕遠，然於術數未有所守者，以陛下為心也。

顏師古注：

> 張晏曰：「術數，刑名之書也。」臣瓚曰：「術數謂法制，治國之術也。」師古曰：「瓚說是也。公孫弘云『擅生殺之力，通壅塞之途，權輕重之數，論得失之道，使遠近情偽必見於上，謂之術。』此與錯所言同耳。」[38]

36　西北大學歷史系點校《漢書》（北京：中華書局，1962 年），臺灣各書局出版《漢書》標點本，據此影印。

37　臺灣商務印書館及世界書局據此版本排印。

38　《漢書》（點校本）卷 49，頁 2277。

此「術數」之含意，明指屬法家學說，應歸屬於〈諸子略・
法家類〉中，與「數術略」所著錄之各種占卜、方術著述不
同。班固《漢書》中所用之「術數」一詞，著實保留先秦學
術用詞的含意。

　　〈藝文志・數術略〉著錄的書籍，其論述的內容，在《漢
書》中亦稱「小數」，「數術家」亦稱「小數家」，或逕稱
「數家」，班固稱其起源於《尚書》之五行觀念，及陰陽家
的五德終始等學說，《漢書・五行志》云：

> 五行者，五常之形氣也。《書》云「初一曰五行，次
> 二曰羞用五事」，言進用五事以順五行也。貌、言、
> 視、聽、思心失，而五行之序亂，五星之變作，皆出
> 於律曆之數而分為一者也。其法亦起五德終始，推其
> 極則無不至。而小數家因此以為吉凶，而行於世，以
> 相亂。[39]

依據五行、五星的運行，五德終始等觀念以判定吉凶，正與
「數術略」相符，故知其以數推吉凶，稱之為「小數家」，
若「數家」，則是「小數家」之省稱。《漢書・東方朔傳》：

> 上嘗使諸數家射覆。

顏師古注：

> 數家，術數之家也。[40]

顏師古所稱「術數之家」疑原作「數術之家」，或顏師古已
用唐代之「術數」觀念以釋之，故注云「術數之家」。但以
漢代典籍所云，「術數之家」不應涉及射覆之事，故應是「數

---

39 同前注，卷 27 上，頁 1769。
40 同前注，卷 65，頁 2843。

術之家」而省稱「數家」也。此亦見於漢代相關著述中，如
《東觀漢記》：

> 言天體者有三家：一曰周髀，二曰宣夜，三曰渾天。
> 宣夜之學絕無師法。《周髀》數術具存。[41]

此天文而言數術，正符《漢志‧數術略‧天文類》之性質。
又諸家輯華嶠《後漢書》，俱稱其「治禮、音律、天文、數
術」，以「天文、數術」相連，亦與《漢志》近似。

　　唐代修纂的《隋書‧經籍志》雖無「數術類」，但所修
纂的《晉書》及南北朝各史中，「數術」的使用略多於「術
數」，惟二者含義已不見明顯的區別。

　　於此可知，「數術」與「術數」二者之含義，在漢代尚
有明顯差異，魏晉之後逐漸混淆。但今流傳各種刊本之《史
記》、《漢書》中，此二詞亦混淆不區別者，應屬後世傳鈔
及刊行時所改易，而非司馬遷、班固原用。

結　語

　　自漢武罷黜百家，獨尊儒術之後，先秦諸子的思想流傳，
受到嚴重的打擊，各家特有的語詞用字，內容義含也受到儒
學的影響，逐漸喪失原義，或不為學者所識，與其他的語詞
混淆，「術數」即是明顯之例。

　　考察先秦諸子論述的用字，術與數的含義，有明顯的差
異。「術」在先秦經籍諸子書中，由道路轉為原理、技術用

---

41 劉珍：《東觀漢記》（吳樹平：《東觀漢紀校注》，鄭州：中州古籍出
　　版社，1987 年）卷 22，頁 895。引自司馬彪《續漢志》劉昭注。

法的時代甚早，「數」則少有技術的含義。「術數」的使用也明顯早於「數術」，且使用此語詞者，多爲法家論述。

「數術」的內容是以數字推算爲主，蓋將「數」連結「術」而成詞，此用法大約出現於戰國晚期至秦漢之際，蓋當時諸多評議先秦諸子百家的論述，於是出現「儒數」、「墨術」等一家學說，用以對比此一家之言者，則有「道術」、「方術」、「心術」等語詞，而某些技巧因被廣泛論述，亦稱之爲術，如「王術」、「義術」、「力術」、甚至「詐術」等語詞，「數術」一詞，蓋因此而產生。兩漢以後，各種學說及技巧，多以術名之，其義含雖與先秦雖亦常有不同。如方術由道術轉爲方士神仙相關技巧之稱；數術則是由數量的計算及推算的技巧，[42]引申爲推斷未知事物及未來變化的技術。

漢代「數術」與「術數」二詞並存，同時使用，班固《漢書》中明顯區別，但當時法家的「術數」不復常見，學者未能明辨「數術」與「術數」的差異，著作中已有若干混淆。魏晉以後，法家學說更形衰微，「術數」原義遂爲「數術」所佔用，二者遂無明顯區別。後人傳鈔及校刊《漢書》，據其平素所習知改易《漢書》文字，而未能竟改，致使《漢書》中「數術」與「術數」並存；即〈藝文志・序〉後半段，短短百字中，即見歧異，殊滋疑義。此就所見，略論「數術」與「術數」原義的區別，以就正方家。

42　揚雄：《法言・先知卷》（汪榮寶《法言義疏》，北京：中華書局，1996年）「爲國不迪其法，而望其效，譬諸算乎？」疏：「算者計數之事，筭者計數之器，音同義近，古書通用。此言爲國之有治法，猶算之有數術。爲算者不循數術，不可以得數；爲國者不循治法，不可以致治。不循治法而冀治效，猶不循數術而冀得數之效也。」頁308。

《漢書‧藝文志》述論之西漢學術

前　言

　　《漢書‧藝文志》爲我國正史藝文志之始，對後代修藝文志有深刻之影響。自宋王應麟作《漢藝文志考證》以下，歷代迭有論述者，鄭樵《校讎略》、章學誠《校讎通義》等，或據以立論，或駁非其說，亦各成一家之學。推及近代，諸家各種校讎學、文獻學、目錄學等專著中必然論述其書，雖各家咸推其始作之功，但對其評價則不一。蓋自鄭樵提出「類例既分，學術自明」及章學誠提出「辨章學術、考鏡源流」以來，書目之研究者，莫不以此爲目錄學之最高原則，而《漢書‧藝文志》正是這研究的起點。

　　前人對於《漢書‧藝文志》之研究，從書目增補、考證、體例、著錄條例、訛誤缺失等，論述之數量百餘種，可爲備矣。然多著重在書目本身，少見目錄學者所極稱道之「辨章學術、考鏡源流」之學。本文所欲處理者，正是《漢書‧藝文志》各篇序論及之先秦、西漢學術流變部分。即取《漢志》各略及各類之序中論及之西漢學術發展者，與《史記》、《漢書》其他部分相參照，分析評論，並採前人之研究成果以爲

佐證，而《漢志》所論述之西漢學術可以約略得見。

一、《漢志》論述先秦學術之流變

　　《漢志》著錄分六略三十八種，除〈詩賦略〉外，各「種」（通稱類，本文均以類代之）有序，計〈總序〉一篇、略序六篇、類序三十四篇，總計四十一篇。此四十一篇，〈六藝略〉及〈諸子略〉各序，不論研究先秦諸子、漢代經學或目錄學者，常爲徵引。

　　此四十一篇序之體例頗不一致，〈六藝略〉所先論該類之內容與性質，而後敘述其在漢代流傳情形。〈諸子略〉則多論述十家九流之來由及其作用，〈詩賦略〉各類無序，〈數術〉、〈方技〉、〈兵書〉，則論作用，並不涉及流變。

　　〈總序〉總論漢代以前之學術，先就學術流變和漢代整理文獻之過程作一簡單之敘述，其中以孔子學說之流傳（即漢代以後之經學，《漢志》之〈六藝略〉部分）與諸子學爲主。〈序〉云：

> 昔仲尼沒而微言絕，七十子喪而大義乖。故春秋分爲五，詩分爲四，易有數家之傳。戰國從衡，真僞分爭，諸子之言紛然殽亂。至秦患之，乃燔滅文章，以愚黔首。漢興，改秦之敗，大收篇籍，廣開獻書之路。迄孝武世，書缺簡脫，禮壞樂崩，聖上喟然而稱曰：「朕甚閔焉！」於是建藏書之策，置寫書之官，下及諸子傳說，皆充祕府。至成帝時，以書頗散亡，使謁者陳農求遺書於天下。詔光祿大夫劉向校經傳諸子詩賦，

步兵校尉任宏校兵書，太史令尹咸校數術，侍醫李柱國校方技。每一書已，向輒條其篇目，撮其指意，錄而奏之。會向卒，哀帝復使向子侍中奉車都尉歆卒父業。歆於是總群書而奏其《七略》，故有〈輯略〉，有〈六藝略〉，有〈諸子略〉，有〈詩賦略〉，有〈兵書略〉，有〈術數略〉，有〈方技略〉。今刪其要，以備篇籍。[1]

這段敘述，將西漢以前的學術演變與典籍流傳分成四階段：

第一階段：孔子和孔子弟子，其時代大致在戰國以前。

第二階段：戰國時代，孔門學說分成各家，且諸子並起。

第三階段：秦燔滅文章。

第四階段：漢代以來之典籍整理。

以上四階段，可說即是劉歆、班固對西漢以前學術流變的基本見解。第一階段，是以孔子為古代學術的中心，其七十弟子則謹守孔子之大義。這說明孔子以前，各種學說並無一致之思想，或是未形成如孔子般以仁道貫穿其中的中心觀點。孔子默契天道，將原屬於官學之學術及相關典籍，融合繼承，形成一種獨特的思想學說，並傳授於弟子。在孔子及其弟子時代，孔門之思想學說是一致的。這種以孔子為中心的學術觀點，說明〈藝文志〉所分之六略，於〈諸子略〉並有十家九流之說，並非肯定六藝與諸子並馳，而是認為十家九流皆為孔子學說衰落之後產生。甚至可以說，六藝略所傳已非孔子學說之本意，而諸子略則更是等而下之者。〈諸子略序〉

---

1 《漢書》（點校本，北京：中華書局，1962 年），頁 1701。本文徵引《漢書》，均此版本，若涉及版本文字問題徵引別本，另為注明。

言諸子之學「合其要歸，亦六經之支與流裔」，正顯示劉歆、班固於先秦學術發展之基本觀點。

第二階段諸子並起，孔子之學說也分裂成各家學說，與諸子並騁。孔子之學，班固於六藝略及諸子略之儒家中言之。雖然〈總序〉提出《春秋》分爲五，《詩》分爲四，《易》則有數家之傳，似乎經說已有不同，非孔子本意，然與諸子略之儒家相較，則〈六藝略〉中各經說大體仍能守前師之說，而諸子略儒家者，則以經爲虛表，或藉經立言，個人之說大於前師之說也。而〈總序〉所言之《詩》、《春秋》、《易》等分家問題，正說明漢代學派、師法家法之爭，遠在孔子弟子之後已經產生，不待於今古文問題的出現。

第三階段，爲秦爲愚黔首，又惡「諸子之言紛然殽亂」，乃有之燔書之舉。秦燔書之事，見於《史記・始皇本紀》，因於儒士之說紛然殽亂者，然此儒士，自包含孔門弟子在秦之博士。然《史記・六國年表序》云：「秦既得意，燒天下詩書，諸侯史記尤甚，爲其有所刺譏也。」[2]可見秦之燔書，消滅各國史書，是其重要目的。而雖言「非博士官所職，天下敢有藏詩、書、百家語者，悉詣守、尉雜燒之。有敢偶語詩、書者棄市。」[3]但燔滅仍未絕，藏書之士，仍有人在，漢興以來，「詩、書所以復見者，多藏人家」，惟「史記獨藏周室，以故滅。」是秦之燔書，雖造成漢初之今古文經學文字之差異，然未遭燔滅之詩、書多藏於人家，是原本即有不同者也。

---

2 司馬遷：《史記》（點校本，北京：中華書局，1982 年）卷 15，頁 686。
3 司馬遷：《史記》，卷 6，頁 255。

　　第四階段，則論及漢代以來整理典籍之情形，六藝立於學官及師生流傳，則於六藝略各類敘言之，其相關問題，本文於後討論。漢代之典籍整理與學術復盛之情況，本文續於下節討論。

二、西漢之典籍整理

1、西漢之典籍整理與學術復盛

　　前引〈總序〉自「漢興」以下，爲班固敘述漢代整理典籍之情形。其前後，略可分爲三個階段：

　　一、大收篇籍，〈序〉稱：「大收篇籍，廣開獻書之路」。

　　二、武帝朝，「建藏書之策，置寫書之官。」

　　三、成帝朝以後，整理圖籍。參與整理者，劉向、任宏、尹咸、李柱國等人。

　　第一階段，「大收篇籍」者，齊召南云「指高祖時，蕭何收秦圖籍」。「廣開獻書之路」者，《七略》云：「孝武皇帝，敕丞相公孫弘廣開獻書之路，百年之間，書積如山。」第一階段，從高祖入咸陽至武帝朝之六、七十年間。其中當然包括重要的惠帝四年「解除挾書之令」[4]。但惠帝此詔書在文獻整理與漢代學術發展上，僅具消極意義，並無積極推展學術之作用。漢初的文獻工作，高祖時，張良、韓信等整理兵書，殆爲實用者，然此整理兵書之工作至武帝朝仍持續進

---

[4] 《漢書‧惠帝紀》：「四年……三月甲子，皇帝冠，赦天下。省法令妨吏民者；除挾書律。」卷2，頁90。

行，此乃漢初較具規模之文獻整理作。惠帝除「除挾書令」
外，未見其他之文獻工作。其後之文帝一朝，則積極從事典
籍蒐集之事。劉歆〈移太常博士書〉云：

> 至孝惠之世，乃除挾書之律，然公卿大臣絳、灌之屬
> 咸介胄武夫，莫以為意。至孝文皇帝，始使掌故朝錯
> 從伏生受《尚書》。《尚書》初出于屋壁，朽折散絕，
> 今其書見在，時師傳讀而已。《詩》始萌牙。天下眾
> 書往往頗出，皆諸子傳說，猶廣立於學官，為置博士。
> 在漢朝之儒，唯賈生而已。[5]

惠帝一朝，以介胄取天下之開國元勳不尚文事，且惠帝在位
極短，又受制於呂后，未能興志暢意，為漢家創立文治風尚。
待文帝朝，承平既久，始有能力從事蒐集散佚典籍文獻之工
作。然文帝本身愛好道術，無仍無意於儒學及文化之推廣，
故其使朝錯受讀《尚書》，意在傳寫保存耳。[6]《史記・儒林
傳序》記載：

> 孝惠、呂后時，公卿皆武力有功之臣。孝文時頗徵用，
> 然孝文帝本好刑名之言。及至孝景，不任儒者，而竇
> 太后又好黃老之術，故諸博士具官待問，未有進者。[7]

由此可見，惠帝至景帝年間，雖廣立學官，徵用儒者，且徵
集天下佚書，然僅止於此，未從事文獻整理工作。又《史記・

5　見《漢書・楚元王傳・劉歆》，卷 36，頁 1969-1970。
6　《史記・袁盎鼂錯列傳》：「孝文帝時，天下無治《尚書》者，獨聞濟南
　　伏生故秦博士，治尚書，年九十餘，老不可徵，乃詔太常使人往受之。太
　　常遣錯受《尚書》伏生所。還，因上便宜事，以《書》稱說。」卷 101，
　　頁 2745。
7　《史記》卷 121，頁 3117。

禮書》記載：

> 孝文即位，有司議欲定儀禮，孝文好道家之學，以為
> 繁禮飾貌，無益於治，躬化謂何耳，故罷去之。[8]

儀禮爲儒者之專業，文帝以爲無益於治道，儒學在漢初之地
位於此可見矣。而孔子傳於後世之六藝典籍，更不見重於當
朝，儒生殆亦私下所傳習耳。

　　第二階段專指武帝一朝，此爲漢代積極整理圖籍之始。
武帝因憫「書缺簡脫，禮壞樂崩」而「廣開獻書之路」，並
且「置寫書之官」，「如《七略》所言，其成果則是「百十
年間，書積如山。」武帝之整理圖籍，與其本身之好儒術有
關，其即位之初，即「鄉儒術，招賢良，趙綰、王臧等以文
學爲公卿」，因此與好「黃老」之竇太后相左[9]，其事不成。
至七年後，竇太后崩，始徵公孫弘，其「建藏書之策」，殆
始於此。

　　從漢初到武帝朝，典籍之徵集、各家學說之稍見復興，
皆爲其後之各家撰述，如司馬遷之《史記》及劉向整理等工
作，立下良好之基礎。《漢書‧司馬遷傳》敘述漢初百年間
學術復盛之情形，曰：

> 惟漢繼五帝末流，接三代絕業。周道既廢，秦撥去古
> 文，焚滅詩書，故明堂石室金鐀玉版圖籍散亂。漢興，
> 蕭何次律令，韓信申軍法，張蒼為章程，叔孫通定禮
> 儀，則文學彬彬稍進，詩書往往間出。自曹參薦蓋公
> 言黃老，而賈誼、鼂錯明申韓，公孫弘以儒顯，百年

8　《史記》卷 23，頁 1160。
9　《史記‧孝武本紀》，卷 12，頁 452。

　　之間，天下遺文古事靡不畢集。[10]

於此可見，漢初之學術整理工作，律令、兵書、禮儀等均進行。如兵書者，至武帝朝仍持續進行中，此於後論之。而典籍，則徵集多於整理，故至成帝朝，內閣祕府，書積如山，或複重、或訛脫，而有劉向校書之事。

　　第三階段，西漢整理圖籍之成果。經過武帝一朝之置官收藏、整理，而「天下遺文古事靡不畢集」，然經過百年至成帝，卻見「書頗散亡」之情形，因而有遣陳農求書於天下之舉，此頗有可議者。司馬遷於武帝末，曾以「石室金匱」之書作《史記》，可見武帝時，內府祕藏已不匱乏。其後，至成帝間書籍散亡，蓋因於昭、宣二帝之性格使然。昭帝九歲即位，在位十三年，攬事者霍光，霍光本是「不學亡術，闇於大理」之法家之徒，其性格「陰妻邪謀」[11]、「持刑罰嚴」[12]，略近於文、景二帝，故昭帝有詔令舉賢臣及文學高第[13]，然基本而言，昭帝朝並不重視學術。宣帝朝，雖詔諸儒講五經異同，立梁丘《易》、大小夏侯《尚書》、穀梁《春秋》博士[14]，頗重經術，其基本仍是法家者。《漢書》本傳贊稱其「信賞必罰，綜核名實」，〈敘傳〉稱「中宗明明，亹用刑名，時舉傅納，聽斷惟精。」〈元帝紀〉稱其「所用多文法吏，以刑名繩下。」正可見其亦是法家性格。於此，可略得知書籍散亡之故。而整理典籍之事，自待好儒術，而

10　《漢書》卷 62，頁 2723。
11　《漢書》卷 68，〈霍光傳〉贊語，頁 2967。
12　《漢書》卷 60，〈杜周傳〉，頁 2662。
13　《漢書‧昭帝紀》，卷 7，頁 223。
14　《漢書‧宣帝紀》，卷 8，頁 272。

被宣帝嘆爲「亂我家者」之元帝之後而有之。

　　陳農求書與劉向校書之事同在宣帝河平三年，然陳農所求得者，若干爲原藏之外者，亦是不得而知。然此爲漢代大規模且專人整理圖籍之事。

　　成帝而後，西漢之典籍整理，即以劉向爲中心，劉向之工作，殆相當於四庫全書纂修工作中之紀昀，總成其事者也。其餘參與工作者，《漢志》所載之任宏、太史令尹咸、李柱國及劉向之子歆，見諸史籍可考者，尚有霍山、蘇常[15]、杜參、班斿[16]等人。然以前所言，漢代典藏圖籍之單位頗多，前後參與之官員儒生必不僅於此。

2、西漢之圖籍典藏

　　〈總序〉稱武帝朝「建藏書之策，置書寫之之官」，然漢代之圖書典藏，自開國時已有制度，隨後遞增，更見規模。西漢典藏圖籍之處，見諸典籍者，有石渠、延閣等多處，劉歆《七略》云：

　　　外則有太常、太史、博士之藏，內則有延閣、廣內，
　　　祕室之府。[17]

其中太常、太史、博士皆非專管圖籍之官員，延閣、廣內等祕室之府，其制度不詳，亦不見於《史記》、《漢書》。惟見於諸家徵引之《七略》[18]。王應麟曰：

15　見《漢書》及《通典》（北京：中華書局，1988 年）卷 24，頁 663。
16　顧實：「三人（按：指任宏、尹咸、李柱國）蓋皆襄向校書，然與校可考者，尚有杜參、班斿，則又不只此數人。」
17　姚振宗輯本，《二十五史補編》收錄。
18　如《隋志》、《通典》、顏師古《漢書注》等所述及延閣、廣內等祕室者，皆引自《七略》。

> 《通典》：漢氏圖籍所在，有石渠、延閣、廣內，貯
> 之於外府。又御史中丞居殿中，掌蘭台祕書及麒麟、
> 天祿二閣，藏之於內禁。〈百官表〉：御史中丞在殿
> 中蘭臺，掌圖籍秘書。[19]

此二者於延閣、廣內等為外府或內不同。若綜合二說，可將
《七略》所稱之「外」，指朝廷，蓋官府所掌管；「內」則
為內廷，為皇室藏書，即《通典》所云之內禁。皇室之祕藏，
與朝廷官員所管理者不同，所稱「中書」、「祕書」或「中
祕書」者，均指皇家之祕藏也。故者。顏師古注「中書」曰：
「中書，天子所藏之書也。」[20]

　　由劉歆與王應麟所言，漢代藏書，除私家藏外，政府機
關及天子之祕藏，有延閣、廣內、石渠、蘭台、麒麟閣、天
祿閣等處。官員與圖籍有關者，則有太常、太史、博士、御
史中丞等。

　　麒麟、天祿等為禁中藏書之所，即後代之祕閣，《歷代
職官表》稱曰：

> 漢以麒麟、天祿閣為禁中藏書之所，即後世祕閣之制
> 所由昉。而劉向、揚雄等皆以他書典校其間……。[21]

麒麟、天祿、石渠等均在未央宮，考《三輔黃圖》所載漢代
與圖籍政教相關之宮閣有：

> 宣室：布政教之室也。

19　王應麟《漢藝文志考證》卷1，《二十五史補編》頁1987。

20　《漢書・儒林傳》注3，卷88，頁3607。

21　《歷代職官表》（上海：上海古籍出版社，1989年）卷25、〈文淵閣閣
　　職〉，頁473。

承明殿：著述之所也。

石渠閣：蕭何所造，其下礱石為渠以導，若今御溝，因為閣名。所藏入關所得秦之圖籍。又成帝於此藏祕書焉。《玉海》引如上，又一引云：石渠內藏入秦府所得圖書，所謂天祿、石渠，典籍之府。

天祿閣：藏典籍之所。《漢宮殿疏》云：「天祿麒麟閣，蕭何造，以藏祕書，處賢才也。劉向於成帝末，校書天祿閣。」[22]

麒麟殿：藏祕書，即揚雄校書處。

以上均在未央宮，蓋漢代開國已建立者。又漢代儒生論學，不限於各處，如成帝初，「鄭寬中、張禹朝夕入說《尚書》、《論語》於金華殿中⋯⋯數年，金華之業絕。」[23]是金華殿亦如石渠閣、白虎觀一般，常為論學之所。

又劉歆稱博士之藏書者，漢元始四年，以明堂、辟雍為博士舍。《三輔黃圖》記載：

元始四年，起明堂、辟雍為博士舍，三十區為會市，列槐樹數百行。諸生朔望會此市，各持其郡所出物及經書相與買賣。雍雍揖讓，議論槐下，侃侃誾誾如也。[24]

博士以其所藏書籍交換買賣，是知劉歆所云之博士書，乃私人之藏書也。而博士居舍是否有公藏圖書，則不得而知也。至於太常、內史之藏者，太常又稱奉常，為九卿之首，主管

---

22 《三輔黃圖》（臺北：世界書局，1963年，孫星衍、莊逵吉輯校本），卷6，頁48。

23 《漢書・序傳上》，卷100上，頁4198。

24 《三輔黃圖》，頁65。

禮儀文教者，《漢書・百官公卿表》云：

> 奉常，秦官，掌宗廟禮儀，有丞。景帝中六年更名太
> 常。屬官有太樂、太祝、太宰、太史、太卜、太醫六
> 令丞，又均官、都水兩長丞，又諸廟寢園食官令長丞，
> 有廱太宰、太祝令丞，五畤各一尉。又博士及諸陵縣
> 皆屬焉。景帝中六年更名太祝為祠祀，武帝太初元年
> 更曰廟祀，初置太卜。博士，秦官，掌通古今，秩比
> 六百石，員多至數十人。武帝建元五年初置五經博
> 士，宣帝黃龍元年稍增員十二人。元帝永光元年分諸
> 陵邑屬三輔。王莽改太常曰秩宗。[25]

由太常之職務，可見其非掌管圖籍者，劉歆所言者，殆指歷
任太常官員所藏之私人圖書，如叔孫通、班斿等人之藏書。
內史則為京兆尹，殆掌治京師者，更與典藏圖書無涉。

　　御史中丞為御史大夫二丞之一，《漢書・百官公卿表》
云：「御史大夫……有兩丞，秩千石。一曰中丞，在殿中蘭
臺，掌圖籍祕書，外督部刺史……。」[26]《通典》注云：「漢
中丞有石室，以藏祕書、圖讖之屬。以其居殿中，故曰中丞。」
[27]則「殿中蘭臺」指其辦公處所，蘭臺為藏書之所，可見其
在朝之主要任務即是掌理圖書。然其又「外都部刺史」，則
又可知其亦為一般性官員，非如周代之典藏史般專司圖書典
藏之職者。

　　由以上可見，漢代並無專任典藏圖書之官，御史中丞兼

25　《漢書》卷 19 上，頁 726。
26　《漢書》卷 19 上，頁 725。
27　《通典》卷 24，頁 663。

管圖籍，主要負責者爲外都部刺史。後御史丞轉爲大司空，御史中丞則出外爲御史臺率，爲後代之督部地方之官員。可見，御史中丞雖掌蘭臺，其主要職務亦非於此。

三、〈總序〉與各類序內容之歧異商榷

〈總序〉說明從孔子到西漢末學術興衰之情形，言簡意賅。然所言之《詩》、《春秋》、《易》，與經部各序所言，卻有若干不相應者。

以《詩》而言：〈詩類敘〉云：

> 孔子純取周詩，上采殷，下取魯，凡三百五篇。遭秦而全者，以其諷誦，不獨在竹帛故也。漢興，魯申公爲詩訓故，而齊轅固、燕韓生皆爲之傳。或取《春秋》，采雜說，咸非其本義。與不得已，魯最爲近之。三家皆列於學官。又有毛公之學，自謂子夏所傳，而河間獻王好之，未得立。

〈詩類敘〉所言之漢代《詩》的傳承，也是四：魯申公、齊轅固、燕韓生、毛公。但是這與總序所言之《詩》分爲四，卻當非一致。其不一致者：

1、列於學官者三家，這三家《詩》訓解的「故訓」或「傳」，皆出於漢人之作，其「或取《春秋》，采雜說，咸非其本義。」指的亦是申公、轅固、韓生等人之訓解，雖是〈總序〉所言孔子弟子之後，「詩分爲四」者相應，但班固明言「咸非其本義」，則轅固生等人所爲故訓，是否爲孔子弟子之傳，並無法得見。

2、毛公之學，《漢志》言其「自謂子夏所傳」，稱「自謂」，是班固不肯定其說，姑且記之之意。故毛公之說是否為〈總序〉所言之「《詩》分為四」者所流傳，亦當非肯定者。

合而言之，〈總序〉所言「《詩》分為四」，至漢初雖仍四家之數，然學官所承認著三家耳，且《詩》經文或許仍同，而訓解則「咸非本義」矣。這雖與〈總序〉之「七十子喪而大義乖」相呼應，然漢初之四家與孔子弟子之後之「《詩》分為四」者，卻未必相同。

再就總序所言之《春秋》之流傳而言，〈春秋類敘〉云：

> 古之王者世有史官，君舉必書，所以慎言行，昭法式也。左史記言，右史記事，事為《春秋》，言為《尚書》，帝王靡不同之。周室既微，載籍殘缺，仲尼思存前聖之業，乃稱曰：「夏禮吾能言之，杞不足徵也；殷禮吾能言之，宋不足徵也。文獻不足故也，足則吾能徵之矣。」以魯周公之國，禮文備物，史官有法，故與左丘明觀其史記，據行事，仍人道，因興以立功，就敗以成罰，假日月以定曆數，藉朝聘以正禮樂。有所褒諱貶損，不可書見，口授弟子，弟子退而異言。丘明恐弟子各安其意，以失其真，故論本事而作傳，明夫子不以空言說經也。《春秋》所貶損大人當世君臣，有威權勢力，其事實皆形於傳，是以隱其書而不宣，所以免時難也。及末世口說流行，故有公羊、穀梁、鄒、夾之《傳》。四家之中，公羊、穀梁立於學官，鄒氏無師，夾氏未有書。

此〈序〉與〈六藝略〉各類敘不同者，在於所述以孔子作《春

秋》之緣由及其內容之褒貶特色爲主，反而未論及《春秋》
之流傳情形。而〈總序〉言「《春秋》分爲五」者，與此言
「末世口說流行，故有公羊、穀梁、鄒、夾之《傳》」不合，
或可以加入《左氏傳》一家，而成五，以符〈總序〉之數。

　　然總序言《春秋》分爲五，乃在孔子弟子之後，而班固
所言之丘明作傳，卻是與孔子並觀魯史者，是不得合計爲五
者。且公羊、穀梁爲官方承認，乃來自末世口說之流行，丘
明之傳反而不傳，豈不怪哉。

　　又鄒氏無師，其意當是當時有書流傳，只是無人傳習耳。
夾氏未有書，則「春秋類」所著錄之《夾氏傳》十一卷爲何？
班固自注云「有錄無書」，指當時並無《夾氏傳》流傳，蓋
以失傳，並非夾氏無著書。

　　〈春秋類序〉之敘述與各類序之明顯歧異者，無「漢興」
之詞，使人無法得知「有公羊、穀梁、鄒、夾之傳」者，其
流傳於秦燔書以前，或是漢初仍有也。而「無師」、「無書」
者，漢初，或是漢代中葉以後如此，亦不得而知。

　　又《易》，總序言有「數家之傳」，易類敘則言「及秦
燔書，而易爲卜筮之事，傳者不絕。漢興，田何傳之。」由
孔子弟子之後有「數家之傳」，且「傳者不絕」，而後成田
何一人傳之，實亦頗悖於「紛然殽亂」之言，於此班固所言，
當有所遺缺者。

四、《漢書藝文志》序所論述之西漢學術

　　《漢志》各類敘論及漢代之學術者，以〈六藝略〉較爲

詳細，其餘〈詩賦〉、〈兵書〉稍有論述，〈數術〉、〈方技〉則僅以提及漢代相關之人物。若就《漢志》之各類序觀之，似乎漢代六藝經學獨盛，諸子、數術、方技則不見存也。又〈六藝略〉所論及之漢代經學，與《史記》等稍有相異之處。茲據《史記》及《漢書》中相關資料，與《漢志》各類序所言，合觀並述之。

1、〈六藝略〉所論述之西漢經學流變

班固所處時代，正是古文經學興盛，漸漸取得學術地位之時。而班固因本身的學術觀點或師承家法，使其在〈六藝略〉各類序中述及之漢代學術與《史記》稍有不同者。此就《易》、《尚書》等，略論其諸家相異處。

〈易類敘〉：

漢興，田何傳之。訖于宣、元，有施、孟、梁丘、京氏列於學官，而民間有費、高二家之說。劉向以中古文《易經》校施、孟、梁丘經，或脫去「無咎」、「悔亡」，唯費氏《經》與古文同。

〈總序〉言孔子而後「《易》有數家之傳」，此言「漢興，田何傳之」，是有未妥者。蓋如此，則數家之傳合於田何一家，而後又分爲立於學官者四家，民間二家，是不可通者。《漢書・儒林傳》云：

漢興，田何以齊田徙杜陵，號杜田生，授東武王同子中、雒陽周王孫、丁寬、齊服生，皆著《易傳》數篇。同授淄川楊何，字叔元，元光中徵為太中大夫。齊即墨成至城陽相。廣川孟但為太子門大夫。魯周霸、莒

衡胡、臨淄主父偃，皆以《易》至大官。要言《易》
者本之田何。

《史記‧儒林傳》則云：

> 自魯商瞿受《易》孔子，孔子卒商瞿傳《易》，六世
> 至齊人田何字子莊。而漢興，田何傳東武人王同子
> 仲，子仲傳菑川人楊何，何以《易》元光元年徵官至
> 中大夫，齊人即墨成以易至城陽相，廣川人孟但以
> 《易》為太子門大夫，魯人周霸、莒人衡胡、臨菑人
> 主父偃，皆以《易》至二千石，然要言《易》者本於
> 楊何之家。

《漢書‧儒林傳》大抵依《史記》改寫，所差別者，改「要
言《易》者本之田何」為「言《易》者本於楊何之家」。二
說之不同者，蓋司馬遷以為本之楊何者，其家學也，《史記‧
儒林傳序》亦言「言《易》自菑川田生」，是其近本之楊何，
遠溯之田何也。劉師培云：

> 或謂本于楊何當作田何，不知班據施、孟、梁丘三家
> 之說，馬承楊說，師承不同。[28]

施孟梁丘諸家之說，傳自丁寬，丁寬則出於田何。《漢書‧
儒林傳》：

> 丁寬字子襄，梁人也。初梁項生從田何受易，時寬為
> 項生從者，讀《易》精敏，材過項生，遂事何。學成，
> 何謝寬。寬東歸，何謂門人曰：「《易》以東矣。」
> 寬至雒陽，復從周王孫受古義，號周氏傳。景帝時，

---

28 劉師培《左盦集》（南京：江蘇古籍出版社，1997 年）卷 1，頁 4，總
　　頁 1202。

> 寬為梁孝王將軍距吳楚，號丁將軍，作《易說》三萬
> 言，訓故舉大誼而已，今小章句是也。寬授同郡碭田
> 王孫。王孫授施讎、孟喜、梁丘賀。繇是《易》有施、
> 孟、梁丘之學。

由此，知漢之《易》立於學官者，與楊何無涉，而班固所述
者，立於學官者，故以田何為漢代《易》學之本，然丁寬之
學，實非盡為田何之學，蓋融合田何及周王孫之古義者。然
「劉向校書，考《易》說，以為諸《易》家說皆祖田何、楊
叔元、丁將軍，大誼略同，唯京氏為異。」可知漢代《易》
學，大體而言，除京氏外，諸家無異。

〈尚書類序〉：

> 秦燔書禁學，濟南伏生獨壁藏之。漢興亡失，求得二
> 十九篇，以教齊魯之間。訖孝宣世，有歐陽、大小夏
> 侯氏，立於學官。古文《尚書》者，出孔子壁中。武
> 帝末，魯共王壞孔子宅，欲以廣其宮，而得古文《尚
> 書》及《禮記》、《論語》、《孝經》凡數十篇，皆
> 古字也。共王往入其宅，聞鼓琴瑟鍾磬之音，於是懼，
> 乃止不壞。孔安國者，孔子後也，悉得其書，以考二
> 十九篇，得多十六篇。安國獻之。遭巫蠱事，未列于
> 學官。

漢初《尚書》傳自伏生者，無異說。大小夏侯立學官之事於
宣帝朝，《史記》未及載之。此云《古文尚書》由魯共王所
得，孔安國轉而得之。《史記・儒林傳》則曰：

> 伏生教濟南張生及歐陽生，歐陽生教千乘兒寬。兒寬
> 既通《尚書》，以文學應郡舉，詣博士受業，受業孔

安國。……張生亦為博士。而伏生孫以治《尚書》徵，
不能明也。自此之後，魯周霸、孔安國，雒陽賈嘉，
頗能言《尚書》事。孔氏有古文《尚書》，而安國以
今文讀之，因以起其家。逸書得十餘篇，蓋《尚書》
滋多於是矣。

兒寬曾授業孔安國者，則漢代之《尚書》學，實伏生之學與
孔安國之學並行者。故《史記》稱「孔氏有古文《尚書》，
而安國以今文讀之，因以起其家。」又《漢志》稱其「得多
十六篇」與《史記》所言「逸書十餘篇」有所不同，蓋《漢
書‧楚元王‧劉歆傳》言：「及魯恭王壞孔子宅，欲以為宮，
而得古文於壞壁之中，逸《禮》有三十九，《書》十六篇。」
而〈類序〉改作「以考二十九篇，得多十六篇」，如此則不
知孔壁中之《尚書》是否包含伏生二十九篇，或是僅有十六
篇，且均不見於伏生《尚書》也。

　　《禮》者，漢初稱為《士禮》，此《史》、《漢》無異
說。《論語》、《孝經》等，《漢書》言宣帝及廣川惠王之
受《論語》、《孝經》皆通，然並未言受齊論或魯論。平帝
朝於序、庠置《孝經》師一人，是漢時，《論語》、《孝經》
等為弟子必讀之課，未立學官，故無所爭議也。《史記》則
未見傳授之記載。

　　《樂》之流傳，《史記‧樂記》所言漢代者僅若干，如
武帝朝「作十九章」等，大抵非六經之樂也。

2、漢代之儒道法墨等諸子學

　　〈漢志‧諸子略〉分十家九流，每家〈序〉述其所出及

其功用，然卻未論及諸子學在漢代之發展情形，著錄中，僅名家、墨家二類無漢代著述，其餘各家或多或少均有之，於此可見，諸子之學於漢代仍有流傳研習者。

　　其中陰陽家與數術略各類之關密切連，於後論述之，此就諸子略中之儒、道、法、墨等各家探討漢代之諸子學。

　　儒家類自《高祖傳》十三篇以下爲漢代之著述。班固稱儒者「助人君順陰陽、明教化者也。游文於六經之中，留意於仁義之際。」[29]既言「順陰陽」，則知漢代之儒者必然暢曉陰陽五行之學，又言「游文於六經之中」，似乎是以六經爲本。然觀漢代之儒者實不然，儒家類中著錄之《高祖傳》、《劉敬》、《孝文傳》等，其內容似皆非以儒學爲主，如高祖，《漢書‧高帝紀》稱其「不脩文學，而性明達，好謀，能聽。」[30]孝文本身並不好儒術，其學術內容則刑名法術多於儒學。又如公孫弘者，《史記‧本傳》稱其「年四十餘，乃學《春秋》雜說。」，而其本身則擅法家之術者，〈本傳〉言「其行敦厚，辯論有餘，習文法吏事，而又緣飾以儒術，上大說之。」[31]可見漢初之儒家者流，與「六藝略」諸家，已有相當之差別，其時之儒者，雜以諸家，或以儒緣飾耳。《史記‧平準書》言：

　　　自公孫弘以《春秋》之義繩臣下取漢相，張湯用峻文決理爲廷尉，於是見知之法生，而廢格沮誹窮治之獄

29　《漢志‧諸子略‧儒家類序》，頁1728。
30　《漢書‧高帝紀下》，卷1下，頁80。
31　《史記》，卷112，頁2950。

用矣。[32]

公孫弘以儒家爲表，以《春秋》之義爲說，其目的在助武帝繩臣下，可見其思想不出法家刑名之術。《西京雜記》言「公孫弘著《公孫子》言刑名事，亦謂字值百金。」正可見其本，乃爲法家刑名之學。

〈道家類序〉言其「知秉要執本，清虛以自守，卑弱以自持，此人君南面之術也。」漢初道家之學頗盛行，《隋志‧道家類序》言「漢時，曹參始薦蓋公[33]能言黃老，文帝宗之，自是相傳道學眾矣。」[34]而其盛行之情形，《史記‧外戚世家》曰：

> 竇太后好黃帝、老子言，帝及太子諸竇不得不讀黃帝、老子，尊其術。[35]

於此可見道家黃老之學在漢初實受官方所重，竇太后於武帝朝初，並因此排斥房逌等儒者。然《漢志》於此二類，所著錄之漢代著述頗少，「道家類」有《老子鄰氏經傳》以下四種[36]及《捷子》以下七種。殆漢代之道家，多出入於法家之間，「法家類」著錄之漢代著述僅《晁錯》以下三種，蓋漢

32　《史記》，卷 30，頁 1424。

33　《史記‧樂毅列傳》：「太史公曰：始齊之蒯通及主父偃讀樂毅之〈報燕王書〉，未嘗不廢書而泣也。樂臣公學黃帝、老子，其本師號曰河上丈人，不知其所出。河上丈人教安期生，安期生教毛翕公，毛翕公教樂瑕公，樂瑕公教樂臣公，樂臣公教蓋公。蓋公教於齊高密、膠西，爲曹相國師。」，卷 80，頁 2436。此司馬遷述漢代黃老學之所出。

34　《隋書‧經籍志》（北京：中華書局，1973 年），頁 75。

35　《史記》卷 49，頁 1975。

36　《老子鄰事經傳》四篇、《老子傅氏經說》三十七篇、《老子徐氏經說》六篇，《漢志》未言何時人，姚振宗曰：「當文景武帝之初，黃老之學最盛，鄰氏、傅氏、徐氏三家，當在其時。」《漢書藝文志條理》，《二十五史補編》本，頁 1605。

代之法家又藉儒學而論其道也。如前所言之公孫弘及宣帝朝之翟方進[37]等均是。

　　道家與法家在漢代相互爲用，亦常有混淆之情形，如《史記・禮書》言「孝文好道家之學」，〈儒林傳〉則言「孝文帝本好刑名之言」，「道家」與「刑名之言」內容自是不同，漢文帝兼好二者，或是司馬遷本不分二者，實難確知矣。

　　又《漢志》名家一類無漢代之著述，此蓋因漢代名家之學與法家已相結合，成爲「刑名之學」，《史記・張叔列傳》司馬貞《索隱》案云：

> 劉向《別錄》云：「申子學號曰『刑名家』者，循名以責實，其尊君卑臣，崇上抑下，合於六經也。」說者云：「刑名家即太史公所說六家之二也。」[38]

諸子之學，至漢代，實已互相摻滲。名、法家與道家相互爲用，更與儒家有相當程度之融合，前引司馬貞《史記索隱》之「說者云刑名家即太史公所說六家之二」，即是以刑名爲儒家。其餘如墨家者，《漢志》無著錄漢代之著述，然其類序所言之「貴儉」、「養三老五更」、「上賢」、「順四時而行」、「以孝視天下」等，皆與儒、道、陰陽等相合，如文帝之「薄葬，不起山墳」[39]即是貴儉之實踐；「順四時而

37　《漢書・翟方進傳》：「方進知能有餘，兼通文法吏事，以儒雅緣飭法律，號爲通明相，天子甚器重之。」卷 84，頁 3421。

38　見《史記》卷 103，頁 2773，「說者云以下」，蓋指儒家也。〈論六家要旨〉之序爲：陰陽、儒、墨、名、法、道德。故第二爲儒家。〈論六家要旨〉言儒家「序君臣之體，列夫婦長幼之別，不可易也。」其序列君臣上下之分，與刑名家之言，亦有類似之處。

39　《漢書・楚元王傳・劉向》，卷 36，頁 1951。《史記・孝文本紀》：「遺詔云：當今之時，世咸嘉生而惡死，厚葬以破業，重服以傷取。」卷 10，頁 433-434。

行」，在〈論六家要旨〉視為陰陽家之說；「養三老五更」，
《史記‧樂書》曰：

> 食三老五更於太學，天子袒而割牲，執醬而饋，執爵
> 而酳，冕而總干，所以教諸侯之悌也。[40]

則又是儒家之要說也，而亦為後來之王莽及後漢之明帝所實
行。[41]綜合而言，《漢書藝文志》諸子略所述之學術，在西
漢實相互為用，且互相融合者，宣帝告太子之言曰：

> 漢家自有制度，本以霸王道雜之，奈何純任德教，用
> 周政乎！且俗儒不達時宜，好是古非今，使人眩於名
> 實，不知所守，何足委任！[42]

於此可見在帝王個人之喜好及運用下，先秦之主要之諸子學
說，至漢代已經逐漸融合各家之說，文景之世，以黃老道家
為名，而實用法家之術，漢武一朝罷黜百家，推崇儒術，而
實際則陰陽家、法家行於其間。至宣帝朝更明言霸王道雜用
之，則儒、道、法、墨、名等各家諸子學，至漢代實為一雜
家耳，而陰陽家則貫穿於其間。

3、〈詩賦略序〉對漢代詩賦之評價

　　《漢志》之各類敘，除〈六藝略〉外，論述涉及漢代者，
僅〈詩賦略〉、〈兵書略〉、〈數術略〉、〈方技略〉之略
序。其中〈數術略〉僅有「漢有唐都，庶得黐犓」，〈方技
略〉則僅言「漢興有倉公。今其技術晻昧」，無關於學術流

40　《史記》卷 24，頁 1230。
41　見《漢書‧禮樂志》（卷 22 頁 1035）及〈王莽傳〉（卷 99 上頁 4082）。
42　《漢書‧元帝紀》，卷 9，頁 277。

變者，暫且不論。〈詩賦略敘〉云：

> 傳曰：「不歌而誦謂之賦，登高能賦可以為大夫。」
> 言感物造耑，材知深美，可與圖事，故可以為列大夫
> 也。古者諸侯卿大夫交接鄰國，以微言相感，當揖讓
> 之時，必稱詩以諭其志，蓋以別賢不肖而觀盛衰焉。
> 故孔子曰「不學詩，無以言」也。春秋之後，周道寖
> 壞，聘問歌詠不行於列國，學詩之士逸在布衣，而賢
> 人失志之賦作矣。大儒孫卿及楚臣屈原離讒憂國，皆
> 作賦以風，咸有惻隱古詩之義。其後宋玉、唐勒。漢
> 興，枚乘、司馬相如，下及揚子雲，競為侈麗閎衍之
> 詞，沒其風諭之義。是以揚子悔之，曰：「詩人之賦
> 麗以則，辭人之賦麗以淫。如孔氏之門人用賦也，則
> 賈誼登堂，相如入室矣，如其不用何！」自孝武立樂
> 府而采歌謠，於是有代趙之謳，秦楚之風，皆感於哀
> 樂，緣事而發，亦可以觀風俗，知薄厚云。序詩賦為
> 五種。

此類敘說明詩歌辭賦之轉變，可分為三階段：

> 春秋以前，詩歌辭賦之作用在以「微言相感」作為「交
> 接鄰國」之辭令，同時以「別賢不肖而觀盛衰」。此
> 時之詩歌作用不下於經籍。

春秋、戰國以後，世衰道微，情勢急迫，交接往來，無暇以
詩歌明志，而賦興起，賦隱喻微言，「咸有惻隱古詩之義。」

　　漢代以來，問聘之歌詩之義，惻隱心志之賦亦不存，代
之而起者，「競為侈麗閎衍之詞，沒其風諭之義。」班固本
身亦為一辭賦家，此言漢代之辭賦為「楊子悔之」，代表班

固本身亦有所不爲。此與他篇類敘相較，乃對漢代辭賦提出嚴厲之評判。

〈詩賦略〉爲後代史志集部之先聲，《漢志》將〈詩賦略〉分爲賦四類、歌詩一類，各類無序。賦除了「雜賦」有類名外，其餘未立類名。而〈詩賦略〉各類無序，章學誠稱其前三者之分法「不可考」，姚振宗則稱「各以體分」，三類之分別如下：

第一類：「大抵皆楚騷之體，師範屈、宋者也。」
第二類：「不盡爲騷體，觀楊子雲諸賦可知矣。」
第三類：「賦之纖小者」[43]。

若依姚振宗之說，則〈詩賦略〉之分類，係依形式或體裁而非依內容，此與〈六藝〉、〈諸子〉、〈兵書〉、〈數術〉、〈方技〉各略，依據思想內容與學術流別而分類者不同。因詩賦略非依著述內容分類，自無學術流變可言。故類序無學術流變可論者，此或爲詩賦略各類無類敘之原因。

然第三類所著錄，今多不傳[44]，是否果如姚振宗所言皆爲「賦之纖小者」，亦不得而知也。

4、〈兵書略序〉所論之漢代兵書整理

〈兵書略序〉論述漢代整理兵書之成就。相較於各略序，可稱是清楚詳細，序云：

> 漢興，張良、韓信序次兵法，凡百八十二家，刪取要

---

43 見姚振宗《漢書藝文志條理》，頁120-128。
44 《荀子》中之〈禮賦〉等五篇，是否爲《孫卿賦》中所有，前人多所論疑，無由確定。顧不得據以論定此類之體裁是否皆爲「賦之纖小者」。

> 用，定著三十五家。諸呂用事而盜取之。武帝時，軍
> 政楊僕捃摭遺逸，紀奏兵錄，猶未能備。至于孝成，
> 命任宏論次兵書為四種。

觀此序言可知，兵書經過漢初張良、韓信等人整理，武帝時又經過楊僕增補。而任宏係在前人整理之成果上校理兵書，其分權謀等四類，則未明言係出於前人之分別，還是任宏、劉向等之創舉。

然細考〈兵書略〉所著錄五十三家、七百九十篇，其中漢代著述約十家左右，「權謀」著錄《韓信》三篇，「技巧」著錄《李將軍射法》三篇以下十種，形勢、陰陽二類則無著錄漢代著述。這顯示《漢志》所著錄之兵書，武帝以後求書所得者甚為有限。

而張良、韓信定著之三十五家，應當包含於《漢志》之五十三家中，加上楊僕之整理，則可知劉向、任宏等人於兵書之校理工作，大體應該是以整理文字、篇目為主，或是將楊僕等人整理之兵書重加釐訂。

〈兵書略〉下分權謀、形勢、陰陽、技巧四類。此分類極為章學誠所稱讚者，章氏云：

> 鄭樵言任宏部次有法，今可考而知也：權謀，人也；
> 形勢，地也；陰陽，天也。孟子曰：「天時不如地利，
> 地利不如人和。」此三書之次第也。權謀，道也；技
> 巧，藝也。以道為本，以藝為末，此始末之部秩也。[45]

---

45 見《校讎通義》十六之六，王重民曰：「章學誠從而解釋這四種書的排列，前三種是天、地、人的次序，首末兩種是道藝的分別。反映著『以道為本，以藝為末』的思想。」這樣的說法雖是清楚明白，未必就是任

章氏之義，是兵書一略，不僅在分類上辨別學術輕重，且首尾相顧，道藝流別，頗成體系。然其說，類敘未言之，無由取證。

　　若就詩賦、兵書二略觀之，班固對西漢之學術發展與整理工作，顯然並無太大之肯定。

5、〈數術略序〉與〈方技略序〉論漢代之數術方技

　　漢初文、景二帝皆好黃老之術，同時亦好陰陽五行之說，至武帝，則更熱中於神仙之學。文帝時，趙同、鄧通以星氣、占夢得寵。[46]《史記・孝武本紀》所記李少君、少翁、欒大皆以方術、鬼神受寵於武帝者，其求仙、祈神，出遊四方、東巡海上以求祀鬼神，不計其數，可見當時神仙、方術之說之盛行。

　　《漢志》數術一略分爲〈天文〉、〈曆譜〉、〈五行〉、〈蓍龜〉、〈雜占〉、〈刑法〉六類。其中〈天文〉、〈曆譜〉、〈五行〉三者，由各篇〈類序〉可明顯見其與〈諸子略〉之〈陰陽家〉相關。〈諸子略・陰陽家序〉云：

> 陰陽家者流，蓋出於羲和之官，敬順昊天，曆象日月星辰，敬授民時，此其所長也。及拘者爲之，則牽於禁忌，泥於小數，舍人事而任鬼神。[47]

其中言「曆象日月星辰」者，即〈數術略〉之〈天文〉、〈歷

　　宏的原來用意。見《校讎通義通解》（上海：上海古籍出版社，1987年），頁127。

46　《史記・佞幸列傳》，卷125，頁3192

47　《漢書》卷30，頁1775。

譜〉；「牽於禁忌，泥於小數」，即〈五行〉、〈刑法〉；
「舍人事而任鬼神」，即藉蓍龜、雜占以行事也。〈數術略・
天文類序〉：

> 天文者，序二十八宿，步五星日月，以紀吉凶之象，
> 聖王所以參政也。《易》曰：「觀乎天文，以察時變。」
> 然星事凶悍，非湛密者弗能由也。夫觀景以譴形，非
> 明王亦不能服聽也。以不能由之臣，諫不能聽之王，
> 此所以兩有患也。[48]

〈曆譜類序〉：

> 曆譜者，序四時之位，正分至之節，會日月五星之辰，
> 以考寒暑殺生之實。故聖王必正曆數，以定三統服色
> 之制，又以探知五星日月之會。凶阨之患，吉隆之喜，
> 其術皆出焉。此聖人知命之術也，非天下之至材，其
> 孰與焉！道之亂也，患出於小人而強欲知天道者，壞
> 大以為小，削遠以為近，是以道術破碎而難知也。[49]

以上二者，天文之「序二十八宿，步五星日月，以紀吉凶之
象」，曆譜之「序四時之位，正分至之節，會日月五星之辰，
以考寒暑殺生之實」，明與陰陽家相合。而不同者，陰陽家
提供一套思想理論，而〈數術略〉之天文、曆譜等實際運用
於政治做為及行事上。故〈天文〉稱「聖王所以參政也」，
〈曆譜〉稱「聖王必正曆數，以定三統服色之制。」而天文、
曆譜等陰陽家之學，其最終之原則卻是五行生剋之道，蓋陰
陽家所以論陰陽災異，不外乎五行生剋之理。《史記・張丞

---

48 同上，卷 30，頁 1765。
49 《漢書》卷 30，頁 1767。

相傳》稱：

> 張蒼為計相時，緒正律曆。以高祖十月始至霸上，因
> 故秦時本以十月為歲首，弗革。推五德之運，以為漢
> 當水德之時，尚黑如故。吹律調樂，入之音聲，及以
> 比定律令。若百工，天下作程品。至於為丞相，卒就
> 之，故漢家言律曆者，本之張蒼。蒼本好書，無所不
> 觀，無所不通，而尤善律曆。[50]

五德即五行，《史記・律書》云：「律書，天所以通五行八
正之氣，天所以成就萬物也。」故張蒼以此定漢代之律曆，
以此定音聲，可見其學說影響漢代之政治運作，〈五行類序〉
稱「推其極則無所不至」，蓋亦以五德終始，生剋之理為者
也。〈五行類序〉云：

> 五行者，五常之形氣也。《書》云「初一曰五行，次
> 二曰羞用五事」，言進用五事以順五行也。貌言視聽
> 思心失，而五行之序亂，五星之變作，皆出於律曆之
> 數，而分為一者也。其法亦起五德終始，推其極則無不
> 至。而小數家因此以為吉凶，而行於世，寖以相亂。[51]

因五行之理與陰陽家相結合，從而在天文、曆譜等數術上取
得解釋權，五行家在漢代之地位，高於其他各數術方技之流，
《史記・日者列傳》記褚少孫之言曰：

> 臣為郎時，與太卜待詔為郎者同署，言曰：「孝武帝
> 時，聚會占家問之，某日可取婦乎？五行家曰可，堪
> 輿家曰不可，建除家曰不吉，叢辰家曰大凶，曆家曰

50　《史記》卷 96，2681。
51　《漢書》卷 30，頁 1769。

> 小凶，天人家曰小吉，太一家曰大吉。辯訟不決，以
> 狀聞。制曰：『避諸死忌，以五行為主。』」人取於
> 五行者也。[52]

此五行家、堪輿家、建除家、叢辰家、曆家、天人家、太一
家皆數術之流，而武帝以五行為主，可見其地位。是五行實
該列〈數術略〉之首。至於蓍龜、雜占及刑法者，乃數術之
等而下之者也。《漢書·天文志》稱：「近世十二諸侯七國
相王，言從橫者繼踵，而占天文者因時務論書傳，故其占驗
鱗雜米鹽，亡可錄者。」是天文者，不僅占星象災異，並藉
以縱橫諸侯間；更甚者，乃「占驗鱗雜米鹽」，為江湖術士
耳，此為數術本質，但如丘子明者，以蓍龜而夷三族[53]，是
又受其害者也。

　　《漢志》之〈方技略〉分〈醫經〉、〈經方〉、〈房中〉、
〈神僊〉四類，前三者，為醫藥養身之學，〈神僊〉列於此，
而不入於〈數術〉者，蓋亦為養生之道也。

　　〈方技略序〉言「論病以及國，原診以知政」，是推而
闡之，方技之用亦大。然言病之無治者，《史記·扁鵲倉公
列傳》有言：

> 使聖人預知微，能使良醫得蚤從事，則疾可已，身可
> 活也。人之所病，病疾多；而醫之所病，病道少。故
> 病有六不治：驕恣不論於理，一不治也；輕身重財，
> 二不治也；衣食不能適，三不治也；陰陽并，藏氣不
> 定，四不治也；形羸不能服藥，五不治也；信巫不信

52　《史記》卷 127，頁 3221。
53　《史記·龜策列傳》，卷 128，頁 3224。

醫，六不治也‧有此一者，則重難治也‧[54]

此論醫之道，與〈醫經類序〉所言之「調百藥齊和之所宜，至齊之德，猶磁石取鐵，以物相使」，可相參也。

又神僊者，序言「神僊者，所以保性命之真，而游求於其外者也。聊以盪意平心，同死生之域，而無怵惕於胸中。」是班固之言神僊之道，以「保性命之真」爲主，而求「無怵惕於胸中」爲目標，是求一自由自在之生活者。而著錄之十部著述，大抵皆依託之書，姚振宗稱「前三家雜論神仙之道，後七家言步引、按摩、芝菌者各一，言服食方者各一，言技道黃冶者各一，自始至終，條理井然如此。」[55]

房中之道者，《史記》、《漢書》無所記錄，周壽昌於此曰：

> 房中各書，雖鮮傳錄，玩〈志〉所闡述，大約容成玉女之術，而偽託於黃帝堯舜，尤爲謬妄。至於養陽有子諸方，辭不雅馴，搢紳之士所不道，而歆校入《七略》，何也？蓋歆仕當孝成時，成帝溺志色荒，禍水召孽。歆校書其間，特爲編塵乙覽，導引逢欲，卒使成帝殞命珍嗣，歆之罪不可逭矣。班氏雖以制樂禁情，強作理語，未能刪除此門，徒使藝文留玷，亦一恨事。[56]

觀周氏此說，則房中諸書，似爲劉歆專爲成帝蒐羅者，其序

---

54 《史記‧龜策列傳》，卷 105，頁 2794-2795。
55 《漢書藝文志條理》頁 171，《二十五史補編》頁 1695。
56 周壽昌：《漢書注校補》（《周陳二氏漢書補證合刊》本，臺北：鼎文書局，1977 年），頁 498。

自當爲劉歆舊作〈輯略〉之文。班固依劉歆之《七略》而成書者，略例未爲刪節，故有房中一類，然就劉向、歆父子校理群書而言，中祕所藏或自民間徵集者，皆當校讎編錄。

　　數術因與陰陽五行及天文曆法相結合，故其說其書，在漢代頗爲盛行。可以說其主導漢代之政治運作之基本原則。而蓍龜之著錄中，有《周易》、《周易明堂》等，是其與〈六藝略〉之易卦占卜相結合，殆藉經籍以流傳，或藉《易》而漫羨其說者也。

結　語

　　本文所探討者，《漢書藝文志》各類序所論述之漢代學術，大體而言，可得數項：

　　一、班固於漢以前學術之基本觀點，蓋以孔子爲中心，諸子各家之學說產生於孔子及其弟子之後，與孔學末流並馳，然皆爲六藝之一端。

　　二、漢代之學術整理過程，自漢立國以來，蕭何收律令之書，張良、韓信整理兵書，至劉向典校中祕書，乃持續進行之典籍整理工作。

　　三、《漢志》所述之諸子學，至漢代實以互相交融，互爲運用，或爲儒、法，或爲道、法，或爲名、法，或爲陰陽家藉儒家之貌而行，大體而言，漢初至文景則是道家黃老之表行法家之實，武帝至宣帝朝，則以儒家之名而以法家行事，陰陽家則暢行其間。

　　四、〈六藝〉、〈諸子〉與〈數術〉之間，互爲本末道

用，〈諸子略〉之〈儒家〉以六藝爲本，而雜法術、陰陽爲用。〈數術〉各類以〈諸子略〉之陰陽家爲本，而五行、天文、曆譜爲其實際之運用。

由本文所論《漢志》六藝、諸子及數術各略之相關係中，可以大致呈現西漢之學術風貌，而目錄家欲藉書志以「辨章學術，考鏡源流」之功，可得窺見。

劉向的校讎工作對經學儒學的影響

前　言

　　漢代開國，高祖、呂后前後崇尙黃老之術，蕭何、曹參等朝臣亦以休養生息爲主要治國方式，故道家學說在漢初獲得空前地位。但高祖亦知「馬上得天下，安能馬上治天下之理」，故又從叔孫通、陸賈等儒生之言，制定朝儀，推行禮樂教化。

　　黃老之術與儒學並行的方式，到了文、景時代，變成孔學與老學的衝突。此一衝突，延續文景及武帝時代，在文景時代，黃老之學佔得上風，儒生幾遭不測。武帝朝，至董仲書議請「非六藝之科、孔子之術者，皆絕其道」，即後世所稱「罷黜百家，獨尊儒術」，則使黃老道家之學，在朝政上逐日失去影響力。

　　漢武帝從董仲舒言，獨尊儒術，然百家學說未必因此而微，蓋雜王霸，外儒內法，崇信陰陽災異，又欲效法黃老無爲之治，仍是漢代中晚期帝王的主要觀念與施政原則。

　　考察漢代學術的發展，董仲舒的建言，固使儒家在政治上獲致獨尊的地位，但是當時儒學的性質並未有太大的改

變，仍是藉陰陽災異以警示帝王，及以倡導修養自持、人倫教化的施政原則互為表裡。六藝經傳乃雜王霸之一端，既非西漢主要的政治原則，亦非學術核心。若就西漢晚期的學術發展而論，卻不難發現使六藝經傳成為儒學的核心，經學成為傳統學術的象徵，並非由於董仲舒，而是來自於劉向的祕府校讎工作，及劉歆編撰《七略》以部次典籍。

　　本篇主要探討劉向、劉歆父子校書祕府，及編撰目錄對經學與儒學的影響。內容主要分四部分：首先論述西漢儒學之發展。此節所論與傳統觀點不同之處，在於章句對經學發展之意義。前人對西漢章句多持否定態度，鄙意以為章句之學乃是經學脫離陰陽災異及內法外儒的重要過程。第二部分論述劉向之學術思想與其校讎工作之關係，前人多就劉向所撰《新序》、《說苑》及《列女傳》論述其學術思想，或就《別錄》佚文探討其校讎思想，而有各種條例。本文主要說明其對今古文經兼容的態度，及對劉歆之影響。第三部分論述劉歆《七略》的異於漢代學術觀念的分類方式，及此分類方式對後代學術發展的影響。雖今日學者多主張《七略》的分類乃成於劉歆，而非劉向；但劉歆隨劉向校書近二十年，學術觀念多來自劉向，章太炎稱其「父子同業，不可割異」。第四部分則論述《七略》及《漢書・藝文志》將六藝與儒家分立對學術觀念的影響，進而闡述校讎目錄對學術發展的重要性。

一、劉向的學術背景：雜陰陽災異的西漢儒學

　　《六經》與儒均見於先秦典籍中，《六經》為孔門弟子

專習，儒家爲其學派，而儒則非孔門弟子及後學的專稱。[1]史稱秦始皇坑儒，而《史記》記載其所坑者四百六十餘人，多雜方術士之流，[2]儒非孔門專稱可見。

　　漢初治國政策以休養生息爲主，黃老之學盛行，儒生雖參與制定朝儀，然位居要津者實不多見。《史記·儒林傳》云：

> 漢興，然後諸儒始得脩其經藝，講習大射鄉飲之禮。叔孫通作漢禮儀，因爲太常，諸生弟子共定者，咸爲選首，於是喟然歎興於學。然尚有干戈，平定四海，亦未暇遑庠序之事也。孝惠、呂后時，公卿皆武力有功之臣。孝文時頗徵用，然孝文帝本好刑名之言。及至孝景，不任儒者，而竇太后又好黃老之術，故諸博士具官待問，未有進者。[3]

漢朝開國至文、景期間，儒學不受重視於此可見，故董仲舒雖於景帝時以治《春秋》爲博士，然至武帝朝方起用，於是承田蚡[4]、公孫弘[5]事，有罷黜百家之議。

---

1 章太炎《國故論衡·原儒》（龐俊、郭誠永：《國故論衡疏證》，北京：中華書局，2008 年）：「儒有三科，關達、類、私之名，達名爲儒，儒者，術士也。太史公〈儒林列傳〉曰『秦之季世……坑術士』而世謂之坑儒。」頁 481。

2 《史記·秦始皇本紀》（北京：中華書局，1965 年）：「侯生、盧生……亡去。始皇聞亡，乃大怒曰：『吾前收天下書不中用者盡去之。悉召文學方術士甚衆，欲以興太平，方士欲練以求奇藥。今聞韓衆去不報，徐市等費以巨萬計，終不得藥，徒奸利相告日聞。盧生等吾尊賜之甚厚，今乃誹謗我，以重吾不德也……』於是使御史悉案問諸生……犯禁者四百六十餘人，皆阬之咸陽，使天下知之，以懲後。」卷 6，頁 258。

3 《史記·儒林傳》，卷 121，頁 3117。

4 《史記·儒林傳》：「竇太后崩，武安侯田蚡爲丞相，絀黃老、刑名百家之言，言文學儒者數百人，而公孫弘以《春秋》白衣爲天子三公，封以平津侯，天下之學士靡然鄉風矣。」卷 121，頁 3118。

　　漢武帝時，田蚡及董仲舒等議請罷黜黃老及百家之言，獨尊儒術，[6]但武帝一朝的學術狀況，本是儒生、方士與辭賦家並立，[7]武帝所尊崇的儒術，實為混雜陰陽家、法家、道家而成，[8]而非孔門弟子所傳的禮樂六藝。且武帝喜文學之士，[9]尊崇儒術，特用以文飾其浮誇的政治措施，並藉以言財利，推行各種政治經濟措施。錢穆論云：

　　蓋漢武一朝，其先多用文學浮夸士，其後則言財利峻刑

5　《史記‧儒林傳》：「公孫弘為學官，悼道之鬱滯，乃請曰：『（中略）古者政教未洽，不備其禮，請因舊官而興焉。為博士官置弟子五十人，復其身。太常擇民年十八已上，儀狀端正者，補博士弟子。郡國縣道邑有好文學，⋯⋯詣太常，得受業如弟子。一歲皆輒試，能通一藝以上，補文學掌故缺；其高弟可以為郎中者，太常籍奏。⋯⋯請選擇其秩比二百石以上，及吏百石通一藝以上，補左右內史、大行卒史；比百石已下，補郡太守卒史：皆各二人，邊郡一人。先用誦多者，若不足，乃擇掌故補中二千石屬，文學掌故補郡屬，備員。請著功令。佗如律令。』制曰：『可。』自此以來，則公卿大夫士吏斌斌多文學之士矣。」卷121，頁3119。

6　《漢書‧董仲舒傳》（北京：中華書局，1965年）：「（武帝）垂問乎天人之應⋯⋯董仲舒對曰：《春秋》大一統者，天地之常經，古今之通誼也。今師異道，人異論，百家殊方，指意不同，是以上亡以持一統；法制數變，下不知所守。臣愚以為諸不在六藝之科孔子之術者，皆絕其道，勿使並進。邪辟之說滅息，然後統紀可一而法度可明，民知所從矣。」班固稱：「自武帝初立，魏其、武安侯為相而隆儒矣。及仲舒對冊，推明孔氏，抑黜百家。立學校之官，州郡舉茂材孝廉，皆自仲舒發之。」

7　錢穆《秦漢史》（臺北：東大圖書公司，2001年）：「漢代學術，迄於武帝時而匯集於中朝。其時也，學術界有三分野。一為儒生，一為方士，又一為文學辭賦家言。」卷56，頁209-210。

8　錢穆《秦漢史》：「漢廷自武帝以後，儒術日隆，而朝廷論災異者亦日盛。因漢儒經術，本雜方士陰陽家言，其說立說，固靡弗及災異也。」頁210。

9　黃錦鋐《秦漢思想研究》（臺北：學海出版社，1979年）：武帝時喜文學之士，如鄒陽、朱買臣、嚴助皆親幸左右，時逞雄辯，則縱橫家之流也。」頁52。錢穆《秦漢史》：「武帝特為辭賦文學浮夸所中，援儒術以為飾耳。」

　　酷法者當事。儒生惟公孫弘、兒寬，俯仰取容而已。[10]
武帝、昭帝好刑名，故武帝及昭、宣朝所用以爲丞相者，多
非儒生，大抵擅長以儒術緣飾吏事，如武帝朝的公孫弘[11]、
張湯[12]、呂步舒，昭帝朝的雋不疑，宣帝朝的張敞、蕭望之
等，特爲其著者。然由武帝，經昭、宣至漢末，道、法思想
仍是政治主要的運作規範。黃錦鋐論云：

> 漢武帝時，雖尊崇儒術，然道、法二家思想之暗流，
> 仍此伏彼起。霍光執政，儒者因政見之不同，分而為
> 二，一為以霍光為首之儒者兼修道家思想，主張循
> 文、景時代之政治路線。一為以桑弘羊為首之儒者兼
> 修法家思想，主張法治以振朝綱。兩派紛爭不已，此
> 《鹽鐵論》之所由起也。[13]

此後宣帝、元帝相繼，直至成帝、哀帝，或重法，或重道術，
而以儒爲飾則同，可見西漢儒學在政治運作中實未真正發揮
其作用。

　　然以漢武帝獨尊儒術的緣故，「漢廷議政論事，往往攀
援經義以自堅。而經術遂益爲朝廷所重」[14]。順此發展，至

10　秦穆：《秦漢史》，第 5 章，頁 189。
11　《史記・汲鄭列傳》：「上（漢武帝）方向儒術，尊公孫弘，及事益多，
　　吏民巧弄。上分別文法，湯等數奏決讞以幸。而黯常毀儒，面觸弘等徒
　　懷詐飾智以阿人主取容，而刀筆吏專深文巧詆，陷人於罪，使不得反其
　　真，以勝爲功。」卷 120，頁 3108。
12　《史記・酷吏列傳》：「是時上方鄉文學，湯決大獄，欲傅古義，乃請
　　博士弟子治《尚書》、《春秋》補廷尉史，亭疑法。奏讞疑事，必豫先
　　爲上分別其原，上所是，受而著讞決法廷尉，絜令揚主之明。」卷 122，
　　頁 3139。
13　黃錦鋐《秦漢思想研究》，頁 247。
14　錢穆：《秦漢史》，第 5 章，頁 188。

宣帝以下，情況大為轉變，朝臣欲能議論，須先明經義，皮
錫瑞論云：

> 元、成以後，刑名漸廢，上無異教，下無異學。皇帝
> 詔書，群臣奏議，莫不援引經義，以為據依。國有大
> 疑，則引《春秋》為斷，一時循吏多能推明經意，移
> 易風化，號為經術飾吏事。[15]

謂「經術飾吏事」，足見儒生既藉群經以彰顯才能，亦藉經
旨合理化各種施政措施；不通經義，則無以參與廷議，且令
人疑其治事能力，錢穆論稱：

> 自宣帝以下，儒者漸當路。至於元、成、哀三朝，為
> 相者皆一時大儒，其不通經術為相者，如薛宣，以經
> 術淺見輕，卒策免。……蓋非經術士，即不得安其高
> 位。[16]

以經術緣飾吏事的作用，在西漢晚期成為士人習經從政的軌
範與途徑。然即便以通經為從政的基礎，但在實際應用中，
仍必須巧妙結合黃老的道家思想及法家吏治的權術。

　　《五經》在西漢中葉後雖受到重視，而未能真正影響到
政治社會，儒生熟習經義用以為從政之階，而在朝廷論政，
則鮮有能脫離陰陽災異之咎者，《漢書·眭兩夏侯京翼李傳
贊》云：

> 漢興，推陰陽言災異者，孝武時有董仲舒、夏侯始昌；
> 昭、宣則眭孟、夏侯勝；元、成則京房、翼奉、劉向、

15　皮錫瑞《經學歷史·經學極盛時代》（臺北：藝文印書館，1987年），
　　頁101。
16　秦穆：《秦漢史》，第5章，頁190。

> 谷永；哀、平則李尋、田終術。此其納說時君著明者
> 也。察其所言，仿佛一端。假經設誼，依託象類，或
> 不免乎「億則屢中」。仲舒下吏，夏侯囚執，眭孟誅
> 戮，李尋流放，此學者之大戒也。[17]

董仲舒、夏侯始昌等人，皆為聲名顯赫的西漢儒生，其「假
經設誼，依託象類」，企圖以陰陽災異繩上勸德，「納說時
君」，雖為不得已的權變，然實背離孔子儒學及傳經之道。
又限於時代環境，儒生在位而難以施展觀念，以達到養民教
化的功效，且不免流於法家之嚴刑苛責。陰陽災異用於上，
嚴法酷刑施於下，西漢的儒生能傳孔子的學術思想者幾希？
成帝後，經生朝廷論政成習，然多方援引，浮華相尚，[18]欲
求朝政免於危殆而不可得，以此而論，西漢經學於政治實無
顯見的裨益。

　　《五經》逐步脫離陰陽災異及斷獄刑政之用，實由章句
之學開始。博士發展章句之學，蓋在宣帝之後，與五經博士
官之分立關係密切。[19]然章句之學重要的影響，則在於使《五
經》的詮釋逐步脫離陰陽五行及法家思想。因求精密詳慎的
章句學是為論辯而產生，錢穆〈兩漢博士家法考〉論云：

> 建（夏侯建）之次章句，意欲求說經之密，以資應敵。
> 應敵者，如石渠議奏，講五經異同，若不分章逐句為

17　《漢書》卷75，頁3195。
18　《後漢書‧儒林傳‧序》，卷79上，頁2547。
19　詳見錢穆《秦漢史》、〈兩漢博士家法考〉（《兩漢經學今古文評議》
　　收錄）、〈東漢經學略論〉（《中國學術思想史論叢（三）》收錄）各
　　篇及張寶三〈漢代章句之學論考〉，《臺大中文學報》第14期，2001
　　年5月。

說，但訓故舉大誼，則易為論敵所乘也。故章句必具文，具文者，備具原文而一一說之。遇有不可說處，則不免於飾說矣。……求為具文飾說，乃不得不左右采獲，備問《五經》，取其相出入者牽引以為說矣。[20]

既是與各家一同探討經義，互相辨駁攻難，則其飾說說不免，但飾說重在「備問《五經》」，求能包含對方經說，彰顯其經說之周延及全面性價值。而此論對爭辯過程中，經生既無法援引陰陽道法各家說，亦不宜將陰陽災異觀念雜入其中。

雖夏侯勝已稱「章句小儒，破碎大道」，東漢學者對章句之學亦多予負面評價，[21]但以章句方式解經的過程，使經生揚棄與經義無關的各種觀點，回歸到經學本質，「言禮制，追古昔」[22]。且因不是用於論政斷案，故無須求其應用，[23]而成為純粹的學術思辨。至元帝、成帝之後，「儒生稽古遵經，講貫道義而立」[24]，經學至此斐然成章。

---

20 《兩漢經學今古文平議》（臺北：東大圖書公司，1983 年）頁 202。其中「具文飾說」一段，原見於《漢書・夏侯建傳》，錢穆稱「備具原文而一一說之」，張寶三以為錢穆所解未確。其意「蓋指具備各種相關之言論、材料，以繁飾其說」。見〈漢代章句之學論考〉頁 52。

21 張寶三〈漢代章句之學論考〉：「前漢末以迄後漢，為古學者多標榜『博通』、『不守章句』以與今學章句之學抗衡。盧植上書靈帝，稱馬融為『通儒』，稱『班固、賈逵、鄭興父子』為通儒達士，以此逆推，其意蓋以治今學章句之學者為『拘儒』，而『通儒』、『拘儒』之間，褒貶優劣之意亦含於其中矣。」

22 錢穆〈劉向歆父子年譜〉，頁 19。

23 錢穆《秦漢史》：「治經而為章句，則文字食其神智，精神專騖飾說，而通經亦不足以致用。於是漢儒之說經，遂僅限於為一儒生，而亦不復為政治動力所在，與夫社會民生治亂盛衰所繫，此亦漢儒學風一大轉變也。」頁 228。

24 錢穆《秦漢史》，頁 221。

二、劉向的學術特質及校讎工作對經學儒學的影響

　　西漢經學由陰陽災異、刑律斷案而逐步回歸到學術內涵。雖錢穆評其脫離社會民生，不足以致用，然透過經學傳授，使士人知書達禮，培養其淳厚心性，及堅持正道的志節，以此而成為後漢的社會風尚，則又為求致用、警懼君主而雜陰陽災異的西漢儒生所不及也。

　　《五經》成為無可取代的學術正典，章句及其簡省而成的訓詁成為解經的主要方式，起於西漢晚期，至劉向校書祕閣撰《別錄》，及劉歆編撰《七略》之後完成。

　　劉向、劉歆父子之生平事蹟，主要見於《漢書·楚元王傳·劉向傳》（下逕作〈劉向本傳〉及〈劉歆本傳〉）。[25]其中校讎工作，則亦見於《漢書·藝文志·序》。

　　〈劉向本傳〉稱劉向，擅長詩賦，好神仙鬼物及方術，後受宣帝詔習《春秋穀梁》，十年而明習，[26]為漢代《穀梁》

25　《漢書·楚元王傳》：「向字子政，本名更生。年十二，以父德任為輦郎。……更生以通達能屬文辭，與王褒、張子僑等並進對，獻賦頌凡數十篇。上復興神仙方術之事，而淮南有《枕中鴻寶苑秘書》。書言神僊使鬼物為金之術，及鄒衍重道延命方，世人莫見，而更生父德武帝時治淮南獄得其書。更生幼而讀誦，以為奇，獻之，言黃金可成。上令典尚方鑄作事，費甚多，方不驗。上乃下更生吏，吏劾更生鑄偽黃金，繫當死。更生兄陽城侯安民上書，入國戶半，贖更生罪。上亦奇其材，得踰冬減死論。會初立《穀梁春秋》，徵更生受《穀梁》，講論《五經》於石渠。」卷 36，頁 1928-1929。

26　此見《漢書·楚元王傳》。施之勉〈劉向習《穀梁》不得有十餘年〉（大陸雜誌）7 卷 3 期，1953 年）：「向得減死及詔受《穀梁》，大約在元鳳二、三年間。講論《五經》於石渠，平《公羊》、《穀梁》異同，據〈宣紀〉，在甘露三年，則向習《穀梁》，不過五、六年，若在甘露元年已明習，則又不過三、四年也。」

學代表人物之一。然就其奏議及《說苑》、《新序》所徵引，知其頗明於《易》、《詩》與《春秋》，兼融法家與道家，亦通曉陰陽災異的原理，是西漢儒者常見的典型。[27]

　　劉向之學術思想，雖是兼綜各家，不免於陰陽災異，然以儒學爲核心，則無可置疑，〈劉向本傳〉云：

> 向睹俗彌奢淫，而趙、衛之屬起微賤，踰禮制。向以爲王教由內及外，自近者始。故採取《詩》、《書》所載賢妃貞婦，興國顯家可法則，及孽嬖亂亡者，序次爲《列女傳》，凡八篇，以戒天子。及采傳記行事，著《新序》、《說苑》凡五十篇奏之。數上疏言得失，陳法戒。書數十上，以助觀覽，補遺闕。上雖不能盡用，然內嘉其言，常嗟歎之。[28]

此以「俗彌奢淫」及「踰禮制」爲憂，明顯看出劉向尊經崇儒的思想傾向，[29]「數上疏言得失，陳法戒」，知其不可而爲，亦是儒行之可稱誦者。韓碧琴《劉向學述》總論其學術云：

> 劉向雖言陰陽災異，陰陽重報應，以嚇阻非爲，此爲消極之手段；禳祝無益，惟修德是圖，是乃積極之要務；而修身尚仁德，充分發揮儒家之說。[30]

---

27 見黃錦鋐《秦漢思想研究》，頁 248。

28 《漢書‧楚元王傳》，卷 36，頁 1957-1967。

29 張秋升〈劉向治學特點綜論〉(《齊魯學刊》2007 年第 5 期，總 200 期)：「劉向治學領域雖屬廣泛，但並非汗漫無歸，其治學的基本傾向是尊經崇儒……。《列女傳》不但取材於《詩》、《書》，而且，單從其標題就可以看出他的儒學傾向，如〈賢明〉、〈仁智〉、〈貞順〉、〈節義〉等都是儒家的道德規範。」

30 韓碧琴：《劉向學述》，《國立臺灣師範大學國文研究所集刊》，第 29 期 (1985 年)，頁 577。

對劉向的經學，則稱其「重教化」、「意在迪教化，輔人君，廣仁義，注重禮學之實踐。」[31]於此均顯見劉向務實的學術特色，與幼年好陰陽鬼物之事，大爲逕庭。[32]

劉向在仕途中屢上疏言事，勸上重振朝綱，杜絕奢靡及外戚，以維護漢室，雖頗得漢成帝器重，然終究未能改變漢朝衰微趨勢。其後受成帝詔領中祕書，[33]在政治上作爲更屬不易，故其將學術觀念用於校讎工作中。

秦代禁書之令，漢惠帝時廢除，至武帝接受公孫弘的建議，廣開獻書之路，建藏書之策，劉歆稱「百年間書積如山」，至成帝時，因書「頗有亡散」，故一方面遣謁者陳農求遺書，一方面命劉向、任宏、尹咸及李柱國分別校訂群籍。《漢書·藝文志》記載其事曰：

> 詔光祿大夫劉向校經傳諸子詩賦，步兵校尉任宏校兵書，太史令尹咸校數術，侍醫李柱國校方技。每一書已，向輒條其篇目，撮其指意，錄而奏之。會向卒，哀帝復使向子侍中奉車都尉歆卒父業。歆於是總群書而奏其《七略》，故有〈輯略〉，有〈六藝略〉，有〈諸子略〉，有〈詩賦略〉，有〈兵書略〉，有〈術

---

31 韓碧琴：《劉向學述》，頁 555。1985 年。

32 錢杭論劉向云：「無論在經學學術的研究上，還是實際的政治活動中，劉向都是一個具有求實精神的人。而這種求實精神與他早年讀《鴻寶苑祕書》後，『言黃金可成』時幼稚的衝動，大相徑庭，顯然是他吸取了這次挫折的教訓，轉而刻苦鑽研經學，逐步培養而成的。」見《西漢經學與政治》（上海：上海古籍出版社，1994 年）第 7 章，頁 319。

33 自河平三年（-28）至綏和元年（-9）。《漢書·成帝記》：「（河平三年）光祿大夫劉向校中祕書。謁者陳農使使求遺書於天下。」頁 310。

數略〉，有〈方技略〉。[34]

就劉向與尹咸等分工情況，可見將中祕典籍分成六類，是劉向時已有的概念，不待劉歆，唯六藝經傳與儒學著作均屬劉向校讎耳。

劉向勤奮好學，廉靖樂道，博識多聞，故治經亦不墨守藩籬，以《春秋》爲例，其爲《穀梁》經師，論述中則多用《公羊》[35]及《左傳》[36]說，錢杭論其《春秋》學云：

> 劉向的《春秋》學屬今文《穀梁》學派，但現存劉向遺著卻表明，他的《春秋》學不局限於《穀梁》學，還包括相當部分的《公羊》學和古文《左氏》學。在他分類纂輯先秦至漢初史事和傳說，並雜以議論，旨在闡明儒家政治思想和倫理的《說苑》一書中，凡明文徵引《春秋》經文之處，多雜采諸說，可見劉向並不墨守狹隘的學派藩籬。[37]

劉向以儒學爲本的思想觀念極爲明確，不因利祿而變易其道，故亦不因援引《公羊傳》及《左傳》而改變其《穀梁》經師的身分。然開放並蓄用以闡發其思想的治學風格，則深刻影響劉歆，故劉歆能接受《左傳》，以此發揮《春秋》大

---

34 《漢書》卷 30，頁 1701。

35 唐晏《兩漢三國學案》（北京：中華書局，1986 年）：「〈向傳〉固云宣帝初立《穀梁春秋》，徵更生受《穀梁》，講論《五經》於石渠。是向爲《穀梁》專家矣。乃今考《說苑》所引《春秋》說，多同於《公羊》，其用《穀梁》者無幾，亦又何也？」頁 411。

36 參照趙善詒《說苑疏證》（上海：華東師範大學出版社，1985 年）及《新序疏證》（上海：華東師範大學出版社，1989 年）二書所列。

37 湯志鈞、錢杭等合著《兩漢經學與政治》頁 291。該書爲合著本，第七章〈西漢末年的經學與政治—劉向、歆父子〉爲錢杭所撰。

義，並企圖透過爭立學官方式，將《左傳》提升至《公羊》、《穀梁》之地位。其事雖未成，但劉歆自行透過《七略》的著錄分類方式，將《左傳》與《公羊》、《穀梁》並列，完成其表彰《左傳》的目的。

　　《七略》的學術觀念與對典籍的概念乃因襲《別錄》而成。劉向校書，作書錄隨書奏上，另別輯書錄成編，即為《別錄》，後經劉歆整理而成《七略》。[38]《別錄》是否已分類，今已不可考。但可以確定者，《七略》的分類觀念，應非創自劉歆，蓋劉歆追隨劉向校書祕府近二十年，對於學術觀念及分類原則，難不受其父親之影響，《漢書·劉歆傳》稱其父子的學術異同云：

　　　　（劉向、歆）父子俱好古，博見彊記，過絕於人。歆
　　　　以為左丘明好惡與聖人同，親見夫子，而公羊、穀梁
　　　　在七十子後，傳聞之與親見之，其詳略不同。歆數以
　　　　難向，向不能非間也，然猶自持其《穀梁》義。[39]

此記載說明《左傳》與《春秋》關係的問題。劉向既好古，且主要校讎「經傳諸子詩賦」[40]，自是見過古文《春秋左氏傳》，但因其受詔習《穀梁》，個性又「廉靖樂道」，不欲爭論，故雖不能「非間」劉歆，亦不為其所折服。然古文經之價值，《左傳》與《春秋》關係密切，均是劉向所未予否

---

38 阮孝緒《七錄·序》：「昔劉向校書，輒為一錄，論其指歸。辨其訛謬，隨竟奏上，皆載在本書。時又別集眾錄，謂之別錄。即今《別錄》是也。子歆撮其指要，著為《七略》。」見《廣弘明集》（大正《大藏經》冊52《史傳部》四，臺北：新文豐出版公司，1983年）卷3，頁109。

39 《漢書·楚元王傳》，卷36，頁1967。

40 《漢書·藝文志序》，頁1701。

定者。

劉向兼容並蓄的治學風格，使其在校讎工作中，能夠尊重各部典籍的內容及精神，藉由命名、篇章分合、移異及篇目次第等工作，提供一部足以呈現各家學術內涵的定本。就其所校定編次的《儀禮》、《禮記》及《荀子》、《莊子》等書而言，劉向藉由校讎編訂，使各書變成論述完整，層次分明，又分別部居，互相關連，能呈現各家思想體系的著作，西漢以前的學術面貌藉此得以考見。但西漢以前各家的學術主張也因劉向的校讎編輯而有明顯的分別，各家特有的主張被彰顯出來，但相關的論述，則因非屬其思想核心而多有失落。

三、劉歆《七略》分判六藝與儒家

劉向、劉歆父子博學多識，以其經學思想為基礎，整理先秦及前漢學者之論述，而將孔門學術分為六藝及儒家。前者包含六經及小學，將六藝侷限在經傳的解說及輔翼上，而將戰國以來藉經傳倡導孔孟思想之著作歸入儒家，與諸子並列。經學至此獨領群倫，成為傳統學術中無可取代核心內容。

劉歆好古文經學，[41]班固善詩賦，治學本不為章句，[42]對於繁瑣之章句，亦稱其為「利祿之路」使然，[43]頗見其鄙棄

---

41 《漢書・楚元王傳附劉歆》：「歆及向始皆治《易》……及歆校秘書，見古文《春秋左氏傳》，歆大好之。」頁1967。
42 《後漢書・班彪傳附班固》（北京：中華書局，1965年）云：「固字孟堅，年九歲，能屬文誦詩賦，及長，遂博貫載籍，九流百家之言，無不窮究。所學無常師，不為章句，舉大義而已。」頁1330。
43 班固《漢書・儒林傳贊》云：「自武帝立《五經》博士，開弟子員，設科射策，勸以官祿，訖於元始，百有餘年，傳業者浸盛，支葉蕃滋，一經說至百餘萬言，大師眾至千餘人，蓋祿利之路然也。」頁3620。

之意。[44]然劉歆《七略》及班固《漢書‧藝文志》則又透過書簿的著錄，爲其所鄙棄的章句經學，確立無可取代的地位。

　　在劉歆前，可見的學術分類以司馬談〈論六家要旨〉最爲明確，儒家居其中之一，而其學術則與六藝不分。其稱儒家「博而寡要，勞而少功，是以其事難盡從」[45]，而此失則來自於儒者「以六藝爲法」，而「六藝經傳以千萬數，累世不能通其學，當年不能究其禮」，儒家與六藝無法分割，反映出孔子以後的儒學發展。而其中之六藝經傳未獨立於儒學之外，更無高於儒學之地位。[46]又〈論六家要旨〉以陰陽家爲首，道家居後，而論述則推崇道家，其餘諸家並列，儒者不過其一，有其可取，亦有缺失。

　　經學與儒學不分的情況，至劉歆繼承父業校讎編纂目錄後，有所轉變。劉歆好古文經典，以其所好及學術見識，將祕府收藏之典籍分類，編成《七略》，六分學術。其中「六藝略」居首，「諸子略」爲次，西漢盛行且與經學結合的陰陽災異之學，則列入「數術」及「方技」，並次於詩賦之後。

---

44 《漢書‧藝文志‧六藝略序》：「古之學者耕且養，三年而通一藝，存其大體，玩經文而已，是故用日少而畜德多，三十而五經立也。後世經傳既已乖離，博學者又不思多聞闕疑之義，而務碎義逃難，便辭巧說，破壞形體；說五字之文，至於二三萬言。後進彌以馳逐，故幼童而守一藝，白首而後能言；安其所習，毀所不見，終以自蔽。此學者之大患也。」

45 《隋書‧經籍志‧儒家類序》稱所謂「博無寡要」者，針對俗儒而言之。

46 司馬遷的經學思想主要應該是來自董仲舒，其於經學及儒學亦未分辨，周予同〈有關討論孔子的幾點意見〉：司馬遷的經學大概源于董生（董仲舒）……但是董仲舒只是混合『儒家』和『陰陽方士』的『儒教』開創人物，已不是春秋戰國時期『儒分爲八』的儒家，更不等於春秋末期的孔子。」見朱維錚編：《周予同經學史論著選集》（上海：上海人民出版社，1983 年），頁 706。

此不僅尊經，亦有規範解經方式的作用。

　　劉歆《七略》將「獨尊儒術」的儒學分判爲六藝與儒家，班固承其事，逕取其書而爲《漢書・藝文志》，載於國史，成爲考察爲西漢學術面貌的重要依據。

　　鄭樵譏刺班固學殖淺陋，「初無獨斷之學，惟依緣他人以成門戶」[47]，〈藝文志〉雖依據《七略》將「六藝」與「儒家」分列，然《漢書》中的〈儒林傳〉則依循《史記》，而未見其中不妥之處。司馬遷承司馬談，經籍與儒學不分，故《史記・儒林傳》傳經生並無不妥，班固既承劉歆分畫六藝與儒家，則立傳亦應有別，以合其制。然《漢書・儒林傳》所載盡爲經生，不見儒者，[48]是欲呼應〈藝文志〉分辨經學與儒學而不能，故經生與儒士雖分而不離，影響所及，則經學與儒學長期互爲依存而時見牴牾。而此儒學與經學並列，實埋下學術衝突之遠因，唐宋以下，並發展成義理、考據之學，互相攻訐駁難，影響傳統學術之發展及學術環境至鉅。

　　《七略》的分類，固然反映出西漢經學發展的傾向，但其至要者，有二方面：一是將古文經學與今文經學並列，使古文經學在未取得官方承認之前，先承認其爲傳經之性質，並成爲經學主要流派之一。[49]二是將儒家排除於六藝之外，

---

47 鄭樵《通志・校讎略・編書不明分類論三篇》（王樹民點校：《通志二十略》，北京：中華書局，1995 年），頁 1821。

48 《漢書・儒林傳》記載之丁寬、施讎、孟喜、梁丘賀等三十二人，其有著作者，均見六藝略。

49 此採周予同說法。若傳統說法，以《四庫全書總目》爲代表，則分漢、宋學耳。《四庫全書總目・經部總敘》（北京：中華書局，1987 年）：「經稟聖裁，垂型萬世。刪定之旨，如日中天，無所容其贊述；所論次者，詁經之說而已。自漢京以後，垂二千年，儒者沿波，學凡六變……

與諸子並列，使傳周公、孔子學者，定於一軌。

1、今古文經學並列

　　周予同〈經學史與經學之派別：皮錫瑞《經學歷史》序〉
中論述中國經學之發展，將經學歸納為三大流派，古文經學
是其中之一，其論云：

> 中國經學，上追到西漢初年為止，也已經有二千一百
> 多年的歷史。……這許多繁重的著作，也不過可以歸
> 納為三大派，所謂「經學的三大派」。這三大派都顯
> 然自有它的立場和特色；就我的私意，可稱為一、「西
> 漢今文學」，二、「東漢古文學」，三、「宋學」。[50]

若專就漢代經學發展而言，在「西漢今文學」及「東漢古文
學」之外，周氏另有「通學派」之說，[51]可謂是經今古文學

要其歸宿，則不過漢學、宋學兩家互為勝負。」頁 1。清代學者江藩、
阮元多循此漢、宋二派立說。張舜徽稱「『漢學』、『宋學』之名，發
自清儒。名之不正，孰甚於此。最初見於《四庫提要》，其後江藩撰《漢
學師承記》、《宋學淵源錄》，於是門戶之見，牢不可破，彼此攻訐，
視同水火。」見《四庫提要敘講述》，《舊學輯存》（濟南：齊魯書社，
1988 年）收錄，頁 1653。
50 朱維錚編：《周予同經學史論著選集》，頁 92。
51 見〈「漢學」與「宋學」〉（《周予同經學史論著選集》收錄）。周氏
論云：「經典研究是『漢學』唯一的特點；然而因經典來源的不同與經
典本身的各異，『漢學』自身又發生演變與派別。兩漢時代，『漢學』
的演變可分為三個時期，因而成立三大派。這三大派可稱為：一、『今
文學派』；二、『古文學派』；三、『通學派』。」（頁 325）又論所
謂的通學派，云：「古文派與今文派爭論以後，於是又產生通學派。他
們混合今古文學，不論家法或師法，而只是用主觀的見地為去取。這派
的代表者是漢末的鄭玄。他專門研究經典中的名物訓詁，而忽略思想，
實可稱為後代考證學的開山祖。因為這派大部分以古文經說為依據，而
偶然雜以今文經說，所以簡便起見，也可以歸納於古文學派，而與今文
學派相對峙。」頁 326。

的折衷與融合。若就其釋經的主要方式言，仍是古文經學；若與西漢今文經學及東漢初的古文經學內容相較，則是保守性質，專注在字義的理解上，可謂是經學之進一步內斂與窄化。

古文經學的發展，與劉歆隨劉向領校祕書關係密切。劉歆與劉向校書及編撰《七略》的時間，約在成帝、哀帝年間，《漢書‧劉歆本傳》記載云：

> 歆字子駿，少以通《詩》《書》、能屬文召見成帝，待詔宦者署，為黃門郎。河平中，受詔與父向領校秘書，講六藝傳記，諸子、詩賦、數術、方技，無所不究。

哀帝初即位，大司馬王莽舉歆宗室有材行，為侍中太中大夫，遷騎都尉、奉車光祿大夫，貴幸。復領《五經》，卒父前業。歆乃集六藝群書，種別為《七略》。[52]

劉歆隨劉向校書的時間，自漢成帝河平年間至綏和元年，近二十年。[53]其分類觀念自是受到劉向的影響，或者《七略》的分類即是劉向的分類觀念。

劉歆推崇古文經，不僅表現在爭立學官上，並在撰述目錄時，將古文經列於各類群籍之首。今以《漢書‧藝文志》六藝略為本，說明其義。《漢志‧六藝略》分九類，「樂類」及《論語》以下，因不屬漢代五經博士範圍，暫且不論。各類著錄之書，除「易類」外，[54]均著錄古文，且於類序中，

---

52 《漢書‧楚元王傳》，頁 1967。
53 《漢書‧劉向傳》稱劉向「卒後十三歲而王氏代漢」，知其卒於漢成帝元年（-7）。漢成帝河平前後四年（-28--25）。
54 「易類」不著錄《古文易》不可解。〈易類序〉云：「劉向以中古文易經校施、孟、梁丘經」，是《易》有古文經。

特意說明古文經的內容。分列如下：

易類：未著錄。

類序：

> 民間有費、高二家之說，劉向以中《古文易經》校施、孟、梁丘經，或脫去「無咎」、「悔亡」，唯費氏經與古文同。

尚書：

> 《尚書古文經》四十六卷。為五十七篇。

類序：

> 《古文尚書》者，出孔子壁中。武帝末，魯共王懷孔子宅，欲以廣其宮。而得《古文尚書》及《禮記》、《論語》、《孝經》凡數十篇，皆古字也。共王往入其宅，聞鼓琴瑟鐘磬之音，於是懼，乃止不壞。孔安國者，孔子後也，悉得其書，以考二十九篇，得多十六篇。安國獻之。遭巫蠱事，未列於學官。劉向以中古文校歐陽、大小夏侯三家經文，〈酒誥〉脫簡一，〈召誥〉脫簡二。率簡二十五字者，脫亦二十五字，簡二十二字者，脫亦二十二字，文字異者七百有餘，脫字數十。

詩經：

> 《毛詩》二十九卷。
> 《毛詩故訓傳》三十卷。

類序：

> 又有毛公之學，自謂子夏所傳，而河間獻王好之，未得立。

禮：

《禮古經》五十六卷。

《周官經》六篇。

《周官傳》四篇。

類序：

《禮古經》者，出於魯淹中及孔氏，與十七篇文相似，多三十九篇。及〈明堂陰陽〉、〈王史氏記〉所見，多天子、諸侯、卿、大夫之制，雖不能備，猶瘉倉等推《士禮》而致于天子之說。

樂：

類序：

劉向校書，得《樂記》二十三篇。

春秋：

《春秋古經》十二篇。

《左氏傳》三十卷。

類序：

仲尼思存前聖之業……與左丘明觀其史記，據行事，仍人道，因興以立功，就敗以成罰，假日月以定歷數，借朝聘以正禮樂。有所褒諱貶損，不可書見，口授弟子，弟子退而異言。丘明恐弟子各安其意，以失其真，故論本事而作傳，明夫子不以空言說經也。

以上五類，《尚書》、《禮》、《春秋》置於各類之首，並於類序中說明其來源。在西漢未獲立學官，不被朝廷所承認的古文經，至此不但與今文經並列，且位居首要。

2、儒學與經學分立

儒者原本包羅各家，至西漢時，因當時已不見春秋戰國以來盛行之學派，如墨家、農家及名家等各家學者，故所指稱的儒者，已經成為學習孔門六藝學者的專稱，因此，經生與儒士未易分辨。至《漢書・藝文志》六藝與儒林同業，儒家遂不知何從。章太炎《國故論衡・論儒》考察儒之名稱，可總以三科，有達、類、私之不同，要之曰術士，曰才藝，曰官守。[55]論儒者與五經家的不同，在於：

> 儒者游文，而五經家專致，五經家骨鯁守節過於儒林，其辨智弗如，此其所以為異。

其所謂五經家，即指《史記・儒林傳》及《漢書・儒林傳》，以至於其後史書之〈儒林傳〉，二者之差別不僅學術宗旨，更見德操之異，因此，以傳經者列儒林，實為不合。章太炎續論云：

> 今獨以傳經為儒，以私名則異，以達名、類名則偏。

55　章太炎《國故論衡・原儒》：「儒有三科，關，達名為儒：儒者，術士也。……是諸名籍，道、墨、刑法、陰陽、神仙之倫，傍有雜家所記，列傳所錄，一謂之儒，明其皆公族。古之儒知天文占候，謂其多技，故號徧施於九能，諸有術悉晐之矣。類名為儒：儒者，知禮、樂、射、御、書、數……躬備德行為師，效其材藝為儒，養由基……尹儒……明二子者皆儒者，儒者則足以為楨榦矣。私名為儒：《七略》曰：「儒家者流，蓋出于司徒之官，助人君順陰陽，明教化者也。游文於六藝之中，留意於仁義之際，祖述堯舜，憲章文武，宗師仲尼，以重其言，于道為最高。」……《七略》疏《晏子》以下二十五家，皆粗明德行政教之趣而已，未及六藝也，其科於周官為師，儒絕假而師假攝其名。然自孟子、孫卿多自擬以天子三公，智效一官，德徵一國，則劣矣。而末流亦彌以謏世取寵。及酈生、陸賈、平原君之徒，餔歠不德，廉行亦敗。是三科者，乃不如刀筆吏，是三科者，皆不見五經家。」頁481-488。

要之題號由古今異，儒猶道矣。儒之名於古通為術
士，於今專為師氏之守。道之名於古通為德行道藝，
於今專為老聃之徒。道家之名不以題方技者，嫌與老
氏掍也。傳經者復稱儒，即與私名之儒殽亂。謂自師
氏之守以外，皆宜去儒名便，非獨經師也……不然儒
家稱師，藝人稱儒，其餘各家氾言學者，旁及詩賦而
氾言曰文學，亦可以無相鍪矣。[56]

儒林與六藝混淆，實為班固修《漢書》，簡易成編，分別依
襲司馬遷《史記》及劉歆《七略》而成之故，其於《漢志‧
儒家類序》即稱儒學之用，云：

儒家者流，蓋出於司徒之官，助人君順陰陽明教化者
也。游文於《六經》之中，留意于仁義之際，祖述堯、
舜，憲章文、武，宗師仲尼，以重其言，于道最為高。
孔子曰：「如有所譽，其有所試。」唐、虞之隆，殷、
周之盛，仲尼之業，已試之效者也。然惑者既失精微，
而辟者又隨時抑揚，違離道本，苟以嘩眾取寵。後進
循之，是以《五經》乖析，儒學浸衰，此辟儒之患。

此中論述，實難以分辨其所謂儒者與五經博士有何不同。其
收錄的「儒五十三家，八百三十六篇」更無法契合此序所論。
然其後史志依循其意，子部儒家與經部六藝分立，成史籍常
例，而經部六藝的地位愈高，成為「垂型萬世」之要典，子
部儒家則愈卑，竟有「辟儒」、「俗儒」之譏，《隋志‧儒
家類序》云：

---

56 章太炎：《國故論衡‧原儒》，頁 490-495。

> 儒者，所以助人君明教化者也。……俗儒為之，不顧
> 其本，苟欲嘩眾，多設問難，便辭巧說，亂其大體，
> 致令學者難曉，故曰「博而寡要」。[57]

至《四庫全書總目》稱「儒家本六藝之支流」，然世變俗易，
後儒不求通經致用，而務標榜，貶抑之情顯見，〈儒家類序〉
云：

> 古之儒者，立身行己，誦法先王，務以通經適用而已，
> 無敢自命聖賢者。王通教授河汾，始摹擬尼山，遞相
> 標榜，此亦世變之漸矣。迨托克托等修《宋史》，以
> 道學、儒林分為兩傳。而當時所謂道學者，又自分二
> 派，筆舌交攻。自時厥後，天下惟朱、陸是爭，門戶
> 別而朋黨起，恩讎報復，蔓延者垂數百年。明之末葉，
> 其禍遂及於宗社。惟好名好勝之私心不能自克，故相
> 激而至是也。聖門設教之意，其果若是乎？[58]

將典籍論著分成六略，儒家與六藝分立，是劉向父子校訂群
籍之後，部類典籍的方式，其初為典藏檢索之用，所謂「辨
章學術，考鏡源流」本非其宗旨。然分列經、儒的方式，成
為史籍常制，則使釋經愈窄，儒者愈卑。至唐代學者釋經而
有「疏不破注」的原則，論儒則多負鄙陋之名。

結　語

漢代學術發展，雖云至武帝時以儒術為獨尊，然考諸兩

57　長孫無忌：《隋書》（北京：中華書局，1973 年），卷 34，頁 999。
58　《四庫全書總目》（北京：中華書局，1987 年）卷 91，頁 769。

《漢書》，其有不然者。蓋學術發展，透過政治作為推動與禁制，難見立即的成效。李斯建請焚書，而漢代今文、古文並傳；秦始皇坑儒，而漢代儒生制定禮儀，議政於朝，是文化思想及學術發展非政治所能箝制者也。漢武帝獨尊儒術，而陰陽災異與黃老刑名之道風行於朝廷州縣，亦可見學術風尚難以遽成。

　　漢代儒學發展，回歸經學，漢武帝從董仲舒的建議，有奠定基礎的作用。然經百年發展之後，分判純駁，別列六藝與儒家，著為定式，則劉向、劉歆父子校讎分類所為。至後漢，學者兼通各部，兼容今文古文，蔚為學風，則又劉向、劉歆父子發於前，《七略》著於簿錄，班固《漢志》修為國史，定為常例，遂垂型千年而不替，此顯見劉向、劉歆父子於經學及儒學發展的影響。

　　劉向、劉歆父子校讎工作將典籍分類，以六藝為首，而將先秦百家爭鳴的諸子學，歸成一略九流十家，其意義不僅在於學術分合，更在於判定學術的高下。影響所及，經世之學遂為群經六藝所獨佔，儒家與諸子之學相對於六藝而言，則逐漸成為非主流之說。魏晉以後，諸子與兵書、數術、方技進一步的合併，成為子部，更難能在學術殿堂上發聲，亦難在政治上發生作用。董仲舒議請的「罷黜百家，獨尊儒術」，至此獲得無法替易的地位。

　　經學獨佔廟堂，經學著作成為簿錄之首；其後，經生成為參與政治活動的主要門徑，至唐宋以後，分科制舉盛行、經義策論成定制，更難以撼搖經學的地位。直至西學傳入，近代西式圖書館分類法興起，經部的存廢成為爭議，不僅失

卻獨尊的地位，經學的價值亦受質疑。[59]劉歆《七略》使古文書晉身經部，十進位分類則使經部無地自存，學科分類對學術發展的影響，不容小覷。

---

59 晚清民初四部分類法變爲十進位分類法，經部存廢與否，頗受爭議。詳見左玉河《從四部之學到七科之學—學術分科與近代中國知識系統之創建》（上海：上海書店，2004 年）第 8 章第 5 節。

古代藝術觀念與唐宋書目藝術類的內容

前　言

　　藝術因人類的生活與心靈活動而產生，並隨人類的社會形態而發展與變化，但並非自有人類，即有藝術之名。近代學者大抵同意原始藝術來自於宗教活動。[1]然本質是宗教活動的原始藝術，與後代講究遊興鑑賞與寄託心志的藝術內涵頗有差別。[2]

　　中國古籍中，《晉書》首立「藝術傳」，然其記載的人

1　李澤厚《華夏美學》（臺北：三民書局，1996 年）第一章〈禮樂傳統〉：「原始人類最早的『藝術品』是塗在黑暗的洞穴深部，它們不是爲了觀賞或是娛樂而創作，而是只有打著火把或是燃起火種進行神祕的巫術禮儀即圖騰活動時，才可以看得見的；有些根本不讓人們看見。它們是些神祕而神聖的巫術。」頁 6。

2　彭吉象：《藝術學概論》（北京：北京大學出版社，2006 年）上編〈藝術總論〉：「現代藝術有廣義狹義的不同，廣義的藝術包含文學，狹義的藝術則專指文學以外的其他藝術門類。」頁 1。

又《中國大百科全書‧哲學卷》（北京：中國大百科全書出版社，1987年）對「藝術」的解釋：「藝術概念一般有三種涵義：一、泛指人類活動的技藝，包括一切非自然的人工製品；二、指按照美的規律進行的各種創作，既包括各種具有審美因素的實用品的製作，也包括各種藝術創作：三、專指繪畫、雕塑、建築、音樂、舞蹈、戲劇、文學等專供觀賞的各種藝術作品。」頁 1086。

物，多為嫻熟各種技術的奇人異士，並非如後世所云以書畫舞樂為主要才能的藝術家。其「藝術」一詞，近於《漢書・藝文志》中的「數術」及「方技」，特強調某些推測未知事物的技術才能，大抵還保留古代宗教行為的性質，與先秦典籍中常見的「藝」字用法近似，惟含義各有偏重。

　　歷代各種書目中，立「藝術」為一類者，始見於王儉《七志》，其改易《漢書・藝文志》的「方技」為「術藝」（或作「藝術」），正顯見至六朝，學者仍視藝術為方技之流。書目中開始成立後世藝術範圍的類目，應是自《舊唐書・經籍志》的「雜藝類」開始，其後《新唐書・藝文志》、《宋史・藝文志》仍其名。歐陽修撰《崇文總目》，首立「藝術類」，鄭樵《通志・藝文略》仍之，至《明史・藝文志》、《清史稿・藝文志》依循此名稱，藝術作為類目名稱在書目中已見確立。但自唐宋至明清歷朝，各家公私書目中，或稱「藝術」，或稱「雜藝」，或稱「雜藝術」，名目不一，著錄書目的範圍亦多所不同。

　　中國傳統道藝觀念轉換為現代藝術的觀念，在唐宋時期大致確定，明清及近代以降雖有擴充，然大抵不失其性質。故本文以宋代為斷限，依據先秦經籍所論云的「藝」，再就各唐宋史書的「藝術傳」、書目中的藝術類，及各種書譜、畫譜等藝術類專門書目，考察傳統藝術內涵的流變，並辨章其差異。[3]

3　劉美玲〈由中國歷代目錄的分類談藝術類系統的發展〉（《國立中央圖書館臺灣分館館刊》4 卷 4 期，1998 年 6 月）依據《隋書・經籍志》等六部論述藝術類的類例的流變。另〈《四庫全書總目》分類體系中藝術相關類

一、先秦古籍中的藝與藝術

「藝」字在古籍中出現甚早，《尙書》已有相關的記載，《論語》、《左傳》、《三禮》及中則出現頻繁，然其所稱的「藝」，均指技術而言。《尙書・胤征》胤侯告於眾曰：

> 每歲孟春，遒人以木鐸徇于路。官師相規，工執藝事以諫。[4]

藝事既是工匠所執掌，則知此「藝」特指技術而言，故孔安國《傳》稱：「百工各執其所治技藝以諫，諫失常。」又〈金縢〉記載周公禱詞，云：

> 予仁若考，能多材多藝，能事鬼神；乃元孫不若旦多材多藝，不能事鬼神。[5]

此「藝」與「材」並提，則不僅指外在學習的技藝，包含其知識及能力等等。蓋周公爲當時的王室貴族，主掌國政，其所學習的技藝，自然包含經世治國、理財濟民及征戰攻伐的知識。於此二則記載可見，上古時期的「藝」是專指技術而言，但技術的性質和種類則隨身分地位的不同而有差異。

再以代表儒家學術思想的《論語》論，《論語》中孔子

目之探析〉（《國立中央圖書館臺灣分館館刊》7 卷 4 期，2001 年 12 月）論述《四庫全書總目》藝術類著錄書目的內容及其顯示的問題。本文論述重心與劉美玲二文略有不同，劉文注重分類體系，本文則強調學術內容及演變，除有章學誠「辨章學術，考鏡源流」的目的外，更藉以考察傳統「藝術」內涵的演變。

4 《尙書正義》（影印嘉慶二十年南昌府學校刊《十三經注疏》本。臺北：藝文印書館，1989 年。本文徵引《十三經注疏》均此版本）卷 7，頁 102。
5 《尙書正義》卷 13，頁 186。

不僅稱自己「不試，故藝」[6]，且勉勵弟子要「志於道，據於德，依於仁，游於藝」[7]，而諸弟子中，冉求多藝，孔子雖認為其「於從政乎何有」[8]，但如能「文之以禮樂」，則「可以為成人矣」[9]。藝既在道、德、仁之外，雖足以作為從政之資，但尚須以禮樂節制，方可以成為「見利思義，見危授命，久要不忘平生之言」[10]之成人，可見孔子認為「藝」涵意，是偏向情性之才能，與《尚書》顯見不同。[11]

　　由孔門弟子的才藝發展，儒學應會重視調劑身心的藝術，但戰國秦漢之際，孔門弟子多擅長禮學，且用以論政，並以此與法家、軍事家及縱橫家作區別，因而發展出極度內斂的學術特質，而其「藝」亦僅限於實用的技術上，故有六藝之名，《周禮・大司徒》：

> 頒職事十有二于邦國都鄙，使以登萬民：一曰稼穡，二曰樹藝，三曰作材，四曰阜蕃，五曰飭材，六曰通財，七曰化材，八曰斂材，九曰生材，十曰學藝，十有一曰世事，十有二曰服事。

6　孔子弟子轉述，見《論語》（劉寶楠《論語正義》，高流水點校本。北京：中華書局，1990 年）〈子罕篇〉第 7 章，頁 331。

7　《論語・述而篇》第 6 章，頁 257。

8　《論語・雍也》第 8 章：「（季康子問）曰：『求也可使從政也與？』曰：『求也藝，於從政乎何有？』」頁 221

9　《論語・憲問》第 12 章：「子路問成人。子曰：『若臧武仲之知，公綽之不欲，卞莊子之勇，冉求之藝，文之以禮樂，亦可以為成人矣！』」頁 566。

10　同前注，頁 568。

11　歷來解釋此「藝」的內容，如孔安國、鄭玄、何晏等，均逕指為是「禮樂射藝書數」的「六藝」，然孔子既稱「冉求之藝，文之以禮樂」，可見此藝必不包含禮樂，而是泛指其他的才能。

　　以鄉三物教萬民而賓興之：一曰六德，知、仁、聖、義、忠、和；二曰六行，孝、友、睦、姻、任、恤；三曰六藝，禮、樂、射、御、書、數。[12]

　　大司徒教育百姓，其中學藝的次序在化材、斂材、生材之後，在世事及服事之前，正是由滿足生命需求轉化爲社會服務，及安頓生活後轉爲政治工作的關鍵；而所學習之「藝」的內容，即是「禮、樂、射、御、書、數」六者，此六者是傳統社會中，士大夫階層從事社交活動必須具備的重要能力。但是與同爲教育百姓的「六德」、「六行」相較，又顯示其屬末節。蓋「知、仁、聖、義、忠、和」是修養的目的，也是教育化成的主要作用，「孝、友、睦、姻、任、恤」則是社會的基本功能，也是達成天下平治的重要方法。而「禮、樂、射、御、書、數」則是在「六德」、「六行」二者之後從事政治活動的專業能力或是技術。可見此「藝」與孔子教導弟子「游於藝」的內容不同，強調的不是適性調節心緒的功能，而是安邦國定社稷的能力。

　　戰國秦漢的儒者，大抵以此方式理解「藝」，即視藝爲專業技術，故《禮記‧樂記》論樂的意義及作用，強調聲音舞樂種種均屬樂之末節，重要的在於德，故稱「德成而上，藝成而下；行成而先，事成而後」[13]，〈學記〉又稱「學，不學操縵，不能安弦；不學博依，不能安《詩》；不學雜服，

12　《周禮》〈大司徒〉鄭衆注云：「學藝即學道。」孫詒讓本其說，見《周禮正義》（王文錦、陳玉霞點校本。北京：中華書局，1987年）卷19，頁760。

13　見《禮記‧樂記》。藝，鄭玄注云「才技」，孔穎達疏曰：「藝術成就。」卷38，頁1304。

不能安禮；不興其藝，不能樂學」[14]，正見藝在音樂及演奏之上，與弦歌樂律的內容不同層次。

　　秦及兩漢，隨著政治統一，文武分職，儒者從事政治活動，射、御等不再是士人必要具備的能力，熟悉典章制度及政治運作的原則成為從政官員必要的知識，因此，政治運作的技術便被視為藝，而傳自孔孟聖門的《易》、《書》、《詩》、《禮》、《樂》、《春秋》成為儒者必須熟悉的典籍，取代了「禮、樂、射、御、書、數」，成為漢代的新「六藝」。《漢志‧六藝略敘》云：

> 六藝之文，《樂》以和神，仁之表也。《詩》以正言，義之用也。《禮》以明體，明者著見，故無訓也。《書》以廣聽，智之術也。《春秋》以斷事，信之符也。五者，蓋五常之道，相須而備，而《易》為之原……古之學者耕且養，三年而通一藝，存其大體，玩經文而已，是故用日少而畜德多，二十而《五經》立也。[15]

班固（32-92）以仁、義、禮、智、信來解釋六經的精神，說明漢代儒者對孔門學術的基本認識，即以道德修養作為知識的內在價值，《易》、《書》、《詩》《禮》、《樂》、《春秋》只是修身養性的輔助材料，故學者僅須「存其大體，玩經文」，以助其「畜德」而已。

　　今人論述中國藝術的精神，多認為是受到道家的影響，

14　《禮記‧學記》，藝，〔唐〕孔穎達疏云：「謂操縵、博依、六藝之等。若欲學《詩》、《書》正典，意不歆喜其雜藝，則不能躭翫樂於所學之正道。」卷 36，頁 1234。

15　《漢書藝文志》（臺北：世界書局，1985 年）頁 20。下文徵引簡作《漢志》。

尤其是《莊子》，[16]但是《莊子》中，並未有藝術一詞，且
其所論述的「藝」，多指技術而言，與儒者相同，〈天地〉
云：

> 故通於天地者，德也；行於萬物者，道也；上治人者，
> 事也；能有所藝者，技也。技兼於事，事兼於義，義
> 兼於德，德兼於道，道兼於天。[17]

由天道至於技藝，層層演繹，而藝是技術的表現，在人世間
屬於最末要的事，但技藝卻也可以通透天道事理。此是道家
思想中圓融一貫思想的具體表現，但其中並未有藝術的觀
念。《莊子》的各家注中，唐代成玄英（約 601-690）《疏》
多用藝術一詞，如〈天下〉「天下之治方術多矣，皆以其有
為不可以加矣」疏云：

> 自軒、頊已下，迄于堯、舜，治道藝術，方法甚多，
> 皆隨有物之情，順其所為之性，任群品之動植，曾不
> 加之於分表，是以雖教不教，雖為不為矣。[18]

〈在宥〉「說聖邪，是相於藝也」疏云：
> 說聖迹，助世間之藝術。[19]

〈天道〉「古之王天下者……能雖窮海內，不自為也」疏云：
> 藝術才能冠乎海內，任之良佐而不與焉。[20]

---

16 詳見徐復觀《中國藝術精神》（臺北：臺灣學生書局，1992 年）第 2 章
〈中國藝術精神主體之呈現〉。
17 郭慶藩《莊子集釋》（王孝魚點校本。北京：中華書局，1997 年）頁 404。
〔唐〕成玄英疏云：「率其本性，自有藝能，非假外為，故真技術也。」
頁 406。
18 郭慶藩《莊子集釋》，頁 1065。
19 同前注書，頁 386。
20 同前注書，頁 466。

成玄英的〈天下〉中的疏文，藝術接續治道，蓋指治國的技術而言，〈天道〉中的疏文亦然；〈在宥〉疏文所云的「藝術」，則偏重道德修養。此三者均遠承先秦兩漢學者的「藝」的概念。

「藝」字，許慎《說文解字》作「埶」，義為種植，段玉裁（1735-1815）雖注稱「儒者之於禮樂射御書數，猶農者之樹埶也」[21]，但先秦諸子用此藝字，多用本義，而非如段玉裁所云，其中既無儒家經典中的技術義含，亦無後世藝術的精神。藝術一詞是漢魏以後的學者新鑄，另有所自。

二、漢唐史傳中的藝術義涵

史書中首用「藝術」一詞，並為從業人士立傳，是唐代房喬（579-648，字玄齡）修撰的《晉書》，然其所稱之藝術，乃各種方技道術，即《史記》中的日者、龜策之流。《晉書·藝術傳·序言》云：

> 藝術之興，由來尚矣。先王以是決猶豫，定吉凶，審存亡，省禍福。曰神與智，藏往知來；幽贊冥符，弼成人事；既興利而除害，亦威以立權，所謂神道設教，率由於此。……詳觀藝術，抑惟小道，棄之如或可惜，存之又恐不經。載籍既務在博聞，筆削則理宜詳備，晉謂之乘，義在於斯。今錄其推步尤精、伎能可紀者，

---

21 許慎撰，段玉裁注：《說文解字注》（臺北：漢京文化公司，1985年）3篇下，頁14。

以為藝術傳，式備前史云。[22]

由此〈序言〉，可以明顯看出其所謂「藝術」，與後世之定義全然不同。《隋書・藝術傳・序》同其說，然其記載的人物，不限於方技陰陽家，亦附載精通樂律的萬寶常，可視為是當時的音樂家傳記。

　　方術何以轉稱為藝術，尚待考證；唐人修史蓋循用王儉《七志》之說。阮孝緒（479-536）〈七錄序〉云：

昔劉向校書，輒為一錄，論其指歸，辯其訛謬，隨竟奏上，皆載在本書。時又別集眾錄，謂之別錄，即今之《別錄》是也。子歆探其指要，著為《七略》，其一篇即六篇之總最，故以撮略為名，次六藝略，次諸子略，次詩賦略，次兵書略，次數術略，次方技略，王儉《七志》改六藝為經典，次諸子，次詩賦為文翰，次兵為軍書，次數術為陰陽，次方技為術藝。以向、歆雖云七略，實有六條，故立圖譜一志，以全七限。……王以數術之稱有繁雜之嫌，改為陰陽，方技之言事無典據，又改為藝術。[23]

王儉（452-489）處於南朝宋、齊之際，阮孝緒則是齊、梁之際，可見以「藝術」替代「方技」、「數術」之稱，在此時已經形成。唐代所修撰的《晉書》、《魏書》、《周書》、《北史》及《隋書》中，均有「藝術傳」，然傳中人物其擅長者，大抵是屬占卜、陰陽及醫術之學，蓋已經完全接受了

---

22 房喬《晉書》（北京：中華書局，1974 年）卷 95，頁 2466-2467。

23 《廣弘明集》卷 3。引自袁詠秋、曾季光主編《中國歷代圖書著錄文選》（北京：北京大學出版社，1997 年）頁 175-176。

王儉的用法。

　　由以上記載，可見藝術精神或許來自《莊子》等道家思
想，但其被視爲專業才能和知識，與其他學術分門獨立，自
成流別，是在隋唐之後。雖然在魏晉六朝時，「藝術」已逐
漸成爲一新名詞，但其內容與後世大不相同。[24]

三、唐、宋書目的「雜藝術類」

　　傳統書目中的四部分類法創始於晉荀勗《中經新簿》，[25]
但類目至《隋書‧經籍志》才大致定型。唐人修南北朝各代
史書，雖立藝術傳，但《隋志》中並未立藝術類，相關著作
分別見於史部「傳記」、「譜系」、「簿錄」及子部的「兵
書」、「五行」、「醫方」各類中。後晉劉昫修《舊唐書》
在〈經籍志‧子部〉中，首立「雜藝術類」，宋代各家修史
志及目錄書，多仍其制。茲依著作先後及性質，略述唐、宋
書目中藝術類的著錄情形。

1、《兩唐志‧雜藝術類》收錄的著作類型

　　《舊唐志》雜藝術類收錄相關著作十八部，[26]其著錄的

24　《世說新語》中有〈巧藝篇〉，記載與建築、書畫、遊戲相關事蹟十四
　　則。徐復觀認爲後世的藝術類即據此發展而成。見徐復觀《中國藝術精
　　神》第 2 章〈中國藝術精神主體之呈現〉，頁 49。

25　見阮孝緒〈七錄序〉及《隋書‧經籍志‧序》等各書記載。

26　《舊唐書‧經籍志》「雜藝術類」著錄書目爲：《投壺經》一卷、《大
　　小博法》二卷、《皇博經》一卷、《大小博經行碁戲法》二卷、《小博
　　經》一卷、《二儀簿經》一卷、《大博經》二卷、《碁勢》六卷、《碁
　　品》五卷、《圍碁後九品序錄》、《竹苑仙碁圖》一卷、《碁評》一卷、

書目，以博奕書爲主，大都見於《隋志》的兵書類中。[27]《新唐志》在《舊唐書》的基礎上，增收著作四部，圖一百一卷。[28]其中《名手畫錄》在《舊唐書》中已著錄，見於史部目錄類中，《新唐書》則於目錄類及雜藝術類均著錄此書。

　　《新唐志》增收的部分，除沿襲《隋志》、《舊唐志》中與博奕相關的著作，如上官儀《投壺經》一卷、呂才《大博經》二卷之外，另可分作三類：

（1）畫作目錄及畫作評論

　　《隋志》集部著錄評論詩文及文學創作理論的著作，是評論被視爲是種專業工作的象徵。唐代帝王重視書畫藝術，除於國子監下設書學外，[29]亦多方提倡繪畫，[30]故文人競相創作，作品亦臻於成熟境界。《新唐志》著錄張彥遠《歷代名畫記》、吳恬《山水錄》等畫作目錄，亦著錄姚最《續畫品》、顧況《畫評》等評論畫作的著作。

　　畫作目錄及評論的出現，代表北宋中期繪畫已成爲一種專業技術，繪畫的品評也趨向專業，各種不同的理論及觀點

　　《象經》一卷、又一卷、又一卷、《古今術藝》十五卷，共十七部。今傳本統計，僅十七部。沈炳震《唐書經籍藝文合鈔》（臺北：世界書局，1976 年）亦云「止十七部」頁 265。

27　《舊唐志・雜藝術》收錄最後一部是《今古術藝》十五卷，作者內容失考。《隋志・兵書》在《碁勢》下注云：「梁有《術藝略序》五卷，孫暢之撰。」知此《今古術藝》亦屬碁譜書。另《隋志・小說家》著錄《古今藝術》二十卷。

28　依據《兩唐志合鈔》（《唐書經籍藝文合鈔》）之說，其中若干家及若干部如何計數，無法確知。

29　詳見高明士《中國中古的教育與學禮》（臺北：臺灣大學出版中心，2005年）第三章。

30　詳見高準《中國繪畫通史導論》（臺北：文史哲出版社，1997 年）第 3章。

的提出，對繪畫風尚的發展，有深遠的影響。

（2）武術著述

　　《新唐志‧雜藝術》中著錄王琚《射經》、張守忠《射記》、任權《弓箭論》三種，此三種屬武學，與投壺、射覆之博奕性質不同，應逕入兵書類。在《漢書‧藝文志》（下略作《漢志》）中，相關著作即著錄於〈兵書略〉的「兵技巧」中。《隋志‧兵書類》著錄《馬槊譜》一卷，亦屬武藝之書，與《射經》等書性質近似[31]，應是論述武器運用技巧的著作。

　　《舊唐志》、《新唐志》的兵書類所著錄，以戰略及戰術等軍事相關論述爲主，射箭等武藝反而視爲個人技巧，非屬於兵書，故《新唐志》歸於「雜藝術」中。於此略可見《新唐志》撰修者對「藝術」的觀點。

（3）繪畫作品

　　著錄繪畫作品，是《新唐志》重要的特色。《隋志》、《兩唐志》的傳記類，固然收錄若干畫傳、像贊之類的畫像圖錄，但都附屬於人物，以其事蹟爲主。《新唐志》將畫作單獨成類，收錄的作品不僅是名臣畫像，還包含器物圖、人物圖、故事圖等不同內容的畫作。

　　器物圖，如《禮圖等雜畫》五十六卷、《太宗自定輦上

31　姚振宗《隋書經籍志考證》（《二十五史補編》本。北京：中華書局，1995 年）云：「《梁書‧羊侃傳》：大同三年，車駕幸樂游苑，侃預宴時，少府奏新造兩刃槊成，長丈四尺圍一尺三寸。高祖因賜侃馬，令試之。侃執槊上馬，左右擊刺，特盡其妙。又《南史‧柳世隆傳》：『齊永明時，世隆爲尚書令，常自云：馬槊第一，清談第二，彈琴第三。』蓋尤善於馬槊。此梁簡文帝所謂近代相傳，稍已成藝之略可見者。」頁518。

圖》、董萼《盤車圖》、《按羯鼓圖》、王象《鹵簿圖》等。

　　人物畫象，如閻立本《秦府十八學士圖》及《凌煙閣功臣二十四人圖》、《高祖及諸王圖》、韓幹《姚宋及安錄山圖》、范長壽《醉道士圖》等。

　　故事畫，如閻立德《文成公主降蕃圖》、檀智敏《游春戲藝圖》、張萱《乳母將嬰兒圖》、韓幹《寧王調馬打球圖》、韋鷗《天竺胡僧渡水放牧圖》等。

　　歐陽修編纂《新唐志》，著錄繪畫作品同時，也記載繪畫的作者，即肯定繪畫創作的價值等同於學術論著，藝術家的地位與學者相同，此呈現宋代重視文化藝術的社會風氣，實為中國藝術發展的重要里程。

2、《崇文總目》的藝術類

　　《崇文總目》題王堯臣（1003-1058）或歐陽修（1007-1072）編纂，於宋仁宗景祐元年（1034）編定，慶曆元年（1041）奏上。其後歐陽修又修纂《新唐書》的志、傳部分，故二書可以互相參證。[32]

　　《崇文總目‧藝術類》是目錄書中首用藝術為類目名稱者，其中著錄著作五十四部九十八卷，[33]其中亦包含《兩唐志》中即有的《碁勢》、《投壺》等博奕著作，同時也著錄《射經》、《射法》、《九章射術》及任權《弓箭論》等十

---

[32] 《崇文總目》成書早於《新唐志》二十年。詳見喬衍琯師〈新唐書藝文志考評〉（國立政治大學學報⊃7期，1988年）及〈崇文總目考略〉（《國立政治大學學報》52期，1985年）。

[33] 錢侗按云：「今核計，實五十二部一百卷。」見錢東垣輯釋《崇文總目》（臺北：臺灣商務印書館，1979年）卷3，頁189。

一部武術著作，數量遠大於《新唐志》。但除畫作外，其著錄的基本類型與《新唐志》相同。

《崇文總目》不同於《新唐志》者，在於未收錄畫作，但卻收錄畫評、畫目等著作十一部。其中《唐畫斷》、胡嶠《梁朝畫錄》屬斷代畫作目錄，《益州名畫錄》屬區域性的畫作目錄，斷代及區域畫作目錄的出現，代表繪畫的鑑賞與學習已經注意到時代及地域風格的不同，是藝術精緻化的表現。

《崇文總目》成書較《新唐志》早，其中以博奕及武學爲主，及未著錄畫作，蓋沿襲《舊唐志》及前代簿錄書的體例。其後歐陽修編纂《新唐志》，大量收錄畫作，此爲其開創的體例，唯後世史志多不從其例。

3、《通志‧藝文略》的藝術類

南宋初，鄭樵（1104-1162）撰《通志》，欲將古今人事彙於一編，其中〈藝文略〉則廣集其前的書目資料，並重分爲十二類，其在〈校讎略‧編次必僅類例論〉第二篇闡述其分類的理論和原則，云：

> 欲明書者在於明類例。噫！類例不明，圖書失紀，有自來矣。臣於是總古今有無之書，爲之區別，凡十二類：經類第一，禮類第二，樂類第三，小學類第四，史類第五，諸子類第六，星類第七，五行類第八，藝術類第九，醫方類第十，類書類第十一，文學類第十

二。[34]

此將禮類、樂類及小學類自經部析出，是頗為重要的創見。蓋禮學著作包含了各種儀式、器物圖及僧人的書儀等，已非傳統《三禮》學。樂類包含樂書、歌辭、曲簿、聲調、鼓吹等十一類，內容更為廣泛，其中不乏鄭、衛之音，自非《六藝》中的雅樂。小學包含傳統的字書，但也包含法書、蓄書、神書等，亦非《周官》保氏教學童的六書，其獨立成類，都顯示學術的發展與流變。

　　《通志‧藝文略》著錄的內容，較之前的書目更為廣泛。其將藝術類細分為藝術、射、騎、畫錄、畫圖、投壺、弈碁、博塞、象經、摴蒱、彈碁、打馬、雙陸、打毬、彩選、葉子格、雜戲格等十七類。其中射、騎等武術，沿襲《新唐志》及《崇文總目》。畫圖著錄三十七種，即見於《新唐志》者，鄭樵稱著錄此畫目的目的，在於「今容有傳模之迹行於世者，故存其名號，或可尋訪，庶可見當時典章人物之象」[35]，蓋為蒐集文物，以考見人物典章之用，並非以藝術鑑賞為出發點。藝術的著作，首列《古今藝術》二十卷，注云見《隋志》，但《隋志》此書收錄於小說家類，內容與其他各部名為「術藝」的著作，應有所不同。

　　投壺以下，則是自漢代至宋代的各種遊藝的著作，內容多樣繁雜，無論著作數目或是總卷數，均佔全類的三分之二以上。鄭樵既細分別類，其內容必然有所不同，惟各種遊藝的實際情形尚待考辨。

---

34 鄭樵：《通志二十略‧校讎略》（北京：中華書局，1995 年），頁 1084。
35 同前書，頁 1701。

　　就《通志・藝文略》的樂類、小學類及藝術類而論,鄭
樵雖未將樂舞、書法等視爲藝術,但已將其脫離經部獨立。
意謂樂舞、書法不再是僅爲教化之用,但其在政治社會運作
中的功能,仍大於繪畫及各種遊藝,因此與藝術類仍分門別
類。

　　樂舞、書法既逐步脫離維護綱常秩序的作用,禮儀教化
的象徵意涵消失,轉而著重其本身的和諧與美感,則其技巧
自是越受重視,與藝術類的性質也越契合。

4、《郡齋讀書志》的藝術類

　　《郡齋讀書志》全名《昭德先生郡齋讀書志》,宋晁公
武(約 1105-1180)撰,有衢州刊本及袁州刊本的不同。[36]其
類目依據《崇文總目》而稍作變更,但其中「藝術類」收錄
內容與《崇文總目》則略有不同。其收錄內容,衢州本〈古
畫品錄〉下云:

> 夫秋之弈,延壽之畫,伯樂之相馬,甯戚之飯牛,以
> 至於曹丕之彈棊,袁彥之抨蒱,皆足以擅名天下,昔
> 齊侯禮九九,而仲尼賢博奕,良有以哉!或曰:「藝
> 成而下,奈何?」曰:「經著大射、投壺之禮,蓋正
> 己養心之道存焉,顧用之何如耳,安可直謂之藝術而
> 一切廢之?」故予取射決、畫評、弈經、算術、博戲、
> 投壺、相牛馬之書,同次之為一類。[37]

36　晁公武生平及《郡齋讀書志》的相關問題,詳見喬衍琯師〈郡齋讀書志
　　研究〉,《國立政治大學學報》第 49 期,1984 年。
37　孫猛《郡齋讀書志校證》(上海:上海古籍出版社,2006 年)卷 15,頁
　　679。喬衍琯師以此條爲「雜藝術類」的類敘,詳見〈郡齋讀書志研究〉。

晁公武將藝術視作是正己養心之道的展現，並非是著重在技術的精明，其雖針對《古畫品錄》作者謝赫的「畫有六法分四品」之言而論，但顯示晁公武只將藝術視作是修養的附屬物。

《郡齋讀書志》藝術類收書三十七部，其不同於《崇文總目》者，主要在於算術、相牛馬二類的著作。《崇文總目》有算術一類，收錄《周髀算經》等三十一部，《郡齋志》則未立算術類，而將此類的著作歸入藝術類中，收錄《六問算法》及《應用算》各部。

相牛馬之書，在《漢志》中著錄於數術類中的形法，[38]《隋志》則收錄於子部五行類，蓋均屬斷定吉凶貴賤之用，《兩唐志》入農家類，以其與農務關係密切故。《郡齋讀書志》有五行類，著錄地理風水、吉凶占卜之類的著作，收錄範圍頗為明確。據此，可知晁公武在藝術類中收錄相牛馬相關的著作，蓋著重在鑑賞作用，透過牛馬的形體來判斷其能力，因其非強調牛馬的飼養等與農業相關的知識，故不歸入農家類。

與其前的鄭樵及其後的陳振孫相較，晁公武謹守傳統分類，對於書法、樂舞等在唐宋時代盛行的藝術，仍歸入經部。相較於陳振孫、鄭樵而論，見其謹守傳統見解之學術態度。

---

38 《漢志》數術略形法類著錄《相人》、《相寶劍刀》、《相六畜》等數部，敍云：「形法者，大舉九州之藝，以立城郭室舍形人及六畜骨法之度數，器物之形容，以求其聲氣貴賤吉凶。」頁67。

5、《遂初堂書目》的雜藝類及樂曲類

尤袤（1127-1194）《遂初堂書目》，成書約在南宋光宗紹熙年間[39]，收錄其親見校閱之書三一七二部，按四部為序，而類目與《崇文總目》、《郡齋讀書志》等公、私書目均略見不同。

《遂初堂書目》有「雜藝類」，在「小說類」之後，「譜錄類」之前，收錄藝術相關著述。另書目最後立「樂曲類」，收錄宋人詞曲樂府，其意在於區別雅俗，分辨市井俗樂與樂府之不同。經部樂類中著錄之《樂府雜錄》、《樂府解題》及《樂府古題要解》、《續樂府解題》等屬雅樂，而《唐花閒集》、《馮延己陽春集》及〈四英樂府〉、《錦屏樂章》等則屬俗樂。此為為陳振孫《直齋書錄解題》「歌詞類」及後代書目「詞曲類」之來源。

《遂初堂書目》「雜藝類」收書五十二部，分為六類著作：

一為書法作品及評論，如《法書要錄》、《法書苑》及《書品優劣論》等書。

二為畫作及評論，如《歷代名畫記》、《名畫補遺》及《德隅堂畫品》等書。

三為算術類著作，如《孫子算經》、《九章算經》及《五經算術》等書。

四為雜技，如《投壺經》、《五陵雜格》等書。

39　尤袤事蹟見《宋史》卷 389。喬衍琯師〈遂初堂書目序〉有詳細介紹，見《書目續編》（臺北：廣文書局，1968 年）。

　　五爲棋譜，如《棋訣》、《棋經通遠集》等書。

　　六爲琴譜，如《琴錄》及《琴譜》等書。

　　其中《琴錄》及《琴譜》，如爲樂譜實應歸入經部「樂類」或集部「樂曲類」，如爲琴之圖錄，則歸入「譜錄類」，與《刀劍錄》、《硯譜》等書並列，方爲恰當。

　　就《遂初堂書目》之收錄，可見宋人對藝術之含義及內容，已經大致確定，而且與「譜錄類」著作有一定之分辨。又其中算法相關著作，仍歸入雜藝，而前史志所用之曆數、曆算等名稱，《遂初堂書目》歸入「數術家」而立「曆議」子目，明顯分辨曆法與算術之不同，其將算術歸於雜術，則反映出宋人仍視算術爲雜藝，與天文曆法推算之價值有明顯區別。

6、《直齋書錄解題》的音樂類及雜藝類

　　陳振孫《直齋書錄解題》原本五十六卷，今通行二十二卷本，係清乾隆年間修《四庫全書》時，館臣自《永樂大典》輯成。[40]

　　今存的《直齋書錄解題》音樂類有類敘一篇，論述音樂著作不應歸於經部的理由，云：

> 劉歆、班固雖以《禮》、《樂》著之六藝，要皆非孔氏之舊也。然《三禮》至今行於世，猶是先秦舊傳。而所謂《樂》六家者，影響不復存矣。竇公之《大司

40　陳振孫生卒年不詳。據喬衍琯師考訂，生平活動大致在南宋光宗至理宗年間，年七十餘。詳見《陳振孫學記》第 1 章。《直齋書錄解題》的各種版本，同見《陳振孫學記》（臺北：文史哲出版社，1980 年）第 4 章。

> 樂章》既已見於《周禮》，河間獻王之《樂記》亦已
> 著錄於《小戴記》，則古樂已不復有書。而前志相承，
> 迺取樂府、教坊、琵琶、羯鼓之類，以充樂類。與聖
> 經並列，不亦悖乎！晚得鄭子敬氏書目獨不然，其為
> 說曰：儀注、編年，各自為類，不得附於《禮》、《春
> 秋》，則後之樂書，固不得列於六藝。今從之。而著
> 於子錄雜藝之前。[41]

編年之書，自經部春秋類析出，職官、儀注歸於史部，《隋
志》已經確定，《唐志》因之。至宋，鄭樵《通志・藝文略》
則將儀注歸入禮類，獨立成類在經類之外，樂類著作亦不歸
於經部。陳振孫所引鄭子敬氏，年籍仕履待考，但由鄭樵、
鄭子敬及陳振孫的觀點來看，樂類脫離經部獨立成類，在宋
代已經逐漸形成共識，這代表樂的教化作用降低，遊藝欣賞
的功能成為主要的功能。

　　《直齋書錄解題》中的雜藝類，陳振孫收錄射法、書法、
繪畫、算術、香譜、硯譜、鼎泉刀劍及飲茶、品酒、棋譜、
打馬等相關著作。其中射法、繪畫、算術及遊藝等各類型著
作，前人已收入雜藝類或藝術類，陳振孫在此類中，增入畫
家及遊藝論述的相關著作，如郭思《林泉高致集》一書，是
將畫家之論著及詩歌作品視為是畫作畫論的附屬作品。

　　書目中的張束之《彈棊經》、何宗姚《希古集》、李逸
民《忘憂清樂集》、無名氏《勸酒玉燭詩》及李庭中《捉臥

---

41 《直齋書錄解題》（徐小蠻、顧美華點校本。上海：上海古籍出版社，
　　1987年）卷14，頁399。

甕人事數》，均是遊藝的相關論述[42]，陳振孫將其同收錄在雜藝類中，亦視之為各種遊藝的附屬著作，頗有其獨到的見解。

書法相關著作，前人皆與字書同著錄於經部小學類，鄭樵將其自經部析出，獨立成小學類，陳振孫則分辨字書與書法藝術的不同，〈小學類類敘〉云：

> 自劉歆以小學入〈六藝略〉，後世因之，以為文字訓詁有關於經藝故也。至《唐志》所載《書品》、《書斷》之類，亦廁其中，則龐矣。蓋其所論書法之工拙，正與射御同科，今並削之，而列於雜藝類，不入經錄。[43]

〈法書撮要〉條下云：

> 偏旁之未審，何取其為法書？余於小學家黜書法於雜藝，有以也。[44]

由其所論，明顯看出書法字帖及書法評論的性質，在於字形的美觀氣勢，與經部小學類的字書強調識字訓詁的作用不同，故陳振孫視其與「射御同科」，屬於雜藝的一種。

《直齋書錄解題》雜藝類與之前書目最大不同的，在於收錄了香譜、硯譜、鼎泉刀劍譜及飲茶、品酒的相關著作。

《隋志》史部譜系類末著錄《竹譜》、《錢譜》、《錢圖》三種，是著錄各種名物圖譜的先聲，但各書《兩唐志》改入農家類。《新唐志》於小說家類末，著錄陸羽《茶經》、張又新《煎茶水記》及《封演續錢譜》三部，蓋即《直齋書

---

42 陳振孫云：「以上四種皆酒邊雅戲。」四種指《釣鰲圖》、《採珠格局》、《勸酒玉燭詩》及《捉臥甕人事數》。見《直齋書錄解題》卷14，頁422。
43 同前注書，卷3，頁85。
44 同前注書，卷14，頁410。

錄解題》中著錄品茶各種著作所本。

陳振孫《直齋書錄解題》中，不僅在雜藝類著錄圖譜，於目錄、農家類中亦收錄圖譜相關著作，目錄類如米芾《墨寶待訪錄》、呂大臨《考古圖》、黃伯思《博古圖說》，農家類如曾安止《禾譜》、戴凱之《竹譜》、歐陽修《牡丹譜》等等。

陳振孫著錄的特點，在於其正視著作的性質。同爲圖譜，屬於辨正考論，有其嚴肅的學術用途者，則於史部圖譜類及子部農家類著錄；但如茶譜、硯譜、香譜等著作，主要用於文人雅士的的玩賞及遊樂，則歸入藝術類。此實爲分類上的一大進步，蓋其正視藝術不同於其他學術的特質。同爲器物圖譜，作爲鑑賞與禮儀器物依據的功用自是不同；同爲飲食一環，雜藝類的茶酒著作，重在意興與情趣，農家類的禾蠶桐蟹著作，則重在辨識與栽培。其中的差別，正是藝術之所在。

就《直齋錄》論，陳振孫不僅擴充了雜藝類內容，也注意到藝術著作和藝術精神的特殊性，頗能顯示宋代社會文化的精微特色。

7、《文獻通考・經籍考》的雜藝術類

《文獻通考》三百四十八卷，宋末元初馬端臨（約1254-1323）撰，其中〈經籍考〉七十六卷，收錄書籍四千餘種，大致以《崇文總目》、《郡齋讀書志》及《直齋書錄解

題》三書爲本，此三書未著錄者，僅一百五十六種。[45]

　　《文獻通考・經籍考》（下僅作〈經籍考〉）以四部分類，雜藝類在子部之末，收錄七十五部。其著錄原則與《郡齋讀書志》及《直齋書錄解題》略有不同，〈古今書錄〉一條下，馬端臨按云：

> 晁、陳二家書錄，以醫、相牛馬及茶經、酒譜之屬，俱入雜藝術門，蓋仍前史之舊。今以醫、相牛馬之書名，附醫方、相術門，茶酒經譜附種植，入農家門，其餘藝技則自爲此一類云。[46]

醫術、相牛馬技術的論述及茶譜、酒譜相關著作，在前代史志書目中，所歸門類不一，《郡齋讀書志》與《直齋書錄解題》的著錄情形，已見上段論述，其詳細情況與馬端臨云有所出入。〈經籍考・藝術類〉中剔除以上各類著作，蓋其對書籍內容的認知不同所致。故其著錄的書目，包含畫錄、射藝、文房四譜、鼎劍印香圖錄、算術及各種遊藝著作。

　　書目中著錄墨硯及文房四譜類的著作，卻仍將書法論述歸入經部小學類，是未分辨書法藝術與童蒙識字二者文字性質的差異。又其中雖著錄文房硯墨及鼎劍印香等器物圖譜，但《錢譜》、《貨泉錄》等亦屬於圖譜之類著作，卻著錄於

---

45 詳見喬衍琯師〈通考經籍考述略〉（《國立中央圖書館館刊》第 17 卷第 1 期，1984 年 6 月）。《文獻通考》及《宋史・藝文志》成於元代，先師喬衍琯先生《宋代書目考》第二章論述此二書，以其主要依據的書目，均屬宋代書目；《宋史・藝文志》依據官錄，《文獻通考・經籍考》主要依據私家書目，二者可視爲是宋代官錄及私家目錄的總結。故本文採錄二家藝術類著述，以作爲宋代書目著錄藝術類書目之總結。

46 《文獻通考・經籍考》（華東師大古籍研究所標校。上海：華東師範大學出版社，1985 年）卷 56，頁 1278。

史部故事類中。與陳振孫分辨書法與識字、實用與鑑賞圖譜的差異相較，馬端臨著重在分辨學術內涵及流變，與陳振孫的觀點明顯不同。

又〈經籍考・雜藝術類〉中最特別的，是著錄宋代李誡編撰的《將作營造法式》，此書《郡齋讀書志》著錄於史部職官類，《直齋書錄解題》將其與沈括《修城法式條約》同著錄在史部法令類，以其為官方頒佈的建築法規與樣式。但因書中記載各式圖樣、彩畫、刷飾等建築裝飾，故馬端臨視其為雜藝類的著作，此顯示宮庭房舍的建築不僅要求實用及政治或是宗教上的象徵意義，建築藝術的已開始被重視。

8、《宋史・藝文志》的雜藝術類

《宋史・藝文志》（下略作《宋志》）依據宋代的官錄及相關書目彙編而成，代表官方的學術觀點。因其出於眾手，是以編次失序，錯誤屢見。[47]雖是各史藝文志中，最後一部記載前代各朝著作的史志，但宋人著作未及收錄者頗多，且各類著錄的書目，編次先後亦頗失倫類。

《宋志・雜藝術類》著錄一百十六部二百七十七卷，以著作的先後為次，未細分子目。據其著錄的書目，仍可以分成射法、棋藝、畫評畫錄、文房四譜、投壺等遊藝及相馬經等各小類。

宋代文化發達，文人書畫的成就頗高，宮中亦多收藏，宮廷樂舞的表演精緻而豐富，民間的說唱及游藝活動亦頗為

---

47 詳見喬衍琯師〈宋史藝文志考評〉，《國立政治大學學報》第 56 期，1987年。

盛行，但就《宋志》著錄的內容來看，官方所認定藝術的內容與民間盛行活動，有些許的不同。書法、圖譜及樂舞等著作，《宋志》仍收錄於經部，故其收錄與時代相近的《文獻通考‧經籍考》相較，頗有差異，與宋代各種書目相較，亦多所不同，表現出官修史籍謹守傳統的特性。

　　算術的相關著作，宋代編撰的書目多著錄於藝術類，但《宋志》已立曆算類，收錄一百六十部，故雜藝術類中不收《周髀算經》相關著作。曆算單獨成類，頗能反應宋代科學的發展，蓋當時算術由推演的雜藝性質，逐步提升為專門知識。

　　《宋志‧雜藝術類》收錄各類型的著述，內容比之前的書目更形複雜，如品相牲畜器物的著作，〈雜藝術類〉收錄《馬經》、《辨馬圖》《馬口齒訣》、《醫馬經》、《明堂灸馬經》、《論馳經》、《療遲經》、《醫馳方》八種，包含了牲畜品相及身體醫治的知識及技術。但同類型的著作，則又收錄於〈五行類〉，如常知非《馬經》[48]、谷神子《辨養馬論》、《相馬病經》、《相犬經》各部。可以推知宋代學者認為養馬相馬畫馬既屬雜藝，而犬馬競逐能力之優劣，則又可以藉陰陽五行等觀念推測得知，有一定的方法可循，故〈五行類〉著錄其書。[49]

　　就《馬經》一類的論述的著錄，略可推見宋代犬馬的豢

48　〈雜藝術類〉的《馬經》未題作者，疑與此部同書。

49　相馬、相犬是古代相術的重要內容，李零《中國方術正考》（北京：中華書局，2006 年）云：「古代相術是以目驗的方法為特點。它所注意的是觀察對象的外部特徵，所以也叫形法。從象數的角度講，它側重的是象。……包括相人和象六畜如形法類的《相人》和《相六畜》即屬此類。」頁 64-65。

養逐漸脫離了軍事的實用功能，而轉爲注重外型或是競逐能力的賞玩性質，此玩賞的功能即是藝術重要特質。

由以上各種書目藝術類的著錄情形，「藝術」在唐宋時期自成一類已無疑義，惟其涵義及範圍尚不甚明確：「雜藝術」此名稱的使用比「藝術」更普遍，更顯見其不確定性。

結　語

本文從古代典籍中論及的藝及術開始，再就唐、宋兩代的書目爲主要材料，就其著錄的範圍及書目的性質，探討傳統「藝術」內容的轉變。從而得見，藝術由宗教性質的敬畏感知而產生，轉而對實用事物及能力的注重，即個人內在修養與外在應世能力的涵養與修飾。

綜析以上各書目著錄的內容，可得見隋唐宋元的六七百年間，學者的藝術概念，是以繪畫及各種遊藝爲主要內容。至於音樂舞蹈，及在近代備受重視，被視爲是傳統藝術中重要代表的書法，在當時先是經部著錄，後逐步轉爲雜藝類著錄，此正是書法脫離語文教育功能而成爲藝術，並取得獨立地位的過程。

探求中國藝術觀念形成的脈絡，可以發現唐宋時代是重要轉折，修纂於唐代的《隋志》仍無藝術的概念，故藝術未成類目，五代時期修纂的《舊唐志》，著錄書目則以博奕爲主，書畫藝術樂舞尚不在其中。宋代修纂的各種書目藝術類則大幅度擴展藝術的內容，內容從博奕、馬犬寵物、書畫、器物、鑑賞圖譜已成爲藝術主要內容，而樂舞、武藝亦由實

用轉爲表演遊藝性質。而《文獻通考・經籍考》雜藝術類收入《將作營造法式》，則顯示建築被亦逐步由實用，轉爲注重整體造型及細部美觀，建築技術與美學的結合，成爲藝術的一部分。

　　就唐宋書目的藝術類著錄書目而論，除藝術概念的發展在此時期完成，尚有另一值得注意的現象：即原屬於禮樂教化內容的文字書法及音樂，在此時期的書目中，多呈並存現象。此或因於目錄學者受限於社會環境及學術觀念的影響，而產生的不同處理方式，在傳統觀念中力求突破的努力。蓋古人識字與書法本難以截然畫分，民間詩歌樂舞與典禮儀式的樂舞形式，亦有相似性。文字書法與樂舞，同在一類中而依據用途分別著錄，或許比分屬經、子二部爲恰當，然將書法、民間歌舞提至經部，或將字書、禮儀樂舞歸入子部，均未見妥恰。教化與遊藝之滲同又難以相容之複雜情況，及寓教於樂的困難度，於此顯見。

《四庫全書總目》著錄《十三經注疏》提要疏議

前　言

　　《十三經注疏》是宋代以後士人讀書最重要典籍，歷代多次刊刻，文字不無訛誤漏失，卷次亦或有改易，優劣得失，清儒頗有討論，見諸各家論著中。惟《四庫全書》著錄的《十三經注疏》，乃依據武英殿刊本謄錄，卷次、內容及考證均無改易，故在文獻探考上似無針對《四庫全書》本探討之必要。《四庫全書總目》除對收錄的《十三經注疏》各書有所考論外，於相關著作之提要中亦見若干評論，綜合其論述可以清楚得見《四庫全書》館臣的學術主張，及其對《十三經》及注、疏的態度。而此態度影響清代三百年之學術風氣；蓋乾嘉考據學風主要因於不滿意傳統經籍注疏之解釋而建立，其後之十三經新疏，更在對《十三經注疏》之不滿上發展而成。

　　本文歸納《四庫全書總目》中論及《十三經注疏》之言，藉以考察四庫館臣對經、傳、注、疏的觀點，並論述此觀點

對乾嘉學術的影響。

一、四庫館臣對群經的推崇

　　傳統文化以儒學爲核心，《五經》來自於聖賢殫精竭慮的思考及學者的闡發，成爲儒學最重要的經典。《四庫總目》高舉經典爲聖人體會天理之後的論述，所記載的內容均爲後人不能違背的原則，也是不容置議的道理，〈經部總序〉云：

　　經稟聖裁，垂型萬世，刪定之旨，如日中天，無所容其贊述。所論次者，詁經之說而已。[1]

　　「經」乃儒家經典，指《易》、《書》、《詩》、《禮》、《樂》、《春秋》六種孔子用以教育弟子的書，其被視爲經，約始於戰國中晚期，至漢代設立五經博士，則正式成爲儒學經典。其中的「詁經之說」包含各種「傳」、「注」及後代學者的闡釋之論述，惟《十三經》中的《禮記》及《春秋公羊傳》、《春秋穀梁傳》、《春秋左傳》原屬於傳注之作，《論語》、《爾雅》、《孝經》等原屬於入門教育之書，《孟子》則原屬諸子。

　　《四庫總目》認爲經的內容是聖人思慮，裁選天地中足以作爲人行爲準則的事物而成，其主要作用是在開啓民智，教化百姓，〈易類序〉云：

　　聖人覺世牖民，大抵因事以寓教。《詩》寓於風謠，《禮》

1　《四庫全書總目》（北京：中華書局，1987 年）卷 1，頁 1。本文徵引文字依據此本（中華書局影印乾隆 60 年浙江書局刊本），以下引文見於《四庫全書總目》者，僅標明頁次。

> 寓於節文，《尚書》、《春秋》寓於史，而《易》則寓
> 於卜筮。故《易》之為書，推天道以明人事者也。[2]

所稱「因事以寓教」，蓋透過經旨以「覺世牖民」，啓發人的智識及心性，使人的思想行為均能契合「天理」，同時也能夠據「推天道以明人事」，人事的得失及興廢成敗的緣由，均在經旨中可以以推求，因此，經所載所言乃是人必須遵循，而不能妄發議論者。

經所記載雖是經由周公、孔子等聖人所闡發的天理，但後人既無法默契道妙，直接體察天理，亦無法親見親聞聖人之說，故只能憑藉孔門弟子及後學賢聖相傳的記載，以了解聖人之意，亦即了解天理之所在。但孔子弟子賢智不同，體會有別，加上時代的隔閡及語言的差異，故所闡釋的經旨各有所偏，甚至私心造意，以致於乖違聖人立言之旨。

《四庫總目》所稱「稟聖裁」的經，專指「六經」。但學者論經，通常兼含「六經」及「十三經」二種不同的觀念，二者在評價上亦有所不同。《六經》必須經過歷代學者的注釋而後能彰顯其中的義理，因此漢代之後鮮有無注釋的群經白文刊行，多是經文與與注釋合刊。但因為學者誦讀，熟悉經文，故時有僅刊行學者之注釋而無經文者。《十三經注疏》是在唐代修纂《五經正義》的基礎上累增而成，自唐代科舉考試頒佈為範式之後，為歷代學者必讀之書，官府亦多次刊行，以作為天下學子研習的讀本。

《十三經注疏》的內容包含經、傳、注、疏，亦即包含

2　《四庫全書總目》卷 1，頁 1。

宋代以前學者對經的闡釋，其內容與周公、孔子聖人作經的觀點是否相符，不乏探討之論述。其既爲千年以來學子最重要的讀本，且清代在纂修《四庫全書》之前，內府亦再次刊行，[3]其重視程度自可想見。《四庫全書》未著錄群經白文，故其著錄的經傳注疏均爲詁經之說，非「無所容其贊述」的聖人之言，故均有所論贊評騭。《四庫全書》著錄的《十三經注疏》依據乾隆四年武英殿刊本抄錄，[4]故《四庫總目》在版本、卷目及編次上，無所論述；其論述者，主要在於注疏者的思想內涵，此不僅呈現四庫館臣的學術主張，同時也是館臣對群經注疏的基本觀點。

　　群經在漢代即有今古文問題，宋人啓疑經改經之風氣，歷元明至清初，《古文尚書》、《周禮》及《左傳》等古文問題，均獲致一定的澄清。乾隆帝修《四庫全書》本欲彰顯其「稽古右文」的文化態度，故對古文經，自是抱持肯定態度，如《古文尚書》及孔安國《尚書傳》的問題，經過閻若璩的考訂，學者普遍接受其爲僞作，〈尚書正義提要〉即稱：「孔《傳》之依託，自朱子以來遞有論辯。至國朝閻若璩作《尚書古文疏證》，其事愈明。」雖接受孔《傳》爲僞作之說，但稱：

> 梅賾之時，去古未遠，其《傳》實據王肅之《注》而
> 附益以舊訓，故《釋文》稱王肅亦注今文，所解大與

3　《四庫總目・毛詩正義提要》：「我國家經學昌明，一洗前明之固陋。乾隆四年皇上特命校刊《十三經注疏》，頒佈學宮，鼓篋之儒，皆駿駿乎研求古學。」卷15，頁120。
4　《四庫總目》稱其爲內府藏本，實爲武英殿刊本。

古文相類，或肅私見孔《傳》而秘之乎？此雖以末為
本，未免倒置，亦足見其根據古義，非盡無稽矣。[5]

於〈古文冤詞提要〉又論云：

梅賾之書，行世已久。其文本采掇佚經，排比聯貫，
故其旨不悖於聖人，斷無可廢之理。[6]

此清楚表明四庫館臣對《偽古文尚書》的立場，主要認為其
書雖是偽作，但既「根據古義」，則必非「無稽」之言，斷
無可廢之理。其回護之意明顯可見。同樣情形，在〈周禮注
疏提要〉上，亦可得見，其徵引鄭樵、孫處之言後論曰[7]：

《周禮》作於周初，而周事之可考者，不過春秋以後。
其東遷以前三百餘年，官制之沿革，政典之損益，除
舊佈新，不知凡幾。其初去成、康未遠，不過因其舊
章，稍為改易。而改易之人，不皆周公也。於是以後
世之法竄入之，其書遂雜。其後去之愈遠，時移勢變，
不可行者漸多，其書遂廢。此亦如後世律令條格，率
數十年而一脩，脩則必有所附益。特世近者可考，年
遠者無徵，其增刪之跡，遂靡所稽，統以為周公之舊

5　《四庫總目·周禮提要》：「梅賾之書，行世已久。其文本采掇佚經，排
　　比聯貫，故其旨不悖於聖人，斷無可廢之理。」《四庫全書總目》卷11，
　　頁89。
6　《四庫全書總目》卷12，頁102。
7　《四庫總目·周禮提要》：「鄭樵《通志》引孫處之言曰：『周公居攝六
　　年之後，書成歸豐，而實未嘗行。蓋周公之為《周禮》，亦猶唐之顯慶、
　　開元禮，預為之以待他日之用，其實未嘗行也。惟其未經行，故僅述大略，
　　俟其臨事而損益之。故建都之制，不與〈召誥〉、〈洛誥〉合，封國之制，
　　不與〈武成〉、《孟子》合，設官之制，不與〈周官〉合，九畿之制，不
　　與〈禹貢〉合。』」

耳。迨乎法制既更，簡編猶在，好古者留為文獻，故
其書閱久而仍存。此又如開元《六典》、政和《五禮》，
在當代已不行用，而今日尚有傳本，不足異也。

使其作偽，何不全偽六官，而必闕其一，至以千金購之不得
哉？且作偽者必剽取舊文，借真者以實其贋，古文《尚書》
是也。劉歆宗《左傳》，而《左傳》所云《禮經》，皆不見
於《周禮》。《儀禮》十七篇，皆在《七略》所載《古經》
七十篇中；《禮記》四十九篇，亦在劉向所錄二百十四篇中。
而《儀禮・聘禮》賓行饔餼之物、禾米芻薪之數、籩豆簠簋
之實、鉶壺鼎甕之列，與〈掌客〉之文不同。又〈大射禮〉
天子、諸侯侯數、侯制與〈司射〉之文不同……如斯之類，
與二《禮》多相矛盾。歆果贋托周公為此書，又何難牽就其
文，使與經傳相合，以相證驗，而必留此異同，以啓後人之攻
擊？然則《周禮》一書不盡原文，而非出依託，可概睹矣。[8]

　　提要從二方面說明《周禮》所記載的制度必創始於周公，
惟周代以後迭有增修改易，是以其內容必非全然是周公舊
章，然此無礙作其為經國典章的價值。另一方面，四庫館臣
舉《儀禮》與《禮記》對照，說明即使是漢代流行的禮書，
亦頗見異同，以此反推《周禮》必非偽造者，蓋偽造者必掇
拾舊章以擴充之，如《偽古文尚書》掇拾漢偽舊說而成。然
《周禮》之記載與《左傳》多見參差之處，必非精通《左傳》
之劉歆所贋作。四庫館臣認為《周禮》的性質乃創始自周公
之舊章，西周以降屢有增損，雖或未施行，至漢代為「好古

8　《四庫全書總目》卷19，頁149。

者留爲文獻」，以此肯定的文獻價值。[9]

二、《四庫總目》對《十三經注疏》的評價

　　《四庫總目》經部十一篇類敘清楚說明收錄的原則，以五經而論，〈易類序〉所收錄者乃以「因象立教者爲宗」，〈書類序〉強調「兼收並蓄，以證異同」，〈詩類序〉雖然強調「參稽眾說，務協其平」，但也說明其「所采輯，則尊漢學者居多」，〈春秋類序〉則稱其以「切實有徵、平易近理者爲本」。綜合各類序，則四庫館臣著錄的著作以漢學爲主，立論強調信實有徵，及平易近理，而最重要的作用，則在於教化。

　　唐代纂修《五經正義》，各經專主一家注說，於疏則參酌數家立論。因其專主一家，故在其頒佈爲科舉範式後，漢魏六朝各家注疏漸廢，罕傳於後。《四庫全書》著錄群經，除「易類」著錄鄭玄《子夏易傳》、《周易鄭康成注》、《陸氏易解》等各家舊注輯本之外，《尚書》、《詩經》、《三禮》及《春秋》均以注疏爲首，[10]《四庫總目》對《十三經

9　此觀點亦見於他篇提要，如〈周官辨非提要〉云：「案古經滋後人之疑者，惟古文《尚書》與《周禮》。然古文《尚書》突出於漢魏以後，其傳授無徵，而牴牾有證。吳棫所疑，雖朱子亦以爲然。閻若璩之所辨，毛奇齡百計不能勝，蓋有由也。《周官》初出，林孝存雖相排擊，然先後二鄭，咸證其非僞。通儒授受，必有所徵。雖其書輾轉流傳，不免有所附益，容有可疑，然亦揣摩事理，想像其詞，迄不能如《尚書》一經，能指某篇爲今文，某篇爲古文也。」

10　「四書類」以《孟子正義》爲首，「孝經類」以《古文孝經孔氏傳》爲首部，唐玄宗《孝經正義》其次。「小學類」以《爾雅注疏》爲首。

注疏》的評論，主要在於注與疏。對於注、疏的態度，亦稍
見不同。

1、對《十三經》注的評價

　　《十三經注疏》中收錄的傳，除《春秋》三《傳》[11]外，
尚包含《尚書》孔安國傳、《詩經》毛亨傳二部，箋注則有
鄭玄箋注的《詩經》、《周禮》、《儀禮》、《禮記》，《公
羊傳》何休解詁及趙岐《孟子注》，魏晉時期的《周易》王
弼注、《穀梁》范寧集解、《左傳》杜預集解、《論語》何
晏注、《爾雅》郭璞注五部，唯《孝經》唐明皇注非六朝前
述作。

　　十三部經傳注疏，因其著作時期不同，評價亦異，茲先
考察《四庫》館臣對經注的評論，後論述其對傳疏的態度。

2、《四庫總目》論經傳注

　　《四庫》館臣推崇漢儒注釋經傳之可信，主要在於漢儒
的治經態度及其訓解方式，〈孟子正義提要〉云：

> 漢儒註經，多明訓詁名物，惟此注箋釋文句，乃似後
> 世之口義，與古學稍殊。然孔安國、馬融、鄭玄之注
> 《論語》，今載於何晏《集解》者，體亦如是。蓋《易》、
> 《書》文皆最古，非通其訓詁則不明。《詩》、《禮》
> 語皆徵實，非明其名物亦不解。《論語》、《孟子》

11　《春秋》三《傳》，《公羊傳》題漢公羊壽傳，《穀梁傳》未題撰述年
　　代，《左傳》則題周左丘明傳，均強調其為《春秋》的傳，為附屬於經
　　的著作。

　　　詞旨顯明，惟闡其義理而止，所謂言各有當也。[12]
提要雖說明漢儒注釋《論語》、《孟子》即重義理闡發，亦
各有所當。然此非漢儒釋經常體，蓋《論語》、《孟子》在
漢代本非屬群經，劉歆《七略》固將《論語》歸於〈六藝略〉，
然其〈六藝略〉不僅包含《五經》，亦含童蒙灑掃應對進退
之行為規範，及語言文字之學習範本，《論語》、《爾雅》
即屬於此性質的典籍。故〈爾雅正義提要〉即稱《爾雅》乃
「《方言》、《急就》之流，特說經之家多資以證古義，故
從其所重，列之經部耳。」本以輔助漢儒訓詁名物。《論語》、
《孟子》則用以輔助漢儒訓解群經義理，以為修身行誼之依
循。

　　《四庫》館臣宗漢學，對魏晉注說，語多貶抑，然因其
推崇《十三經》，故對魏晉之說，亦不得不保留，以免學子
輕視其書而廢讀。如《周易》王弼注，《四庫》館臣稱其乃
因說經之流弊而起，本非釋經正軌，〈周易正義提要〉曰：

　　　《易》本卜筮之書，故末派寖流於讖緯。王弼乘其極
　　　敝而攻之，遂能排擊漢儒，自標新學。

此於《周易》王弼注的優劣得失，則未為評論，其功過評論
見於〈周易王弼注提要〉云：

　　　平心而論，闡明義理，使《易》不雜於術數者，弼與
　　　康伯深為有功。祖尚虛無，使《易》竟入於老莊者，
　　　弼與康伯亦不能無過。瑕瑜不掩，是其定評。

與其對《周易》鄭康成注的評論相較，則顯見其尊崇鄭注、

---

12 《四庫全書總目》卷 35，頁 289。

貶抑王注的態度，〈周易鄭康成注提要〉云：

> 玄初從第五元先受京氏《易》，又從馬融受費氏《易》，
> 故其學出入於兩家。然要其大旨，費義居多，實為傳
> 《易》之正脈。齊陸澄〈與王儉書〉曰：「王弼注《易》，
> 玄學之所宗。今若崇儒，鄭注不可廢。」其論最篤。
> 唐初詔修《正義》，仍黜鄭崇王，非達識也。

以此而論，四庫館臣顯然不認為王弼《周易注》足以作為闡
釋《周易》義理的代表，所釋亦最契合《周易》的義涵。惟
《十三經》之組成，自宋代合刊《十三經注疏》以後，未得
輕易置換。

　　再以禮而論，《四庫總目》則強調《三禮》鄭注於古有
據，非後如所能輕議，〈周禮注疏提要〉云：

> 玄於三《禮》之學，本為專門，故所釋特精。惟好引
> 緯書，是其一短。《歐陽修集》有〈請校正五經劄子〉，
> 欲刪削其書。然緯書不盡可據，亦非盡不可據，在審
> 別其是非而已，不必竄易古書也。又好改經字，亦其
> 一失。然所注但曰「當作某」耳，尚不似北宋以後連
> 篇累牘，動稱錯簡，則亦不必苛責於玄矣。[13]

其尊主鄭玄，回護其說之意，明顯可見。館臣不僅尊崇鄭注，
於賈公彥疏，亦視為典要，〈周禮注疏刪翼提要〉云：

> 《周禮》一書，得鄭《注》而訓詁明，得賈《疏》而
> 名物制度考究備。[14]

相較之下，宋人之禮文注釋，則顯然不如鄭玄、賈公彥之注

13　《四庫全書總目》卷19，頁149。
14　《四庫全書總目》，卷19，頁155。

疏，如〈讀禮志疑提要〉云：

> 《禮經》自經秦火，雖多殘闕不完，而漢代諸儒去古
> 未遠，其所訓釋，大抵有所根據，不同於以意揣求。
> 宋儒義理雖精，而博考詳稽，終不逮注疏家專門之
> 學。[15]

其抨擊宋明儒者以義理訓講禮學的不足取，亦以襯映鄭玄注
《禮》之典要，及賈公彥疏之可從。《四庫總目》稱讚元儒
能根據鄭玄注闡釋禮，雖當時理學盛行，其說有據，非後世
空泛可及，〈禮記正義提要〉云：

> 元延祐中，行科舉法，定《禮記》用鄭玄注。故元儒
> 說禮，率有根據。自明永樂中敕修《禮記大全》，始
> 廢鄭注，改用陳澔《集說》，禮學遂荒。然研思古義
> 之士，好之者終不絕也。[16]

鄭玄《禮》注，魏晉之後盛行，南北朝學者均尊崇，各
家義疏說雖有不同，然均以鄭玄注為本，故孔穎達根據皇侃
《禮記義疏》纂修的《禮記正義》仍為可信，與此相較，明
代根據陳澔《禮記集說》修《禮記大全》，則顯為無據矣。

《春秋》三傳，因有今古文之不同，自漢以來，爭議不
決，然以《四庫》將學術分為漢、宋之立場而言，其均屬漢
注系統無疑。然唐修《五經正義》以《左傳》為主，啖助、
趙匡及陸淳等啓廢《傳》從《經》之說，宋人從其說，多就
《左傳》紀事以發《春秋》大義，宋元以下，遂少專研《公
羊》、《穀梁》之論著。《四庫》館臣宗崇漢學，《左傳》

---

15 同前書，卷 22，頁 177。
16 同前書，卷 21，頁 168。

漢代賈、服注不存，惟以《十三經注疏》所存之杜注爲古，
〈左傳正義提要〉論曰：

> 言《左傳》者，孔奇、孔嘉之說，久佚不傳；賈逵、
> 服虔之說，亦僅偶見他書。今世所傳，惟杜《注》、
> 孔《疏》為最古。杜《注》多強《經》以就《傳》，
> 孔《疏》亦多左杜而右劉。案劉炫作《規過》以攻杜
> 《解》，凡所駁正孔《疏》皆以為非。是皆篤信專門
> 之過，不能不謂之一失。[17]

稱杜預「強經就傳」，頗見其貶抑之意，《四庫》館臣實頗
不滿意杜注，惟漢注不存，故藉以考察《左傳》及《春秋》
義旨，以駁議後人謬說耳。〈左傳正義提要〉續云：

> 然有《注》、《疏》而後《左氏》之義明，《左氏》
> 之義明而後二百四十二年內善惡之跡一一有徵。後儒
> 妄作聰明、以私臆談褒貶者，猶得據《傳》文以知其
> 謬。則漢晉以來藉《左氏》以知《經》義，宋元以後
> 更藉《左氏》以杜臆說矣。《傳》與《注》、《疏》，
> 均謂有大功於《春秋》可也。

雖「《傳》與《注》、《疏》，均謂有大功於《春秋》」，
然其論顯然以《左傳》爲核心，所謂「《左氏》之義明而後
二百四十二年內善惡之跡一一有徵」、「漢晉以來藉《左氏》
以知《經》義，宋元以後更藉《左氏》以杜臆說」，均非贊
述杜預《注》與孔穎達《疏》之語，其於杜預《注》之貶抑
顯然可見。

17　《四庫全書總目》卷 26，頁 210。

3、《四庫總目》對《十三經》疏的評價

　　《十三經注疏》為唐宋時代由《五經正義》遞增而成，唐詔纂《五經正義》，即經多次修訂後頒佈，因其成於眾手，且多次刪訂，故前後頗見參差，其後之求全者頗非議之。《五經正義》以外遞增之《周禮疏》、《儀禮疏》及《春秋公羊傳疏》、《春秋穀梁傳疏》四部，性質略同於《五經正義》，《論語疏》、《孟子疏》、《爾雅疏》三部為宋儒修撰。《孝經正義》則唐明皇修纂，《四庫總目》論述其採用今文《孝經》始末，以今古文文字、分章於「大義固無不同」，其「今文、古文之爭，直謂賢者之過可也」。而孫奭《孟子疏》，《四庫總目》從朱熹說，以其為偽作，乃以其「久列學官，姑仍舊本錄之爾」，評價已見。

　　《四庫總目》對各經疏之評價，徵引朱熹《朱子語錄》「《五經》疏《周禮》最好，《詩》、《禮記》次之，《易》、《書》為下」之言良允，又稱「然名物訓故究賴之以有考，亦何可輕也！」此雖針對《尚書正義》立論，然亦顯見《四庫》館臣認為諸經注疏的價值主要在於保存漢魏六朝舊說，以為治經之參酌，〈毛詩正義提要〉云：

> 書以劉焯《毛詩義疏》、劉炫《毛詩述義》為稿本，故能融貫群言，包羅古義，終唐之世，人無異詞。惟王讜《唐語林》記劉禹錫聽施士匄講《毛詩》所說「維鵜在梁」、「陟彼岵兮」、「勿翦勿拜」、「維北有斗」四義，稱毛未注，然未嘗有所詆排也。至宋鄭樵，恃其才辨，無故而發難端，南渡諸儒始以掊擊毛、鄭

為能事。[18]

館臣稱群經疏之佳善，大約僅止於此，而其對經疏的基本論評，則在於其篤信一家說，幾於墨守之失，如〈周易正義提要〉論云：

> 疏家之體，主於詮解注文，不欲有所出入。故皇侃《禮疏》或乖鄭義，穎達至斥為「狐不首丘，葉不歸根」，其墨守專門，固通例然也。至於詮釋文句，多用空言，不能如諸經《正義》根據典籍，源委粲然，則由王《注》掃棄舊文，無古義之可引，亦非考證之疏矣。[19]

此觀點亦見於〈左傳正義提要〉中，又〈禮記正義提要〉云：

> 貞觀中，敕孔穎達等修《正義》，乃以皇氏為本，以熊氏補所未備。……其書務伸鄭《注》，未免有附會之處。然采摭舊文，詞富理博，說《禮》之家，鑽研莫盡，譬諸依山鑄銅，煮海為鹽。即衛湜之書尚不能窺其涯涘，陳澔之流益如莛與楹矣。[20]

「專主一家」、「疏不破注」等原則以致於「未免附會之處」，是《四庫》館臣認為《五經正義》的主要缺失，然其能「根據典籍，源委粲然」、「采摭舊文，詞富理博」，則非後世之妄發議論者所能望其項背者矣。

　　由《五經》擴充而成的《十三經注疏》，作為傳統文化中的核心經典，本有教化人心，提升精神文明，維護社會綱常的普世的價值。《四庫總目》推崇群經蘊含此價值，但於

18　《四庫全書總目》卷 15，頁 120。
19　同前書，卷 1，頁 3。
20　同前書，卷 21，頁 168。

注疏則多非議批評，不滿之意，溢於言表。

三、《四庫總目》論《十三經注疏》之影響

　　唐代制舉考試，明經科以九《經》三《傳》之注疏為據，故學子多就其中挑選經書研習，緣此，漢魏六朝舊注疏鮮有傳鈔者，至宋以後，官府屢次刊刻群經頒佈天下，學者所研讀亦限於此，而隋唐以前舊注遂多亡佚不存。〈古易說提要〉云：

> 古《易》上下經及十翼，本十二篇。自費直、鄭玄以
> 至王弼，遞有移掇。孔穎達因弼本作《正義》，行於
> 唐代，古《易》遂不復存。[21]

《四庫》館臣意謂古《易》至王弼而盡失其原貌，至孔穎達疏則促成王弼注流傳及古《易》亡佚的重要因素，以此而論，《十三經注疏》中之《周易正義》，實背離文王、周公及孔子之古《易》說，亦非漢儒舊說，其足為儒學經典，以不無疑問。宋代以後，士子既以《十三經注疏》作為研習依據，其影響自是日益深遠，就《易》而論，《四庫總目》於〈周易窺餘提要〉即稱「自唐人以王弼註定為《正義》，於是學《易》者專言名理。」於〈易變體義提要〉稱其書「多引老莊之辭以釋文、周之經，則又王弼、韓康伯之流弊，一變而為王宗傳、楊簡者矣」，又〈童溪易傳提要〉云：

> 弼《易》祖尚玄虛以闡發義理，漢學至是而始變。宋

21　《四庫全書總目》卷 3，頁 14。

儒掃除古法，實從是萌芽。然胡、程祖其義理，而歸
諸人事，故似淺近而醇實。宗傳及簡祖其玄虛，而索
諸性天，故似高深而幻眇。[22]

又〈周易述提要〉云：

自王弼《易》行，漢學遂絕。宋元儒者類以意見揣測，
去古寖遠。中間言象數者又岐為圖書之說，其書愈衍
愈繁，而未必皆四聖之本旨。[23]

與〈童溪易傳提要〉對照，所謂四聖本旨者，殆須切於日用，
其批評王弼《周易注》為「祖尙玄虛」，其流衍及影響所及，
則使宋代以後《易》學產生師法其風尙，故作高深而背離人
事，《易》由此而不切於日用。既不切於日用，則於經典之
意義亦鮮矣。

　　相較於《周易》，《四庫總目》對《十三經注疏》中三
禮注疏較持肯定之態度。蓋禮之名物制度，本非可逕以義理
推得，〈周禮質疑提要〉稱：「宋儒事事排漢儒，獨三《禮》
注疏不敢輕詆，知禮不可以空言說也。」故以三《禮》注疏
為本之論述，《四庫》館臣均予肯定之態度，〈儀禮要義提
要〉云：

《儀禮》一經，最為難讀，諸儒訓詁亦稀……鄭《注》
古奧，既或猝不易通。賈《疏》文繁句複，雖詳贍而
傷於蕪蔓，端緒亦不易明。《朱子語錄》謂其不甚分
明，蓋亦有故。了翁取而刪劉之，分臚綱目，條理秩
然，使品節度數之辨，展卷即知，不復以辭義轇轕為

22 《四庫全書總目》，卷3，頁16。
23 同前書，卷6，頁44。

病。其梳爬剔抉，於學者最為有功。雖所采不及他家，
而《儀禮》之訓詁備於鄭、賈之所說，鄭、賈之精華
備於此書之所取。後來詮解雖多，大抵以《注》、《疏》
為藍本，則此書亦可云提其要矣。[24]

又〈周禮述注提要〉云：

宋儒喜談三代，故講《周禮》者恒多。又鑒於熙寧之
新法，故恒牽引末代弊政，支離詰駁，於《注》、《疏》
多所攻擊，議論盛而《經》義反淆。[25]

此亦見《四庫》館臣認為三《禮》注疏之信實詳備，非後儒
所得輕議者也。然又以《儀禮》自宋代以後學者病其難讀，
則《儀禮注疏》之空懸廟堂，亦可得知矣。

結　語

　　《四庫總目・豐川易說提要》引王心敬之言曰：「學《易》
可以無大過，是孔子明《易》之切於人身，即是可以知四聖
人繫《易》之本旨，並可以識學《易》之要領。」此即《四
庫》館臣論經斷群經注疏優劣的主要基準，以此基準而論，
魏晉以下注疏固多缺失，未能契合群經主旨，但漢儒亦未必
契合周公、孔子所闡發之天道義理與人倫規範。〈日講書經
解義提要〉稱《尚書》歷來聚訟的〈禹貢〉、〈洪範五行傳〉、
今古文等問題之後，論云：

　　（《尚書》）明以來所聚訟者，莫過今文古文之真偽。

24　《四庫全書總目》卷 20，頁 160。
25　同前書，卷 19，頁 155。

> 然伏生、董仲舒、劉向、劉歆之所推，特術家傅會之說；程大昌、傅寅、毛晃之所辨，歸有光、梅鷟之所爭，特經生考證之資耳。實則尼山刪定，本以唐、虞、三代之規，傅為帝王之治法，不徒為尋章摘句設也。[26]

此推崇經學之觀點，不僅限於《尚書》，實為清廷纂修《四庫全書》及對群經之基本態度。

《十三經注疏》自宋代彙刻，成為傳統文化的基本典籍，其內容亦為探討傳統儒學的核心思想主要依據。然因元延祐二年詔訂科舉考試之依據以宋儒論述為主，明代行八股，以《四書》及《五經大全》為本，故《十三經注疏》為競逐功名之士子所棄，雖見刊行，然訛誤頗見。清代武英殿重刊《十三經注疏》，本欲昭告天下學子，以此為研習修齊治平之依據，然修纂《四庫全書》時，對《十三經注疏》乃多批判之詞，其顯示之學術思想實具有多面向之意義，難逕以尊崇漢學釋之。

蓋清初學術風氣以理學為主，此歷順治、康熙、雍正，至乾隆初年仍然。理學特重修齊治平之道，故乾隆詔令編纂《四庫全書》，寓有深刻之教化目的。其甄選群書，除匯聚典籍，使其流傳外，並欲提供學子研習之參酌，所欲標舉之學術，乃是以經世濟民、能應日用為要。

漢儒注釋經傳多簡明扼要，於義理闡發頗疏，此實未能切合《四庫全書》之纂修目的，《十三經注疏》中非據漢儒經說作疏者，則多駁雜不純，與《四庫全書》所欲標舉之觀

26　《四庫全書總目》卷 12，頁 100。

念，更見差異，《四庫》館臣批判其說不難想見。惟《十三經注疏》流傳既久，被視為傳統典籍之表徵，且朝廷方刊行頒佈，《四庫總目》於批判之餘，仍不得推崇其在群經注釋中之地位。

《四庫全書總目‧詩文評類》論
中國詩文評著之特性

前　言

　　清乾隆年間修纂的《四庫全書》，彙集中國歷代著名典籍於一部，其附屬之《四庫全書總目》，除於各書有簡要之評介外，對各類論著的學術源流及其傳承關係，並多所闡發。故於《四庫總目》中，除可略知各書的內容及性質外，綜而觀之，亦可得知各類論題的發展及在各朝代相關論著的特色。

　　《四庫全書‧詩文評類》計兩卷，收錄之書，起自梁朝劉勰之《文心雕龍》，終於清初鄭方坤之《五代詩話》，凡六十四部七百三十卷。存目一卷，收《樂府古題要解》等八十五部。此一百四十九部頗能包括清初以前各朝重要詩文理論之著作。

　　近代研究我國歷朝之文學理論者，多採西方之觀點以分析及評價中國之論著。纂修《四庫全書》，在西學東漸之初，其主事及纂修之學者，尚是傳統學術所孕育，其評論乃代表中國傳統之文學觀，故其論述，頗能呈現傳統文學思想及各

代詩文論著的概況。

一、《四庫總目》論歷代詩文理論之
類型與著錄書目

　　傳統詩歌及散文成熟甚早，對詩文創作的原則及功用等
見解，亦隨之提出。在先秦諸子及兩漢儒士之著作中，已時
見評論之語。但以專論文章理論而撰成專著者，一般以爲始
於曹丕之《典論》[1]，惜其書不傳。今可見論文專著，蓋以《文
心雕龍》爲最先，故《四庫全書・詩文評類》即以此書爲首。
〈類序〉論詩文理論產生之因曰：

> 文章莫盛於兩漢，渾渾灝灝，文成法立，無格律之可
> 拘。建安、黃初，體裁初備，故論文之說出焉，《典
> 論》其首也。其勒為一書，傳於今者，則斷自劉勰、
> 鍾嶸。[2]

《典論・論文》一篇將文體分爲「奏議」、「書論」、「銘
誄」、「詩賦」四類，其實並不能概括曹魏以前之文體。如
戰國時代至兩漢大量產生之史傳文體，即無法歸入上述之四

1　《典論・論文》一篇盛論各類文章之體裁，爲論文之名著，毋庸置疑。然
　《典論》一書，是否爲論文之專著，則深爲可疑，據嚴可均《全三國文》
　（《全上古三代秦漢三國六朝文》，北京：中華書局，1958 年）之輯文
　觀之，其多論治道之語，如〈姦讒〉、〈內誡〉、〈酒誨〉等。嚴可均《鐵
　橋漫稿・典論敘》（臺北：世界書局，1964 年）曰：「顧其爲人，至而
　能愚，勇而能怯，人以接物，恕以及下，〈自敘〉允爲定評。其〈姦讒〉、
　〈內誡〉、〈酒誨〉、〈終制〉即辨神仙黃白之惑，足爲有國有家者炯誡……」
　（卷 6，頁 1）是《典論》本非品論辭章之作，以其爲論文專著之始，實
　爲謬誤。
2　《四庫全書總目》（北京：中華書局影印乾隆 60 年浙刻本，1987 年）卷
　195，頁 1779。本文徵引《四庫全書總目》均此版本，下僅注明卷頁。

類中。然言建安、黃初各類文體初備，卻是不容否認。除六朝盛行一時之駢文及隋唐以後科舉考試所用之程文格式外，歷代所用之文體，並無超出於兩漢之外者。〈類序〉言「體裁初備」而後「論文之說出焉」大致符合我國理論著作後於創作產生之原則。

　　〈類序〉於言文論產生之由後，分述我國歷代詩文理論之作爲五類，曰：

> 颸究文體之源流，而評其工拙；嶸第作者甲乙，而溯其師承，爲例各殊。至皎然《詩式》，備陳法律；孟棨《本事詩》，旁採故實；劉攽《中山詩話》、歐陽修《六一詩話》，又體兼說部。後所論著，不出此五例中矣。（卷 195，頁 1779）

以上五例，論文者一，論詩有四，在取捨上頗失均衡。而論詩之《本事詩》與《中山詩話》、《六一詩話》等，亦可歸入一類。〈類序〉所言，已有失當可知，若就《四庫全書》所著錄之書而論，亦不合於〈類序〉所論。

　　《四庫全書‧詩文評類》所著錄之書，以其內容而論，可分爲八類，其中論文及論詩各爲四類。略述如下：

1、總論文章之作

　　《文心雕龍》及梁朝任昉《文章緣起》爲此類著作之首，〈類序〉言其「究文體之源，而評其工拙」者殆是。其後專論文章之著作頗繁，然有所創發者卻不多。《四庫總目》多置於「存目」中，其內容及價值亦略可得推，如《文筌》、《文章軌範》、《文脈》、《文通》等皆是。如〈文通提要〉

曰：

> 其書取古今文章流別及詩文格律，一一為之條析，蓋
> 欲仿劉勰《文心雕龍》而作。其末〈詮夢〉一篇，酷
> 摹勰之〈自序〉。然大抵摭拾百家，矜示奧博，未能
> 一一融貫也。（卷 197，頁 1804）

總論文章之作，除《文心雕龍》外，《提要》多稱其摭拾百
家，未能融會貫通，亦未能有新見，陳陳相因，可採之處不
多。

2、評論四六文之作

四六文盛行於六朝之後，至唐初仍為文人所習用。唐代
「古文運動」興起，四六之作稍見潛寂，然晚唐至宋初，仍
為文壇所宗。因其行文用字，講究韻律，故讀之抑揚頓挫，
鏗鏘有致，哀誄表啓多用之，故宋以來，專論四六文之論述
亦隨之產生。如宋代王銍之《四六話》、謝伋之《四六談麈》
等是。〈四六話提要〉曰：

> 其書皆評論宋人表啟之文。（卷 195，頁 1783）

〈四六談麈提要〉則曰：

> 其論四六，多以遣詞命意分工拙。視王銍《四六話》
> 所見較深。（卷 195，頁 1786）

同類之著作尚多見存於「存目」中，如《容齋四六叢談》、
《四六金箴》等。此類之書專著成書者較少，「存目」中所
著錄者，皆係後人「裁篇出章」以成之偽書，非出之原手。

3、論程試之文

「程文」即今之作文範本，其源起於宋，至金而成常例。《四庫全書》著錄論程式之文有元代陳繹曾之《文說》、倪士毅之《作義要訣》及「存目」中之《荅策祕訣》等皆是。如〈文說提要〉曰：

> 是書乃因延佑復行科舉，為程試之式而作……繹曾嘗著《文筌譜》、《論科舉天階》，使學者之所方向，人爭傳錄。（卷196，頁1791）

〈作義要訣提要〉曰：

> 是編皆當時經義之體例……所論規模淺狹，未究文章之本源。（卷196，頁1791）

此類著作，非為通論文章之作，僅言科舉考試之各種經義體例及答策要領，無關乎文章之體材及內容，故《四庫總目》將其另置一類。

4、論金石墓銘之文

「墓誌之興，其源不可詳考」[3]。曹丕《典論‧論文》言「銘誄尚實」，已標金石墓銘一類，然其後並未見專論此類文體之著作。宋代，金石之學興起，方見探討者。《四庫全書》著錄此類之書有元代潘昂霄《金石例》、明代王行《墓銘舉例》、清代黃宗羲《金石要例》等書。〈金石例提要〉曰：

3　〈墓銘舉例提要〉語，《四庫全書總目》卷196，頁1792。

　　是書一卷至五卷述銘誌之始……。六卷至八卷，述唐
　　韓愈所撰碑誌，以為括例，九卷則雜論文體，十卷則
　　史院凡例……。其書敘述古制，頗為典核……。得是
　　書以為依據，亦可為尚有典型。（卷196，頁1791）

此類著作專論墓銘碑傳一體之寫作，細校其內容，則不僅論
述金石文體，亦考其源流，細分文類，使其自成體系，於金
石文體之探究，深有裨益。

　　《四庫全書・詩文評類》所著錄論詩之著作約為論文之
三倍。[4]論詩之著作亦可分為四類：

1、論詩法之著作

　　〈類序〉所云「備陳法律」者是。然〈類序〉云此以皎
然《詩式》為始，卻有可議之處，蓋沈約之《四聲譜》所倡
論之「四聲八病」，即是論詩法之作，其雖不僅止於論詩，
且書亦不存，然卻不當泯滅其倡始之實。《四庫全書》著錄
論詩法之作僅清代趙執信所著《聲調譜》一部，另於「存目」
中著錄《詩式》、《詩法源流》、《少陵詩格》、《詩法家
數》等四部。〈聲調譜提要〉曰：

　　執信乃發唐人諸集，排比鉤稽，竟得其法，因著為此
　　書……其說頗為精密。（卷196，頁1794）

《四庫提要》對此類著作均有微詞，如言《詩式》「參差可
疑」，言《詩法源流》「其說極為荒誕…謬陋殆不足辨」，
言《少陵詩格》「穿鑿殊甚」，言《詩法家數》「論多膚淺」

4　《四庫全書・詩文評類》著錄論文之作僅13部，兼論詩文，凡四部，餘
　　皆論詩之作，凡47部。

等。由其評論，可見專論詩法之作，在歷代之詩學理論之論著中，實罕佳作。

2、評詩之著作

論詩之作指詩之語詞、格律及意境等建構方法，評詩之作則論前人作品之優劣，前者以唐代司空圖之《詩品》為代表，後者則以宋代葛立方之《韻語陽秋》為例。如〈詩品提要〉曰：

> 其持論非晚唐所及，故是書亦深解詩禮，凡分二十四品……所列諸體畢備，不主一格。（卷 195，頁 1780）

此從賞析之角度論詩。有別於《詩式》一類，言作詩之原則及細則者。開後世詩論之先，此類之作，如嚴羽《滄浪詩話》、明代胡震亨《唐音癸籤》及「存目」中之《冰川詩式》、《雅論》等均是。

評詩之作，大約有三類，雜評諸家者如《韻語陽秋》及「存目」中之《渚山堂詩話》、《詩家直說》等，如〈韻語陽秋提要〉曰：

> 是編雜評諸家之詩，不甚論句格工拙，而多論意旨之是非。（卷 195，頁 1785）

專評論一家者，如《環溪詩話》「皆品評吳沆之詩，及述沆論詩之語」，宋代蔡夢弼《草堂詩話》「皆論說杜甫之詩」，及「存目」中之《東坡詩話》「雜採諸家論蘇詩者，裒為此書」等均是。

除雜論諸家及一家者外，尚有通論古今詩人及詩作者，如宋代張戒《歲寒堂詩話》、范晞文《對床夜話》等均是，

〈歲寒堂詩話提要〉曰：

> 是書通論古今詩人，由蘇軾、黃庭堅上溯漢魏風騷，
> 分為五等。（卷 195，頁 1784）

〈對床夜話提要〉曰：

> 沿波討源，頗能探討漢魏六朝唐人舊法，於詩學多所
> 發明。（卷 195，頁 1790）

通論歷代之詩者，尚有「存目」中之《詩籔》、《詩辨坻》
等。又明代詩家有宗「唐宋」一派，故以論評唐宋以來之詩
人詩作而成篇者，亦復不乏，如《渚山堂詩話》、《詩談》、
《藝籔談宗》等均是。

　　大要而言，評詩論詩之作，能切中詩人原意者不多，如
《四庫提要》言《東坡詩話》「殊無體例……持論淺陋」，
言《詩家直說》「其語似高，實謬尤足誤人」，均可知見其
內容如何。

3、記詩家宗派及師說之著作

　　論詩家師承之作，始於鍾嶸之《詩品》，然其所論，卻
不盡可採。《四庫提要》不論其品第之分，為評其所載師承，
不盡可採。〈詩品提要〉曰：

> 近時王士禎極論其品第之閒，多所違失。然梁代迄
> 今，邈逾千祀，遺篇舊制，什九不存，未可以摭拾殘
> 文，定當日全集之優劣。惟其論某人源出某人，若一
> 一親見其師承者，則不免附會耳。（卷 195，頁 1780）

《詩品》論列詩人之師承，雖不盡可採，然開溯詩人所原之
學。兩宋以後，因詩社之興起，詩派亦漸次建立，故論言詩

家宗派，及記師說之作，亦頗不乏。如宋代呂本中《紫微詩話》、《環溪詩話》、明代郎廷槐《師友詩傳錄》及「存目」中之《瓊臺詩話》等均是。〈師友詩傳錄提要〉曰：

> 二人皆學於新城王士禎，各述其師說，以成此書。（卷196，頁1793）

〈瓊臺詩話提要〉曰：

> 冕為邱濬之門人，因裒輯濬生平吟詠，各詳其本事，蓋即吳沆門人輯《環溪詩話》之例。（卷197，頁1800）

此類述作，因親見其師所說，故「其談詩宗旨具見於斯，較諸家詩話所見，終為親切。」在詩話中，是較可採信的。

4、內容龐雜之詩話

「詩話」一名，昉自歐陽修《六一詩話》，然其始則是鍾嶸《詩品》[5]及孟棨《本事詩》[6]等為是。宋人好議論，「詩話」即用以資談論也。《六一詩話》之首曰：

> 居士退居汝陰，而集以資閒談也。（卷195，頁1781）

〈本事詩提要〉亦曰：

> 唐代詩人軼事，頗賴以存，亦談藝者所不廢也。（卷195，頁1780）

「詩話」雖主要用以資談，然其著作繁富，內容自是不限於一，除前以述及專言詩學理論者外，茲僅就《四庫全書》所

---

5 章學誠《文史通義‧詩話》：「詩話之源，本於鍾嶸《詩品》。」何文煥《歷代詩話‧序》（北京：中華書局，1981年）認為「詩話」昉自三代，實為過濫。

6 羅根澤《中國文學批評史》（北京：商務印書館，1934年）：「《本事詩》是詩話的前身。」

著錄及「存目」所載，分數類述之。

（1）旁採故實

〈類序〉所舉《本事詩》之例即是。〈本事詩提要〉曰：

> 是書皆採歷代詞人緣情之作，敘其本事。（卷 195，
> 頁 1780）

後如宋代計有功《唐詩紀事》，體例雖稍有改變，[7]仍可視爲
一類。〈唐詩紀事提要〉曰：

> 是集乃留心風雅，採摭繁富，於唐一代詩人，或錄名
> 篇，或紀本事，兼詳其世系爵里。（卷 195，頁 1785）

再如清代厲鶚所著之《宋詩紀事》，體近總集，實非紀事之
書。

（2）兼錄雜事

《六一詩話》、《中山詩話》等〈類序〉言其「體近說
部」者是。此類詩話，內容多不限於一式，或論詩作，或論
詩人，或旁採紀事，不一而足，而在歷代詩話中，爲數眾多，
最爲大宗。如宋代張表臣之《珊瑚鉤詩話》，〈提要〉論曰：

> 其書雖以詩話爲名，而多及他文，閒涉雜事，不盡論
> 詩之語。（卷 195，頁 1783）

他如阮閱《詩話總龜》，《四庫提要》亦稱其「多錄雜事，
頗近小說」。楊萬里《誠齋詩話》「頗及諧謔雜事」，《竹
莊詩話》「蒐古今詩評雜話」，《漁洋詩話》「名爲詩話，
實兼說部之體」等，皆見其不純論詩之特性。

7　《唐詩紀事》側重於存人論詩，與《本事詩》之緣詩紀事有別，然二者皆
　　說明著詩之由，故仍一同觀之。

（3）輯錄歷來詩話或詩論成篇

　　此即歷代詩話，分門而編，蓋類唐代以後盛行之「類書」，《詩話總龜》殆其首也，胡仔〈序漁隱詩評叢話前集〉曰：

> 阮因古今詩話，附以諸家小說，分門廣增……。如阮
> 之《詩總》，是未知詩之旨矣。[8]

阮閱之書雜錄前人之論述成篇，而不加己說。其後多有效之者，如宋代王正德《餘師錄》「採集眾說，不參論斷，而去取之間，頗為不苟」，及蔡正孫《詩林廣記》等均是。

　　「詩話」由宋至清，著述繁多，故除分類採集詩話成編者外，亦有輯眾人之詩話成叢書者，如「存目」所錄之明‧楊成玉編之《詩話》「所列宋人詩話，凡劉攽、歐陽修、司馬光、陳師道、呂居仁、周紫芝、許顗、張表臣、葉夢得、陳嚴肖十家。」此殆何文煥編《歷代詩話》之先聲歟！

　　由此八類，可知從六朝以來，我國歷代詩文理論之著作之概況。大致而言，論詩之作甚多於論文，而《四庫總目》對文論之作評介亦較為簡略。著錄之中，有系統之理論論著微乎其微，而雜錄式之詩話，乃為評論作品之主流，然此類詩話，所持之論，大部份皆是浮光掠影，不易從其中考見作者之主張，故淪為談論之資耳。除此之外，此類著作尚有其價值所在。茲略採《四庫總目》所論以考之。

二、從《四庫全書》著錄之原則見歷代文論詩話之價值

　　《四庫全書總目‧凡例》言其著錄之主要原則曰：

8　胡仔《苕溪漁隱叢話》（臺北：廣文書局，1971 年），頁 1。

> 其上者悉編登錄，罔致遺珠；其次者，亦長短兼臚，
> 見瑕瑜之不掩，其有言非立訓義或違經，則附載其
> 名，兼匡厥謬。至於尋常著述，未越群流，雖咎譽之
> 咸無，要流傳之已久，準諸家著錄之例，亦並存其目，
> 以備考核。[9]

由此「凡例」可知《四庫全書》所著錄之書，自是歷代著作
中，內容或立論較爲可取者。就《總目》之評價各書，其取
以爲著錄之由，約有下列三項：

1、持論可取

「持論可取」即其內容平實，立論平允，又時有所見，
能特出於他人之上，故深具價值。如〈中山詩話提要〉曰：

> 放在元祐諸人之中，學問最有根柢，其考證議論可取
> 者多，究非江湖末派，鉤棘字句，以空談說詩者比也。
> （卷195，頁1781）

〈優古堂詩話提要〉曰：

> 其人本不足道，而所作詩話，乃頗有可採。（卷195，
> 頁1782）

〈彥周詩話提要〉曰：

> 顧議論多有根柢，品評亦具別裁。（卷195，頁1782）

〈石林詩話提要〉曰：

> 其所評論，往往深中窾會，終非他家聽聲之見，隨人
> 以為是非者比。（卷195，頁1783）

---

9 《四庫全書總目》卷首，頁17。

〈環溪詩話提要〉曰：

> 其取法終高，宗旨終正，在宋人詩話之中，不能不備存一家也。（卷 195，頁 1786）

〈懷麓堂詩話提要〉曰：

> 此編所論，多得古人之意，雖詩家三昧，不盡於是，要亦深知甘苦之言矣。（卷 196，頁 1792）

〈頤山詩話提要〉曰：

> 其評論古人，多深中窾會，蓋深知其甘苦，而後可定其是非。（卷 196，頁 1792）

〈歷代詩話提要〉曰：

> 然取材繁富，能以眾說互相鉤貫，以參考其得失，於雜家之言，亦可謂淹貫者矣。（卷 196，頁 1793）

〈漁洋詩話提要〉曰：

> 其中清詞佳句，採掇頗精，亦足資後學之觸發。（卷 196，頁 1793）

除以上各家外，他如言《後山詩話》「持論閒有可取」，言《韻語陽秋》「持論嚴正」，言《誠齋詩話》「所論往往中理」，言《荊溪林下偶談》「所見頗見精確」，言《詩話補遺》「賅博淵通」等，均是頗為推崇之語。

　　由《總目》所述可知，「深中窾會，持論可取」之作，乃《四庫全書》之著錄之首要標準。此類詩話因其內容多有見解，能透露出詩學理論或批評原則，在研究詩文理論之運用上，價值亦是較高的。

2、足資考校

　　清初，考據學風興起，《四庫全書》之纂修人員中，自有長於此者。然「詩話」之「足資考證」卻非編纂官之刻意推崇，蓋詩話之作，兼錄及同時或其前之雜事者多，用以考證當時之情事始末，自是較為可信。故《四庫總目》中每以「足資考證」言之，明其言而有據，非信口開合、無的放矢之作也。茲採數例以明之：

〈臨漢隱居詩話提要〉曰：

>　　略其所短，取其所長，未嘗不足備考證也。（卷 195，頁 1782）

〈詩話總龜提要〉曰：

>　　摭拾舊文，多資考證。（卷 195，頁 1782）

〈藏海詩話提要〉曰：

>　　其他評論考證，亦多可取。（卷 196，頁 1784）

〈觀林詩話提要〉曰：

>　　皆足以資考證，在宋人詩話之中，亦可謂佳本矣。（卷 195，頁 1786）

〈茗溪漁隱叢話提要〉曰：

>　　多附辯證之語，尤足以資參訂。（卷 195，頁 1787）

〈竹莊詩話提要〉曰：

>　　即其所載習見之詩，亦有資考校也。（卷 195，頁 1789）

〈浩然齋雅談提要〉曰：

>　　密本南宋遺老，多識舊人舊事，故其所記佚篇斷闋，什九為他書所不載。（卷 195，頁 1790）

〈唐音癸籤提要〉曰：

> 三百年之源流正變，犁然可按，實於談藝者有裨。（卷
> 196，頁 1793）

〈全閩詩話提要〉曰：

> 上下千餘年間，一方文獻，犁然有徵，舊事遺文，多
> 資考證，固亦談藝之淵藪矣。（卷 196，頁 1795）

由各書之提要可見，「足資考校」乃歷代詩話主要功用之一。
然此類「詩話」多「體近小說」，批評及鑑賞之意味甚淡，
於詩文理論亦甚少發揮。欲藉以了解一人之詩文主張或風
格，實有所不足。然於此正可得知各「詩話」之著作根本旨
趣，非特為理論主張而作也。

3、取法聖籍，有裨名教

　　《四庫全書》的編修，原本即有宣揚名教，化育百姓的
目的，[10]故全書中不乏為表彰作者之人品或提倡忠孝節義之
風氣而著錄其書者。「詩文評」一類中對此亦多所表彰。如
〈歲寒堂詩話提要〉曰：

> 是書通論古今詩人……。矢言明志之義，而終之以無
> 邪之旨，可為不軌於正者…尤足維世教而正人心。（卷
> 195，頁 1784）

〈碧谿詩話提要〉曰：

> 其論詩大抵以風教為本，不尚雕華，然徵本工詩，故
> 能不失風人之旨，非務以語錄為宗，使比興之意都絕

---

10 詳見吳哲夫師《四庫全書纂修之研究》（臺北：國立故宮博物院，1990
　　年），第 4 章。

者也。（卷 195，頁 1785）

〈文則提要〉曰：

> 此書所列文章體式，雖該括諸家，而大旨皆準經以立
> 制⋯取格法於聖籍，終勝摹機調於後人，其所標舉神
> 而明之，存乎其人，故不必以定法泥此書。（卷 195，
> 頁 1787）

〈文章精義提要〉曰：

> 其論文多原本於《六經》，不屑屑於聲律章句，而於
> 工拙繁簡之間，源流得失之辨，皆一一如別黑白，具
> 有鑒裁。（卷 195，頁 1789）

〈詩話提要〉曰：

> 惟所記黃庭堅教人學詩先讀經，不識經旨，則不識是
> 非，不知輕重，何以為詩……皆確論也。（卷 197，
> 頁 1798）

陳日華《詩話》一書，《四庫總目》列於存目，稱其「頗乖
大雅」，然獨贊其「以經爲本」之語。是知纂修《四庫全書》
者重視經術，並以此作爲詩文理論之根源。然歷代之詩話中，
以此作爲論詩論文之準則者，畢竟少數，欲藉詩話以推展經
術或節義，著實不易。

　　以上三者，爲《四庫全書》評定歷代詩文理論著作優劣
之標準。其中除後者帶有非文學自身之因素外，其餘不論強
調作者見解之論著，或記雜事以供考證之作，於了解一時代
之文學風尙或詩文典故，皆可供佐證。亦可藉以探討我國詩
文理論之發展及特色。

三、從《四庫總目》看古代詩文評著作之特色

　　《四庫總目》對各書之內容及特色，均有簡略之介紹。分觀各部，能了解一書之內容及價值，綜觀全體，則能掌握該類書籍之共通性及特色，於了解我文學之發展及理論著作之特性，均有所幫助，茲以《四庫提要‧詩文評類》對各書內容之評介，綜而略論歷代詩文理論著作之特色。

1、內容繁富

　　「內容繁富」為歷代詩文評著作之最大特色，然繁富而失於裁剪，則流於氾濫冗雜，由《四庫總目》之評介，更可明顯看出此一現象。如〈中山詩話提要〉曰：

> 所載嘲謔之詞，尤為冗雜，放好詼諧，常坐是為馬默所彈，殆性之所近，不覺濫收歟。（卷195，頁1781）

〈詩人玉屑提要〉曰：

> 其兼採齊己風騷旨格偽本，詭立句律之名，頗失簡擇，又如禁體之中，載〈蒲鞋詩〉之類，亦殊猥陋。（卷195，頁1788）

〈娛書堂詩話提要〉曰：

> 失於蕪雜則有之……，支離無理。（卷195，頁1788）

〈歷代詩話提要〉曰：

> 皆採自詩話、說部，不盡根柢於原書，又嗜博貪多，往往借提曼衍，失於芟雜。（卷196，頁1793）

〈漁洋詩話提要〉曰：

> 名為詩話，實兼說部之體……，終為曼衍旁支，有乖
> 體例。（卷195，頁1793）

此評著錄之書，即見諸多冗雜，若再考諸「存目」，更見此
一特性。如言《詩心珠會》「龐雜無緒」，言《南濠居士詩
話》「更傷蕪雜」，言《詩話類編》「揉雜割裂，茫無體例」
等均是。

　　蓋專言詩文理論之著作在歷代詩文評中，本佔極少數。
而各種「詩話」之作，始於資談，終於品評詩作，仍非以倡
言己之詩文主張為首要目的，其體例如此，而其內容冗雜，
亦不足為奇。《四庫總目》評論各書，多以此非之，實苛責
過矣。

2、分門瑣拘

　　鍾嶸《詩品》論漢魏以來詩人一百三人，分列三品，當
為分品論詩之始。孟棨《本事詩》以「情感」等七題分記詩
人之詩作，為分題言詩之始。其後釋皎然《詩式》分條言詩
作之則。司空圖《詩品》列論二十四品，「深解詩理」，實
為後世分品論詩之典範。宋以來，不門類雜記詩人詩事之詩
話興起。分門論文論詩者，淪為少數，且其分門多有可議之
處。如〈詩話總龜提要〉曰：

> 分類瑣屑，頗有乖於體例。（卷195，頁1782）

〈文則提要〉曰：

> 分門別類，頗嫌於太瑣太拘，不免舍大而求細。（卷
> 195，頁1787）

〈詩法源流提要〉曰：

標立結上生下格……，凡三十三格，其謬陋殆不足
辨。（卷 197，頁 1796）

〈二南密旨提要〉曰：

此本端緒紛繁，綱目混淆……，所謂四十七門，一十
五門者，輾轉推尋，數皆不合，亦不解其何故。（卷
197，頁 1796）

〈天廚禁臠提要〉曰：

所論多強立名目，旁生枝節。（卷 197，頁 1797）

〈少陵詩話提要〉曰：

是篇發明杜詩篇法，穿鑿殊甚……，每首皆標立格
名，種種杜撰，此真強做解事者也。（卷 197，頁 1797）

〈文荃提要〉曰：

體例繁碎，大抵妄生分別，強立名目，殊無精理。（卷
197，頁 1799）

〈冰川詩式提要〉曰：

參以臆見，橫生名目，兼增杜撰之體，蓋於詩之源流
正變，皆未有所解也。（卷 197，頁 1802）

分門別類評論詩文，本有助於分辨詩文之優劣及各家之特
色。然宋明以來諸家之分門立格，多強解詩作之原意以配合
其所立，故淪為穿鑿。如《少陵詩格》言〈秋興八首〉第一
首為接頂格，謂「江間波浪兼天湧」為巫峽之蕭森，「塞上
風雲接地陰」為巫山之蕭森，其牽合無理，不待細辨已明。

　　「分門瑣拘」肇因於多分名目，且專就字面尋釋詩意，
如《詩法源流》分三十三格，《二南密旨》分四十七門皆過
於繁瑣。又如《少陵詩格》分「接頂格」、「交股格」、「開

合格」、「雙蹄格」、「續後格」、「首尾互換格」、「首尾相同格」、「單蹄格」等八格，係全就字面之排列以尋釋杜甫之詩意，其誤謬之處，不待杜甫以可明辨矣。

3、分派互評

後人論唐詩，在時間雖有初、盛、中、晚之別，在風格上亦有「田園」、「寫實」、「邊塞」等不同，然鮮有見各家各派之間互評之語。宋人好議論，不僅表現在政治上之黨爭，在評文論詩上，亦有分門別互之傾向。〈餘師錄提要〉曰：「宋人論文多區分門戶，務為溢美溢惡之辭。」其始則呂本中等首倡之。〈紫微詩話提要〉曰：

> 呂本中……其學出於黃庭堅，嘗作江西宗派圖……，宋詩之分別門戶，實自是始……，蓋詩體始變之時，雖自出新意，未嘗不兼採眾長，自方回等一祖三宗之說興起，而西崑、江西二派，乃判如冰炭，不可復合。（卷195，頁1783）

宋人之分派互評，不僅詩派如此，黨爭之餘續，往往延伸至詩文之評論上。如〈珊瑚鉤詩話提要〉曰：

> 表臣生當北宋之末，猶及與陳師道遊，與晁說之尤相善，故其論詩往往得元祐諸人之餘緒。（卷195，頁1783）

〈石林詩話提要〉曰：

> 夢得出蔡京之門……，本為紹述餘黨，故於公論大明之後，尚陰抑元祐諸人。（卷195，頁1783）

〈滄浪詩話提要〉曰：

> 宋代之詩競涉論宗……，譽者太過，毀者亦太過也。
> （卷 195，頁 1788）

宋人區分門戶，互相掊擊，明代詩家則各有所宗，亦各有所毀。大致而言，明中葉以後，詩家多奉王世貞爲圭臬，如朱孟震、周子文、胡應麟等人皆以王世貞爲宗。如〈詩藪提要〉曰：

> 胡應麟……所著《詩藪》十八卷，大抵奉世貞《卮言》爲律令，而敷衍其說，謂詩家之有世貞，集大成之足父也，其貢諛如此。（卷 197，頁 1803）

除宗王世貞者外，亦有「主於排斥王世貞者」，如茅元儀《藝活甲編》即是。

　　詩文作家之聚集成詩社文壇，互相觀摩探討，原有助於作品品質之提升，與創作理論之提出。然宋明二代之詩家文士，多不採此道。其結社則而務爲互相吹捧，於社外之人則極力掊擊，其結果宗派之間如同冰炭。宋代之「西崑」、「江西」，明代之「唐宋」、「公安」、「竟陵」之間，其爭何止於論文論詩。殆宗派一成，私心好惡已取代理論之探究，互褒互貶，亦隨宗派而言之矣。

　　以上三者，大約可見我國唐宋以來，詩文著作之某些外在特性。若就理論之相承而言，主「妙悟」之《滄浪詩話》，明代詩家及其詩話中多所繼承者，如明代安磐之《頤山詩話》「論詩以嚴羽爲宗」，劉世偉之《過庭詩話》「謂後學看詩話，當以嚴滄浪爲準」，鄧雲霄之《冷邸小言》「大旨以嚴羽爲宗」等等，均是其中之著者。

　　大致而言，明代以後詩話，多不脫出嚴羽或王世貞之影

響，或推崇，或貶抑，或綜合，然鮮有不引論此二家之說者，其影響可知矣。

又明代之後，偽作之詩話頗多，其產生多為書賈為營利而割裂原著，或雜採諸書加以拼湊而成，如《吳氏詩話》即書賈摘錄吳子良《林下偶談》中論詩之語以成，非別有一書。此類詩話繁多，觀《四庫總目》之「存目」，自可分曉，無庸贅述矣。

結　語

由《四庫全書總目‧詩文評》一類探討中國詩文理論之發展，可知其大略發展，然亦有其侷限性。其中最要者，在於我國歷代文人之詩文主張，多表達在其所作之序跋，或與友人來往之書信中，鮮有專論而成書者。如韓愈之「文以載道」、白居易之「文合時、詩合事」、歐陽修之「明道致用」等均是，在詩文理論之提出上，其皆有不可泯滅之地位。然若考之《四庫全書‧詩文類》，則必不見韓、歐等人之主張。因此，在《四庫總目》中，並不能看出唐宋古文運動之發展及其理論之提出。其後，考之明代詩文理論及主張，亦有相同之困境。明代之復古理論，始於劉基（朱彝尊《靜志居詩話》之說），其後前後七子高倡之，蔚成明代詩文理論之風潮，然於《四庫總目》中，亦不能考見。此殆因《四庫總目》所論述以專著為主，無法兼及他書中所論之故。此為事實，卻不得以此非論《四庫總目》之。

詩話之演變始於雜記情事，以資閒談，而後許彥周之《彥

周詩話》提出「辨句法，備古今，記盛德，錄異事、正訛誤」之功用，使詩話脫離稗官小說之特性，進而成為論詩文、備考證之著作，至黃徹之《䂬溪詩話》，更提出「近諷諫而輔名教」之作用，以詩話當有社會教化之功用。然此類主張在歷代詩話之著作中，並無甚大之回響，雜錄式之詩話仍為其大宗。直至清代，論詩文考證之詩話方為大興，而能與雜記式之詩話並峙。然「近諷諫而輔名教」之詩話終鮮有闡發者。

乾嘉時期之輯佚書與輯佚學

敘 言 —— 輯佚之起

輯佚之事，黃奭稱之爲「返魂之作」[1]，蓋藉輯佚之事得以見古書之面貌，學者進而藉以研究前賢學說、考訂故實，更得以探究一時代之學風及學術之流變。葉德輝云「此風一開，於古人有功不淺。」[2]良有以也。然其事始於何時，各家論斷不一，要之有下列幾說：

1、始於王應麟

清代學者多采此說，王鳴盛《蛾術篇・采集群書引用古學》：

> 古學已亡，後人從群書中所引，采集成編，此法始於王應麟《周易鄭康成注》及《詩考》。[3]

章學誠《校讎通義・補鄭》曰：

---

1 黃奭：《周易鄭注・序》，《黃氏逸書考》（日本京都：中文出版社，1986年），頁 3433。
2 《書林清話》（臺北：文史哲出版社，1988年）卷 8，「輯刻古書不始於王應麟」條，頁 436。
3 見《蛾術編》（臺北：鼎文書局，《王鳴盛讀書筆記十七種》，1979年），卷 2，〈采集群書引用古學〉，頁 1214。

> 昔王應麟以易學獨傳王弼，《尚書》止存《偽孔傳》，
> 乃采鄭玄《易注》、《書注》之見於群書者，為鄭氏
> 《周易》、鄭氏《尚書注》。又以四家之《詩》，獨
> 《毛傳》不亡，乃采三家詩說之見於群書者，為《三
> 家詩考》。嗣後好古之士，踵其成法，往往綴輯逸文，
> 搜羅略遍。[4]

以王應麟為輯佚之始者，乾嘉時期及其後之學者多主此說，如王鳴盛、孔廣林、孫星衍及清末民初之梁啓超等皆是。

　　王應麟輯鄭玄《易注》、《詩考》，見諸家著錄，《四庫總目》以此為諸家輯鄭氏舊注之始。其中《尚書注》，或云是惠棟所輯，託名王應麟者，然不損王應麟嘗為輯佚之事。

2、始於高似孫

　　王玉德《輯佚學稿》稱：

> 在南宋還有比王應麟更早的輯佚者，那就是高似孫。[5]

高似孫生卒年待考，《宋史翼》言其為淳熙十一年進士[6]，〈史略序〉作於寶慶元年（1225），則時代早於王應麟無疑。高似孫《史略·序》云：

> 然書多失傳，世固少接，被諸簽目，況有窺津涯，涉
> 閩奧者乎，乃為網羅散軼，稽輯見聞，采菁獵奇，或

4　《校讎通義·補鄭第六》，《章氏遺書》（北京：文物出版社影印劉承幹刊本。1985 年）卷第 10，頁 97。

5　《輯佚學稿》（《古籍整理研究八種》收錄，武漢：武漢工業大學，1989年），第 2 章，〈輯佚的興起〉，頁 14。

6　陸心源《宋史翼》（北京：中華書局 1991 年影印光緒三十二年刊本），卷 29，頁 2。

標一二……。[7]

《史略》中，高似孫自言從《左傳》輯古《世本》[8]一書，是知其確實曾著手進行輯存古佚書工作，且《史略》中，亦著錄其從《世說新語》及注中，輯錄出若干各家之《晉書》遺文。但其所輯，與今所見九家《晉書》輯本，相去太遠；且其從一書中摘錄一書或眾書，與王應麟等由眾書輯一書或一家之著作方式不同。知高氏非蓄意輯錄舊著者，且未曾從事佚文之整理考訂工作。

3、始於陳景元

葉德輝《書林清話・輯刻古書不始於王應麟》云：

> 古書散佚，復從他書所引，搜輯成書，世皆以為自宋王應麟輯《三家詩》始，不知其前即已有之。宋黃伯思《東觀餘論》中有〈跋慎漢公所藏相鶴經後〉云：「按《隋經籍志》、《唐藝文志》，《相鶴經》一卷。今完書具逸矣。特馬總《意林》及李善《文選注》、鮑照〈舞鶴賦〉鈔出大略，今真靜陳師所書即此也……據此，則輯佚之書，當以此書為鼻祖。」[9]

王先謙、胡道靜等採此說，然葉仲經〈黃氏逸書考序〉已云其不可據，不具論之。

---

7 《書目續編》（臺北：廣文書局，1968 年）本卷首。
8 見《史略》卷 6，頁 239。
9 同注 2。

4、始於梅賾

　　近人頗多主張此者，如吳楓、許憶彭等。吳楓雖認為《相鶴經》即是輯佚而成之傳本。其《中國古典文獻學》云：

　　　　中國古籍散佚驚人，今存五代以前的集部書籍，大多是
　　　　輯佚本子。早在晉代，梅賾就輯過《偽古文尚書》。[10]

欲斷定為偽作之梅賾《偽古文尚書》是否為輯佚，得先判定該書中若干為輯佚，若干出於梅賾雜湊而成。蓋閻若璩《尚書古文疏證》從禮義制度等考辨，而得見其篇目多撫拾當時流傳之書籍內容而成，難謂是輯存古籍。

5、始於南朝齊梁之間人

　　程元敏〈尚書輯佚徵獻併論輯佚書非始於唐宋〉：

　　　　輯亡篇〈書序〉及逸篇經文，作為專書，漢人尚未有，
　　　　晉室渡江後始有斯作……《尚書逸篇》二卷……為最
　　　　早輯《尚書》逸經文之專著，唐以後乃散亡……。[11]

《尚書逸篇》二卷，今不得而見，未能確認其是否為輯佚書。然輯佚工作蓋因古籍散亡而有；以六朝紛亂，南北分立，征

10　《中國古典文獻學》（臺北：木鐸出版社，1983年），第5章，頁152。
11　文見《國立中央圖書館館刊》新24卷，第1期，1991年6月。
　　程先生作《三經新義輯考彙評》，主宋人始有輯佚之事。其〈自序〉言：
　　「學術資料者，最為研究工作之必需。資料愈充足，所獲研究結果愈正
　　確；文獻不足，雖孔子之博學，猶不敢徵夏、殷禮，況賢智不若孔子者
　　乎？宋人有見於此，始纂輯佚書，始則陳景元（碧虛子）輯《相鶴書》
　　（一稱《相鶴經》，誤入王安石《臨川集》卷七十，詳宋黃伯思《東觀餘
　　論》卷下，〈跋慎漢公所藏相鶴經後〉）一卷，繼則朱子欲從《文選注》
　　輯《韓詩薛漢章句》，終則王應麟輯考《三家詩遺說》、鄭玄《易注》。」

戰往來不止之情況，書籍散失嚴重，六朝即有輯佚之事，殆
非不可能之事。然因今存之輯佚書以王應麟所輯諸書為古，
且清儒從事輯佚之時，亦多取法王氏，故論輯佚之事，不得
不推重王應麟啓發後人之功也。

　　此外，或云始於孔子，或云始於劉向，以其事遠緲，不
盡可據，茲不一一徵引。然於此可見搜輯散佚之古書舊著以
見前賢之學，其由來已久。輯佚之事雖昉自六朝或唐宋，然
以輯佚為業，且能善用輯佚資料以推求古人之學說，則清乾
嘉時期之事也。

　　清代輯佚工作興起之學術背景與發展，與《四庫全書》
之編纂有極密切之關係，大致而言，《四庫全書》與輯佚有
互相啓發與示範兩方面之影響。就啓發而論，孫星衍云：「輯
書始於王應麟，近代惠徵君棟踵為之，《四庫全書》用其法，
多從《永樂大典》寫錄編次，刊布甚夥。」[12]此王應麟、惠
棟之啓發《四庫全書》也。而當時大規模從《永樂大典》輯
存亡佚之書，使得學者因而效法之，或個人從事，或組織人
力從事，則是《四庫全書》於輯佚工作之示範與推廣。《四
庫全書》從《永樂大典》中所輯之佚書及輯佚工作，前人論
述頗多，詳見顧力仁《永樂大典及其輯佚書研究》[13]及相關
研究資料，此不具述。

　　本文略分三部分：一、略述清代學者之輯佚工作，並舉
清初至乾嘉年間重要之學者，論述其輯佚成就；二、歸納各

12 孫星衍〈章宗源傳〉，見《五松園文稿》（四部叢刊本，臺北：臺灣商
務印書館，1967 年）卷 1。
13 顧力仁：《永樂大典及其輯佚書研究》，臺北：文史哲出版社，1985 年。

家之說，論述乾嘉年間，學者在輯佚工作的實踐過程中所論證之理論及方法；三、綜合各家之輯佚工作，略評其得失及特色。

一、清代學者之輯佚工作

輯佚之事盛於乾嘉時期，其與考據學風互相影響，也互有推闡之作用。吳楓將清代之輯佚分為三派：一是輯佚，如馬國翰的《玉函山房輯佚書》與黃奭的《黃氏逸書考》；二是輯佚之外另加評議，如邵瑛的《春秋左傳校注規過》，從《左傳》注疏中輯出；三是輯佚之外另加引申，如陳壽祺《尚書大傳》、《駁五經異義》二輯本、李貽德的《左傳賈服注》輯本。評議或引申難以盡別，且此三類並不足以盡括清人之輯佚工作。若綜觀清代之輯佚書與輯佚學者，應可以略分為以下數類：

1、古佚書新輯

此即吳楓所謂輯佚一類，亦為歷來文獻研究者論述之主要對象。此類學者以輯佚為業，亦以輯佚書留名傳世，後人亦多忽略其學術思想。

2、增補前人之輯佚書

清人從事輯佚之事者，其範圍以隋唐以前為主，而一書則常見多家輯本，此多家輯本分別輯之者有之，然大多數多是增補前人之工作成果而成，如王應麟之鄭氏《易注》輯之

於前，惠棟、張惠言、孫堂等增補之於後，至曹元弼據眾本而作箋釋。此外，清人讀書劄記中，多記增補前人輯佚書疏漏之輯文，或僅若干條，或成篇章，則不一而足，此類雖未成輯佚書，然考訂古書佚文者，則不得因其寥寥而忽之也。

3、考訂前人之所輯之佚文

訂正前人輯佚書，雖非輯佚，然其使輯文可據，其功不下新輯。如盧文弨自言「余於厚齋所輯，若《詩考》，若鄭注《古文尚書》及《論語》，若《左氏》賈、伏等義，皆嘗訂正。」[14]又如袁鈞之《鄭氏佚書》，於輯文有「考證」語，其孫堯年則更作「按語」，於前人之輯文皆有所考訂。

4、藉輯佚書以辨章學術

即吳楓所論之評議及引申者，如王鳴盛、陳壽祺等人。此類學者多為經學家，其從事古書輯佚，重在藉佚文資料以考辨經學思想及學術源流，故其考論經籍之成就，遠在輯存佚文之上，且以學術成就傳世，而輯佚之事，則人不甚重之也。

5、拾補尚存之古書佚文

如盧文弨之《群書拾補》[15]、錢大昕《風俗通義佚文》

14　《抱經堂文集》（北京：中華書局 1990 年），卷 2，〈丁小疋杰校本鄭注周易序〉，頁 12。
15　盧文弨《群書拾補》於諸書有「補逸、校正、補闕、補脫、校並補」等各種體例，其補逸、補闕者，正式輯佚之事也。

及孫志祖《讀書脞錄》中所載之〈淮南逸文〉、〈家語逸文〉、〈抱朴子逸文〉等，此且當為校注古籍之附屬成果。[16]於此類，研究論述較少，究其原因，殆其非專事此業，其輯佚書之量亦不若前者之多，故其成就不為研究者所重。然此類輯文多於通學碩儒，其輯文之考訂亦多精審，於論輯佚古書者，不得以其少而忽略之。

6、集古書佚文加以考辨疏證

此類學者本身多無從事輯佚工作，然集諸家之輯佚書為一書，詳加考辨，證其可取，去其訛誤，而成精善之作，如晚清皮錫瑞之各書疏證及曹元弼之《周易鄭注箋釋》等。皮氏《尚書大傳疏證》據陳壽祺輯本，《尚書中候疏證》則「僅據袁本，參以《玉函》，推原注義，撰為疏證。」[17]《六藝論疏證》則大體當是以洪頤煊輯本為底，參照陳鱣、袁鈞等輯本而成[18]；曹氏之書則據丁杰、張惠言之輯本而加以箋注。皮、曹等雖非從事輯佚者，然於佚書佚文之考訂，頗有功於前人之輯佚，論輯佚者不可忽視也。

以上六種為典籍輯佚之要者，其中之前二項，諸家之輯佚書，何本為新輯，何本係取自前人，何本係增補前人而成，則須近一步之比較探究方能論定。

16　《錢辛楣先生年譜》（《嘉定錢大昕全集》南京：江蘇古籍出版社 1998年）乾隆五十四年：「是春校勘應劭《風俗通義》，並刺取他書所引逸文補之。」第 1 冊，頁 35。

17　皮錫瑞《尚書中候疏證》（《續修四庫全書》影印湖南思賢書局光緒 25年刊本），卷首。

18　詳見拙著〈鄭玄六藝論十種輯斠〉（本書頁 321）之對照表。

　　若將輯佚之事擴而論之，則清人之輯存碑帖文字、石刻墓銘，亦爲輯佚之事業。蓋前者所輯之內容，雖以典籍爲主，卻未必僅止於典籍文字，且諸家所輯之書，亦未必原有其書也。而碑帖墓銘，其文或收錄於文集之中，或散佚於草莽之間，輯錄而成編，得以考經論史，其有功於古人古學古事之考訂，不下於經籍佚文之輯也。然金石文字之輯存考訂爲專門之學，筆者不敏，忝從葉國良師學習，僅初窺門徑，不敢妄爲議論，故本文所論僅於古籍之輯佚。又清初至乾嘉年間，學者從事之輯佚工作，蓋以前五者爲主，而「集古書佚文加以考辨疏證」者，殆多見於晚清以來，故本文論述以前三者爲主。而於後者與金石文字之輯佚，當另爲文以論述之。

二、清初之輯佚工作

　　清初的學風，大體而言，仍是籠罩在程朱的餘蔭中，顧炎武等反對王陽明末流之心學，並不排斥程朱之說，這從他明言「經學即理學」可知。就從經學而言，閻若璩的《尚書古文疏證》固然以考據論證的方式，證明梅賾所上之《尚書》爲僞作，但與之同時的毛奇齡，作《古文尚書冤詞》則從另一種方式論證其爲真，這種立論方式，其實與宋儒議論的方式相當接近的，而不是如其後之考據學者專注於一二字之訓詁考訂。

　　若檢視《四庫全書》經部所著錄的清初論著，包括孫奇逢、李二曲等大儒之著作，或欽定諸書，如《性理大全》、李光地奉敕撰之《周易折中》等，不難發現其徵引論述，都

是以朱子爲主，也就是說當時的學風是延續程朱理學的，是
重視義理思辨仍超過名物考據的。而在這種重視義理論辯的
學風中，輯佚書不會被重視，因爲輯佚的目的是企圖還原古
書的面貌（雖然這並不可能），而義理的引證是藉以論證自身的
見解及觀點；雖然輯佚資料有助於論證，但輯佚資料對思辨
論證並不是必需的。因此，清初至乾隆的近百年間，儘管博
學鴻儒不少，從諸書中抄錄佚書亦時有所見，然戮力從事輯
佚之事者，或以古佚經說爲立論依據者，蓋寥寥矣。

　　茲舉朱彝尊、惠棟二家爲輯佚之先驅。朱彝尊之《經義
考》時收錄佚文，或隻字片語，或作以考訂異同，雖非專致
於輯佚者，然卻有先導之作用。惠棟則曾實際蒐輯佚文者，
並作爲論述之依據，然以依託爲之，此或輯佚工作不爲時所
重也。

1、朱彝尊（1629-1709）

　　朱彝尊字錫鬯，號竹垞，明思宗崇禎二年生，清康熙四
十八年卒。《清史稿》列之於〈文苑傳〉，爲浙西詞派之代
表人物，知其不以經術名重當時。其所輯《經義考》一書，
《四庫總目》既評其少冗，又云「其使經傳原委，一一可稽，
亦可云詳贍」，此殆稱其彙聚序跋評論而言，未及於其輯佚
之事也。朱彝尊之輯佚舊著，於《經義考》中可見者有二：
一是佚經二卷，一是各書之案語，前者爲佚經三卷，後者則
多附朱彝尊所見之經籍異文，《四庫總目》所云「彝尊有所
考證，即附列案語於末」是也。

　　其案語，除考證異文外，亦多收佚文，如《歸藏》案語

錄見諸經傳、《山海經注》、《太平御覽》等書者，伏萬壽
《周易集林》案語錄《太平御覽》所引之佚文，鄭玄《尚書
大傳注》案語錄劉昭《續漢書》所引之佚文六條，閔因《春
秋敘》案語錄徐氏《公羊傳疏》所引之佚文一條等等。於此
可見朱彝尊作《經義考》時，亦同時輯錄佚文也。且朱氏所
輯如上所言之伏萬壽《周易集林》及閔因《春秋敘》等，諸
家輯佚書亦未見蒐輯。

　　其佚經三卷[19]，爲朱彝尊輯群經佚文而成，收錄《易》、
《書》、《詩》、《禮》、《論語》、《孝經》、《爾雅》
之古經佚文，各若干條。然僅徵引泛言書名，且有不見今本
者，如〈易遺句〉「其亡斯自取災」，引焦竑曰：「見《風
俗通》」，逸《易》也。然朱氏已自注「今本無之」，而仍
輯之，是亦未加以甄擇也。

　　然後人之輯佚者亦多有本其所輯錄者，如王謨《漢魏遺
書鈔》中之《歸藏》案語即云輯自《經義考》五條、《易洞
林》云引自《經義考》者九條，馬國翰《玉函山房輯佚書》
所輯之《歸藏》亦本之朱彝尊[20]，且於敘錄中多所論朱氏之
誤者，於此更可見朱氏在清代之輯佚工作上，有著先驅之作
用，並爲諸家所取法。

2、惠　棟（1697-1758）

　　字定宇，號松崖，江蘇吳縣人。生康熙三十六年，卒乾

19　《佚經》三卷本爲《經義考》卷 260 至卷 262，馮登府作補正，《適園
　　叢書》收錄。
20　據《續修四庫提要》（北京：中華書局標點本，1993 年）經部，頁 2。

隆二十三年。

　　惠氏祖孫三代，皆以漢學名重當代。惠棟作《九經古義》二十卷、《易漢學》八卷，皆掇拾漢魏經說緒論，以見大凡，後並據以撰《周易述》。惠棟作《九經古義》、《易漢學》二書，並非專爲輯佚之事，惠氏四世傳經，《九經古義・述首》云其作此「顧念諸兒尙幼，日久失其讀，有不殖將殞落之憂，因述家學，作《九經古義》一書。」而《易漢學・自序》則云「且使吾子孫無忘舊業云」。是知二書之作，皆述其家學耳。然二書實是輯錄舊說以成書，前者輯錄傳注，後者輯錄敍論也。

　　王鳴盛《蛾術編》云惠棟仿王應麟輯鄭玄《尙書注》，而嫁名於王以爲重。[21]此在當時頗有流傳者[22]，孔廣林《通德遺書所見錄・敍錄》云：

> 浚儀王尙書應麟伯厚，留意古學，不拘於時，輯鄭君
> 《周易注》散見他書者，錄為一帙，信後鄭之元勛，
> 有宋之巨擘也。後又見輯《尙書注》、《駁異議》、
> 《鍼膏肓》、《發墨守》、《釋廢疾》、《鄭志》六
> 種，並稱伯厚輯錄。竊思伯厚既輯錄七種，宜皆列集
> 中，何《玉海》後只有《易注》，未及諸書，且所著
> 錄者既多遺漏，間亦謬譌，疏注連比，每迷其畛限，
> 篇章分綴，惑其部居，雖勘省之疏，前賢或亦不免，

21　王云：「昔吾友惠徵士棟仿而行之，采鄭氏《尙書注》，嫁名于王以爲重。」見《蛾術編》（《王鳴盛讀書筆記十七種》收錄，臺北：鼎文書局，1979 年）卷 2，〈采集群書引用古學〉，頁 1214。

22　孫詒讓亦有此言，見諸王重民《校讎通義通解》。

然伯厚沈心邃學，斷不粗略若是。久乃聞諸好古君子云是惠氏輯錄，託名深寧；因以惠氏《九經古義》參證，輯中案語多與相同，然後知誠非伯厚所輯矣。[23]

《玉海》後附之王應麟輯注有《易注》、《詩考》二種，孔廣林誤記。而王鳴盛言惠棟偽託王應麟者，僅《尚書注》一種。孔氏所見，則有六種之多，然此為鄭玄經說，與《九經古義》收錄諸家之說不同，或惠棟輯諸家經說時，亦別出鄭玄經注也。又王謨《漢魏遺書鈔》輯鄭康成注《論語》云「頃得元和惠定宇先生輯本二卷，據盧抱經〈序言〉，原本亦王深寧所輯。」[24]嚴可均〈對王氏問〉載：

> 王氏問曰：雅雨堂刊《尚書大傳》，其序稱得之吳中藏書家，盧抱經以為出於掇拾，信乎？對曰：惠松崖輯錄也，其本尚在吳中。[25]

由以上種種，則惠棟輯鄭玄諸經注，且依託王應麟，當是確實之事也。且考《九經古義》，孔氏所云《尚書注》等書「既多遺漏，間亦謬盭，疏注連比，每迷其畛限，篇章分綴，惑其部居」卻不誣也。蓋惠氏非專志於輯佚者，故未刻意疏理所輯錄之舊注，出處亦多未注明。然雖其為例未純，然清初輯錄漢人經注以成書，則不得不推始於惠棟也。

惠棟搜輯古書舊注，開啓清代輯佚之業，其門人江聲、余蕭客受其影響，亦從事之，江作《尚書集注音疏》及輯《尚

---

23 《通德遺書所見錄‧敘錄》，光緒十六年，山東書局刊本。

24 《論語鄭注》，《漢魏遺書鈔》（《漢魏叢書》本附，臺北：大化出版社，1988年）第5冊，頁4189。

25 《鐵橋漫稿》（臺北：世界書局，1990年）卷4，頁10。

書逸文》[26]、余作《古經解鉤沉》等，王鳴盛之《尚書後案》、
張惠言所輯諸書亦多據其書增補而成，四庫開館從《永樂大
典》輯佚書，亦受其影響（說見後）。以惠棟為乾嘉時期輯佚
之啟發者，殆無疑也。

三、乾嘉時期重要的輯佚學者

　　梁啟超《中國近三百年學術史》評論清代之學術成就，
將輯佚書視為清代學術之主要成就之一，其對輯佚之評價並
不甚高，說詳後。然肯定清代之輯佚為專門之業。其云：

> 書籍遞嬗散亡，好學之士，每讀前代著錄，按索不獲，
> 深致慨惜，於是乎有輯佚之業。最初從事於此者，為
> 宋之王應麟，輯有《三家詩考》、《周易鄭氏注》各
> 一卷，附刻《玉海》中，傳於今。明中葉後，文士喜
> 摭拾僻書奇字以炫博，至有造偽書以欺人者。實則有
> 孫瑴輯《古微書》，專搜羅緯書佚文，然而範圍既隘，

26 孫星衍〈江聲傳〉：「江聲……年三十，師事同郡惠徵君棟，質疑難、
　居門下，學日以進。年四十，始為《尚書》之學，病唐貞觀時為諸經《正
　義》，自《詩》、《禮》、《公羊》外，皆取晉人後出之注，而漢儒專
　家師說反不傳。惠徵君既做《周易述》，搜討古學，聲亦撰《尚書集注
　音疏》，存今文二十九篇以別梅氏所上二十八篇之偽造，取《書傳》所
　引〈湯征〉、〈太誓〉諸篇逸文，按《書序》入錄，又采之經子所引書
　古文本字，更正秦人隸書及唐開元改以古字之謬。輯鄭康成殘注及漢儒
　逸說，復以己見，而為之疏，以明其說之有本，以篆寫經，復三代文字
　之舊，凡四易稿，積十餘年，雖有小疵而大醇不可衍矣。時王光祿鳴盛
　撰《尚書後案》，亦以疏通鄭說、考究古學為書，延聲至家，商定疑義，
　始以行世焉。」《平津館文稿》（《四部叢刊》本，臺北：臺灣商務印
　書館，1967 年），卷下，頁 36，頁 171。

　　體例亦復未善。入清而此學遂成專門之業。[27]
輯佚至清中葉而成果已見，其推波助瀾者爲乾嘉之學者與學
風。乾嘉時期之學者，尤其是宗漢學者，或取材於輯佚資料
以論證，或自身即從事輯佚工作者也。

　　茲以時代爲次，略論乾嘉時期重要之輯佚學者及其輯佚
之書，間及對輯佚之主張評論等，相關學者則附論於諸家之
下。

1、余蕭客（1729-1777）

　　字仲農，江蘇吳縣人。生雍正七年，卒乾隆四十二年。
惠棟弟子。

　　惠棟作《九經古義》、《易漢學》二書，實際上即是輯
佚之作，只是，並非刻意以輯佚爲事而已。余蕭客之《古經
解鉤沉》當是繼《九經古義》而作者。此書於清代經學有極
大之影響。《清史稿》云：

> 蕭客，字古農，長洲人。撰《古經解鉤沉》三十卷，
> 凡唐以前舊說，自諸家經解所引，旁及史傳、類書、
> 片語單詞，悉著於錄。清代經學昌明，著述之家，爭
> 及於古，蕭客是書其一也。[28]

《清史稿》所云，不僅肯定余蕭客之書，亦肯定輯佚在學術
研究的價值。該書前有王鳴盛〈序〉，稱其書足以羽翼經傳，

---

27 梁啓超：《中國近三百年學術史》（臺北：臺灣中華書局，1987年），
　　十四、清代學者整理舊學之總成績（2），五、輯佚書，頁261。
28 《清史稿》（北京：中華書局，1977年）卷481，〈列傳儒林二〉，頁
　　1318。

「其學可謂有本，而其存古亦可謂有功矣。後人欲求傳注詁訓之學者，合《注疏》及是書求之焉，斯可矣。」[29]可謂推崇至矣。又言此書「余君所收，務為周備，蓋篤愛古人，與其過而廢之，寧過而存之。後有識古之君子，得此意而僅擇焉」。此意似為推贊其書之周備，實則言其不知甄擇，其識見淺陋而不足為事也。

綜觀此書各經輯文，蓋仍《周易集解》之例，各家雜廁其中，嚴格而言，實為徵引古人經說以見經義耳，不得稱為輯佚之事也，與其後之輯佚書，欲以佚文見古書之一斑者，其意有別。然創始者，難為功，不能以其體例未備過責之也。

2、王鳴盛（1722-1797）

王鳴盛，字鳳喈，一字禮堂，號西莊，晚號西沚，嘉定人。生康熙六十一年，卒嘉慶二年。王鳴盛初從沈德潛受詩法，後從惠棟問經義，遂通漢學。言諸經《注疏》多參雜魏晉之說，未為醇備也。宗鄭玄，著《尚書後案》三十卷，蓋輯鄭注為主，兼及馬、王之說也。《清史稿》云：

> 著《尚書後案》，專述鄭康成之學，若鄭注亡逸，采馬、王補之。《孔傳》雖出東晉，其訓詁猶有傳授，兼以取焉。又謂東晉所獻之〈太誓〉偽，而唐人所斥之〈太誓〉非偽，故附今文〈太誓〉一篇，存古之功，自謂不減惠氏《周易述》也。[30]

---

29 《古經解鉤沉》（臺北：廣文書局，1972 年），卷首。
30 《清史稿》卷 268，頁 13196。

《尚書後案》一書據惠棟所輯之鄭玄《尚書注》增補而成[31]，其中著錄〈太誓〉一篇及後辨附〈太誓〉三篇（上中下），王鳴盛之案則定前者為真，後者為偽。而存古之功者，蓋存鄭學也。〈尚書後案序〉云：

> 自孔安國遞傳至衛宏，賈逵、馬融及鄭玄皆為之注，王肅亦注之。惟鄭師祖孔學，獨得其真……予徧觀群書，蒐羅《鄭注》，惜已殘缺，聊取馬、王傳疏益之；又作案以釋鄭義，馬王傳疏與鄭異者，條晰其非，折中于鄭氏。名曰《後案》者，言最後所存之案也……草創于乙丑，予甫二十有四，成于乙亥，五十有八矣；寢食此中，將三紀矣。又就正于有道江聲，乃克成此編。予于鄭氏一家之學，可謂盡心焉耳矣，若云有功于經，則吾豈敢。[32]

觀其案語，推闡鄭氏，非駁馬、孔之說，處處可見，其〈序〉自言此書「所以發揮鄭氏康成一家之學。」殆是實語。

　　若細考王氏所輯之鄭玄《注》文，亦有可論之處，如〈盤庚〉「今予其敷心腹腎腸，歷告爾百姓于朕志」，輯鄭《注》：「歷，試也。謂揚其所歷試。」[33]文輯自《三國志・管寧傳》裴注及《文選・魏都賦》劉注。《三國志》裴注云：

> 《今文尚書》曰「優賢揚歷」，謂揚其所歷試。左思〈魏都賦〉曰「優賢著于揚歷」也。[34]

31　見《蛾術編》卷2，〈采集群書引用古學〉條。
32　《尚書後案・序》（《皇清經解》本，臺北：漢京文化公司，1980年），卷首。
33　《尚書後案》卷6，《皇清經解》本，卷409，頁31。
34　《三國志》（北京：中華書局，1959年），頁360。

〈魏都賦〉劉淵林注曰：

> 《尚書·盤庚》曰：優賢揚歷。歷，試也。[35]

此既稱《今文尚書》，又未言鄭《注》，不易斷其是否為鄭玄之說，而王氏輯之又曲為之說曰：

> 劉、裴二家皆不注鄭名，然所據既係鄭本，則注義亦必本之鄭氏，今定為鄭注。[36]

而裴《注》稱今文者，王鳴盛認為裴氏誤以梅賾本為古文，因而以鄭氏本為今文。[37]實則考之《文選注》，其引經及前人注，皆清楚明白，以同一賦所引鄭玄者，如「鄭玄《周禮注》曰：負，性恃也。」、「鄭玄曰：受天命而王天下也。」、「鄭玄曰：極星，北辰也。」、「鄭玄《禮記注》曰：阰，傾也。」、「鄭玄《論語注》曰：繪，畫也。」等，其餘尚多，於此可見，劉淵林及裴松之之注語，皆不得遽定為鄭玄《注》，或亦不得定為鄭玄之說也。

《尚書後案》除輯鄭氏《尚書注》及考辨外，亦輯〈鄭康成書贊〉、〈馬融書傳序〉、〈王肅書注序〉三種。然皆僅寥寥片言，遠不及後輯者。

此外，王鳴盛除輯《尚書後案》外，對當代輯佚書及輯佚之事，亦多所評論。如其言余蕭客之《古經解鉤沉》蓋為

---

35 《文選》（上海：上海古籍出版社，1986 年），頁 287。

36 見《尚書後案·序》（《續修四庫全書》本），上海：上海古籍出版社，2002 年。

37 王鳴盛案云：「裴松之注《三國志》亦引此，而稱今文。裴，宋人，其時梅所獻本已盛行，以《偽孔傳》為古文，故反以鄭本為今文本也。」同注 28。

「好古而不知所擇」，嗤其鄙陋。[38]繼而言輯佚之事，必先具識見，非僅徧覽群書、捃拾片言即可成事者也。其論云：

> 各《疏》中所引他經，非明眼不能採取……近日余蕭客輯漢人之亡者為《鉤沉》，有本係後人語，妄攙入者，有本是漢注，反割棄者。書不可亂讀，必有識，方可以有學，無識者，觀書雖多，仍不足以言學。[39]

王鳴盛以輯佚之事，非以全備為要，而是要有識見，方能甄擇，因此，雜取諸家之說，實是無所助益，其言《尚書後案》之輯補云：

> 補馬融、王肅二家入之《後案》，并取一切雜書益之，然逐條下，但采其最在前之書名注於下，以名所出，如此已足。若宋元人書亦為羅列，徒以炫博，予甚悔之。（同前注）

此種方式，與余蕭客是相似的，其目的皆非以輯古佚書為業，而是蒐集古經注之可取者以作為論述之據依耳，余蕭客僅輯錄，未為論述，王鳴盛則能用以闡發鄭氏之學。於此點而論之，其與惠棟等清初學者，並無太大差異。蓋余、王二人於輯佚之事，繼惠棟之後而為之耳，尚未為專門之業也。

王氏門人嚴蔚輯《魯齊韓三家詩》及《春秋內傳古注輯存》，王鳴盛〈序〉稱其書「使漢人家法藉以不隊，此書出，彼杜氏之苟駁前師、鄉壁虛造者，尚能以惑人哉？」[40]其輯注之內容，王鳴盛續曰：

38　《蛾術編》卷 2，采集群書引用古學一條，頁 25。
39　同上注，頁 26。
40　《春秋內傳古注輯存》（《續修四庫全書》本，2002 年）卷首，頁 3。

> 要其輯之之本意，原欲定從服氏，服注殘闕，故不得
> 不兼取賈逵，賈注又殘缺，故不得不兼取劉歆、鄭興
> 及興子眾，而旁注又不全不得不旁取以益之，掇拾鳩
> 聚遂至數十家。（同前注）

此書兼取各家而成書，王氏雖言其先服虔而後賈逵、劉歆、
鄭興、鄭眾等，然其各處輯文仍按時代先後爲次，不以所重
爲先也。

其輯文除分別注明各家之說外，並依《五經正義》之徵
引分別其文之不同，如引賈逵說分別作「賈逵云」、「賈逵
曰」、「賈氏云」「賈逵注云」、「賈逵以爲」、「賈、服
以爲」、「劉、賈依二傳以爲」等等不同，於此可見此說並
屬一人之說，或徵引前人，而「以爲者」則或從他書徵引，
未必爲原書之注也。嚴氏此種分別較之其後輯佚者之泛言某
人而不加分辨者，體例爲善多矣。

3、王 謨（1731-1817）

王謨字仁圃，金谿人，雍正九年生，嘉慶二十二年卒。
登乾隆戊戌進士。《清儒學案》稱其「天才俊逸，精力過人，
弱冠賦江右風土，下筆千百。自少疾俗學，好爲博覽，晚歲
獨抱遺經，泊然榮利之外。」[41]其生平論撰甚富，於經皆有
詮釋，著有《韓詩拾遺》十六卷、《逸詩詮》等多種。

《清儒學案》又記其輯漢魏佚書，云：「嘗輯漢魏群儒
著述之已佚者，分經史子集四部，片議單詞，無不甄錄，爲

41　徐世昌：《清儒學案》（北京：中華書局，2008 年）卷 200，〈諸儒學
　　案〉6，頁 7777。

《漢魏遺書鈔》五百餘種，用力至深，其翼經一門一百八種，先爲刊布，世共寶之。」

王謨於《漢魏遺書鈔》之前，先就明程榮彙刻及何鏜增補之《漢魏遺書》重加增訂，收錄八十六種，書前采晁公武《郡齋讀書志》、陳振孫《直齋書錄解題》、馬端臨《文獻通考・經籍考》等作〈敘錄〉，以明其源流。《漢魏遺書鈔》依《漢魏叢書》之體例編次。書前亦輯諸家敘說爲敘錄，且案云其輯書之所本及輯文之出處，如《尚書大傳》按云以盧文弨所作《補遺》爲本，鄭玄《論語注》按云以惠棟輯本爲本，其不以增補他輯爲己有，可謂徵實之態度。

王謨認爲古書之亡佚，實出於《五經正義》及科舉，〈經義鈔序〉云：

> 當日《註疏》，原本奉詔刊定，折衷群言，至當歸一，以正天下之學術，而昭一代風俗之治，於是《易》主王弼……謂之正義，外此，雖有大師講授，專門名家之學，非其說與本《註》合，不得採入《正義》，故雖有其書，而以非功令所遵，科舉所尚，往往束之高閣，倚席不講，毋怪乎漢魏以來說經諸書，日就散佚，至於磨滅。[42]

王謨此說，實有待商榷之處，蓋以《隋書經籍志》所著錄及注引《七錄》等而論，其書亡於唐以前則多矣，自不待科舉及《五經正義》之纂修也。

王謨於同〈序〉又提出輯佚古書之原則不能強求其精純，

---

42 《漢魏遺書鈔》（《漢魏叢書》本附，臺北：大化出版社，1988 年）卷首，頁 3656。

不純或不精者，亦有其價值也。其序云：

> 嘗謂聖人之道，大而能博，原非一家之言所能究竟，
> 況自秦火而後，去全經已遠，微言大義，究未能執得
> 其真，則凡經說之純且精者，故當遵而奉之，以廁於
> 聖賢經傳之末。及其說之不必精且純者，亦何妨並載
> 於冊，瞭若指掌，俾讀者得以考其純駁精觕，離合異
> 同之致。

其既嘆聖賢之真以不可見，而輯佚書正能與經傳相參，用以
考諸說之「純駁精觕」，因此，其收錄之原則是「凡經傳支
流餘裔，可與註疏羽翼者，並鈔而錄之。」

　　王謨所輯，用意至勤，然其輯文多未注明出處，或汎言
《初學記》、《通典》、《御覽》、《文選注》等。又其輯
文與稍後諸家相較，所輯多所疏漏，考訂亦未精審。以梁啓
超評論輯佚書之標準而言，是爲不善者也。

4、任大椿（1738-1789）

　　任大椿，字幼植，一字子由，江蘇興化人，乾隆三年生，
乾隆五十四年卒。乾隆四十八年（已丑年）登進士第，授禮
部主事，分曹學習，得儀制司，後徵爲四庫全書館纂修。章
學誠〈任君大椿別傳〉略述其輯小學逸書之事。曰：

> 余訪君屬疾，延見臥所，則君方輯呂忱《字林》，佚
> 文散見，蒐獵橫博，楮墨紛挐，狼籍枕席間。君呻吟
> 謂余：「並不可堪，賴此消長日耳。」君學淹通於《禮》，
> 尤長名物。初欲薈萃全經，久之，知其浩博難罄，因
> 思即類以求，一類既貫，乃更求他類，務使遍而後已。

> 所著《深衣釋例》、《釋繒》諸篇，皆博綜群書，衷
> 以己意。皮傅之學，不過視為《爾雅》廣釋，不知君
> 乃經《禮》之別記耳。學者能推君意擴其所未盡者，
> 不騖遠而遽議全經，不衿名而好為獨斷，博徵其材，
> 約守其例，各盡所長，以窮類之散，然後徐俟其人以
> 會經之全。庶幾哉，經學其有昌乎！[43]

由章學誠之述，知任大椿之輯《小學鉤沉》、《字林考逸》
等書，乃為考經議禮之用，非專以輯佚為業者。然此二書，
頗受推重，支偉成《清代樸學大師列傳》稱其《小學鉤沉》、
《字林考逸》二書「蒐獵繁負，鉤沉之功，亦不在余古農下」
[44]《字林考逸》，《續修四庫提要》則稱「清代治《字林》
之學者，任大椿之《字林考逸》最為善本」[45]此書後經陶方
琦增補而成《字林補本》，蒐羅更為完備。《小學鉤沉》則
光緒年間有顧震福之《小學鉤沉續編》，補其不足之處。顧
氏〈自序〉云：

> 我朝昌明經術，諸老宿慨古義之不存，乃群焉裒輯，
> 如興化任氏《小學鉤沈》、海寧陳氏《小學拾存》、
> 歷城馬氏《玉函山房小學類輯佚書》，皆有功於古籍，
> 而三書以任氏為最精博，但任書成於晚歲，采撮不能
> 無遺，比來日本所出諸逸書，多引古籍遺文，任氏亦
> 未之見。震福幼奉家君庭訓，即命瀏覽諸字書，因不
> 揆檮昧，就諸書所引而任氏所未及者，依其體例為補

---

43 《碑傳集》（北京：中華書局，1993 年），卷 56，頁 1618。

44 頁 159，臺北：藝文印書館，1977 年。

45 頁 1168，《字林》提要。

輯之，閱年餘而犒具，命之曰《小學鉤沈續編》。[46]
此〈序〉一方面極稱道任氏之書精博，一方面又以近世日本
所出之古佚書增補之，且至八卷之多，於此可見輯佚之事，
實非易事。

5、孔廣林（1745-待查）

　　孔廣林，山東曲阜人，生乾隆十年，卒年待考。[47]《曲
阜縣志》略述其行誼曰：

> 孔廣林，字叢伯，幼號幼髯，乾隆年廩貢生，署太常
> 寺博士，博雅好古，專治鄭學，著有《周禮義肥測》
> 七卷、《儀禮肥測》十八卷、《吉凶服名用篇》九卷、
> 《禘祫解篇》一卷、《明堂億》一卷、《士冠箋》一
> 卷、《通德遺書所見錄》七十二卷、《延恩集》一卷、
> 《幼髯韻語錄存》一卷《外集》一卷、《溫經樓游戲
> 翰墨》二十卷。年二十六即絕意進取，阮元嘗謂海內
> 治經之人，無其專勤……。[48]

廣林、廣森兄弟，齊名當時，廣森名中乾隆辛卯進士，官翰
林院檢討，其著述流傳頗廣，不待贅述；廣林則絕意仕進，
致史傳無載，事廿亦多不傳。然觀其《周禮肥測》、《儀禮

46 《小學鉤沉續編‧自序》（《續修四庫全書》本），頁 740。
47 孔廣林生年依《通德遺書所見錄‧後記》。又來新夏著《近三百年人物
　年譜知見錄》（上海：上海人民出版社，1983 年）卷 3，據孔廣林自編
　《溫經樓年譜》，記其生於乾隆元年（1736）。該年譜未見，來氏或有
　誤記。來氏云《溫經樓年譜》記至嘉慶十九年（1814 年）止（時年六十
　九歲）。
48 李經野：《曲阜縣志》（臺北：成文出版社，1968 年）卷 5，〈人物志‧
　鄉賢‧經學〉，頁 461。

肒測》等[49]，阮元所云，殆非譽辭。《通德遺書所見錄》七十二卷，爲輯錄鄭玄之書。「通德」者，鄭玄之尊號，見《後漢書‧鄭玄傳》。其後黃奭輯錄鄭玄之書或稱《通德堂遺書》，或爲《高密遺書》，皆極見乾嘉時期學者推崇鄭玄之一斑。

　　《通德遺書所見錄》輯錄鄭玄著述十七種，分別爲《六藝論》一卷、《周易注》十二卷、《尙書注》十卷、《尙書中候注》六卷、《尙書大傳注》四卷、《毛詩譜》一卷、《三禮目錄》一卷、《答周禮難》一卷、《魯禮禘祫義》一卷、《喪服變除》一卷、《箴左氏膏肓》一卷、《發公羊墨守》一卷、《論語注》十卷、《論語弟子篇目》一卷、《駁五經異義》十卷、《鄭志》八卷、《孝經注》一卷。末附孔廣林自撰《敘錄》一卷。

　　其中《鄭志》非鄭玄所著，蓋鄭玄答諸弟子所問之語。[50]廣林以其「亦鄭學之遺也」，故並錄之。又《孝經注》，廣林〈序〉云：「竊思《孝經注義》多與鄭注他經不合，其非鄭君所作明甚……。本傳敘鄭君書，有《孝經注》，故　鄭學之末。」如此，則所輯鄭玄之書，爲十六種。十六種中，輯文或多或寡，蓋隨前人之徵引多有不同，如《易注》、《尙書注》等因前人所輯，故幾爲全書三分之一，《論語篇目弟子》則僅輯文二條及弟子三十九人之名耳。

　　然各書之輯文，亦見重出者，如以下數段重出《六藝論》、《易注》。

---

49 見《孔叢伯說經五槀》，光緒 16 年刊本。

50 《隋志》：《鄭志》十一卷，魏侍中鄭小同撰。《鄭記》六卷，鄭玄弟子撰。《兩唐志合鈔》則云鄭玄撰，應非。

《易》之為名也，一言而含三義：易簡一也，變易二
也，不易三也。故〈繫辭〉云：乾坤其《易》之蘊邪！
又曰：《易》之門戶邪！又曰：夫乾確然示人易矣！
夫坤隤然示人簡矣！易則易知，簡則易從，此言其簡
易之法則也。又曰：為道也，屢遷，變動不居，周流
六虛，上下無常，剛柔相易，不可為典要，唯變所適，
此言順時變易，出入移動者也。又云：天尊地卑，乾坤
定矣！卑高以陳，貴踐位矣！動靜有常，剛柔斷矣！此
言其張設布列，不易者也。《正義序論》引止此。據此三義
而說《易》之道廣矣，大矣！依王氏本錄，說詳《六藝論》。
虙義作十言之教，曰乾、坤、震、巽、坎、離、艮、
兌、消、息，朦文字謂之易。見《漢上易傳》。

夏曰連山，殷曰歸藏，周曰歸藏，周曰周易。連山者，
象山之出雲，連連不絕，歸藏者，萬物莫不歸藏於其
中，周易者，言易道周普，无所不備。見《正義・序論・
三代異名》。

此「易之為名也」、「夏曰連山」二段，《周易正義》引作
《易贊》，當非《六藝論》之文，孔廣林重出二書，失於甄
擇。

又《箴左氏膏肓》、《駁五經異義》二書，殆鄭玄駁許
慎、何休之語，其中《正義》僅引何休《左氏膏肓》者，孔
廣林多代鄭玄駁之，如僖公二十三年傳：「杞成公卒。」書
曰：「子杞，夷也。」何休《膏肓難左氏》云：「杞子卒，
豈當用夷禮死乎！」孔廣林謂云：

杞不遵王制，為時王所黜，故侯降而為伯，伯降而為

子。莊二十七年，書杞伯後無事見經。至此，書杞子
卒。傳即于此發義，見其用夷禮久矣。何氏之云，何
妖問甚乎！[51]

《箴左氏膏肓》中，孔廣林擬鄭玄駁何休之語，凡九則。《駁
五經異義》中，伸鄭玄之意，凡四十七則。二者大抵以論禮
制爲主，於此，一則可見孔氏之精研禮說，一則見其究心鄭
義，依傍其間，無所違異也。

6、王　復（1738-1788）

　　王復字敦初，浙江秀水人，乾隆三年生，乾隆五十三年
卒。王復蓋一詩人，武億所撰〈行狀〉稱其「少喜爲詩，長
益工，篇什不自收拾」[52]著有《晚情軒詩集》八卷。輯刻《鄭
氏遺書》五種，分別爲《駁五經異義》一卷《補遺》一卷、
《箴膏肓》一卷、《起廢疾》一卷、《發墨守》一卷、《鄭
志》三卷《補遺》一卷。孫馮翼輯入《問經堂叢書》。

　　王氏《鄭氏遺書》係增補前人輯佚而成，並注明出處。
孫星衍〈五經異義駁義及鄭學四種序〉云：

　　《五經異義并駁議》一卷、《補遺》一卷、《箴膏肓》、
　　《起廢疾》、《發墨守》各一卷、《鄭志》三卷、《補
　　遺》一卷，曩在史館校中祕書鈔存，不知何時人輯錄，
　　吾友王大令復及武故令億互加考校，注明所采原書，

51　《通德遺書所見錄》，卷 39。

52　武億〈偃師縣知縣王君復行實輯略〉，《碑傳集》（北京：中華書局，
　　1993 年），卷 107，頁 3069。

又加增補。[53]

由孫氏之序，知王復所補輯諸書，實是原本於《四庫全書》本，而《四庫全書》本出於何人所輯，已不得而知，《四庫總目‧駁五經異議提要》云：

> 此本從諸書采綴而成，或題宋王應麟編，然無確據。其閒有單詞隻句，駁存而議闕者，原本錯雜相參，頗失條理，今詳加釐正，以議、駁兩全者，彙列於前，僅存駁議者，則附錄已備參考。又近時朱彝尊《經義考》內，亦嘗旁引鄭駁數條，而常洲惠氏所輯，則蒐羅益為廣備，往往多此本所不及，今以二家所採，參互考證，除其重複，定著五十七條，別為補遺一卷，附之於後。[54]

於此可略知王復所輯補諸書之所由矣，其後諸家輯鄭玄佚注者，多取資焉。

7、陳　鱣（1753-1817）

陳鱣字漁仲，號簡莊，一號河莊，海寧人。生於乾隆十八年，卒於嘉慶二十二年。陳鱣嘉慶元年舉孝廉方正，學使阮元「稱其經學在浙西諸生中為最深」[55]。治經宗鄭玄，輯佚舊籍有《孝經鄭注》一卷、《六藝論》一卷、《論語古訓》十卷、《埤倉拾存》、《聲類拾存》等。陳氏宗仰鄭玄，以《後漢書》本傳為主，兼採諸書所載，作《鄭君年紀》一卷。

53　《駁五經異議》（《問經堂叢書》）本，卷首。
54　《四庫全書總目》卷33，頁269。
55　見《清儒學案》卷87，〈耕崖學案〉附，頁3436。

又其《論語古訓》以鄭玄爲主，兼采錄漢魏諸家之說，且爲
疏通證明之。該書〈自序〉云：

> 鄭康成，漢世大儒，故《集解》之外，蒐集鄭說獨多，
> 且以愚意疏通證明之，所以補疏家之未備也。馬融，
> 鄭之師也，王肅，難鄭者也；存馬、王之說，亦可以
> 發明鄭注也。[56]

其言存「馬、王」以發明鄭注之義，則輯證《論語》古訓亦
爲發明鄭玄經說而作也。陳鱣不僅宗鄭玄，且有迴護之處，
鄭注《孝經》，雖見於《後漢書》，然唐劉知幾已疑其僞作，
歷來諸家輯此，亦未肯定爲鄭玄作，前述孔廣林言其非鄭注
甚明，正是一例。陳鱣則以《六藝論》敘《孝經》云「玄又
爲之注」之語，論言鄭注《孝經》，如注《春秋》，皆未成
書也。其〈集孝經鄭注自序〉云：

> 竊以其注《孝經》，亦未寫定，而其孫小同追錄成之。
> 據《隋書》稱《鄭志》亦小同所譔，此或以先人未竟
> 之書，故不敢載入目錄。《中經簿》所題，蓋要其終
> 也，范書所紀，則原其始也。

以《孝經注》爲鄭玄所作，成於鄭小同，並無他據，實爲推
臆之辭，然陳鱣曲爲之解，則在肯定此書也。諸家言鄭注爲
僞者，以其內容不同於鄭注他書者，於此，陳鱣云：

> 夫鄭注《三禮》與箋《詩》，互有異同，安在此注之
> 必類于群書乎！[57]

此說後爲嚴可均所取，且推闡之，並以先注、後注之不同論

---

56 同上注，頁 3436。
57 《清儒學案》卷 87，〈耕崖學案〉附，頁 3436。

文之異處，說詳見嚴可均。

8、章宗源（1752-1800）

章宗源，字逢之，浙江山陰人，乾隆十七年生，嘉慶五年卒。孫星衍〈章宗源傳〉記其輯古逸書之事云：

> 積十餘年，采獲經史群籍傳注，輯錄唐、宋以來已來
> 亡佚古書盈數筐，自言欲撰《隋書經籍志攷證》，書
> 成後，此皆糟粕可鬻之。然編次成帙，悉枕中秘本也。
> 又言輯書雖不由性靈，而學問日已進，吾以此事久
> 之，亦能為古文、為駢體文矣。又以今世所存古書版
> 本多經宋、明人刪改，嘗恨曩時輯錄已佚之書，不錄
> 見存諸書、訂正異同文字，當補成之。

其已輯各書，編次成帙，皆為之敘，通知作者體例，詞旨明暢。古書多亡於北宋，古輯書始於王應麟，近代惠徵君棟踵為之。《四庫全書》用其法，多從《永樂大典》寫錄，編次刊布甚夥。至於宗源，則無書不具焉。[58]

由孫氏所述，章宗源之輯存古籍，其一為作《隋書經籍志攷證》而先從事之資料整理工作。其二欲用輯佚資料與當世見存之書互相訂正文字異同。其係有計畫之進行者，阮元〈十種古逸書序〉云：

> 昔元二十歲外，入京師，有會稽章孝廉逢源者，元見
> 先生，教以輯古書，開目令輯，至今猶記其目中有《三
> 輔決錄》、《萬畢術》等書，章孝廉力其業，不數年

---

58 錢儀吉《碑傳集》（北京：中華書局，1993年），卷 134，頁 4034。

　　　　成書盈尺，惜孝廉病卒，書不知零落何處。[59]
此可見章氏於輯存古書，工作之一斑。惜其後惑於釋氏，而
《考證》、《校訂文字》二者皆未能蒇其事；[60]且其畢生輯
存之古書，今所見亦僅寥寥數種耳。

　　章宗源生前將輯成之稿件寄存各處，其中部份散佚，部
份不知存於何人之手。今可考見者，殆寄予孫星衍，而後由
孫星衍增補，輯入《平津館叢書》者，有《古史考》、《漢
官儀》、《琴操》二卷《補遺》一卷、《尸子》、《物理論》、
《燕丹子》等。又其中《漢官儀》與《南越志》等，收入嚴
可均《全文》中。華嶠《後漢書》、張璠《後漢記》、《顧
子逸篇》等則見孫星衍徵引。

　　章氏於輯佚之事，頗慎重其事，其書真偽，諸文出處，
皆嚴為去取。於《尸子》之輯本，可見一斑，其與孫星衍論
此輯本書云：

　　　此書（按：指《匯函》）乃歸有光所輯，內《尸子》有
　　　〈止楚師〉、〈君治〉二篇，明人著述，多不足憑，
　　　而惟此二篇邵徵君師以為非偽，今以鄙所掇拾之述
　　　本，互相參校，其語並見於《太平御覽》諸書，則信
　　　其無偽矣。[61]

其下續言歸有光輯文之疏漏，非為全本，佚文亦非全部輯錄，

59　《十種古逸書序》（臺北：藝文印書館影引原刊本，1967 年），卷首。
60　梁啓超《圖書大辭典簿錄之部》（臺北：臺灣中華書局，1958 年），「《隋
　　書經籍志考證》十三卷」一條云：「章宗源與章學誠其謀輯《史籍考》。
　　而宗源擔任漢晉六朝佚史一部份，先從《隋志》著錄者著手以成此書，
　　故所考證者僅屬史部，其他三部尚闕焉。」頁 16。
61　《尸子》（《平津館叢書》本）輯本後附。

僅以其非偽作，故章宗源以為可取，其文中不一處言「《匯
函》所載，亦非全篇，僅其語尚非偽為耳。」可知其對輯存
古書，及前人引用並非毫無甄擇的。

　　除輯存古籍之真偽外，章宗源更重視輯文之信實可徵，
同文中言道：

> 其《匯函》所未見者，無篇目可歸，即以引書之先後
> 為次第，雖其文義有可增入〈君治篇〉者，而不以臆
> 增入，所以示信也。

又云：

> 注文雖難盡信，亦與義無傷，似可存之，而凡例中必
> 須書明，使閱者無疑。

章氏於此指出輯佚工作兩個要點，前段所言乃佚文編排問
題，後段則言輯文相關資料之處理。輯錄佚文的來源，多為
唐宋類書或經注、史傳徵引，其片言隻字或文義闡釋，除部
份引自同一書之經傳者（如《左傳正義》中徵引之漢魏《左
傳》注疏），可據以排次外，其餘實難以論定原文之位置（如
《左傳正義》中徵引之漢魏諸家禮說，頗難得知其原在何
處），觀同一書之眾家輯本，先後次序多所不同，可以得知。
[62]而章宗源則明言篇目可歸者歸其原篇，無可斷定則「以引
書先後為次第」，匯集資料，以見梗概，而不妄加臆測，憑
己意編排也。此實可作為輯佚工作之共通原則也。又其言注
文之輯錄，當可視實際需要而為去取，以便參考，然須於凡
例中書明，以告學者，此在避免學者誤讀經注。其態度之嚴

62　參看拙著〈鄭玄六藝論十種輯斠〉，十家輯本，輯文前後無完全一致者。
　　本書頁 321。

謹及識見，亦是不凡。

9、孫星衍（1753-1818）

　　孫星衍字伯淵，又字淵如，江蘇陽湖人，乾隆十八年生，嘉慶二十三年卒乾隆丁未以一甲第二名進士及第，歷任中外朝。阮元稱其「深究經史文字音韻之學，旁及諸子百家，皆心通其義。」又稱其「早年文辭華麗，繼乃沈潛經術，博極群書，勤於著述……嘗病《古文尚書》爲東晉梅賾所亂，官行漕時，即撰集《古文尚書馬鄭王注》十卷及佚文三篇，歸田後又爲《尚書今古文注疏》三十卷，蓋積二十餘年而後成，其精專如此。」[63]其訂補輯存之古書有《古文尚書》十卷《逸文》二卷、《倉頡篇》三卷、《燕丹子》三卷、《元和郡縣圖志逸文》、《括地志》八卷、《尸子》二卷、《漢禮器制度》一卷、《漢官》一卷、《漢官解詁》一卷、《漢舊儀》二卷附《補遺》二卷、《漢官儀》二卷、《漢官典職儀式選用》一卷、《漢儀》一卷、《琴操》二卷附《補遺》一卷、《物理論》一卷等。其中《燕丹子》、《尸子》、《漢官儀》、《物理論》、《琴操》等當是章宗源所輯，而星衍增補者，說已見章宗源。《倉頡篇》三卷爲臧禮堂增訂，說見臧庸。

　　孫星衍彙聚各種輯佚書及廣募學者從事校讎古籍之工作，如洪頤煊、臧庸、嚴可均、李貽德等皆是其要者。蓋當時章宗源之輯佚書稿存於孫星衍處，孫星衍則欲藉以纂輯《十

63　阮元〈山東糧道淵如孫君傳〉，《揅經室二集》（北京：中華書局，1993年）卷3，頁402。

三經佚注》[64]、《六藝通論》等書[65]及用以校訂古書。其新輯
古注則屬數人分任之，校訂之輯佚書亦多本前人所著輯而增
補考訂之，如《尙書鄭注》及《尙書佚文》等均是，〈尙書
佚文敘〉云：

> 予校訂《尚書》馬鄭注，蓋本王氏應麟之書，證以閻、
> 惠兩君之說，參之王光祿鳴盛、江處士聲之著述，又
> 質疑于王侍御念孫，復有張太史燮、章孝廉宗源助予
> 討論。幸同志之不孤，猶冀來之補其漏略也。[66]

此孫星衍集前人之說而考訂之者。除從事輯佚之工作外，孫
氏又用以校訂現存之古籍，嚴可均〈書北堂書鈔後〉云：

> 嘉慶中，淵如約王伯申略校，伯申約錢既勤同校，僅
> 二十許葉而輟業，胡硯農助刻貲二百金，云將續寄四
> 百金。淵如屬余校刻，余竭八九月之力，校刻卷百三
> 十二起，至卷百六十止。硯農刻貲杳續寄，余遂輟業。
> 是時漢魏晉佚書輯本及章鳳枝佚書輯本，彙聚淵如所
> 者不下七八百種，假余兩年之力，庶可蔵事。[67]

《北堂書鈔》爲輯佚家蒐輯古書佚文之重要依據，而孫

---

64 徐士芬〈李次白孝廉傳〉曰：「其（李貽德）在金陵時，孫廉使輯漢魏
之說經者，爲《十三經佚注》一書，命同志諸人分任之。」見《春秋左
傳賈服注輯述》（《續修四庫全書》本）卷首，頁 389。

65 孫星衍〈洪筠軒文鈔序〉：「予嘗惜鄭康成《六藝論》不傳，欲輯十七
史志議禮之文及天文地理異同之說，合之漢魏六朝人文之足證經學者爲
一集，題曰《六藝通論》，未及成書。」見《平津館文稿》（《四部叢
刊》本），卷下，頁 157。

66 《古文尚書》附《尙書逸文》，《叢書集成新編》（臺北：新文豐出版
公司，1997 年）影印問字堂刊本。

67 《鐵橋漫稿》卷 8，頁 12。

星衍則反利用各種輯佚書讎校《北堂書鈔》，此種用不同佚
書輯本而反校尙存之古書者，當頗有助於原書之考訂。

　　孫氏組織人力，分任輯佚之事，成就亦大，如李貽德之
《春秋春秋左傳賈服注輯述》即是其中之一，《清儒學案》
云：

> 孫淵如方居江陵，輯《十三經佚注》，招以自佐，因
> 師事焉。為撰《周禮賸義》，其采錄《左傳賈服注》
> 亦始於此時。搜羅既廣，抉擇尤嚴，賈氏他書注及服
> 氏雜入義疏，一一皆別白，復引申其義，疏通證明，
> 不啻別為作疏，定名《春秋左傳賈服注輯述》。[68]

賈氏此書為輯《左傳》舊注之詳備者，潘祖蔭〈春秋古義序〉
云：

> 自顧亭林氏補正《杜解》，惠定宇氏更為《古義》及
> 《補正》，馬器之氏復補之，張阮林氏又著《辨正》，
> 然皆多及傳文，亦未專取賈、服諸家也。洪北江氏為
> 《春秋左傳詁》，嚴豹人氏為《春秋內傳古注輯存》，
> 近時李次白氏為《春秋左傳賈服注輯述》，始專事於
> 此，而李氏為尤備，疏證亦最詳。[69]

李氏此書之精審，其後臧壽恭之《春秋古義》且不如之，故
潘氏序臧氏之書，而猶稱李氏為備。

　　茲以李氏係因孫星衍而輯此書，故附論於此。

68　《清儒學案》卷 144，〈柳東學案〉，頁 5656。
69　《春秋左氏古義》卷首（北京：中華書局《叢書集成初編》本，1985 年）
　　冊 3673。

10、張惠言（1761-1902）

張惠言，字皋文，江蘇武進人，乾隆二十六年生，嘉慶七年卒。著有《虞氏易禮》、《易事》、《易候》、《易言》、《周易鄭荀義》、《易義別錄》、《易圖條辨》、《儀禮說》、《說文諧聲譜》、《茗柯文集》等。其宗漢易學，以虞翻之說為漢易學之精且備者，故專注於此，欲藉以考易古義也。《周易虞氏義・自序》言輯云：

> 清之有天下百年，元和徵士惠棟始考古義，孟、京、荀、鄭、虞氏作《易漢學》，又自為解釋曰《周易述》。然掇拾於亡廢之後，左右采獲，十膽二三，其所述大氐宗禰虞氏，而未能盡通，則旁徵他說以合之。蓋從唐五代宋元明，朽壞散亂，千有餘年，區區修補收拾，欲一旦而其道復明，斯固難也。翻之學既世，又具見馬、鄭、荀、宋氏書，考其是否，故其義為精。又古書亡，而漢魏師說可見者十餘家，然唯鄭、荀、虞三家，略有梗概可指說，而虞又較備，然則求七十子之微言，田何、楊叔、丁將軍之所傳者，舍虞氏之注，其何所自焉。故求其條貫，明其統例，釋其疑滯，信其亡闕，為《虞氏義》九卷。又表其大恉，為《消息》二卷，庶以探賾索隱，存一家之學。其所未窹，俟有道正焉耳。[70]

其「求七十子之微言，田何、楊叔、丁將軍之所傳者，舍虞

---

[70] 《張惠言易學十書》（臺北：廣文書局《皇清經解》本，1978 年），頁 5。

氏之注，其何所自焉？」故知其意之所在，非僅求虞氏一家
之學，蓋以為求古訓之方也。柯紹忞言此書「獨惠言深造，
非汎濫者所及也。」[71]張氏為清代專輯漢魏易學舊作者，並
且分其流派，為孟喜、京房、費直三家，及子夏傳等非漢師
說，別為一家，共四家。其序云：

> 不盡見其辭，而欲論其是非，猶以偏言決獄也。不盡
> 通各家，而欲處其優劣，猶援白而嘲黑也。余於易取
> 虞氏，既已推明其義，以鄭荀二家注文略備，故條而
> 次之，自餘諸家，雖條理而不具，然先士之所述大義
> 要指，往往而有不可得而略也。乃輯《釋文》、《集
> 解》及他書所見，各為別錄，義有可通，附注於篇，
> 因以得其源流同異，若夫是非優劣亦可考焉。凡孟氏
> 四家，孟氏、姚信、翟元、蜀才，京氏三家，京氏、
> 陸績、干寶，費氏七家，馬融、宋衷、劉表、王肅、
> 董遇、王廙、劉瓛，子夏傳等非漢師說，別為一家。[72]

張氏佚文大體輯自《釋文》、《集解》，以宋人徵引如《義
海撮要》、《丙子易學編》等多不可信，故不取。而各家義
近而文異者，多並取而注明之，如《翟氏易》睽卦「後說之
壺」，張氏注云「用京、馬、鄭、虞」，夬卦「告自邑義云：
坤稱邑也。」張氏注云：「與虞同」。[73]又除辨別各家佚文
之同異外，張氏於輯文中，亦以佚文辨明師法源流者，如干
寶《易傳》，張氏按云：

---

71 見《續修四庫提要》經部，頁75。
72 《易義別錄》（臺北：廣文書局影印《清經解》本）卷首，頁1027-1027。
73 具見《易義別錄》，頁1064。

以乾例推坤，始於令升，一變漢人師法。審如陰出為
禍，在三泉而戒之，出地上反而無不利，何耶？此王
弼之謬，而令升不察也。取象臆實，亦隱宗輔嗣，誰
謂令升得京氏學乎！[74]

由佚文而辨別經說異同，明學術流變，不為前說所誤，張氏
以輯佚之氏，不僅可以考見古人之說，並得以據以「論其是
非、處其優劣」也。非經佚文整理排次，綜合各家之說，欲
明古人師說流變，經說優劣，豈可得哉！張氏之易學，為後
世所備為稱道者，由輯佚而得見易學流變之本源也。

11、洪頤煊（1765-待查）

洪頤煊，字惺賢，號筠軒，浙江臨海人，生於乾隆三十
年，卒年待查。頤煊與兄坤煊、弟震煊，少苦立志為學。與
弟就學阮元詁經精舍，時有二洪之稱。精究經訓，貫穿子史，
好聚書，家藏善本三萬卷、碑版二千餘。輯古佚書三十種，
成《經典集林》三十二卷，嘉慶中為孫馮翼輯入《問經堂叢
書》中。其餘經史論著尚多，有《孝經鄭注補疏》一卷，其
《古文敘錄》以「賈、鄭諸儒所注群經皆古文，自魏王肅始
變古，甚至作《偽古文尚書》與鄭為難，晉、宋大朝鄭學雖
存，往往乖其師法，因以兩漢為斷，詳載其原委。」[75]知蓋
亦宗漢古文學者。

《經典集林》輯錄佚書三十二種，卷首有總目一卷，略

---

74 同前注，頁 1137。
75 見《清代樸學大師列傳》（臺北：藝文印書館，1970 年）卷 6 徵引，頁
192。

述各書源流，亦間有考訂，如論所輯《漢武故事》云：「其書至宋時猶存，今世所行有吳琯《古今逸史》刊本，是明人所輯殘本，非原書。」[76]

洪頤煊於輯文之處理，常合併或分列，又未注明，頗易生混淆，如《鄭玄別傳》等。說詳後。

又所輯諸書，後多爲嚴可均《全文》所採，如劉向《別錄》、劉歆《七略》、鄭玄《六藝論》等皆是。

12、臧　庸（1767-1811）

臧庸，字西成，又字拜經，江蘇武進人，乾隆三十二年生，嘉慶十六年卒。高祖臧琳，與閻若璩同時，著《經義雜記》，以「宋元明以來學者，好爲改竄，因作《大學考異》二卷，而以漢注舊本爲得其真。」[77]蓋亦宗漢之學者，其著述要者如《尚書集解》百二十四卷，蓋蒐集伏生、孔安國、鄭玄、馬融、王肅等加己論而成，於禮輯錄未成。庸蓋亦家學淵源者也。

庸年二十餘，從錢大昕、王昶、段玉裁論游。嘉慶二年，入阮元幕府，助輯《經籍纂詁》，其後多隨阮元從事。阮元〈臧拜經別傳〉稱其「沈默敦重，天性孝友，尊父命續其高祖之業。」又云其「爲學根據經傳，頗析精微⋯⋯好學深造，如皇侃、熊安生，當求之唐以上。」[78]盧文弨則稱其「校書

76　《經典集林》卷首，《問經堂叢書》本，藝文印書館影印《百部叢書集成》，1974 年。
77　《清儒學案》卷 44，〈玉林學案〉，頁 1739。
78　阮元〈臧拜經別傳〉，《揅經室二集》卷 6，頁 484。

天下第一。」[79]其著述頗多，陳壽祺嘆爲絕識。

其輯古之書多精審，阮元稱云：

> 其生平輯考古義甚勤，故輯古之書甚多，《子夏易傳》
> 一卷，以子夏傳為漢韓嬰所撰，非卜子夏，惟采《釋
> 文》、《正義》、《集解》、《古易音訓》、《大衍
> 議》五家，不取宋以後說。《詩考異》四卷，大旨如
> 王伯厚，但逐條必自考輯，絕不依循王本。《韓詩遺
> 說》二卷《訂譌》一卷，顧千里廣圻以為輯《詩》者
> 眾，此為最精。盧植《禮記解詁》一卷，《爾雅古注》
> 三卷、《說文舊音考》三卷、蔡邕《月令章句》二卷、
> 王肅《禮記注》一卷、《聖證論》一卷、《帝王世紀》
> 一卷、《尸子》一卷、賈唐《國語注》二卷，校鄭玄《易
> 注》二卷、蕭該《漢書音義》二卷，皆詳過于人。[80]

臧氏之書多輯入《拜經堂叢書》中，該書尚著錄鄭玄《六藝
論》一種，題臧琳輯，臧庸補輯。《續修四庫提要》另著錄
庸輯《馬王易義》一卷，柯紹忞稱其「書中按語，殊多精核」。
其餘如《禮記解詁》等，較之馬國翰、黃奭諸家，善處亦多，
[81]誠爲輯佚書之精審者。

其弟臧禮堂，受聘於孫星衍，亦輯有臧榮緒《晉書》二
卷，補嚴氏蔚《左傳賈服注》三卷等。孫星衍所增訂之《倉
頡篇》實出其手。

---

79 見嚴可均〈臧和貴別傳〉，《鐵橋漫稿》卷7，頁32。
80 同注78。
81 見《續修四庫全書總目提要》著錄《禮記解詁》等數種。頁540。

13、嚴可均（1762-1843）

嚴可均字景文，號鐵橋烏程人，乾隆二十七年生，道光二十三年卒。嘉慶庚申舉人，精於考據之學。弱冠即出遊，受聘於孫星衍及姚文田，從事斠書之業。可均頗精於小學，《說文校議》、《聲類出入表》、《說文翼》等，受推重一時。嘉慶中，《全唐文》開館，先生未得入，遂致力搜求，成《全上古三代秦漢三國六朝文》（《全文》）以爭勝一時，是書《凡例》言「是編創始于嘉慶十三年」，又〈總敘〉言肆力九年，艸　粗定，又肆力十八年，拾遺補闕，抽換之，整齊之，畫一之」。則其書成已道光十五年（1835）。矣。除此書外，先生輯存佚輯尚多，要者如《京氏易》八卷、《韓詩》二十一卷、《三禮圖》三卷、《謚法》三卷、《孝經鄭注》一卷、郭璞《爾雅圖贊》一卷、《爾雅一切注音》十卷、嵇康《聖賢高士傳》等。上述諸書，亦多同時輯入《全文》中，如嵇康《聖賢高士傳》等，不一一列舉。其中部份與孫星衍同輯者，見孫氏。

《全文》所輯，實包含經史諸子，如經部如《歸藏》、《夏書》、鄭玄《六藝論》、史部如《古文周書》、劉向《別錄》，子部如曹丕《典論》等，甚至釋氏之文，亦頗有收錄。然真偽莫辨，各類文體夾雜，張冠李戴者，不時可見。而且其輯文見於他家輯本者，多與其相同，如《別錄》、《六藝論》、《典論》等，當出於洪頤煊、孫馮翼等所輯，嚴氏未爲說明，亦不可取。

嚴可均不僅輯佚書，對輯佚之事，亦有所主張，詳見於

《全文》之凡例中，大體而言，即以全爲要，如凡例言：

> 文有煩簡完闕雅俗，或寫刻承訛，或唐宋前依託，畢
> 登無所去取。[82]

因其可見者盡爲采錄，故輯佚同時，嚴可均亦頗重視辨僞工
作。如《孝經》鄭注之問題，可均於《孝經鄭注考》及《孝
經鄭氏注序》詳加論述，其自云「攷鄭氏著書三十餘年」，
而知「注《孝經》在先，是初定之稿，異日注《禮》、注《書》，
是後定之說，陸澄執後定之說，以校初定之說，疑爲不相類
宜也。」[83]又云：

> 鄭玄注《禮》，以意彌縫其間，而欿然者亦復不少……
> 故《孝經注》雖不類，義得兩通，不復追改。學然後
> 知不足，後說未必皆是，前說未必皆非，鄭意如此，
> 故非陸澄知所能攷也。

嚴可均此說大抵能釋鄭玄《孝經注》與他注不合之處，然是
否如此，頗待續考之。除《孝經》外，嚴可均對各種輯書亦
辯證其訛誤，如辨別道家與小說家不同著錄《鬻子》之不同，
並考定其人和時代。

　　嚴可均輯文外，亦重視故里文獻之徵集，尤其是古佚書，
如周處《風土記》、《吳興山墟名》、《吳興記》等，雖其
言「余所編輯，故徒非吳興文獻計」，然輯《風土記》稱凡
四易稿，則可見特別鄭重其事。

---

82 見《全文》卷首，亦見《鐵橋漫稿》卷 6，頁 20。
83 〈孝經鄭注考〉，《鐵橋漫稿》卷 4。

14、孫馮翼

　　孫馮翼，字德清，直隸承德人，貴州巡撫孫曰秉之子，以二品恩蔭，援例爲候選道，生平學術待考。嚴可均〈典論序〉稱「亡友瀋陽孫馮翼」[84]該序作於嘉慶已亥（二十年，1815），知其時代約爲乾嘉年間。著有《禹貢地理古注考》一卷、《釋人注》一卷、《江寧金石待訪錄》四卷等。輯有《子夏易傳》一卷、《逸子書》七種、《世本》一卷、《諡法》三卷、《三禮圖》一卷、《典論》，《逸子書》七種中含桓子《新論》、王象《皇覽》等，均刊入《問經堂叢書》中。其中《世本》系依錢大昭輯本增補而成，孫星衍〈重輯世本序〉云：

　　　　襄官翰林，曾見其書，未及采錄。吾友錢徵士大昭嘗據書傳所引，集爲〈作篇〉、〈居篇〉、〈姓氏篇〉、〈王侯大夫譜〉共四篇，服其勤博，何文學元錫手錄示予攜歸金陵，適家郎中馮翼嗜古書，亦爲此學，既得錢本，復據諸書補其未備，校訂付刊。[85]

孫氏所輯諸書，於輯文之編次，頗爲謹慎，如所輯《皇覽》、《典論》等均詳爲考訂，原篇目可知者，列之於前，泛言《皇覽》者，則次之於後，並爲考論之。其未審是否爲原書之文者，則附錄於後，並言未能確知之意。其考《典論》之亡，則云：

　　　　《隋志》一卷，自是不全之碑，至宋而簡編愿帙，雖

84　《鐵橋漫稿》卷6，頁1。
85　《世本》（《問經堂叢書》本）卷首。

　　李昉等引《玉覽》，而晁公武、陳振孫皆未言及，則
　　知《御覽》所載，資於修文殿本，非親見《典論》原
　　書，未得謂宋代尚存也。[86]

輯佚者考書之亡佚，多據書目之著錄及類書之相引，然類書
多輾轉相引，殊不足爲據，孫氏有見於此，可見其論定頗謹
慎其事。

15、王紹蘭（1760-1835）

　　王紹蘭，字畹馨，號南陔，浙江蕭山人，乾隆二十五年
生，道光十五年卒。家世通儒術，少好學，深研經史，受知
學使朱筠，登乾隆五十八年進士。去官後，題其齋「許鄭學
廬」，宗許慎、鄭玄之意明矣，支偉成《清代樸學大師列傳》
稱其「尊古好博，殊不類東原，大抵與吳派爲近。」[87]其輯
有《蕭山王氏十萬卷樓輯佚七種》，分別爲《漆書古文尚書
考異》一卷附《杜林訓故逸文》一卷、漢桑欽《古文尚書說
地理志考逸》一卷附《中古文尚書》一卷、鄒氏《春秋說》
一卷、《齊論語問王知道異文補》一卷、《夏大正逸文考》
一卷、《弟子職古本考注》一卷、《凡將篇逸文注》一卷，稿
本藏上海圖書館[88]，未見刊本或流傳之影印本。

16、陳壽祺（1771-1834）

　　陳壽祺字恭甫，號左海，福建侯官縣人，生乾隆三十六

---

86 〈典論序〉，（《問經堂叢書》本）《典論》卷首。
87 支偉成《清代樸學大師列傳》，〈吳派經師列傳第四〉，頁 125。
88 見《中國古籍善本書目》叢部，頁 412。

年，卒道光十四年。嘉慶四年進士，授編修。後受阮元聘，
主講詁經精舍，一時樸學之士多出門下。初先生潛心理學，
以古君子自期，殆會試出朱筠、阮元門，乃專爲漢儒之學。
阮元〈隱屏山人陳編修傳〉云：

> 壽祺解經得兩漢大義，每舉一義，輒有折衷，上溯伏
> 生，下至許鄭，靡不通徹。[89]

《清儒學案》云：

> 兩漢經師，莫先於伏生，莫備於許氏、鄭氏，先生闡
> 明遺書，以《尚書大傳》自宋以後刻本率多譌漏，因
> 爲《大傳定本》三卷、《敘錄》一卷、《訂誤》一卷，
> 並附錄《洪範五行傳論》三卷於後，以備一家之學。
> 《五經異義》則取近人編輯諸本參互訂考，成《疏證》
> 三卷，其《今文尚書經說考》、《魯齊韓三家詩遺說
> 考》、《禮記正讀考》，皆未竟，子喬樅繼成之。[90]

陳壽祺所輯《尚書大傳》、《五經異義》等皆以前儒所輯爲
本，詳加考訂，慎爲去取，〈尚書大傳定本序〉云：

> 近人編輯有仁和孫晴川本、德州盧雅雨堂本、曲阜孔
> 叢伯本，盧本多淆舛，孔氏善矣，而分篇以強復漢志
> 之舊，非也。其他譌漏猶不免焉。今覆加稽覈，揭其
> 所據依，稍參愚管見而為之案三卷。[91]

可見其書亦非新輯者，而是在盧文弨、孔廣林之基礎上，考
訂編次而成。觀其案語，或增補字句，或校文字異同，或說

明前人誤輯，考訂前人輯本失次。考訂失次者，如卷二〈揜誥〉，先引王應麟、孔廣林曰：

> 《困學紀聞》云《大傳》之序，有〈揜誥〉。曲埠孔廣林曰「案百篇無〈揜誥〉，疑揜即奄也。成王既踐奄作成王政，〈揜誥〉其即成王政與？

陳壽祺而後案云：

> 孔君此說甚善，然竟以《毛詩破斧正義》所引《大傳》「遂踐作奄」云云入此篇，恐非，今不從，而以「遂踐奄」以下之文入〈金縢傳〉「殺公子祿父」下，較合。[92]

孔氏輯文之編次誤植者，袁鈞《鄭氏佚書》已多論言之。陳壽祺案語中尚多，不俱爲列舉。舉前人書誤輯者，如〈周傳〉「子曰今之聽民者，求所以殺之，古之聽民者，求所以生之，不得其所以生之之道，乃刑殺，君與臣會焉」下，陳氏案云：

> 孔叢用此文，《漢書刑法志》引「孔子曰今之聽獄者」四句，不言《孔傳》。

《尚書大傳》，陳澧稱其爲諸家最爲詳覈者，蓋亦有以也。其餘所輯諸書，如《五經異義》取武英殿聚珍版本、王復、莊葆琛、錢大昭、孔廣林等諸家輯本，詳加參訂，逾五年而成，其案語且闡發經旨，非考訂文字舛誤也。

17、袁　鈞（1752-1845）

　　袁鈞字秉國，一字陶軒，號西廬，鄞縣人，生於乾隆十

---

92 《尚書大傳》（道光 26 年小瑯嬛館寫刻本，1846 年）卷 4，頁 19。

七年，嘉慶元年舉孝廉方正。入阮元幕府，主講稽山書院，
人共式之《清儒學案》稱其「生平於康成一家之學研究最深，
嘗搜集《鄭氏佚書》二十三種，重加編訂，世稱善本。」[93]葉
德輝及《續修四庫提要》則稱此書爲清儒輯鄭注最爲完備者。
[94]，序作於乾隆六十年，云：

> 鄭氏，漢之大儒，學究本原，又其師承多古訓，今雖
> 散亡之餘，十不存一，然斷圭零璧，猶在人間，深可
> 寶貴，鈞自行束脩，喜讀其書，每思網羅寫定……今
> 游德清寓，故人嘉定李君賡芸，縣齋宴坐無事，藉用
> 自娛。李君好古賢者，與我同志，援出藏籍，用助搜
> 采，於是取諸經義疏及他所徵引，參之往舊所有輯
> 本，辨析譌謬，補正缺失，并齊齊所不齊者，以次收
> 合成是編。[95]

袁鈞明言其書與李賡芸同輯，且言其書係增補考訂前人所作
而成，不以搜輯之事爲己功也。除此外，袁鈞所輯二十三種，
書前皆有敘一篇，或記一經之流變，如〈易注序〉；或言該
書之體例，如〈尙書中候注〉言「《詩譜》引鄭《中候注》
云大名在下，則十八篇小名在上也。」

　　袁輯《鄭氏佚書》不僅輯錄原文，且兼采諸家之說以作
考證，如《尙書大傳注》，書中多引盧氏《考異》，則盧文

93　《清儒學案》卷 201，〈諸儒學案〉，頁 7842。

94　葉德輝《書林清話》：「至有專嗜漢鄭氏學者，元和惠棟開山於前，曲
　　阜孔廣林《通德遺書》接軫於後，而武虞復有《高密遺書》之輯，皆不
　　如袁鈞《鄭氏佚書》晚出之詳。」，頁 438。
　　《續修四庫全書總目提要》經部，頁 1434。

95　《鄭氏佚書・敘》，浙江書局刊本。

弨之書也。此外，徵引、增刪陳壽祺、孫星衍所輯者，隨處可見。又袁氏族曾孫堯年於各條輯文下作考證，列舉各書徵引篇名之異稱，如《尚書大傳》首篇名「唐傳」，考證云「今盧本《尚書大傳》前，題曰虞夏傳唐傳、虞夏傳虞傳、虞夏傳虞傳、虞夏傳夏傳，殆後人臆改，未可據依。」除異稱外，袁鈞之輯，去取頗嚴，此見諸袁堯年考證者，茲徵引數例以見，《尚書大傳・唐傳・堯典》「堯南撫交趾」下，堯年按云：

> 盧氏《尚書大傳續補遺》接引「于禹貢荊州之南」十五字，陳氏壽祺曰「此十五字」乃酈道元語，是也，今不錄。[96]

又如《尚書大傳・虞傳・九共》「五年一朝」下，堯年按云：

> 盧氏《大傳續補遺》接引「王者亦貴得天下之歡心云云」三十五字，陳氏壽祺以為何休語，是也，今不錄。

於此可見袁鈞頗能參考諸家之說，慎為輯錄。又輯文之有疑者，堯年亦注其疑於其下，〈堯典〉「堯年十六，以唐侯升為天子，遂以為號」下，案曰：

> 首二句又見《尚書・堯典》偽孔傳，正義曰：徧撿書傳，無堯即位之年，孔氏必當又所案據，未知出何書，則此似非《大傳》之語，今姑以《論語疏》所引，補輯於此。

輯文雖是而有可疑者，堯年考訂之處尚多，不一一序列。其

---

96 《尚書大傳》，頁 11，浙江書局刊本。

餘增補之處，亦按云據何書而補，而前人引書文字有異者，亦多並列，說明擇取之緣由。

其輯文之序列亦頗精審，如《尚書大傳》輯文「主秋者虛，昏中可以種麥。」孔廣林置於〈唐傳〉，袁鈞則入〈堯典〉，蓋其徵引自〈堯典正義〉。

袁鈞又重視故里四明掌故之蒐集，隨見即錄，輯有《四明書畫記》、《四明文徵》、《四明詩彙》、《四明近體詩》等，雖非輯佚舊籍，然對清中葉以後各地競刻郡邑叢書，有一定之影響和作用。

18、宋翔鳳（1776-1860）

宋翔鳳字于庭，江蘇長洲人，生乾隆四年，卒咸豐十年），年八十五。與劉逢祿同爲莊存與之甥，《清儒學案》稱其「通訓詁名物，志在西漢家法、微言大義，得莊氏之真傳。」[97]

莊存與爲清代今文經學之前驅，史傳未言其有輯佚之事，然《稿本續修四庫總目》著錄《輯佚書七種》七卷，題莊進士輯，謝國楨則疑爲莊存與之遺書。[98] 宋翔鳳輯有《論

---

[97] 《清儒學案》卷 75，〈方耕學案〉下，頁 2901。

[98] 《稿本續修四庫提要》（濟南：齊魯書社，1996 年）冊 31 著錄〈輯佚書七種〉七卷，不著編者名氏。舊鈔本輯佚書，不題編者名氏。記目有《春秋左氏傳鍼膏肓》、《春秋穀梁傳釋廢疾》、《發墨守附錄》、《漢甘露石渠禮論》、《劉向五經通義》、《五經要義》、《三禮目錄》等書。所輯諸書，以《春秋》、《三禮》爲主。《春秋》主公羊家法，徵引何休諸家之說，有條不紊，《三禮目錄》揭要鉤玄，頗便初學。原書鈔寫甚舊，體例精純，確守漢學今文家法，非邃於經學者不能此，惜無撰輯姓氏，舊題莊進士所輯書七種，或者莊存與之遺書也。按該提要爲謝國楨所撰。

語鄭注》二卷及《孟子劉熙注》一卷，《小爾雅訓纂》六卷，則爲疏通舊本，並增補部份佚文。《清儒學案》言其輯佚《論語鄭注》及《孟子劉熙注》二書云：

> 嘗以《論語》二十篇，素王之業備焉。自漢以來，諸家之說不能畫一，因綜覈古今爲《論語說義》十卷，又漢初傳《論語》者，凡三家，北海鄭君嘗就《魯論》之篇章，考之《齊》、《古》，以爲之注，其書亡於五代之季，乃斥取古籍中所徵引者爲《論語鄭注》二卷。……又注《孟子》者，《隋書經籍志》所載有《鄭玄注》七卷、《劉熙注》七卷，今康成之注不見，惟唐人書時引劉說，爰搜錄得二十餘事，爲《孟子劉熙注》一卷。[99]

宋翔鳳繼承莊存與，同爲清代今文經學之重要開創者，其蒐錄佚文，以爲論說之據，與乾嘉時期之考據學風頗一致，其〈論語鄭注輯本自序〉云：

> 《鄭注論語》，於隋唐之際盛於人閒，魏徵、劉昫，多見著錄，其後蓋與《易》、《書》、《孝經》俱佚於五季，至今獨傳《何解》，異同莫辨，君子病之。翔鳳自申佔畢，即思拾遺補缺，以爲《鄭氏論語》參校三家，集其散文，差能津逮。乃就何氏《集解》及黃氏《義疏》、陸氏《音義》，又旁及《注疏》、編類之書，先後采獲，凡如干條，爲卷二。[100]

其言欲明辨何晏與鄭玄注說《論語》之不同，必先「集其散

99　《清儒學案》卷 75 徵引。
100　同前注。

文，差能津逮」，此則明言搜輯佚文，藉以推求一家之言，
而後「辨章學術」，當爲研究古學之首要工作。其輯《孟子
劉熙注》，則與今傳《趙岐注》相較，而言《趙注》「學者
所習，時病其闊疏，以今輯《劉注》得千百之一二，較之臺
卿，頗多同者；臺卿之注，地理尤略，以劉考之，恆復相勝。」
[101]如此，宋翔鳳不僅輯佚文以見諸家不同而已，並藉以判定
諸家說解之優劣也。

　　宋翔鳳另輯鄭玄《孔子弟子目錄》一卷，附於《論語鄭
玄注》之後，不詳論之。

　　由宋氏輯鄭玄注，可見其亦與乾嘉學者一般，亦爲宗鄭
玄者，且其護衛鄭玄之意，不下於以當時以專研漢學爲著者
也。其〈康成注經與他書違異〉云：

> 鄭君序五帝，不用〈帝繫〉、〈五帝德〉，議七廟則
> 異劉歆，尤其落落大者。鄭於諸書，豈皆未涉，誠以
> 學問之涂，非一端可竟，尚門之學，非異說可移；況
> 於百家鶻起，一貫殊難，或由鄉壁之書，或出違經之
> 論，炫彼小言，改我師法，即非通人，奚名絕業。觀
> 夫鄙淺好援百家之言以駁鄭君之注，吹毛洗垢，則有
> 得矣！若鄭君體大思精，何足損其毫末乎！[102]

此由何家非鄭之言而發之議論，待考，然以駁鄭玄之注者爲
「淺鄙」，爲「吹毛洗垢」，則其視鄭玄之語，若聖人之金
科，是爲不可駁議者矣。

101　〈孟子劉熙注輯本自序〉，見《清儒學案》卷 75 徵引。按：《清儒學
　　案》之著錄之宋翔鳳文，未見於《浮谿精舍叢書》，出處待考。
102　《清儒學案》卷 75 徵引，頁 2913。

19、張　澍（1781-1847）

　　張澍字伯瀹，號介侯，甘肅武威人，乾隆四十六年生，道光二十七年卒。嘉慶四年進士，性耿介，爲縣宰三十餘年，晚居關中，著書終老。《清儒學案》稱其「讀書務博覽，經史皆有纂述。同時講漢學者，如武進臧在東、高郵王伯申、棲霞郝蘭皋所著書，皆校正其訛誤。著《詩小序翼》、《說文引經考證》……等，世稱專家絕學。」[103]又其留意鄉梓文獻，纂《五涼舊聞》四十卷，輯隴右作者著述凡數十種，又輯逸舊著二十餘種，合爲《二酉堂叢書》。自序云：

> 往予主講蘭山書院，譚藝之餘銳心文獻，纂《五涼舊聞》四十卷，網羅放失，頗資考證，因慨昔賢著述，日就堙沈，乃探輯關隴作者，肇周秦漢，泉於隋唐，凡得二十四種。即籍非鄉邦，其書關佚，世所鮮傳，亦爲摭拾，凡得十二種。輒以謏聞疏通演釋，而宦遊徼疆，□弃在笥，不復竽尋，蓋塵邈矣。[104]

於其序可知張澍所輯原有三十六種之多，今《二酉叢書》僅二十一種耳。張氏所輯之地方書，如《三秦記》、《三輔故事》、《涼洲記》等，爲西北地理相關之古書，對其後輯地方叢書者，有一定之啓發，先導作用。

　　張澍之《子夏易傳》於諸家輯本中，殆稱善者，《續修提要》云「同時孫馮翼有輯本，少《漢上易傳》十餘條，又據臧庸說標爲韓易，殊嫌武斷，故著錄張澍之輯本，存馮翼

103　《清儒學案》卷 142，〈介侯學案〉，頁 5573。
104　《二酉堂叢書》，臺北藝文印書館影印原刊本。

本於存目。」[105]張氏之輯書有所本者,亦多於序言之,如《司馬法》言據邢雨民、孫星衍二家之輯本而補正。

20、孫　堂

　　孫堂字步升,平湖人,嘉慶六年舉人,生平待考。輯《漢魏二十一家易注》,阮元稱其為「篤志研經,虛衷纂錄,有功於先儒,著績於易學者也。」又云「夫士而知從事於經,難矣!從事於經,而不敢自為之說,采漢魏之微言,搜孟、京之逸說,拾遺補闕,罔羅整比,為尤難。蓋非實事求是,而有一毫希功近名之心,不能為古人如此勞悴也。」其書序作於嘉慶四年,則知其為中舉之前之所從事者也。《漢魏二十一家易注》當為清代專輯一經古注佚書之首。阮元序其書云:

> 輯漢以來易注二十一家,起漢《韓子夏傳》,終齊劉子珪《義疏》,內鄭康成《注》四卷、虞仲翔《注》十卷,餘家各一卷。每卷有小序,頗見章法,持論亦允。注有古文通借之字,則援引經傳、小學疏證之,或為前人所言,則詳其姓氏,而不攘為己有。[106]

阮元深贊其事,孫堂則自云其輯此書欲補《集解》未備,蓋一宗漢學者。〈序〉云:

> 唐貞觀中,孔仲達等奉詔撰《五經正義》,於易獨取王氏,而諸家漸廢;千百年來,踵輔嗣而起者,皆驚為空談性命之先,漢經師之說,棄如土梗,而漢易遂

掃地盡矣！……堂究心漢學，歷有年所，凡遺說之散見群籍者，披覽所及，輒裒錄之，用以補唐李氏《集解》之所未備；《集解》依經列注，自漢至唐，雜采三十五家之說。此則以《釋文・序錄》所載諸家，輯其注之僅存者，并綴拾其異文，依元書之目，各為一編。故自子夏訖劉子玤而止。

《續修四庫全書總目》評其書曰：

阮元序稱其篤志研經，虛衷纂錄，非過譽也。其所輯《子夏易傳》不能出張澍輯本之外，鄭君《易注》不能出丁杰、張惠言輯本之外，馬融、王肅注不能出臧庸輯本之外；惟陸績注較前《提要》所收明姚士麟輯本多四分之一。干寶注據元屠曾輯本，正其抄輯《集解》之舛誤，并補其闕遺，洵為有功舊籍……馬國翰《輯佚書》無九家易，殊為疏漏，堂所輯有之，網羅整比，具見用力之勤，亦覃究易學者，不可少之書矣。[107]

孫堂之書雖僅欲以補《集解》，而其徵引亦以《釋文》為主，然卻頗有精審者，阮元言「注有古文通借之字，則援引經傳、小學疏證之」，蓋亦其特色也。《續修提要》言其所輯荀爽《周易注》云：

孫輯尤為善，蓋荀氏易，異同之字甚多，後儒莫能詳其義，獨孫本於通借之字，盡能援引經傳，疏通證明。[108]

孫氏此書輯文多僅注明《集解》、《釋文》、《易海撮要》等，殊為簡略，然隨原書卦次，尚得復查原文。其案語則徵

107　《續修四庫全書總目》頁 24。
108　同前注，頁 10。

引惠棟之說者爲多。

　　除以上二十家外，乾嘉時期之從事輯佚之學者尚多，如姚之駰、畢沅之輯史書，阮元之輯考《三家詩》、錢東垣集釋《崇文總目》等，附於此。

四、附論馬國翰、黃奭二家

　　輯佚至乾嘉時期已臻成熟，然大體而言，除如鄭玄等大師，諸家蒐集略備外，餘僅集部之嚴可均欲爭勝《全唐文》而蒐羅較備，乾嘉後則有全面搜求之馬國翰《玉函山房輯佚書》、黃奭《漢學堂叢書》兩輯佚書出現，茲附論於此，以爲乾嘉輯佚工作之餘流。

1、馬國翰（1794-1857）

　　馬國翰字竹吾，山東歷城人，乾隆五十九年生，咸豐七年卒。《清儒學案》云：

> 先生家貧好學，自為秀才時，每見異書，手自鈔錄，及官縣令，廉俸所得，悉以購書，所積至五萬七千餘卷，簿書之暇，殫心搜討，不餘遺力，嘗以唐以前書，今遺佚者十之八九，近世學者乃以不見古籍為憾，乃舉周秦以來，以迄唐代諸儒撰述，其名氏篇第，列於史志及他書可考者，廣引博徵。自群經注疏、音義，旁及史傳、類書，片辭隻字，罔弗搜輯，分經史諸子為三編，每書各做序錄，冠於篇首，共得五百八十餘種，為卷六百有奇，統曰《玉函山房輯佚書》，刻以

行世，津逮後學良多裨益。[109]

此載述馬國翰輯《玉函山房輯佚書》之事甚詳，不贅述，王
重民稱其有志於輯佚之事，始於嘉慶二十年，其年二十二，
至道光二十九年，經部、子部已經大致完成。其間徵引諸家
之書，如孫堂《漢魏二十一家易注》等，據以增補。詳見王
重民所作傳。[110]

匡源〈玉函山房輯佚書序〉云此書於馬國翰卒後，其婿
李氏曾刊數十部，後丁稚璜，文質夫先後刊補。舊傳馬國翰
之《玉函山房輯佚書》係竊奪章氏之稿，此楊守敬、王重民
等力證其非，此不具述。[111]

王重民推馬國翰此書為清代輯佚第一，王玉德《輯佚學
稿》稱此「一部輯佚的集大成文獻」，今人王君南且言此書
具有「群注出處、刪除繁蕪、確定歸屬、注重淵源、精於校
勘、綴合佚文、恢復篇第、撰寫提要」[112]諸家可為推崇備至
矣。然此皆泛論之言，未足為憑據，予取馬氏輯本數種與他
家輯本相較，復徵考其原文出處，誤引多闕者，隨處可見。

民初撰寫《續修四庫提要》（下略作《續修提要》）諸
家，對其書評價其實並不高。茲徵引數則以見之。

109　《清儒學案》卷 196，〈諸儒學案二〉，頁 7602。
110　見〈清代兩個大輯佚書家評傳〉，《中國目錄學史論叢》（北京：中華
　　書局，1984 年）收錄。
111　楊守敬之言見《增訂叢書舉要》卷 58，王重民說同前注。今人尚有以
　　馬氏此書係掠奪章宗源之書者，如張舜徽云：「國翰……彙刻《玉函山
　　房輯佚書》致大名，而其實攘竊章宗源未完之稿。」見《清人文集別錄》
　　（北京：中華書局，1963 年）卷 15，頁 423。
112　見〈玉函山房輯佚書研究〉，書目季刊 31 卷第 1 期。

（1）書前敘錄部分

《周易丁氏傳》，《續修提要》下略云：

> 推國翰之意，又可以《子夏傳》傳屬之薛虞矣，捨西
> 京大儒之說不從，反從模糊影響揣測之語，亦徒見疏
> 陋而已。[113]

《蔡氏易說》：

> 馬說皆臆測，難以為信。（頁5）

《周易梁丘章句》：

> 強定為梁丘易，皆不可信，嘆馬氏好古之篤，用心之
> 勤，而所獲之少也，故辨明之。（頁7）

（2）內容部份

《子夏易傳》：

> 至馬國翰輯佚書，以澍輯本鈔為丁氏易，又鈔為韓氏
> 易，疊床架屋，徒充卷次，尤無謂也。（頁3）

《王肅易注》：

> 載《玉函山房輯佚書》中，然其書實甚疏略，較之孫
> 堂《漢魏二十一家易注》中之王肅《周易注》，不逮
> 遠甚。（頁14）

《周易張氏集解》：

> 其文皆見於張璠《集解》，國翰又著錄向秀、鄒湛、
> 楊乂、張軌之書，未免疊床架屋。（頁19）

以上僅取易類數條以論，已見其一斑，大體而言，諸家多病
馬國翰貪多務博，強成卷次。以是王謨等諸家，收錄書目固

---

113 《續修四庫全書總目提要》（北京：中華書局，1993年），頁4。下引
　　均同此本。

多，卷次亦繁，頗能眩人眼目，又馬氏之所輯文本即不全是
原書，內容相關者，常並輯取之，如《連山》，敘錄云：

> 朱元昇、薛貞二家說，或見本書，或合先制，取以附正
> 經之下，觸類而長之，在好學深思者之善會焉爾。[114]

此馬氏明知非《連山》之文，而仍輯之，無怪乎尚秉和稱「馬
氏之弊，在貪多務得」也。

張舜徽稱馬氏「學殖浮淺、文尤庸劣，徒以彙刻《玉函
山房輯佚書》致大名……是集文字，可取者少，偶有論列，
亦病在識不高、心不細，多似是而非之說。」[115]此指其《玉
函山房文集》而言，與《續修提要》所評之書前敘錄，大體
相當也。

然藉馬氏之所輯為途徑，稽覈原文，慎為去取，復以諸
家所錄增補，於漢魏六朝之，已可得見梗概。自不得因其不
足之處而鄙棄也。

馬氏之後，胡薇元輯《漢易十三家》，其書內容大體同
於馬國翰書，且敘錄亦刪節而為之，《續修提要》云：

> 顧胡氏所錄，無一事出自馬氏外者，於清儒輯本，或
> 十分取五，或百分取一，出入從心，毫無準的；且所
> 為十三家序錄，大抵節鈔馬氏原文，而略易其文句。[116]

考胡氏該書，實非如續提要所論。胡氏亦稍有增補者，如焦
氏《易林》，馬國翰輯本僅序一篇，輯文一條，胡氏則輯文
有六條，案語亦頗有不同。

---

114 《連山》輯文敘錄，《玉函山房輯佚書》，頁 27。
115 《清人文集別錄》卷 15，頁 423。
116 《續修四庫全書總目提要》頁 15。

2. 黃 奭（1809-1853）

　　黃奭字右原，生卒年待考，道光中賜舉人，王鑒〈序〉
言《黃氏逸書考》當日編輯時，每成一種，即以附刊。又云
「工甫峻，值咸豐兵事，避亂鄉居，板居蘭寺。先生旋捐館
舍」，故知黃奭約卒於咸豐年間，是書亦初刊於當時。該書
隨輯隨刊，故原分《漢學堂經解》、《通緯》、《子史鉤沉》、
《通德堂經解》四部分，統稱《佚書考》，今以《黃氏逸書
考》名之。王鑒〈序〉作於同治四年，光緒年間亦曾刊行，
然非原本（據凡例云），民國二十三年（甲戌，1934）朱長
圻又為之補刊。葉仲經序略述黃奭及其書云：

> 甘泉黃右原先生，江鄭堂晚年高弟，家貲郎而能幼學
> 靡倦，為阮文達公所稱許，嘗輯《經解逸書考》、《通
> 緯逸書考》、《子史鉤沉逸書考》，又輯《爾雅古義》、
> 《通德遺書》等，與馬氏一南一北，互相輝映，至於
> 疵纇，每則較馬氏為少，其優於各家輯本者，可的而
> 言矣。

黃奭書後出於馬國翰之書，宜其能正馬輯本之訛誤也。黃奭
輯書中，或書前有序，或書後案語，略敘一書源流，然無述
及徵引補正之底本，故范希曾《書目答問補正》稱黃奭《漢
學堂叢書》「皆是逸書新輯者。」[117]，吳楓《中國古典文獻
學》亦取其說。

　　然實則不然。如《禮記解詁》，《續修提要》云：

---

117 《書目答問補正》卷 5，〈古今人著述合刻叢書〉，《書目答問二種》
（北京：三聯書店，1998 年）頁 251。

其敘次均與臧本合……〈學記〉夏楚二物二句注、〈雜記〉素端一注，其文義悉與臧本同，與馬本互異；所附案語，亦往往與臧本相類，凡馬本遺漏而見於臧本者，此亦有之。疑奭竊取臧本，惟將補遺二則，順次列之耳。[118]

此提要為胡玉縉所作，疑之耳。若以將黃氏所輯諸書與前人輯本相較，則知黃奭新輯者少，以前人之輯本者多。如《喪服變除》、《戴聖石渠禮論》采王謨輯本，輯文次序均同。其餘各書，亦多非己輯，如易類幾乎全採孫堂《漢魏二十一家易注》，每書增補若干條，甚至全無增補者，如董遇《易章句》等。而考證之案語，孫堂作「堂按」，黃氏更將堂字去掉，其餘一字不易。又如《駁五經異義》，殆取諸孔廣林輯本，其孔廣林所案語，黃奭稍易其辭，然有者有之，無者亦無所補。

又如《古史考》，與孫星衍輯本全同，孫已言係章宗源所輯，黃奭於此未明言，亦有可議之處。今人批評清代之輯佚家，多有欺世盜名之嫌者，則以嚴可均、黃奭二家為最矣。

乾嘉以後，從事輯佚之學者，代不乏人，如茆泮林之《十種古佚書》、湯球之輯《晉書》、汪文台之輯《七家後漢書》、葉昌熾之輯地方文獻。要者如王仁俊輯《玉函山房輯書續編》、《補編》及《經籍佚文》等，五百餘種，為馬、黃之後之最者，然多僅片語隻字耳。

民國以來顧頡剛輯鄭樵《詩辨妄》、魯迅輯《古小說鉤

___

118　《續修四庫全書總目提要》，頁539。

沉》、郭紹虞輯《宋詩話》,至今人朱祖延輯《北魏佚書考》,
李致忠輯《山西文獻》等。蓋書無有不散亡者,而輯佚之事,
則源源不絕矣。

五、輯佚書重出之例:鄭玄著作之輯本

　　清代輯佚工作從惠棟等人發其端,文集至嚴可均《全上
古三代秦漢三國六朝文》,經史諸子至馬國翰《玉函山房輯
佚書》及黃奭《黃氏逸書考》二家出,已略稱完備。梁啓超
云「清儒最尊鄭康成,競輯其遺著。」考鄭玄之經注,始於
王應麟《易注》,清初學者競相廣為蒐集,且各種著述之輯
者,多不只一種,茲先列舉各種藝文志所著錄之鄭玄著述,
後列諸家輯本[119],以見清儒所輯鄭玄著述之概況:

1.《周易注》九卷《後漢書‧本傳》、《釋文‧敘錄》作十卷,注曰:
　　「《七錄》云十二卷」、《隋志‧經部‧易類》、《舊唐志》作九卷、
　　《新唐志》作十卷。

　　輯本:王應麟、胡震亨、姚士⬚、朱彝尊、惠棟、孫堂、
　　丁杰、張惠言、袁鈞、孔廣林、黃奭、曹元弼。

2.《周易文言注義》一卷《宋志‧經部‧易類》

　　未見輯本,或諸家從《周易注》中析出者。

3.《尚書注》九卷《後漢書‧本傳》、《釋文‧敘錄》、《隋志‧經部‧
　　書類》、《兩唐志》均作《古文尚書注》。

　　輯本:王應麟、四庫、盧文弨、孫之騄、孔廣林、袁鈞、

---

119 此輯本目錄,參見《古佚書輯本目錄》,據以增補。

　　黃奭、陳壽祺、王鳴盛後案、孫星衍補輯。

4. 《尚書音》五卷<small>《釋文・敘錄》</small>。
　　無輯本，當附於《尚書注》。

5. 《尚書大傳注》三卷<small>《後漢書・本傳》、《隋志・經部・書類》、《宋志》</small>。
　　輯本：《四庫全書》、朱彝尊、孫之騄、盧見曾、盧文弨、
　　袁鈞、孔廣林、陳壽祺、王闓運。

6. 《尚書義問》三卷<small>鄭玄等注，《隋志・經部・書類》《尚書駁議》注引。</small>
　　無輯本，應屬《尚書注》中之節文。

7. 《尚書五行傳注》
　　輯本：袁鈞

8. 《毛詩傳箋》二十卷<small>《隋志・經部・詩類》、《釋文・敘錄》作《毛詩訓故傳箋》、《兩唐志》作《毛詩訓詁箋》。</small>
　　今存。

9. 《毛詩譜》二卷<small>《後漢書・本傳》、《釋文・敘錄》、《宋志》作三卷。</small>
　　輯本：王謨、袁鈞、孔廣林、李光廷、黃奭、胡元儀。

10. 《詩音》一卷<small>《釋文・敘錄》、《兩唐志・經部・詩類》。</small>
　　今存

11. 《周官禮注》十二卷<small>《釋文・敘錄》《隋志・經部・禮類》、《兩唐志》作十三卷、《宋志》。</small>
　　今存，王仁俊輯《周禮序》一卷。

12. 《周禮音》一卷<small>《釋文・敘錄》、《兩唐志》作三卷。</small>
　　輯本：馬國翰。

13. 《答臨孝存周禮難》<small>《後漢書・本傳》。</small>
　　輯本：孔廣林、袁鈞、黃奭、王仁俊，皮錫瑞疏證。

14. 《儀禮注》十七卷<small>《釋文・敘錄》《隋志・經部・禮類》、《兩唐</small>

　　　志》、《宋志》作《古禮注》。

　　今存。

15.《婚禮謁文》

　　輯本：王仁俊

16.《禮記注》二十卷《後漢書・本傳》、《釋文・敘錄》、《隋志・
　　經部・禮類》、《兩唐志》、《宋志》。

　　今存。

17.《喪服變除注》一卷《隋志・經部・禮類》。

　　輯本：孔廣林、洪頤煊、袁鈞、丁晏、馬國翰、黃奭。

18.《魯禮禘祫義》《後漢書・本傳》、《詩正義・商頌・玄鳥》引、姚
　　振宗《後漢藝文志》。

　　輯本：王謨、孔廣林、袁鈞、馬國翰、黃奭，皮錫瑞疏證。

19.《三禮目錄》一卷《隋志・經部・禮類》、《兩唐志》。

輯本：王謨、袁鈞、孔廣林、臧庸、黃奭、胡匡衷。

20.《三禮圖》九卷鄭玄、阮諶等撰，《隋志・經部・禮類》。

　　輯本：孫馮翼、馬國翰。

21.《發公羊墨守》一卷《後漢書・本傳》、《舊唐志》二卷，《新唐
　　志》一卷。

　　輯本：四庫、王謨、孔廣林、袁鈞、王復、黃奭。

22.《箴左氏膏肓》十卷《後漢書・本傳》、《兩唐志》。

　　輯本：四庫、王復、袁鈞、孔廣林、黃奭。

23.《公羊》一卷

　　輯本：龍璋。

24.《春秋左傳鄭氏義》一卷

　　輯本：王仁俊。

25.《起穀梁廢疾》三卷《後漢書・本傳》、《隋志・經部・春秋類》、《兩唐志》。

輯本：四庫、王復、袁鈞、孔廣林、黃奭。

26.《孝經注》一卷《後漢書・本傳》、《釋文・敘錄》、《隋志・經部孝經類》、《宋志》。

輯本：王謨、袁鈞、孔廣林、陳鱣、嚴可均。

27.《古文論語注》十卷《後漢書・本傳》、《釋文・敘錄》、《隋志・經部・論語類》、《兩唐志》。

輯本：王應麟、惠棟、王謨、袁鈞、孔廣林、馬國翰、黃奭、袁玫、王仁俊、龍璋。

28.《論語孔子弟子目錄》一卷《隋志・經部・論語類》、《兩唐志》作《論語篇目弟子注》。

輯本：袁鈞、孔廣林、王謨、宋翔鳳、馬國翰、黃奭。

29.《六藝論》一卷《後漢書・本傳》、《隋志・經部・論語類》、《兩唐志》。

輯本：王謨、袁鈞、孔廣林、陳鱣、臧庸、洪頤煊、馬國翰、黃奭，皮錫瑞疏證。

30.《駁許慎五經異義》十卷《後漢書・本傳》、《兩唐志》。

輯本：四庫、王復、袁鈞、孔廣林、黃奭，陳壽祺疏證、皮錫瑞疏證。

31.《孟子注》七卷《隋志・子部・儒家》、《兩唐志》。

輯本：馬國翰、王仁俊。

32.《爾雅注》一卷

輯本：王仁俊。

33.《易緯注》八卷《隋志》注云梁有九卷、《舊唐志》云九卷、《宋志》

七卷，又著錄《乾鑿度注》三卷、《易緯稽覽圖》一卷、《通卦驗注》
二卷，皆當在《易緯注》中。

　輯本：《四庫全書》、黃奭、趙在漢。

34.《尚書緯注》三卷 《隋志》注云梁六卷、《兩唐志》作三卷。
　輯本：孫轂、馬國翰、黃奭、喬松年、王仁俊。

35.《尚書中候注》五卷 《後漢書・本傳》、《隋志》注云《七錄》作八卷。
　輯本：王謨、袁鈞、孔廣林、馬國翰、王仁俊，皮錫瑞疏
　證。

36.《洛書注》一卷
　輯本：王仁俊。

37.《忠經注》一卷 《玉海》卷四十一引《中興館閣書目》。
　今存。

38.《漢宮香方鄭注》一卷
　　輯本：王仁俊

39.《鄭玄文集》二卷 《錄》一卷《隋志・集部・別家》《劉梁集》注引、
《兩唐志》。

　輯本：王溥、嚴可均、盧見曾雅雨堂本《周易注》後附錄
　一卷。

未見輯本者有十八部，分別為：

　　　《喪服譜》一卷《隋志・經部・禮類》。

　　　《禮議》二十卷《後漢書・本傳》、《新唐志》。

　　　《駁何氏漢議》二卷《隋志・經部・春秋類》。

　　　《春秋十二公名》一卷《隋志・經部・春秋類》著錄《春秋左
　　　　傳例苑》注引。

　　　《春秋左氏分野》一卷《隋志・經部・春秋類》著錄《春秋左

傳例苑》注引。

《論語釋義》十卷《舊唐志》。

《詩緯注》三卷《兩唐志》。

《禮緯注》三卷《隋志‧經部‧附》。

《樂緯注》侯康《補後漢書藝文志》、姚振宗《後漢藝文志》。

《春秋緯注》《昭明文選》卷五十八,〈褚淵碑文〉注引。

《孝經緯注》《昭明文選》卷三,〈東京賦〉注引、侯康《補後漢書藝文志》、姚振宗《後漢藝文志》。

《漢律章句》見《晉書‧刑法志》、侯康《補後漢書藝文志》、姚振宗《後漢藝文志》。

《天文七政論》《後漢書‧本傳》。

《九宮經注》三卷《隋志‧子部‧五行家》。

《九宮行棋經注》三卷《兩唐志‧子部‧五行類》、《舊唐志》作鄭玄撰。

《九旗飛變》一卷《兩唐志‧子部‧五行類》。

《乾象歷注》《後漢書‧本傳》、《晉書‧律曆志》引。

《日月交會圖》一卷《隋志‧子部‧天文家》。

以上五十七種,有輯本可考者三十九部,經部諸書大致有輯本可考,且多者如《周易》、《尚書》、《論語注》等有六至八家,《六藝論》有十家。若將其中數家合併考之,則輯文互有多寡差異,收錄內容亦頗有不同。予曾將《六藝論》十種輯本合斠,亦將各家《易注》略做核對,知各種輯本互有短長,然皆未可輕信。

　　無輯本者十八部,其中緯書與術數類諸書是否為鄭玄所著述,大有可疑,亦多未見輯本,以諸家藝文志著錄,故亦

列之。

由以上二方面考論，清人之輯佚，號稱專精，然輯隋唐
以前之佚書，以書種而言，不過半耳。以鄭氏一家而言，經
部稍詳實，然亦多所遺漏。若細考各種輯佚書之內容，或一
卷、或隻字片語，於古人著述均僅能見其一端耳。欲藉輯佚
書以考一代一人之學，恰似以管窺豹，然無此管，則連一斑
均不可得矣。

六、輯佚理論之提出與建立

1、論從古書輯錄佚文舊說之法

清儒從事輯佚之業，師法宋代王應麟，論輯佚之法，亦
承鄭樵之論，但至乾嘉時期，學者實踐其說，並修正增補，
使理論臻於成熟。

典籍有五厄、十厄之劫，古人著述十不存一，輯佚之事
因而有之。輯佚之始或早於宋代，然提出輯佚之理論者，則
不得不推之於鄭樵。鄭樵《通志‧校讎略》有〈書有名亡而
實不亡論〉一篇，言「書有亡者，有雖亡而不亡者」[120]，蓋
其學說佚文尚可見之於相關之書中。此說明輯佚之事之可
能，也指引輯佚之途徑。鄭樵以三十餘種書論述古籍之不亡，
茲略分別其義：

一、後人據前人之書而作，前人書存而後人書亡者，可

120 鄭樵《通志‧校讎略》，《通志二十略》，北京：中華書局，1995 年
版。

取諸前人之書。鄭氏言：

> 《三禮目錄》雖亡，可取諸《三禮》。《十三代史目
> 錄》雖亡，可取諸十三代史。常鼎寶《文選著作目錄
> 人名目錄》雖亡，可取諸《文選》。《開元禮目錄》
> 雖亡，可取諸《開元禮》。……張頻《禮粹》出於崔
> 靈恩《三禮義宗》，有崔靈恩《三禮義宗》則張頻《禮
> 粹》為不亡。《五服志》出於《開元禮》，有《開元
> 禮》則《五服志》為不亡。（同前注）

二、同類之書，一部存而眾家之義可略見：

> 《天文橫圖》、《圓圖》、《分野圖》、《紫微圖》、《象度
> 圖》，但一圖可該。《大象賦》、《小象賦》、《周髀星述》、
> 《四七長短經》、劉石《甘巫占》，但一書可備。《開
> 元占經》、《象應驗錄》之類，即《古今通占鑑》、《乾
> 象新書》可以見矣。……（同前）

三、所著書已為後人收錄，則據後人之書以見前書。鄭氏舉
例如：

> 《名醫別錄》雖亡，陶隱居已收入《本草》。《李氏
> 本草》雖亡，唐慎微已收入《證類》。……唐人小說
> 多見於《語林》，近代小說多見於《集說》。……（同
> 前注）

以上三類，鄭樵所舉之例尚多，茲不具引。細究鄭氏所言，
其雖言「書有亡者，有雖亡而不亡者」，然所重當在於學之
不亡，而非典籍之不亡。以第一項而言之，其言「張頻《禮
粹》出於崔靈恩《三禮義宗》，有崔靈恩《三禮義宗》則張
頻《禮粹》為不亡。」則忽略張頻《禮粹》之所選輯與崔靈

恩《三禮義宗》之差異，亦不得見張頻選輯之標準，且古人
之選輯古書時文，常寓個人價值思想於其中，如鍾嶸之《詩
品》、蕭統之《文選》等為其著者。若以《禮粹》出於《三
禮義宗》即等同視之，則張頻之思想主張不得而見矣。第二
項所論，亦以內容相近之書即可等同視之，略同於第一項，
皆非徵存前人典籍之事。章學誠言「其見甚卓，然亦發言太
易者」，即著眼於引用與原本詳略不同，其間必有個人之說，
不得輕易等同視之也。章氏論云：

> 鄭樵論書，有名亡實不亡，其見甚卓，然亦發言太易
> 者。如云鄭玄《三禮目錄》雖亡，可取諸《三禮》，
> 則今按以《三禮正義》，其援引鄭氏《目錄》，多與
> 劉向編次不同，是當日必有所說矣，今不得見也，豈
> 可曰取之《三禮》乎？又曰《十三代史目》雖亡，可
> 取諸《十三代史》，考藝文志所載《十三史目》，且
> 有唐宗諫及殷仲茂兩家，宗諫之書凡十卷，仲茂之書
> 僅三卷，詳略如此不同，其中必有說，豈可曰取之《十
> 三代史》而已乎！其餘所論，多不出此。若求之於古
> 而不得，無可如何，而旁求於今有之書則可矣。如云
> 「古書雖亡而實不亡」，談何容易也。[121]

章氏雖以鄭樵「發言太易」，忽略各書之異同，然並不否定
輯佚之可能。其下續曰：

> 若求之古而不得，無可如何，而求之今有之書，則又
> 有采輯補綴之成法，不特如鄭樵所論已也。……今按

121　《校讎通義・補鄭第六》，《章氏遺書》卷第 10，頁 97，1985 年。

> 緯候之書，往往見於《毛詩》、《禮記》注疏，漢魏
> 雜史，往往見於《三國志》注，虞摯《流別》及《文
> 章志》，往往見於《文選》注，六朝詩文集，多見於
> 《北堂書鈔》，唐人載籍，多見采於《太平御覽》、
> 《文苑英華》，一隅三反，充類求之，古逸之可採者
> 多矣。[122]

其大旨略同於鄭樵所言之第三類，且更爲明確，即輯佚家所
輯存古書之方法也。鄭樵所言「唐人小說多見於《語林》，
近代小說多見於《集說》」，然此二書雖采錄唐宋小說而成，
多未注明出處，欲藉以爲輯佚之事，並不足爲憑，章學誠所
言則輯佚確實之道也。

2、論輯佚書之作用

　　清嘉慶年間，組織人力，從事及輯佚、校訂經注，同時
有孫星衍、阮元二人。阮元欲輯古經注，匯爲一編，以見漢
魏學者之經說，並囑陳壽祺爲之。陳氏作〈經郛條例〉，言
其作用除「闡許、鄭之閟眇，補孔、賈之闕遺」外，其功用
有十：「一曰探原本，二曰鉤微言，三曰綜大義，四曰存古
禮，五曰存漢學，六曰證傳注，七曰通互詮，八曰辨勦說，
九曰正謬解，十曰廣異文。」[123]以上十者已能包含輯存古書

122　中略語爲「昔王應麟以易學獨傳王弼，《尚書》止存《僞孔傳》，乃采
　　鄭玄《易注》、《書注》之見於群書者，爲鄭氏《周易》、鄭氏《尚書
　　注》。又以四家之《詩》，獨《毛傳》不亡，乃采三家詩說之見於群書
　　者，爲《三家詩考》。嗣後好古之士，踵其成法，往往綴輯逸文，搜羅
　　略遍。」以見於前，不重複引之。
123　〈經郛條例〉，陳壽祺《左海文集》卷 4，小琅嬛館刊本。

佚文之作用。其中「存古禮、存漢學」二者爲佚文之基本作用，其餘八者均是以佚文爲本，藉以探討古學、分辨舊說。於此可見，輯佚書之缺失，雖頗爲後人所非議，然從事於此者，卻非徒以嗜古好博相炫，而是欲以輯佚之事，而成釐訂經籍、考訂舊學之大業也。下以乾嘉學者於從事輯佚之時所述及，略論其輯佚之目的，以見輯佚書之作用。

（1）以輯佚之舊注爲訓詁之階

　　乾嘉學者，反對明末以來空談心性之流弊，而欲以古訓舊注求周公孔孟聖賢之大義。錢大昕序嚴蔚《春秋內傳古注輯存》曰：

> 自唐初《正義》專用杜說，而服學遂亡，世遂不復知《左氏》之爲古文者，此嚴子豹人《古注輯存》所爲作也。夫窮經者，必通訓詁，訓詁明而後知義禮之趣，後儒不知訓詁，欲以鄉壁虛造之說求義理之所在，是以支離失其宗。漢之經師，其訓詁皆有家法，以其去聖人未遠，魏晉而降，儒生好異求新，注解日多，而經益晦。輔嗣之《易》、元凱之《春秋》，皆疏於訓詁，而後世盛行之。豹人篤於信古，乃刺取《經典釋文》、群經《正義》，參以他書，采獲若干條，所師不專一家，要皆漢儒舊義，譬之鑿石得金、探水出珠，雖霾掩千百年，其爲希世寶，有目者所當共賞也。[124]

以訓詁爲通經之階，而漢儒之舊注則因其去聖人未遠，得聞見聖人之遺緒，且師法、家法相承，無所變亂，故得爲訓詁

124　《春秋內傳古注輯存》（《續修四庫全書》本）卷首，頁1。

之階，此清代言漢學之學者所共同之主張也，而輯佚書之作用正在於此。然漢魏諸家經說多亡佚不存，或散見他處，故非經蒐殘排比之工作，不得窺見一家之大體面貌，因而輯佚書之所由興也。盧文弨〈爾雅漢注序〉言「不識古訓，則不能通六藝之文而求其意，欲識古訓，當於年代相近者求之。」[125]則亦是以搜求年代相近之古訓舊注作為訓詁經義之入門者也。

（2）以舊注見今書之誤

今本之誤者，或傳刻之訛字，或注者之誤解，不一而足，前者如盧文弨《群書拾補》等所校古書之誤者。後者如錢大昕言杜預注《左傳》之地理，時有誤者，正待漢人古注以正之。陳喬樅《魯詩遺說考》於〈汝墳〉「遵彼汝墳」下，引《爾雅・釋地》「汝有墳」及李巡曰「汝旁有肥美之地名」之義，按云：

> 郭璞《爾雅注》於「汝為濆」下引《詩》曰：「遵彼汝墳」。其說非是。據《釋文》云：「濆字，林作涓，眾《爾雅》本皆作涓。則濆乃濌字耳。……自景純本涓譌為濆，遂誤認《詩》之〈汝墳〉即《爾雅》之汝為濆，而引《詩》實之……酈道元《水經注》本之，以誤沿誤，後人疑義紛起，或執其釋《詩》之「遵彼汝墳」為《爾雅》別出之水，或糾其失，謂《爾雅》之汝為濆，為景純私改之本，而不知《釋文》之水，前後別言，判然各罒，李巡之注，彼此異解，昭然無

疑也。[126]

此以亡佚之《爾雅》李巡注，以見郭璞注之**舛**誤，並據以明酈道元《水經注》之誤者，陳氏此案非考李巡《爾雅注》者，然以舊注而正流傳之經說訓詁也。陳氏續言：

> 魏晉以來解經，好自立說，淹沒前義，使古注善本淪喪無存，如王弼注《周易》，而孟、京、荀、虞諸家之注廢，梅賾作《孔傳》，而伏、賈、鄭、王諸家之注廢，杜預注《左傳》，而賈、鄭、馬、服諸家之注廢，自景純注出，而舍人、樊光、李巡、孫炎之注亦廢矣。若此之類，不一而足，幸而百家引述，其佚實見於他說，所謂什一存於千百之間，則片詞隻字，其寶貴宜何如也。

陳氏有見於諸經《正義》所依據之諸家經說，實有臆說誤解之事，而前後相沿，遂使疑義叢生而不止。而欲得其確解者，正賴漢人之古義舊注。而古義舊注存於諸家引述，正賴輯佚搜求，整理排次，而後得以正經注之失也。陳氏之重視舊注佚文，並據以考訂諸說之失，於此可得見矣。

（3）見一家一代之學

張惠言以諸家佚文而定漢魏易學為四，各有源流，不容相混者，溯其本源而流別自明，亦藉輯佚之功也。馬國翰輯《周易何氏解》，論何氏之說曰：

> 茲從孔穎達《正義》、李鼎祚《集解》、房審權《義海》輯錄，止四節，亦卑之，無甚高論，取以備魏易一家

---

126 《魯詩遺說考》（《續修四庫全書》本）卷1，頁68。

之數，且著漢學之變，自王弼者，晏實為之倡也。[127]
馬氏以何晏《易解》無甚高論，佚文又少，本不足論，然卻
得據以見漢易之轉變，由何晏發其端，王弼續成之，由此可
見佚文不得以其少而輕之也。

（4）據佚文以辨別古書訛誤

陳喬樅以《禮記》之引詩「先君之思，以畜寡人」，定
其為齊詩，並以《釋文》作魯詩為誤，陳氏案云：

> 玫二戴之學，傳自后蒼，后蒼治齊詩，故《禮記》引
> 詩，多從齊詩之文。至後漢馬融、盧植考諸家同異，
> 附戴聖篇章，去其繁重及所敘，略而行於世，即今之
> 《禮記》是也。鄭君依盧、馬本而注焉見《釋文·敘錄》，
> 是《禮記》舊說多主齊詩傳義。鄭云注時就盧君，又
> 云先師亦然，則〈坊記〉注是述齊詩之說也。《禮記·
> 釋文》云：此是魯詩之學，魯字疑齊字之誤，蓋此篇
> 魯、齊同為定姜之詩，而說微異，魯以為送其婦歸而
> 作詩，齊則以為送婦歸寧，并為獻公無禮而作詩，義
> 亦與魯互相備。魯、齊詩久亡佚，陸氏蓋據前儒之遺
> 說，王氏《詩考》以此記注收入魯詩，然則王氏所見
> 《釋文》，本已誤作魯矣。[128]

此以輯佚所見之佚說，訂正流傳之《釋文》之訛誤，陳氏《三
家詩遺說考》中，其案語頗多訂正諸書之誤者，如訂正《爾
雅》郭璞注及此訂正《釋文》均是。

127　《玉函山房輯佚書》，頁 192。
128　《齊詩遺說考》（《續修四庫全書》本《三家詩遺說考》）卷 1，頁 351。

（5）以輯佚書校原書

　　輯佚書校原書，以孫星衍主持、嚴可均、王引之等進行之《北堂書鈔》成就為最，此書孫氏等未完成，其後孔廣陶、林國賡等續為校定，光緒十四年刊行。其以前人輯佚書為本，詳覈原書，而後參校明寫本，其凡例言參考輯佚書之原則曰：

> 取校必陳隋以前四部之書，現存者，據古刻本，亡佚者，據精輯本，二者俱無，則據近年自輯佚書本。其前人諸輯本，非出原引書名者，如《說郛》、《古微書》之類，苟有他本可據，即屏不錄，其已著出原書原引書名者，如《玉函山房》、《平津館》之類，仍謹勘所自出，未敢遷就。[129]

此〈凡例〉說明輯佚書於校勘古籍之原則，一方面，輯佚書須是精輯且出處詳明，二方面取以校勘原書時，仍須勘其所出，未敢輕用。而因輯佚書之徵引常出於當時或更前之眾書，用此眾書之文校勘一部，則《北堂書鈔》之徵引為全文或刪節，或以意引，則可分辨。舉例而言之，《書鈔》卷七十七，「理萬物、平百揆」，此出楊泉《物理論》，按云：

> 《類聚》、《御覽》職官部引《物理論》皆作「理萬機」，平津館輯本謂《書鈔》引作「助萬機」。蓋據陳本，俞本亦然，并刪標目「萬物」二字，其時孫氏尚未得此影鈔也。[130]

此即是以諸家所輯佚文校正原書，併以輯自《類聚》、《御

129　《北堂書鈔》（臺北：新興書局影印光緒十四年刊本，1971年）凡例，頁13。
130　同前，頁340。

覽》之佚文，以見文字之異同者。

　　此外，得據古佚書增補史志目錄。清儒從唐宋經注類書中輯存古佚書，其所輯者常出於史志之外，如前所徵引之《鄭玄別傳》及鄭玄著述等。其書既見於後人徵引，爲確有其書之明證，前人修史志時未見著錄，茲有輯佚書出，則得據以增補。

3、論佚文之去取原則

　　輯佚之可能，在於古書之反覆徵引，而反覆徵引之過程中，必然產生同一文出現在不同之典籍，而其文字之差異亦爲常見，蓋古人徵引前人之說，多僅引其意，而非重在文字，因此文字有差異之產生。又徵引之時，多僅言某氏而不具言某人或某書，因此，輯存古佚書之經說內容，殆非易事，間收並取，易失之浮濫，嚴爲去取，則所獲無幾，輯佚書之功用大減。乾嘉時期之學者，於佚文之去取，則提出其依據之原則。

（1）廣收博取，以供徵考

　　嚴可均《全文》凡例所言之「文有煩簡完闕雅俗，或寫刻承訛，或唐宋前依託，畢登無所去取」及王謨言其輯佚文之原則「凡經傳支流餘裔，可與註疏羽翼者，並鈔而錄之」均是此意。清代從事輯佚者，多本此原則。盧文弨〈春秋內傳古注輯存序〉曰：

> 蓋當古學廢墜之後，而幸有不盡澌滅者，與其過而棄之也，毋寧過而取之以扶絕學，以廣異誼，俟後之人擇善而從斯可也矣。何庸先以一己之見律天下後世

哉！[131]

陳壽祺〈經郛・凡例〉則言其蒐錄之原則，曰：

> 逸緯及唐以前逸子逸史、別史傳記，有涉經義者悉
> 采。[132]

又：

> 六朝以前，通人纂著，史傳而外，文集間存，苟於經
> 術有裨，不廢采，求散佚。

於陳氏擬定之〈凡例〉，則可見其所輯佚書佚義，以求其廣
備為要，而靡所不包，其於佚文之搜求，可謂求其全且備矣。
然如此搜求，必然珠玉雜陳，於未必得見聖人之立說，及漢
人之經旨經義。輯佚學者，以為無害於事，且得供相參校也。
王謨云：

> 凡經說之純且精者，故當遵而奉之，以廁於聖賢經傳之
> 末。及其說之不必精且純者，亦何妨並載於冊，瞭若
> 指掌，俾讀者得以考其純駁精觕，離合異同之致。[133]

以此可見清人之從事輯佚者，其首要原則大抵都是求其全
備，至於真偽相參、各家相混，則有待更進一步之整理，非
從事輯佚者所先考慮者也。馬國翰〈魯詩故序〉云：

> 諸所引述經文，異同必載，其訓有兩說者，亦並採之，
> 意在互明，無嫌複舉；縱不必盡出原書，而根據不違
> 乎本訓，視明豐坊《魯詩世學》及《申培詩說》之偽，

---

131 嚴蔚《春秋內傳輯存》（《續修四庫全書》本）卷首。盧文弨《抱經堂
　　文集》卷 3，頁 29。
132 《左海文集》卷 4，頁 17。
133 見王謨〈漢魏遺書鈔序〉（《漢魏叢書》本附，臺北：大化出版社，1988
　　年）第 5 冊。

固大有間矣。[134]

說有兩見並取，非出原書亦無害，雖頗有浮濫之譏，然輯佚者以博取兼收見其說爲要，則不容否認矣。章學誠欲輯《史籍考》，論輯錄之範圍，則言：

> 宋元以來，史部著述浩繁，自諸家目錄之外，名人文集有序文題跋，雜書說部有評論敘述，均須摘抉搜羅。[135]

於此，則輯佚之內容當兼及題跋、評論，不僅止於原書之內容。且章氏所取之範圍並及宋元以下，與乾嘉學者輯經部書專注隋唐以前之說，更見廣收博取之意。

（2）同見於多書則取其完備

輯佚之可能在於後人著述中多徵引前人之書，然各家所引之文或多或寡，輯佚者之取捨，蓋以完備者爲先。嚴蔚《春秋內傳古注輯存》凡例：

> 諸書所及漢注，即於其下注名書名，庶便檢核，或有一注而數見者，其文句之間，有多有少，蔚未敢定彼從此，祇就最詳者著錄而已，餘止載書目。[136]

前引梁啓超論輯佚書之優劣，認爲輯文當以最先者爲依據，然清儒輯佚時，則分辨徵引之文爲原文或略舉而決定佚文之去取，《鄭志》袁鈞輯本〈易志〉「大畜六四，童牛之牿」下，考證云：

> 「施牿于足」下，本無「牛四足，何以稱牿」七字，「牛

---

134 《玉函山房輯佚書》，頁 465。

135 《校讎通義外編》卷 13，〈與邵二雲書〉，頁 117。

136 嚴蔚《春秋內傳輯存》（《續修四庫全書》本），卷首，頁 5。

無手」下，無「前足施桴也」五字，從《禮記・月令疏》引補。〈月令疏〉止「泠剛問云：牛四足，何以稱桴？鄭答：牛無手，前足施桴也」二十二字。《周禮・內饔疏》故以足言之，作「以前足當之」，是引者約舉之。[137]

原文輯自《周禮・大司寇疏》，文較簡短，袁氏取《禮記・月令疏》以補之，然二者各有簡省，故互為增補，以求其完備。輯佚者於此不僅注明出處、異文，實亦見其去取抉擇，取其完備之意。

（3）分屬二家之說則並舉以明之

輯佚者將一佚文分屬二家，為後人非議輯佚書之重要原因，然古人重師說家法，前後相承，其說自有相同者。說解相同而無以分辨者，則並互著於二家，且注以明之，不為浮濫，不得以貪多嗜博非之也。王鳴盛《蛾術編・採集群書引用古學》：

> 襄公二十九年，歌〈周南〉、〈召南〉曰：「始基之矣，猶未也。」賈逵曰：「言未有雅、頌之成功」，見《史記・吳世家》注；豹人既引〈周南・關雎序〉疏，以此句屬服虔，豹人未及。雖用賈語，但《左傳》服為主，此類不妨重累舉之。[138]

二家之說相同者，或前後師說相承之故，或徵引前人而未言明，王氏以為既然說解相同，並舉無妨，無害為累贅。二家有若干說解相同者，得以互見，分別著錄，若如馬國翰者，則又過之也。馬氏〈周易張氏集解敘〉云：

---

137 袁輯《鄭志》頁二，原刊《鄭氏佚書》。
138 《蛾術編》卷2，頁1215。

茲取《釋文》所引張璠，及凡言張者，悉定為張氏《集
解》，復從《正義》、李氏《集解》、《文選注》輯為
一卷。又序稱依向秀為本，故凡向氏說，悉採入。[139]

張氏者，張璠也。張璠依向秀本輯易說，見《釋文》、《七
錄》等書。然依向秀本者，當指向秀本之次序，馬氏將《釋
文》、《集解》中所有向秀之言輯為張璠，頗致疊床架屋之
譏，蓋向秀之說未必同於張璠，故輯文不得分屬二家而並舉
之。

4、論佚文之編次原則

古書流傳，幾經變易，篇目卷次，多所不同，如經部之
書，易之彖、象、文言等經鄭玄、王弼之改易，杜預之合春
秋經傳，於此可知漢代經籍與今傳諸本多不相同。輯佚書既
以復古書面貌為目的，則其佚文次序自當以當時為本。諸家
輯本或以古書為本，或據今本以便省覽，各有論說。

章學誠言史書逸篇無編次，則無所附麗，其論曰：

夫史籍遺篇逸句，不講著錄部次，則無所附麗，更不
比余氏《鉤沉》，猶有本經白文，可以做間架也。今
為酌定凡例：自唐以前諸品逸史，除蒐采尚可成卷帙
者，仿叢書例，另作序跋較刻以附《史籍考》後。其
零章碎句，不能成卷帙者，仍入《史籍考》內，以作
考證。至書之另刻，不過以其卷頁累贅，不便於各條
之下，其為體例，仍是搜逸，以證著錄與零章碎句之

> 附於各條下者，未始有殊，故文雖另刻，必於本條著
> 錄之下，注明另刻字樣，以便稽覽。[140]

章氏於此，殆以輯文卷帙之多寡，輯文多者自成一書，輯文
少者則仿朱彝尊《經義考》案語之方式著錄於書之末。而未
論及輯文內容之排列，此因於其史籍之佚文，不見原書，則
不知體例及次序先後，且如諸人傳記之排次先後，不影響其
內容也。大體而言，舊籍之注疏，排次其文較易，有原書可
依循也。諸子之論述、史傳文翰，除少數有他書可依循外，
排次頗為不易也。乾嘉時期，從事輯佚者，於佚文之處理，
大略有下列幾種方式：

（1）據古本為次

　　輯佚者，以復原古書之面貌為目的，此不可求，然其所
輯之篇次，則得以據古人家法、師承等序列之。陳壽祺〈經
郛·凡例〉云：

> 分經編纂之例，逐條排比，離析章句，各依漢儒家法。
> 其古學今學，焯然可知者，尋其義類，按次緝綴，有
> 所闕疑，以類附當篇末。[141]

漢儒家法不同，經傳內容次序多異，既依家法，則以各家所
傳之經文為次也。

　　經籍經漢魏六朝注者之以注從經，或改易其序，後世流
傳者多與漢魏時不同，其傳本之改易，史有明載者，《易》
也。故諸家之輯漢經說，多以復古本之次為要。鄭注《周易》
袁鈞輯本序曰：

---

140 《校讎通義外編》卷 13，〈與邵二雲書〉，頁 117。
141 《左海文集》卷 4，頁 18。

> 今傳王氏輯本，是後人增益成之者……乃其比次，既
> 非鄭第，又不詳所據之書。時參用兩書，不明所出，
> 有乖傳信……鄭《易》自坤卦以下，皆如乾卦之例，
> 特退〈文言傳〉於〈繫辭傳〉後耳。沖遠之言非其實，
> 今用鄭第編輯，各注所據本書，其經王氏輯者，並著
> 原輯，依《隋志》為九卷。[142]

此不僅以古本為次，並卷數亦以《隋志》所著錄為依，袁氏
所輯諸書，其分卷及次序大抵皆以古本原則。

（2）以今本為次

以今本為次者，取其便覽也。嚴蔚《春秋內傳古注輯存·
凡例第三》：

> 今本《左氏傳》年上有經傳字，是杜預所題，以分年
> 相附，此亦杜纂之一端也。蔚今依其所分，亦經傳以
> 別之者，蓋《集解》單行已久，恐稍為改易，易生學
> 士多怪之疑。[143]

以今本為次者，一則因古本之卷次不明，難以盡復原，二則
以今現行本為次，更易見古注與今流傳之說之差異也。

（3）以徵引先後為次

此前章宗源所論，「無篇目可歸，即以引書之先後為次
第」。輯佚書多殘篇斷簡，以徵引先後為次並不害其內容，
且徵引先後為次，亦便於後人徵引檢核原文。

（4）以全備之篇目為先

前引《四庫總目》言《駁五經異議》編次之原則即是。

---

142 鄭玄《易注》，袁鈞輯本，浙江書局刻《鄭氏佚書》本。
143 嚴蔚《春秋內傳輯存》卷首。

又孫馮翼〈魏文帝典論序〉言其編次：

> 今緝其逸簡，共存三十餘事，以〈論文〉最為全篇，
> 故編之於首。然《北堂書鈔》設官部載李尤文章，賈
> 逵薦其有相如、揚雄之風，又〈藝文部〉載論屈原、
> 相如之賦孰愈，或《典論》體例，固列敘前代作者事
> 迹，而以論建安七子之文終篇。[144]

觀孫馮翼之意，以《典論》一書，〈論文〉當在最後，但因
其全篇，故反次之於首。

（5）以內容為次

古書徵引，以意引、節引者時有所見，輯佚家之處理，
或將一處之徵引分別數段而編次。以洪頤煊《鄭玄別傳》輯
本為例：

> 鄭康成以永建二年七月戊寅生。《太平廣記》二百十五。
> 案　各書引俱稱名，此獨稱字，當云「鄭玄字康成」，後人抄變
> 其詞耳。
> 玄少學書數。《世說新語・文學篇》注。
> 玄八九歲能下算乘除。《太平廣記》二百十五。
> 玄年十二，隨母還家，正臘謙會，同列十餘人，皆美
> 服盛飾，語言閑適，玄獨漠然如不及，母私督數之，
> 乃曰：「此非我志，不在所願也。」《後漢書・本傳》
> 注、《北堂書鈔》一百五十五、《藝文類聚》五、《太平御覽》
> 三十二、《太平廣記》二百十五　案《後漢書》注、《太平廣記》
> 引，俱作年十一二。

144　《問經堂叢書》本《典論》，卷首。

十三誦五經，好天文占候風角隱術。《世說新語・文學篇》注。

玄年十六，號曰神童，民有獻嘉禾者，異本同實，縣欲表府，文辭鄙略，玄為改作，又著〈頌〉一篇，相高其才，為修冠禮。《太平御覽》五百八十八，又八百三十九、又九百七十八　案《御覽》五百八十八引「嘉禾」作「嘉瓜」。

玄年十七，在家見大風起，詣縣曰：某時當有火災，宜祭禳，廣設備，時火果起，而不為害。《世說新語・文學篇》注、《太平御覽》八百六十八、《事類賦注》八　案《世說新語》注引末句至「時果然，智者異之」。

年二十一，博極群書，經歷數圖讖之言，兼經算術，遂去吏師故袞州刺史第五元，先就東郡張恭祖受《周禮》、《禮記》、《春秋傳》，周流博觀，每歷山川，及接顏一見，皆終身不忘。《世說新語・文學篇》注。

以上七則，分別輯自《世說新語注》、《太平御覽》、《太平廣記》三書，並以《北堂書鈔》、《藝文類聚》等參校。其中輯自《世說新語注》者四則，其原文本為一則，茲分列第二、四、六、七，輯自《太平廣記》者一、三、四，原文亦為一則。洪頤煊以其所述之情事之先後，分段而排列之。

　　此種編次方式，頗便省覽，然於原文，卻為混淆，若疏於查覈原文，則頗易生誤解。

5、論佚文之歸屬判別

　　古書徵引前人之說，如已明言出自何人何書，則其分判無所疑義，殆輯佚者所重在於判別佚文之真偽及佚文編次

耳。然古書徵引常泛言經傳或僅言其姓氏，則分判輯文殆非易事也。茲以陳喬樅《三家詩遺說考》為例，分二端說明其分判佚文歸屬何家何人之原則。蓋陳氏父子學術精湛，分變有則，非他家所能及也。

（1）以師承家學分判

陳壽祺〈經郛‧凡例〉言「漢儒傳注，有古學、今學之分必先考其家法，然後異同可辨。」此先明家法，而後分判佚注歸屬也。陳喬樅《齊詩遺說考》於〈小雅‧十月〉「彼月而食，則惟其常；此日而食，於何不臧」載「《漢書‧天文志》「《詩》云：彼月而食，則惟其常，此日而食，於何不臧。《詩傳》曰：月食非常也，比之日蝕，猶常也，日食則不臧矣。」陳氏案云：

> 此所引《詩傳》是齊詩之傳也。司馬彪《續漢志》言班固敘《漢書》，而馬續述〈天文志〉，續父馬嚴為援兄子，伏波父子並習齊詩，季則當亦傳其家學也。[145]

因家學而知其說之所出，據以分判《漢書》之徵引經說為屬《齊詩》。又鄭玄於《詩》雖作《箋》，然陳氏以其師承言其注禮多本《齊詩》。陳氏〈周南‧關雎〉案云：

> 《經典釋文‧敘錄》云：「《禮》，古經五十六篇，蒼傳十七篇，鄭君本治《小戴禮》，後以古經校之，取其於義長者順焉。后氏為轅生再傳弟子，《儀禮》與《齊詩》並出自后氏，禮家詩說均用齊詩。鄭君注《禮》在箋《詩》之前，未得《毛傳》，故於笙、閒

145　《齊詩遺說考》《續修四庫全書》本，頁412。

之篇未聞，知其所稱《詩》者，皆本齊說矣。[146]

鄭玄注《禮》與箋《詩》多異者，此陳氏多指出其據齊詩注禮，故異於箋毛詩。然陳氏蓋亦藉師承以定其先習齊詩，而後改以毛詩為宗者也。

（2）以他書徵引異同分判

陳喬樅《齊詩遺說考》於〈小雅・父母〉「大夫不均，我從事獨賢」載「《鹽鐵論・地廣篇》「《詩》云：莫非王事，而我獨勞，刺不均也。」陳氏案云：

> 此所引《詩》，蓋《齊詩》故傳之文也。以賢為勞，與《孟子》書及毛公義合。鄭君《詩箋》、趙邠卿《孟子注》，並以賢為賢才，從《魯詩》之訓也。[147]

此以二家之訓解不同，故分判之。又〈凱風〉「深則厲，淺則揭」，《釋文》引韓詩曰：「至心曰厲」，陳氏按云：

> 《魯詩》訓云：「以衣涉水曰厲。」見包咸《論語注》。《爾雅》云：「由帶以上為厲。」《爾雅》亦《魯詩》之學也。韓詩至心曰厲，即所云由帶以上。其義與《魯詩》同。[148]

陳氏先以師承傳授及古書徵引之佚文[149]，以見《爾雅》之說所據為魯詩，再據以分辨三家詩說，可謂信而有徵。

欲分判經傳輯文，非深明經術、精通傳承家法，不足以

---

146 《齊詩遺說考》，頁336。
147 《齊詩遺說考》，頁421。
148 《韓詩遺說考》，《續修四庫全書》本，頁534。
149 《魯詩遺說考・自序》：《爾雅》亦魯詩之學，漢儒謂《爾雅》為叔孫通所傳，叔孫通，魯人也。臧鏞堂《拜經日記》以《爾雅》所釋《詩》字訓義，皆為魯詩，允而有徵。《續修四庫全書》本，頁43。

爲之。如馬國翰之輯文常分見二家，則不知分判，故深爲張
舜徽譏之。

6、論出處與異文之注明原則

輯佚者大體都能重視出處之注明，然出處之注明或泛言
某經疏、某書，如朱彝尊《逸經》所注，則嘗不得考其原文，
如前引余蕭客《鉤沉》之凡例所言「一書卷帙，多或盈千，
若不注出某卷，幾與不注所出書同」者也。

古書佚文藉後人轉引或類書之徵引而存，因此，一文常
見於不同之書，文字亦因此而常有不同。以前面所引「玄年
十二，隨母還家，正臘讌會，同列十餘人，皆美服盛飾，語
言閑適，玄獨漠然如不及，母私督數之，乃曰：此非我志，
不在所願也。」爲例，洪頤煊輯文以《太平御覽》、《藝文
類聚》爲本，文字相同，見於《後漢書・本傳》注者文稍異，
見於《北堂書鈔》者，無「母私督數之，乃曰：此非我志，
不在所願也」數句，見於《太平廣記》則作：

> 年十一二，隨母還家，臘日宴會，同時十許人，皆美
> 服盛飾，語言通了，玄獨漠然，狀如不及，母私督數
> 之，乃曰：此非玄之所志也。[150]

洪氏案語僅注明年十一二之不同於十二，其餘文字之詳略，
則未注明。諸家輯佚書，少數注明異文外，大部分僅注明互
見之出處，而未詳其異，此亦後人責以疏略之因也。然出處
異文之注明，輯佚者亦有論之者，陳壽祺〈經郛・凡例〉言

---

150 《太平廣記》（北京：中華書局，2003 年），卷 215，頁 1645。

佚文之注明云：

> 采書悉仍原文，寧詳勿略，每書必標其卷某篇，以明
> 所徵，有據善本訂誤者，附注其下。[151]

此〈凡例〉說明，其輯之佚文，不僅注明出處篇卷，且各書
所引之異文，並注明之，輯佚之書，於佚文處理，以此爲善。

七、乾嘉時期輯佚工作之缺失

輯佚之事，至嘉慶、道光時期之馬國翰、黃奭二家，雖
未盡完備，然宋以前之群經諸子、史傳文翰，多已見蒐羅，
如前所述。清代輯佚之業，至此，亦可略作評論。民初梁啓
超、劉咸炘等皆對輯佚書有若干之評論，其取材大體仍以乾
嘉時期之輯佚書爲主，而擴及至後來所輯諸書，近來編寫輯
佚學史或文獻學中與輯佚相關論述者，取材亦大致相同，可
見乾嘉時期之輯佚書及輯佚工作之成就，可以作爲評論輯佚
得失之標準。而今人論及清代輯佚工作之缺失，或不專爲乾
嘉時期而論，然乾嘉時期輯佚工作之缺失，亦多見於其中。

梁啓超認爲評定輯佚書優劣之標準有四：

（一）佚文出自何書必須注明，數書同引則舉其最先
　　　者，能確遵此例者優，否者劣。

（二）既輯一書，則必求備，所輯佚文多者優，少者
　　　劣。例如《尚書大傳》，陳輯優於盧、孔輯。

（三）既須求備，又需求真，若貪多而誤認他書爲本

151　《左海文集》卷4，頁17。

　　　　　書佚文者劣。例如秦輯《世本》劣於茆、張輯。

（四）原書篇第有可整理者，極力整理，求還其書本
　　　來面貌，雜亂排列者劣。例如邵二雲輯《五代
　　　史》功同新編。

此外，更當視原書價值何如，若尋常一俚書或一偽
書，蒐集雖備，亦無益費精神也。[152]

梁氏提出評騭輯佚書之標準，後人頗據其說而增補，或據以評騭各家輯佚書。其中第一項提出「最先」、「注明」，出處須注明輯佚之第一要件，無所疑義，蓋輯佚爲徵實之工作，不注所出，則信疑相參，無從考據。余蕭客《古經解・凡例》稱：「一書卷帙，多或盈千，若不注出某卷，幾與不注所出書同。」即是此義。明代張溥所輯之《漢魏六朝百三名家集》，其內容頗多精於嚴可均所輯《全文》，然因其多未注明輯引之處，致學者多非議之。但「最先」一項，則未必確可作爲評騭之標準，嚴格而言，輯文之徵引，當先考慮該書的性質，是完全引用，還是檃括其意，檃括者，雖古而不足爲據也。

　　梁氏所論之二、三項，必須以多家輯本互爲考訂，又考其原書出處及徵引之句，此實爲論定輯佚書優劣之最佳方式，且不僅可以論定諸本之優劣，亦使諸家之由來淵源，無所遁形。然一家之輯本多者，如前所錄鄭玄經注，知欲從事於此，實非易事。

　　梁氏之第四項，爲輯佚書還其舊觀之要務，然綜觀諸家輯文，若經部之輯佚書有經文可供參校排比，其輯文尙可編

---

152 《中國近三百年學術史》十四、清代學者整理舊學之總成績（2），五、
　　輯佚書，頁270。

次。其餘史傳、諸子、文集之排次，幾不可能也。邵晉涵從
《永樂大典》輯《舊五代史》，有《新五代史》供參考，故
容易編次。[153]但其他諸書，如嵇康《高士傳》者，《高氏傳》
不傳，其篇目如何，尚不得知，如何定其先後也。以梁氏之
說，定經部輯佚書之優劣，尚可據依，用之他類，極力整理，
企圖恢復其篇第者，多混亂其次耳。前引章宗源所云，無可
據依者，直以所錄之原書為次耳，蓋實際從事輯佚者之心得
也。

　　梁氏最後以有用無用論輯佚書，亦為後人所採。然偽書
得以考一代之學，足以與「非偽書」相參考，俚書足以考一
代一方之風俗，如何以其無用非之，今人王玉德推衍其說，
更責以輯佚書之內容無關民生，更為不當矣。

　　梁氏提出評騭輯佚書之優劣標準，蓋泛言之，並未對各
家輯佚書作深入之析評。民初劉咸炘則以馬國翰、黃奭二家
之書為例，說明輯佚書之弊如下：

　　一、漏。

　　二、濫，肊斷附會、本非書文、肊定次序。

　　三、誤，此弊生于不考。不審時代、據誤本。

　　四、陋，不審體例、不考源流。[154]

此四端實不只馬、黃二書之缺失，他家輯佚書，亦多見之。
正因其濫、其誤，而遂使輯佚書不為人所敢據信也。實則在

153　見〈編訂舊五代史凡例〉，《舊五代史》（北京：中華書局，1978 年），
　　附錄，頁 2027。

154　《校讎述林》（《推十書》，成都：成都古籍出版社，1996 年）二，
　　「輯佚書糾繆」，頁 1685-1687。

清代，學者從事輯佚之時，即已發現輯佚之事所易患之缺失，簡朝亮輯《尚書》佚文，〈序〉言《尚書》佚文似是而非者有五：

> 今之於《尚書》也，其似佚文而非者，則有五焉：有古志之書，而非孔子雅言者；有逸文而偽者，有異文而偽者，有檃括其經而引之者，有經說而以其經目之者，此五者皆非逸文者。[155]

此係簡朝亮作《尚書集注述疏》，考時人所輯諸書，而有此論，大體而言即是濫與誤。又如皮錫瑞〈駁五經異義序〉稱陳壽祺所作疏證，其失有四：「漏略、闊疏、瞀非、炫博」[156]。雖皮氏系對陳氏之疏證而論，非言其佚文，然陳氏《疏證》以孔廣林輯本爲底，皮氏則改以袁鈞輯本爲底，孔氏原本於佚文之去取疏漏，殆亦有此四者之失，而爲皮氏不取矣。

陳鴻森先生校讀臧庸《爾雅漢注》輯本，論其內容之缺失有四：

一、有注家淆亂者
二、有誤采他文爲諸家注語者
三、有誤以郭氏爲漢魏舊注者
四、有自信太過失之武斷者

臧氏之學行頗爲人稱道，又久在阮元門下，其於輯佚之事，仍有此失，則知輯佚之事非有志者即能從之者也。而「淆亂、誤采、武斷」諸失，綜觀乾嘉時期之各家輯佚書，除少數謹慎從事、考訂精審者外，鮮有能免之者也。

---

155 《尚書集注述疏》（《續修四庫全書》本）卷30，頁610。
156 見《五經異義疏證・序》（《續修四庫全書》本），頁2-3。

　　此皆以一家一部之書，而論其缺失者。王玉德《輯佚學稿》則綜觀各家輯佚書，而論輯佚之弊端有八：

一、屈從於封建制度

二、輯佚範圍太窄

三、輯佚者成了抄書匠

四、有的輯佚者有欺世盜名之嫌

五、輯稿付梓時被任意改動

六、輯文氾濫，貪多、重複、錯訛

七、引書失誤，用書不廣、不記書名、引錯書名

八、體例混亂[157]

以上八項，第一、五，可暫為不論。第二項者，則責以清儒輯佚書中以經部為多，無關於民生利用；實則忽略輯佚書之發展，肇端於求漢人經注，而求漢人經注其目的則企求確讀經義，得聖人之旨，以為治國利用厚生之參考也。第三則延續梁啟超對清儒輯佚之批評。然以抄書為學，正是乾嘉學術之先驅顧炎武所倡導者，顧氏引其先祖之言曰：「著書不如鈔書。凡今人之學，必不及古人也，今人所見之書之博也，必不及古人也，小子勉之，惟讀書而已。」[158]以研讀古書為志之清儒，其知古事不如古人，所見古書不及古人，其事必然，而鈔古人之書正是研讀古學之基本方法，輯佚者，因之而有，以鈔書責之，實有待商榷之處。第四項者，殆指嚴、馬、黃三家輯佚書襲取前人成果，而未言之。六、七、八三

---

157 王玉德：《輯佚學稿》第 8 章，頁 61-77。

158 〈鈔書自序〉，《顧亭林詩文集》（北京：中華書局，1975 年）卷之 2，頁 30。

項，則是輯佚書之內容問題，亦是輯佚書最爲人所詬病之處。惜乎王氏所論尙多所闕漏，如第六項所謂重複者，王氏殆指一書具有多人輯本及一書中之輯文重複者。又如第七項，引書不廣者，則又頗過於求全矣。今人曹書杰指出清代私家輯本之不足有五方面，約略言之如下：

一、輯佚不守家法，輕率從事，以簡就易，不求甚解，草草成冊，故而輯本雖多而精品實少。此又分七方面：

1、輯佚失略，佚文遺漏較多

2、輯佚失考，不辨佚文之眞僞，將彼書之文誤作此書之佚文，使輯佚眞僞相間。

3、佚文失校，錯訛之文、脫衍之句滿紙，幾不足讀。

4、輯佚失實，恣意增補。

5、輯佚失詳，所得佚文出處不明。

6、輯佚失序，編排雜亂無考。

7、輯佚失論，不介紹。

二、清人私家輯佚，於輯佚對象用力不均，在類別上注重經部佚書的輯佚，在時限上注重唐以前之佚書、佚文之輯佚。

三、清人的私家輯佚，輯佚的對象範圍過濫。

四、清人的私家輯佚，多不能與學術研究相結合。

五、清人的私家輯佚，往往照錄前人的輯本，卻不出據者輯本之名。[159]

曹氏所論，較之王玉德之論，範圍更爲擴大。然亦稍有

---

159 曹書杰：《中國古籍輯佚學論稿》（瀋陽：東北師範大學出版社，1998年）。第六章，清代輯佚的繁興（下），二、輯本的不足概述。頁208-216。

可議之處，大體而言，頗以某家或某類型輯佚書之缺失，代替輯佚之整體缺失，而其二、三、四項論及輯佚與學術之關係者，顯然又忽略輯佚所以產生的原因，因而苛責之。

其第一項言不守家法，輕率從事者，其實綜觀清代輯佚書，前後相承者有之，團體從事者有之，綜取前人所輯，嚴為去取，續為增補考訂，如王鳴盛、袁鈞、張惠言、陳壽祺者，不得謂之輕率從事。組織人力，分工合作，以求古義，如阮元、孫星衍門下者，亦不得謂之輕率從事。

第二項所言，所論之失，及王玉德所謂輯佚範圍太窄，然輯佚之範圍以經部為重者，正因於與學術研究相結合也，且清人之初從事輯佚者，如惠棟及其後之王、張、陳等人，正因於學術研究，非以輯佚書相高相炫者。王氏則以無益於民生，蓋以今日之眼光苛責之，曹氏言其不能與學術研究相結合，則是昧於事實，以偏責全，此不得不稍為之辯白也。

第三項，輯佚範圍過濫者，曹氏指隻言片語，於論學知人無所用之。然有用無用之別，端在用者之捨取；輯佚者，不先以其文少無用而去之，正是其優點。嚴可均〈王孫子敘〉言「《王孫子》得見者，僅三百九十九字耳，然而人君者，可懸諸座隅。夫為國而不受諫，不節才而暴民，如國何？」[160]片言輯佚可以為人君者戒，正不以其少而棄之矣。於輯佚資料當如是以視之，豈可以因其殘存者少而以「濫」責輯佚者。

今綜合諸家所論，歸納各種輯佚書常見之缺失，以供徵引輯佚書者之參考。前人已論及之缺失者，不一一徵引，已

---

160 嚴可均《鐵橋漫稿》卷5，頁16。

見各家之說者，所言之缺失亦略之：

1、內容訛誤

(1) 各家之說混淆

即劉咸炘之「非本書文」、陳鴻森先生所論之「有注家淆亂、誤采他文爲諸家注語、誤以郭氏爲漢魏舊注」及曹書杰所論之「失考」等。

(2) 誤以漢人經說爲古經逸文

即簡朝亮所言「有檃括其經而引之者，有經說而以其經目之者」。朱彝尊所輯之《逸經》三卷，多有此弊。

(3) 引文與注疏連讀，不知分辨

輯佚者或誤讀，或未能分辨徵引文字及編撰者論述之差異，因此，連篇抄錄，將撰修者之言輯爲徵引之言。袁鈞《鄭氏佚書》中之案語，多說明前人誤引者，已略述於前，不復贅言。然袁鈞之輯，亦不免此，如《六藝論》「《易》者，陰陽之象，天地所所變也，政教之所生，自人皇初起。（《禮·大題疏》）」一條，原文作「《易》者陰陽之象，天地之所變化，自人皇初起，人皇即遂皇也。」皮錫瑞《六藝論疏證》按云：「《孔疏》下文：人皇初起乃孔氏申鄭之語，袁鈞本並引作鄭論，誤。」此皆誤輯之明顯者，覆查原書即可知也。

2、誇大濫輯

此多於出於蓄意，非前者之訛誤也。

(1) 重複

一文重複出現於二書，包括一人之經注重複輯於二書及

一說分列於二人，未爲注明。前者因同爲之一人之說，故尚
非大害，後者或諸說相近，然使其說無別，遂使參用者不知
所從，不敢相信。

（2）以後人論述爲前人之說

如馬國翰、黃奭據宋人論述之書所徵引而增補前人之輯
佚書者，多有此弊。

3、疏略失校

此就輯文之處理上而言，約有二端：

（1）出處不明

除少數未注明，或僅注明書名，過於疏略外，大多數輯
佚書多能注明出處篇章卷次，然一佚文常同見於多處，輯佚
者雖列出書名，卻多未說明據何本所輯。

（2）佚文差異未注明

各家輯文常見或長或短，長者多合各書引文而成之，短
者則多僅據一書，此輯佚者常未能注明。且各家於輯文之差
異亦少有注明者。因各家輯文於諸書引文之差異未能注明，
常使後人誤以爲訛誤，此又其失也。

其餘王玉德、曹書杰所論各家之缺失尚多，如尚有遺逸、
錯誤、編排失序、剿取前人之書等，以前面已略言之，茲不
具論。

八、綜論乾嘉時期之輯佚工作

梁啓超總論清代之輯佚工作云：

　　吾輩尤有一事當敢謝清儒者，曰輯佚。書籍經久必見
散佚，取各藝文經籍等志校，其存佚易見也。膚蕪之
作，存亡故無輕重，名著失墜，則國民遺產損焉。乾
隆中修《四庫全書》其書採自《永樂大典》者，以百
計，實開輯佚之先聲；此後茲業日昌，自周秦諸子、
漢人經注、魏晉六朝逸史逸集，苟有片語留存，無不
蒐羅最錄……當時學者，從事此業者甚多，不備舉，
而馬國翰之《玉函山房輯佚書》，分經史子三部，集
所輯至數百種，他可推矣，遂使《漢志》諸子、《隋、
唐志》久稱以佚者，今乃累累現於吾輩之藏書目錄
中，雖復片鱗碎羽，而既賜則既多矣。[161]

又云：

　　總而論之，清儒所做輯佚事業甚勤苦，其成績可供可
供後此專家研究資料者亦不少，然畢竟一鈔書匠耳。[162]
梁氏見聞博聞，議論體大，然前段之評論，實頗多待商榷之
事，如以《四庫全書》為輯佚先聲，並非確論，四庫館與輯
佚，互有密切之影響與啟發，言《四庫全書》之纂修為輯佚
之先聲，則忽略因輯佚而擴大纂修《四庫全書》之事實。又
如其言漢隋唐諸志所錄之書，藉輯佚可見之，此非實情，前
舉《隋志》春秋類已見之，前人言輯佚之偏狹，皆多以此非
之，此不贅述。

　　梁氏之言，一方面肯定輯佚工作之勤苦，及輯佚資料可

161　《清代學術概論》十六講，頁44。
162　中國近三百年學術史》十四、清代學者整理舊學之總成績（2），五、
　　輯佚書。頁270。

作為來人研究之依據，但是另一方面卻認為輯佚只是鈔書匠的工作。似乎沒有什麼學術價值可言，而從事輯佚者，譏為抄書匠，自亦無學識可言。梁氏所論實有過於輕妄且昧於事實之虞。說已見前。

　　然以輯佚為抄書纂輯，不足為成家之學術，此非始自梁啓超，章學誠已言之，其論曰：

　　或曰：……王伯厚氏蒐羅摘抉、窮幽探微，其於經傳子史、名物制數，貫串旁騖，實能討先儒所未被，其所纂輯諸書，至今學者資衣被焉，豈可以待問之學而忽之哉！

　　答曰：……王氏諸書，謂之纂輯可也，偽謂之著述，則不可也。謂之學者求知之功力則可也，謂之成家之學術則不可也。今之博雅君子，疲精勞神於經傳史子，而終身無得於學者，正坐宗仰王氏，而誤執求知之功力，以為學即是在是爾……今之俗儒，且憾不見夫子未修之《春秋》，又憾戴公得《商頌》而不存七篇之闕目，以謂高情勝致，互相讚嘆，充其僻見，且似夫子刪修，不如王伯厚之善蒐遺逸焉；蓋逐於時趨，而誤以襞績補苴，謂足盡天地之能事也。幸而生後世也，如生秦火未燬以前，典籍具存，無事補輯，彼將無所用其學矣！[163]

章氏生當乾嘉盛世，輯佚盛極之時，而有此論，可見當時之輯佚家，已有以蒐羅未見之書互相讚嘆，視輯佚之書為千古

---

[163]《文史通義・博約中》，頁14。

祕籍者也。然其又言曰:

> 意以為蒐羅逸史,為功亦自不小,其書(《逸史》)既
> 成,當與余仲林《經解鉤沉》可以對峙,理宜別為一
> 書,另刻以附《史考》之後。《史考》以敵朱氏《經
> 考》,《逸史》以敵余氏《鉤沉》,亦一時天生瑜亮,
> 洵藝林之盛事也。但朱、余二人,各自為書,故朱氏
> 《經考》,本以著錄為事,附登緯候佚文,余氏《鉤
> 沉》,本以搜逸為功,而於卷首別為五百餘家著錄,
> 蓋著錄與搜逸二事,本屬同功異用,故兩家推究所
> 及,不侔而合。[164]

章學誠嘗言校讎之義,「將以辨章學術,考鏡源流,非深明
於道術精微、群言得失之故者,不足與此。」[165]且其致力於
《史籍考》之纂輯,以與朱彝尊《經義考》相敵,其重視書
目著錄,自不待言,而此又言「著錄與搜逸二事,本屬同功
異用」,則其非議輯佚之事與肯定輯佚之書間,當有所分辨
者。

　　今綜考各家輯佚書及輯佚工作之發展,可見乾嘉時期輯
佚之幾項特色:

1、前後相承,後出轉精

　　王鳴盛言輯佚者,非有識不得從事之;梁啟超則譏清儒
之輯佚為一抄書匠耳,不足以言學。然清代二百六十餘間,

---

164 《校讎通義外編》卷 13,〈與邵二雲書〉,頁 117
165 《校讎通義·原道第一》,頁 95。

從事輯佚工作者，不下百人，輯錄之古書佚文超過四千部。[166]
其中一種書不乏十餘部者，除如前所論，貪多務博，攘據前
人所輯者外，乾嘉時期之從事輯佚者，多能依據前人之成果，
加以增補，以《尙書大傳》爲例，此書之輯本有朱彝尊、孫
之騄、惠棟、盧見曾、盧文弨、董豐垣、王謨、孫志祖、陳
壽祺、袁鈞、孔廣林、黃奭、王仁俊等諸家輯本，又有皮錫
瑞之《疏證》、王闓運之《補注》。

　　大致而言，清儒之輯佚者，起初多以搜求佚文爲要，或
是據前朝人之輯本，稍作考訂佚文出處及補其闕漏，如朱彝
尊、盧文弨等類此，稍後之學者則廣搜各家輯本，比較考訂，
如袁鈞之《鄭氏佚書》及丁杰之考訂鄭玄《易注》等。再其
後者，則不僅考訂佚文，並且疏證佚文、分辨師說家法，考
訂傳授源流等。如陳壽祺父子、張惠言、皮錫瑞等。輯佚至
此，不得譏爲鈔書匠，其藉考訂以立論，立說之可據，多信
而有徵也。

　　除輯佚在前，後者據以增補、疏證者外，清人輯佚之書，
亦多據前人而成，如黃奭所輯諸書。今人言清人輯佚之書，
多肯定黃奭之輯本，此正因其多增補前人所輯而成，故後出
轉精也。

2、組織人力，群體從事

　　自四庫開館，政府組織人力從事大規模文獻之整理，封
疆大吏亦多效法之，要者如畢沅、阮元、孫星衍等人。於輯

---

166 依據《古佚書輯本目錄》估計。

佚之事，孫星衍有《十三經古義》之計畫，阮元則有編纂《經
郛》之計畫，其門下各聚集四方之士，孫氏門下如前所言之
洪頤煊、嚴可均、孫馮翼等人，阮元門下則有陳壽祺、臧庸、
張惠言、王引之等人。而孫星衍之輯佚古書、考訂舊注之計
畫，又遠大於畢、阮二家，雖其事未成，然於蒐集之佚書頗
爲可觀，成就不凡，惜其未爲刊行，書稿亦不知所終。阮元
之編纂《經郛》計畫，則僅留下陳壽祺所擬之〈凡例〉，是
亦未竟其功者。然其以漢魏六朝之經籍經注爲本，取參唐宋
韻書而成之《經籍纂古》，則亦有成也。今之欲董理輯佚之
事者，殆以組織人力、分工合作，取法孫星衍、阮元等，而
後有功也。

3、實際應用，成就可觀

　　清代輯佚工作之發展，主要應用在經典考據注疏上，雖
輯佚學者未必爲漢學家或從事考據之學者，然清代著名的經
學著述，鮮有不以輯佚資料爲證者，如孫星衍《今文尚書疏
證》[167]、陳壽祺《尚書大傳疏證》，李貽德《春秋左傳賈服
注輯述》等，皆是藉輯佚資料，而爲考證之作，其成就亦爲
後人所肯定。

　　前人論乾嘉之考據學，多從四庫開館、文字獄等政治因
素造成。然就學術本身之發展而言，清初顧炎武等倡言小學，
惠棟、朱彝尊等輯引佚文，皆爲學者開闢一新的視野。前者
爲經學之詮釋闡說指出一條途徑，後者則開展學者之視野，

167　孫氏該書〈凡例〉云：「此書之作，意在網羅放失舊聞，故錄漢魏人佚
　　說爲多。

由程朱而見馬鄭佚說，而入漢學之境。文字音韻研究與佚書之蒐輯，撐起乾嘉蓬勃之考據學。欲探討乾嘉之學，忽略各家輯佚工作之進行與成就，必無法見其全貌也。

九、略論輯佚書之整理與運用

乾嘉以來之輯佚工作，蒐集五代以前之經史諸子佚書近千種（馬國翰、王仁俊二家輯佚書已近之），若加嚴可均近三千五百家之輯文，展現了漢魏六朝之學術風貌。可惜清儒並未能善用這些資料，這與道光朝以下，學風轉變有相當程度之關係。嚴可均及馬、黃三家之成書也晚，不及恭逢乾嘉考據之盛世。宜其書受推重而實際運用者少也。然善用前人之工作成果，可開創研究之新境地，輯佚之書正如此。

喬衍琯師在〈輯佚工作展望〉[168]一文中，對現今之輯佚工作提出幾方面建議：

一、編輯佚書目

二、比對同一輯佚書的多家輯本

三、利用輯佚書以整理輯佚工作，包括研究學術、注釋古書。

四、編製索引

五、輯佚理論研究

其中第一項，現今已有《古佚書輯本目錄》之出版，第二項，該《目錄》中亦對同名之輯本作簡單之比較，以見其依循及

168　刊於臺北國家圖書館館刊 87 年（1998）第一期。

定其優劣。然此目錄亦僅足以展現前人在輯佚工作上之數量及見其優劣，可提供研究者之基本參考，但輯佚書之整理與應用，仍有待近一步之工作。茲以喬師之提示，分整理及研究兩方面而論述之：

1、輯佚書之整理

（1）書目之續補

孫、陳二人合編之《古佚書輯本目錄》，費時五年，著錄之斷限在 1949 年以前，收錄之範圍則先秦至南北朝，其有功於輯佚之事大矣。然清人之輯佚書，故不止南北朝而已，如馬國翰之《輯佚書》所收止於唐，該書則隋唐之書未為著錄，未免割裂不足。

又近代以來，輯佚之事，故已不僅止於唐代以前，宋代以下，亦多見輯佚之作，如顧頡剛所輯之鄭樵《詩辨妄》等，此類當可續為增補。

此外，1949 年以來，至今半百世紀，輯佚書之考訂、新作，迭有所見，如朱祖延《北魏佚書考》[169]以馬國翰《玉函山房輯佚書》為本，增補考訂，收錄六十二部。他如專輯一人一部之書，或增補現存古籍者，更不知凡幾，前者如程元敏先生之王安石《三經新義輯考彙評》[170]，後者如束景南《朱熹佚文輯考》[171]等。因此，輯佚書目之續編定，尚為必要之事。

169　鄭州：中州出版社，1985 年。
170　臺北：國立編譯館，1986 年。
171　南京：江蘇古籍出版社，1991 年。

（2）輯佚書之校訂與處理

輯佚書在現今必須先經過嚴謹之整理，以《古佚書輯本目錄》所著錄，一書多至十餘家者，非經嚴謹整理，不足以徵信，亦不足以作為研究之依據。整理之方法大體有四：

（一）輯文之逐條比對，復撿原書。大致而言，先查覈諸家輯文開始，詳加考證，去其誤輯誤闌者，注明不同出處之異文。

（二）輯文編次。以前人揭櫫之編次原則，並參考前人編次，作一最接近原書且合理可取之編次。

（三）增補佚文。佚文或有或無不一，有者補之，如朱祖延之補《玉函山房輯書》者也。

（四）注釋。經過前述之整理工作，佚文當可精審完備，成一輯佚定本。而師法皮錫瑞等之諸書疏證，則此輯佚書當可作為學術研究之依據。

2、運用輯佚書之研究

（1）用以考訂古書

此清儒多能善用之，今可據以參考，作為進一步作為古籍訓解譯注之依據。

（2）研究一家之學

乾嘉學者雖然重視漢學、重視鄭玄，亦輯鄭玄書多種，但是並無整體之論述者。今既合輯諸家輯佚書，則可以考訂一家之學。此今人善用輯佚書，多有所成，如李威熊《馬融之經學》、李振興《王肅之經學》、葉政欣《漢如賈逵之春秋左氏學》等，都是善用輯佚資料而能深究經義要旨者。

（3）作爲學術史研究之依據

　　除以上利用輯佚資料研究一家之學外，以爲可以再利用輯佚資料，考訂一代之學，如程南洲《東漢時代之春秋左氏學》。擴而言之，可作爲經學史之依據，此皮錫瑞《經學歷史》中已時有據佚文以論證者，然頗爲有限。今人劉起釪之《尙書學史》，號稱詳瞻，然輯佚書鮮有徵引，所以六朝僅述僞《古文尙書》及南北分立，頗有可增補之處。沈玉成、劉寧合撰之《春秋左傳學史稿》亦然。於此，皆可利用輯佚書之資料重加增補。其餘南北朝之禮學、喪服等討論最盛，今藉輯佚資料考覈諸家之說，對其爭論之釐清，亦多有幫助。

鄭玄《六藝論》輯本十種合斠

引　論

鄭玄著《六藝論》首見於《後漢書・鄭玄傳》，載云：

> 凡玄所注《周易》、《尚書》、《毛詩》、《儀禮》、《論語》、《孝經》、《尚書大傳》、《中候》、《乾象曆》，又著《天文七政論》、《魯禮禘祫義》、《六藝論》、《毛詩譜》、《駁許慎五經異義》、《答臨孝存周禮難》、凡百萬餘言。[1]

徐彥《公羊傳・題疏》曰：

> 鄭君先作《六藝論》訖，然後注書。

臧琳《困學鈔》衍此說，論曰：

> 鄭君先作《六藝論》訖，然後注書，故敘《春秋》、《孝經》皆云「玄又為之注」，而二經實未有注，斯作論在先之明證。

朱彝尊《經義考》[2]亦引徐彥之說，則亦以作論在先者。而陳鱣以為不然，《六藝論・序》曰：

1　《後漢書》（北京：中華書局，1965 年），卷 35，頁 1211。
2　《經義考》卷 239，頁 10。

　　觀其《詩論》云：「注《詩》宗毛為主」又《春秋》、
　　《孝經論》並云：「玄又為之注」則作於注書之後可
　　知也。

皮錫瑞折衷二說，以《六藝論》作於「七緯注成之後，三禮
草創之時」，其《六藝論疏證・自序》曰：

　　《論》作何時，書缺有間，攷之《公羊》之疏，乃在
　　著書（案：當作「注書」）之前，而簡莊陳氏不信斯
　　說，嘗舉注《詩》宗毛之語，亦及《孝經》、《春秋》
　　之注，謂《論》作於後，據此可知，竊以為陳氏獻疑，
　　固屬有見，徐《疏》攷是，不為無徵，鄭君始師京兆，
　　早通今學，晚受東郡，兼采古文，是故鄭學宏通，本
　　先今而後古，著書次序，實始緯而次經，潛窺《論》
　　言，多據瑟緯，當在七緯注成之後，三禮草創之時，
　　緯候所陳，多與今文相合，載稽歲月，猶可徵明，至
　　於鄭君先為記注，後得《毛詩》，此論猶及箋毛，當
　　屬後來增益，《春秋》、《孝經》，蓋亦猶是。

依皮氏之說，則鄭玄作《六藝論》，曾先完成部分，後又有
所增益，並非全作於一時，然此說皮氏並無確證，其謂「後
得《毛詩》」之說，亦與鄭玄所注經之次不合，據《六藝論・
自序》云：

　　遭黨錮之事，逃難注《禮》。黨錮事解，注《古文尚
　　書》、《毛詩》、《論語》。為袁譚所逼，來至元城，
　　乃注《周易》。[3]

3　《唐會要》卷77記載，各家輯文見後。

此序以注《毛詩》在《周易》之前，是知皮氏《毛詩》後得之說，實出臆測，不足論定。然鄭玄《六藝論》果作於何時，考《後漢書》所載，乃分「注」與「著」二者言之，是范曄本即無意定其先後，徐彥以此《論》在注書之前，殆以《六藝論》爲注經之總綱，陳鱣以此作於注書之後，則以《六藝論》爲諸注之總結，細考二者之說，若準以徐氏，則鄭君〈自序〉不當知爲袁譚所逼之事，此事發生於建安六年。而鄭玄即於此年六月卒於元城，故徐彥之說當非實情，若依陳氏之說，則鄭玄在元城「疾篤不進」半年中，先注《周易》，後作《六藝論》，設此爲實情，則《六藝論》及鄭玄在「知命當終」前絕筆之作。或乃鄭玄臨終前爲弟子門人講述六藝源流及精神之作。果否如此，則須待更明確之資料佐證，方可論定。

　　《六藝論》著錄於《隋書·經籍志·五經總義類》，《兩唐志》尚載此書，《崇文總目》及南宋之《郡齋讀書志》及《直齋書錄解題》，均已不見此著。元代監修之《宋史·藝文志》中，亦無《六藝論》。故可推測此論之散佚當在唐、宋之間，宋代諸書所引，如《太平御覽》、《群書考索》（又名《山堂考索》）、《困學紀聞》所引錄，恐皆非採自原本，而是轉引自他書。元代以後諸著，則鮮有援引《六藝論》之文者，清代諸家輯文，亦多據唐代修定之群經正義及各種類書（如表一），更可推定此論之散亡當在北宋以前。

　　「清儒最尊鄭康成，競輯其遺著。」[4]今得《六藝論》之

---

4 梁啓超語，見《中國近三百年學術史》，頁 266。

輯文凡十種。[5]

　　茲略述諸家之年代及其輯本刊行之先後如下：

1、臧　琳（1650-1713）

　　生於順治七年，卒於康熙五十二年，《拜經堂叢書》係臧庸補輯，《六藝論序》作於嘉慶二年（1797），刊行於嘉慶六年（1810）。

2、孔廣林（1745-待查）

　　生於乾隆十年，卒年不詳。《通德遺書所見錄》初成於乾隆四十二年，復自校定於嘉慶十八年。茲據光緒十六（1890）山東書局刊本。

3、陳　鱣（1753-1817）

　　生於乾隆十八年，卒於嘉慶二十二年，所輯《六藝論》有作於乾隆四十九年（1784）序，茲據咸豐元年蔣光煦校刊《涉聞梓舊》本。

4、袁　鈞（1752-1806）

　　所輯《鄭氏佚書》前有乾隆六十年（1795）自序，其曾孫袁烺光緒十年（1884）序，及俞樾於光緒十四年（1888）序，茲據光緒十四年浙江書局刊本。

5　《中國叢書綜錄》著錄為十家，但徐乃昌《鄦齋叢書》所收即臧琳之輯本，故實為九家，現加嚴可均《全後漢文》中所輯，仍為十家。

5、王　謨（1731-1817）

生於雍正九年，卒於嘉慶二十二年。所輯《漢魏遺書鈔》嘉慶三年（1778）序，茲據嘉慶三年刊本。

6、洪頤煊（1765-待查）

生於乾隆三十年，卒年不詳。《經典集林》於嘉慶中爲孫馮翼輯入《問經堂叢書》中，茲所見即《問經堂叢書》本。

7、嚴可均（1762-1843）

生於乾隆二十七年，卒於道光二十三年。《全上古三代秦漢三國六朝文‧凡例》言「是編創始于嘉慶十三年」，又〈總敍〉言肆力九年，艸剙粗定，又肆力十八年，拾遺補闕，抽換之，整齊之，畫一之」。則是書成於道光十五年（1835）。今據光緒二十年（1894）王毓藻刊本。

8、馬國翰（1794-1857）

生於乾隆五十九年，卒於咸豐七年，匡源〈玉函山房輯佚書序〉云此書於馬國翰卒後，其婿李氏曾刊數十部，後丁稚璜，文質夫先後刊補。茲所見爲同治十年（1871）濟南皇華書局補刊本，書首有匡源同治十三年（1874）序。

9、黃　奭（1809-1853）

道光中賜舉人，王鑒〈序〉言《黃氏逸書考》當日編輯時，每成一種，即以附刊，現存樣本一部。又云「工甫峻，

值咸豐兵事，避亂鄉居，板居蘭寺。先生旋捐館舍」，故知黃奭約卒於咸豐年間，是書亦初刊於當時，王鑒〈序〉作於同治四年，光緒年間亦曾刊行，然非原本（據凡例云），民國二十三年（甲戌，1934）朱長圻又爲之補刊，茲據爲朱氏刊本。

10、皮錫瑞（1850-1908）

生於道光三十年，卒於光緒三十四年，《六藝論疏證·自序》作於光緒二十四年（1898），葉德輝〈序〉作於光緒二十五年，茲據光緒二十五年湖南思賢書局刊本。

以上十家輯本之內容、次序均頗見差異。大致而言，以洪頤煊之輯文與嚴可均之輯文最爲接近。而內容則以黃奭輯本與皮錫瑞之輯本最多，編次則以皮氏較爲合理，故本文即以皮本爲底，餘則依上列之先後次之。

在輯本之形成上，孔本、袁本、黃本、皮本四家依輯文之內容分「總論」、「易論」、「書論」、「詩論」、「禮論」、「春秋論」、「孝經論」七部份，臧本及嚴本則有「鄭君自序」若干則，其餘陳、王、洪、馬四家則均不細分。在輯文數量上，以陳本四十六條最多（其部份在皮本中乃併及一條），而以王本最少，僅二十條，不及皮本之半。（詳見表二）而條數相同者如孔、嚴二本，內容亦多所不同，此則於各家輯文比較中細辨之。

表一：各家輯文出處表（次序以皮本為底）

	皮本	臧本	孔本	陳本	袁本	王本	洪本	嚴本	馬本	黃本
1	公羊序疏	公羊序疏	公羊序疏	公羊序疏	公羊序疏	公羊序疏	公羊序疏	公羊序疏	公羊序疏	公羊序疏
2	路史詩文王考疏	詩正義	詩序正義	詩正義	詩序疏	毛詩疏	路史毛詩正義	路史毛詩正義	詩序正義	詩文王序正義
3	路史詩文王考疏	詩正義	詩序正義	詩正義玉海	詩序疏	毛詩疏	毛詩正義	毛詩正義	無	詩文王序正義
4	禮記疏路史注玉海藝文	易正義	禮記正義	禮記疏路史注玉海藝文	禮記疏路史注玉海藝文	禮記疏	禮記正義路史	禮記正義路史	禮記正義路史	同馬本
5	周易疏世說注	易正義世說注	易正義	周易疏	周易疏	無	周易正義世說注	周易正義世說注	無	世說注
6	周易疏	無	易正義	周易疏	無	無	無	無	無	周易疏正義 山堂考索 三瑞堂暇錄 事物記原
7	周易疏	易正義	易正義	周易疏	易正義	無	周易正義	周易正義	無	易正義世說注
8	周易疏	易正義	易正義	周易疏	併於前條	無	併於前條	併於前條	無	併於前條
9	漢上易傳	無	漢上易傳	漢上易傳	禮記疏左傳疏漢上易傳	無	無	無	漢上易傳	同馬本
10	禮記疏路史注	禮記正義左氏正義	禮記正義路史漢上易	路史	併於前條	禮記疏	禮記正義路史	同洪本	禮記正義路史注	禮記正義

			傳							
11	禮記疏	無	無	禮記疏	無	無	無	無	無	無
12	禮記疏	無	無	禮記疏	禮記疏	無	無	無	無	無
13 17	辨正論注	無	辨正論注	辨正論注	無	無	辨正論注	辨正論注	無	辨正論注
18	書序疏玉海	書正義	書序正義	書序疏玉海	書序疏	無	尚書序正義	尚書序正義	玉海	書序正義
19	書序疏玉海	書正義	書序疏玉海	書序正義	書序疏	無	尚書序正義	尚書序正義	無	書序正義
20	書疏	書正義	書正義	書正義	書堯典疏	尚書疏	尚書正義	尚書正義	書堯典正義	同馬本
21	詩譜序義北堂書鈔太平御覽	詩譜序正義書鈔御覽	詩譜序正義太平御覽	詩譜序北堂書鈔太平御覽	詩譜序書鈔御覽	書鈔御覽	毛詩序正義關雎正義	毛詩序正義關雎正義	詩譜序北堂書鈔太平御覽	詩譜序正義
22	詩譜序義北堂書鈔太平御覽	詩譜序正義	詩譜序正義	詩序正義	詩譜序	毛詩疏	毛詩序正義關雎正義	毛詩序正義關雎正義	詩正義	詩譜序正義
23	詩譜序義北堂書鈔太平御覽	詩譜序正義	詩正義	無	詩譜序疏路史注	無	毛詩譜正義	毛詩譜正義	無	無
24	詩序疏	詩正義	詩正義	詩序正義	詩關雎疏	毛詩疏	毛詩譜正義	毛詩譜正義	詩正義	詩關雎正義
25	毛詩國風疏	詩正義	毛詩國風疏	詩序正義	詩國風大題疏	無	毛詩國風正義	毛詩國風正義	詩正義	詩序正義
26	經典釋文	毛詩正義	釋文	詩序正義釋文	毛詩大題疏釋文	釋文	毛詩鄭氏箋釋文	毛詩鄭氏箋釋文	詩正義	詩釋文
27	詩序疏	詩正義	詩正義	詩正義	詩關雎章句	毛詩疏	毛詩關雎正義	毛詩關雎正義	詩正義	詩關雎疏

					玉海				
28	詩序疏路史注	無	無	路史	無	路史注	無	無	路史注	路史注
29	太平御覽北堂書鈔	御覽書鈔	御覽北堂書鈔	御覽北堂書鈔	御覽書鈔	御覽	御覽北堂書鈔	御覽北堂書鈔	御覽北堂書鈔	御覽書鈔
30	周禮疏	周禮疏	周官疏	周官疏	周禮疏	無	周禮疏	無	無	周官疏
31	詩譜序疏	詩譜序正義	詩譜序疏	無	詩譜序疏	無	毛詩譜序正義	毛詩譜序正義	無	無
32	周禮疏	無	無	無	無	無	無	無	無	無
33	禮記疏釋文山堂考索續集	禮記正義釋文錄	禮記疏詩文序錄	禮記正義釋文序錄	禮記奔喪正義釋文序	未明注	禮記奔喪正義釋文序錄	禮記奔喪正義釋文序錄	禮記奔喪正義	禮記正義釋文序錄山堂考索續集
34	禮記疏	無	禮記疏困學紀聞	禮記正義	禮記大題疏	禮記疏	無	無	禮記序正義	禮記正義
35	禮記疏困學紀聞	禮記正義	禮記疏困學紀聞	禮記疏困學紀聞	禮記疏	未明注	禮記正義	禮記正義	禮記序正義	禮記正義困學紀聞
36	禮記疏	禮記正義	禮記正義	禮記正義	禮記正義	禮記正義	禮記正義	禮記正義	併於前條	禮記正義
37	禮記疏太平御覽公羊傳疏	禮記正義御覽公羊疏	太平御覽公羊序疏	公羊傳疏	禮記正義公羊傳疏	御覽公羊疏	禮記正義御覽公羊序疏	禮記正義御覽公羊序疏	御覽公羊傳疏	御覽公羊傳疏
38	左傳序疏困學紀聞	左氏序正義	左傳序正義困學紀聞	左傳序正義困學紀聞	左傳序疏困學紀聞	左傳疏	左傳序正義	左傳序正義	無	左傳正義困學紀聞
39	公羊傳序疏	公羊傳序疏	公羊傳序疏	公羊傳序疏	公羊傳序疏	公羊傳序疏	公羊傳序疏	公羊傳序疏	公羊傳序疏	公羊傳序疏

40	孝經序疏	孝經序正義	孝經正義	孝經正義	孝經序疏	無	孝經序疏	孝經序疏	無	孝經正義
41	穀梁傳序疏	穀梁傳序疏	穀梁傳序疏	穀梁傳序疏	穀梁傳序疏	穀梁傳序疏	穀梁傳序疏	穀梁傳序疏	穀梁傳序疏	穀梁傳序疏
42	孝經疏	孝經序正義	孝經正義	孝經正義	孝經正義	孝經疏	孝經序疏	孝經序疏	同洪本	孝經正義
43	唐會要考孝經緯注	孝經序正義	唐會要孝經緯孝經正義	唐會要孝經緯孝經正義	孝經正義	無	孝經序疏	孝經序疏	併於前條	孝經正義

附：

孔12	無	無	左傳正義	無	同孔本	無	無	無	無	同孔本
馬16	無	無	無	無	無	無	無	無	禮記正義	無
臧33	無	唐會要文苑英華	無	無	無	無	無	孝經序並注唐會要	無	無
臧34	無	儀禮疏	無	無	無	無	無	無	無	無
臧35	無	御覽	無	無	無	無	無	無	無	無

表二：各家輯文數量表（以輯本先後為次）

	臧本	孔本	陳本	袁本	王本	洪本	嚴本	馬本	黃本	皮本
總數	35	39	46	34	20	38	39	24	43	43
總論	2	3	1	3	3	2	4	2	7	3
易	6	13	17（15）	5	2	11	11	3	15	14
書	3	3	3（5）	3	1	3	3	2	3	3
詩	7	7	9	7	3	7	7	6	9	8
禮	7	8	9	7	3	7	7	6	9	8
春秋	5	4	5	6	4	5	5	3	6	5
孝經	2	1	2	2	1	2	2	1	併於春秋	2
自序	3	0	0	0	0	0	0	0	0	0

二、各家輯文比較

　　茲以皮氏本爲底本，後依序列各家輯本之序次（如陳鱣輯本第 17 條略作陳 17），輯文有出入則隨文說明。每條末列出諸家輯引之異文，並註明頁次，引書初見，略記版本。若有所見，亦以案語說明之。

1、總　論

1.六藝者，圖所生也。（《公羊序疏》）

　　各家輯本均同。

案：

　　見《公羊解詁・隱公疏》　引《六藝論》之文，與各家輯本同。[6]

2.河圖、洛書皆天神言語，所以教告王者。（《詩文王序・疏》，《路史前記注・九》）

　　臧 2、孔 2、袁 2、洪 2、嚴 2、馬 2、王 17，黃 12，同皮本。

　　陳 17，「天神」作「天地神」。

　　《詩文王序・疏》　引《六藝論》與皮本同。（頁 531）

案：

---

6 《公羊傳注疏》（臺北：藝文印書館影南昌府學刻《十三注疏》本，1987年。後引《十三經注疏》之文，均此版本。）卷首，頁 6。

　　《路史·前記九·有巢氏注》[7]「言語」作「語言」，「教告王者」作「以告王者」。

3.太平嘉瑞，圖書之出，必龜龍銜負焉，黃帝、堯、舜、周公是其正也，若禹觀河見長人，皋陶於洛見黑公，湯登堯台見黑鳥至，武王渡河白魚躍，文王赤雀止於戶，秦穆公白雀集於車，是其變也。（《詩·文王序疏》、《路史·前記注·九》）

　　臧3、孔3、洪3、黃13、王18，同皮本陳18，「是其正」作「是其證」。

　　袁3，「皋陶」作「咎繇」。

　　嚴3，「戶」誤作「尸」。

　　馬無此則。

　　《詩·文王序疏》鄭於《六藝論》極言瑞命之事云：「太平嘉瑞……（中同皮文，略）是其變也。」（頁532）
案：

　　（1）《路史·前記九》無此注。

　　（2）陳本置此則於〈易論〉及〈書論〉之間，或以為應屬於論《書》之語，而非〈總論〉。

　　（3）「正」，「變」相反，陳本改作「是其證」，應非是。

7　《路史》（臺北：臺灣中華書局，四部備要本，1965 年）〈前記九〉，頁3。

2、易　論

4.《易》者，陰陽之象，天地所所變也，政教之所生，自人
　皇初起。（《禮‧大題疏》）、《路史‧前記注五；後記
　注一》、《玉海藝文》。（皮按：「孔疏下文：人皇初起
　乃孔氏申鄭之語，袁鈞本並引作鄭論，誤。」）
　　臧4、孔4、洪4、馬3、黃2，同皮本。
　　陳2，「易者」作「易曰」，「所生」作「所自生」。
　　袁4、王2，「人皇初起」下有「人皇遂皇也」六字。
　　嚴4，「所生」作「所自生」。
　　　《禮記正義》鄭康成《六藝論》云：「《易》者陰陽之
　象，天地之所變化，自人皇初起，人皇遂皇也。」（頁5）
　　　《路史‧前記五注》（頁5），〈後記一注〉（頁1）亦
　同皮文，亦云「故康成《六藝論》以遂皇爲人皇」。
　案：
　　　「人皇即遂皇也」當是《六藝論》之文，《禮記正義》
　「人皇即遂皇也」下云：「既政教所生，初起於遂皇，則七
　政是也」。此方是孔穎達申論《六藝論》之語。

5.《易》之爲名也（皮注：「爲名也」四字《因易疏》無，
　據《世說》補注），一言（《易疏》作名）而函（《易疏》
　作含）三義：簡易（《易疏》作易簡，據《世說注》改乙，
　按後文亦作簡易，故從《世說》一也）變易二也，不易三
　也。故（《世說注》無故字）繫辭云（《世說》作曰）：
　乾坤其（《世說注》無其字）《易》之蘊邪（《世說注》

作也），又云（《世說注》無云字）；《易》之門戶邪（《世說注》作也）！又云（《世說注》作又曰）：夫（《世說注》無夫字）乾確然示人易矣！夫（《世說注》無夫字）坤隤然示人簡矣！易則易知，簡則易從，此言其簡易之（《世說注》無之字）法則也。又云（《世說注》作又曰）：其（《易疏》無其字，據《世說注》增）為道也，屢遷，變動不居，周流六虛，上下無常，剛柔相易，不可以（《易疏》無以字，據《世說注》補）為典要，唯變所適，此則言其（《易疏》作此言，無則字，其字注《世說注》增）順時變易（《世說注》作從時，無變易二字），出入移動者（《世說注》無者字）也，又云（《世說注》作又曰）：天尊地卑，乾坤定矣，卑高以陳，貴賤位矣！動靜有常，剛柔 折矣！此則（《易疏》無則字，據《世說注》增）言其張設布列，不易者（《世說注》無者字）也，（《易疏》引至此，下二句據《世說注》增）據此三義而說《易》之道廣矣，大矣！（《周易》八論之一，《世說注·文學篇注》引作《易序》）

臧6、洪14、嚴14、黃16，「據此三義」作「據茲三義」，餘同《世說注》。

孔15、陳13、袁8，無「據此三義」以下。餘同《周易疏》。

王、馬無此條。

《周易正義·八論之一》鄭玄依此義作〈易贊〉及〈易論〉云：「《易》一名而含三義……（中如皮氏所，略），不易者也。」（頁3）

《世說新語‧文學篇注》鄭玄序《易》曰：「《易》之爲名也……廣矣！大矣！」[8]

案：

孔、陳、袁三家所輯係依《周易疏》，臧、洪、嚴、黃四家則採《世說注》而有所增益，其中黃本除「據茲三義」與皮本略異外，餘皆相同。臧、洪、嚴三家除「據茲三義」與皮本略異外，「簡易」均作「易簡」，臧本「函」作「含」。餘則以《世說新語》作「據此三義」，臧，洪、嚴、黃四家作「據茲三義」。而《周易正義‧八論》與《世說注》之文相較，亦無從析定何者方是《六藝論》原文，或二者皆非《六藝論》之文，殆他處引《六藝論》者，皆云「鄭玄《六藝論》云」或「《六藝論》云」，而此條及以下四條均無此言，故疑爲鄭玄注《易》之語，而非《六藝論》。

6.神農重卦（《周易疏‧八論之一》）

孔 13、陳 14、黃 12，同皮本。（黃文輯自《周易正義序》、《漢上易傳》、《山堂考索‧前集一；續集三；別集三》《事物紀原》。）

臧、袁、王、洪、嚴、馬六家無此條。

《周義正義序‧八論之二》鄭玄之徒以爲神農重卦。（頁5）

《群書考索‧前集一》（諸儒重卦之說）鄭玄以爲神農。（頁 20，中文書局）

8 劉義慶《世說新語》（臺北：世界書局影印宋本，1965 年），頁 133。（中如皮氏所校，略）

〈續集三〉鄭玄以爲神農重卦。（頁986）

〈別集三〉鄭玄謂神農重卦。（頁1387）

案：

　　此條疑非鄭玄《六藝論》之文。

7.夏曰連山，殷曰歸藏，周曰歸藏，周曰周易（《周易疏・
　八論之一》）

　　臧7、陳15、同皮本。

　　孔14、袁7、洪13、嚴13、黃15，以上五家合皮7、8
二條爲一條。

　　王、馬二家無此條。

　　《周易正義序・八論之三》　鄭玄〈易贊〉及〈易論〉
云：「夏曰《連山》，殷曰《歸藏》，周曰《周易》，鄭玄
文釋《連山》者，象連山之出雲，連不能絕，《歸藏》者，
萬物莫不歸藏於其中，《周易》者，言易道周普，無所不備。」
（頁5）

8.連山者，象山之出雲，連連不絕，歸藏者，萬物莫不歸藏
　於其中，周易者，言易道周普，無所不備。（同上）

　　臧8、陳16、同皮本。

　　孔、袁、洪、嚴、黃五家併於前條。

　　王、馬二家無此條。

　　《周易正義序・八論之三》見前條。

案：

　　此二條應可合併，《易疏》引此亦不分列，其文辭貫連，

當不必分立為二。仍疑非　《六藝論》之文。

　　9.虙羲作十言之教，曰乾、坤、震、巽、坎、離、艮、兌、消、息，無文謂之易。（《漢上易傳‧卷八》）

　　陳5、馬5、黃4、同皮本。

　　孔5、袁5，併入下條，孔本無「虙羲作十言之教」，袁本無「無文謂之易」。

　　臧、王、洪、嚴四家無此條。

　　《漢上易傳‧卷八》　鄭康成曰：「虙羲作十言之教，曰乾、坤、震、巽、坎、離、艮、兌、消、息，無文字謂之易。（乃知《周易》繫辭於卦下者，文王也。）」[9]
案：

　　以上五條（5-9），諸家或輯或否，其為鄭康成之語殆無可疑，然其引自〈易贊〉或〈易論〉者，甚以「鄭玄以為」即輯為《六藝論》之文，實有待商榷。臧、王、洪、嚴四家不取，或即以此非《六藝論》之文，而另有所出。

10.遂皇之後歷六紀九十一代，至伏義始作十言之教。（《禮記‧大題疏、曲禮疏》；《路史‧前記注一》）。

　　王3、嚴3，「十言」作「十二言」，無「以厚君民之別」六字。

　　臧5，「十言之教」下接「乾、坤、震、巽、坎、離、艮、兌、消、息」，無「以厚君民之別」六字。

　　孔5，「以厚君民之別」下接「曰乾、坤、震、巽、艮、

9 朱震《漢上易傳》（臺北：廣文書局，1974年），頁564。

兌、消、息，無文字謂之易」。

　　陳7，僅「以厚君民之別」六字、餘均無。

　　袁 5，「伏犧」下接「一百八十七代」，「十言之教」下接「乾、坤、震、巽、艮、兌、消、息」。（自注：「考證曰：上承作十言之教五字，文重刪去」）

　　洪5，無「以厚君民之別」六字。

　　馬4，「十言」作「十二言」。

　　黃分作第三條、第五條，從「遂皇」至「十言之教」爲第三條；以「作十言之 教，以厚君民之別」爲第五條。

　　《禮記正義》 《六藝論》云：「遂皇之後，歷六紀九十一代，至伏羲始十二言之教。」（頁5）

　　《路史・前紀二注》 鄭康成《六藝論》云：「遂人後歷六紀九十一代，至伏羲始作十二言之教。」（頁5）

　　《路史・後記一注》《六藝論》云：「伏羲作十言之教，以厚君民之別，十言：乾、坤、艮、巽、坎、離、震、兌、消、息也。」（頁2）

案：

　　「十二言之教」當爲「十言之教」皮氏所校爲是，又前條《漢上易傳》之引文與《路史注》之引文當是同一條，不必分可也。又皮氏併《路史注》之文於《禮記正義》之末，實可不必也，依《路史注》分爲前後二條爲佳。

11.燧人在伏義之前凡六紀九十一代。（《禮記・禮運疏》）

　　陳4，同皮本。餘八家均無此條。

　　《禮記・禮運疏》鄭《六藝論》云：「燧人在伏犧之前，

凡六紀九十一代。」（頁 417）

12.燧人至伏羲一百八十七代。（《禮記・曲禮疏》）

　　陳 5，同皮本。

　　袁併入第 5 條（皮 10），無「燧人」二字。考證曰：「上承燧人至伏羲五字，文重刪去。」

　　臧、孔、王、洪、嚴、馬、黃七家無此條。

　　《禮記・曲禮疏》　《六藝論》云：「燧人至伏羲一百八十七代。」（頁 16）

案：

　　此條與前條所言世代懸殊，然二者皆引自《六藝論》。皮氏《疏證》以為乃緯書之異說，而鄭玄並為之也。

13.太昊帝伏羲氏，姓風，蛇身人首，有聖德。燧人歿，伏犧皇生，其世有五十九姓。羲皇始序制，作法度，皆以木德王也，制嫁取之禮，受龍圖，以龍紀官，故曰農師。在位合一萬一千一十二年。炎帝神農氏姓姜，人身牛首，有火瑞，即以火德王，有七世，合五百年也。（唐釋法琳《辨正論・三教治道篇注》）

　　孔 6、洪 6，「炎帝神農氏」下，均別作第 8 條。

　　陳 8，「嫁取」作「嫁娶」。

　　嚴 6，「炎帝神農氏」下別作第 7 條，「嫁取」作「嫁娶」。

　　黃 6，同皮本 。

　　臧、袁、王、馬四家無此條。

　　《辨正論·三教治道篇注》　《六藝論》云：「太昊帝
庖犧氏，姓風，蛇首人身……（中同皮本，略）有七世，合
五百年也。」[10]

14.軒轅皇姓公孫，二十五月而生，有珠衡日角之相，以土德
　王天下，建寅月為歲首，生子二十五人，有十二姓，凡十
　三世，合治一千七十二年，夢受帝籙，遂與天老巡河而受
　之，得河圖、洛書，師於牧馬小童，拜廣成丈人於崆峒山。
　（同上）
　　孔10、陳9，同皮本。
　　洪10、嚴10、黃8，「軒轅皇」均作「軒皇」。
　　臧、袁、王、馬四家無此條。
　　《辨正論·三教治道篇注》：「軒皇姓公孫…（中同各
家，略）於崆峒山。」（頁490）

15.軒皇有景雲之瑞，用雲紀官，少昊帝有鳳鳥之瑞，故以鳥
　名官焉。（同上）
　　孔12、陳10、洪12、嚴12、黃10，同皮本。
　　臧，袁，王，馬四家無條。
　　《辨正論·三教治道篇注》《六藝論》云：「軒皇有景
雲之瑞……（中同各家，略）故以鳥名官焉。」（頁490）

16.宓犧氏為網罟，以獵以漁，取犧牲以充庖廚，故曰庖犧氏，

10　法琳《辨正論》（臺北：新文豐影印《大正大藏經》史傳部四，1980年），
　頁490。

神農斲木為耒耜，揉木為為耨揉，始教天下種五穀，故號
為神農氏也。（同上）

陳11，同皮本。

孔7、洪7，「神農斲木」以下，均別作第9條。

嚴7，「神農斲木」以下第9條，「耨揉」作「耨」，
無「揉」字。

黃7，「故曰庖犧氏」下，有「也」字。

《辨正論・三教治道篇注》《六藝論》云：「宓犧氏為
網罟……（中同皮本，略）神農斷木為耒耜，揉木為耨耒，
始教天下種五穀，故號為神農氏。」（頁490）

17.黃帝佐官有七人，蒼頡造書字，大撓造甲子，隸首造算術，
容成造曆日，歧伯造醫方，鬼諛區造占候，奚仲造車作律
管，與壇墠禮也。（同上）

陳12，黃9，同皮本。

孔11，「蒼頡」作「倉頡」。

洪11、嚴11，「鬼諛造占候」作「鬼諛區占候」，「壇
墠禮」作「墠壇禮」二家均同，又洪本「算術」作「籌術」。

臧、袁、王、馬四家無則。

《辨正論・三教治道篇注》　《六藝論》云：「黃帝佐
官有七人……（中同皮本，略）鬼區造占候，奚仲造車作律
管，與墠壇禮也。」（頁490）

案：

　以上四條同出一處，皮本依《辨正論注》申引用之先後
予以輯錄，未再作排列。洪、嚴二本則依伏犧、神農、黃帝

之先後排序，似申為合理。

孔 12、《易・繫辭》云：易之興，其當殷之末世，周之盛德
　　邪！當文王與紂之事邪！據此以言（本「以」在「言」下）
　　《易》是文王所作，斷可知矣！（《左傳・昭二年正義》）
　　　袁 6、黃 14、同孔本。
　　　臧、陳、王、洪、嚴、馬、皮七家均無此條。
　　　《左傳・昭二年正義》《易・繫辭》云：「易之興也……
　　（中同孔本，略）斷可知也。」（頁 718）
　　案：
　　　此條非《六藝論》之文，孔、袁、黃三家誤輯。附錄於
　此。

3、書　論

18.孔子求《書》，得黃帝元孫帝魁之書，迄秦穆公凡三千二
　　百四十篇。斷遠取近，定可以為世法者，百二十篇。以百
　　二十篇為《尚書》，十八篇為《中候》，以為去三千一百
　　二十篇，以上取黃帝之孫，以為不可依用。（《書序疏》，
　　《玉海・卷三十七》）
　　　孔 16、陳 17、袁 9、洪 15、馬 6、黃 17，以上六家無「以
　為三千一百二十篇」以下，餘同皮本。
　　　臧 9、嚴 15，「孔子」前均有「《尚書緯》云」四字；
　「迄秦穆公」作「迄於（于）秦穆公」，嚴本亦無「以為去」
　以下。
　　　《書序疏》鄭玄作〈書論〉，依《尚書緯》云：孔子求

書，得黃帝玄孫帝魁之書，迄於秦穆公……（中同皮本）以爲去三千一百二十篇，以上取黃帝元孫，以爲不可依用。（頁9）

《玉海》卷三十七無此條。王應麟《漢藝文志考證》：「孔子求書……（中同皮本，略）以百二篇爲《中候》。」[11]案：

「以爲去三千一百二十篇，以上取黃帝元孫，以爲不可依用」乃孔穎達用以釋「百二十篇」之文。臧、皮二本係誤採。

19.民間得泰誓。（同上）

　　臧 10、孔 18、陳 20、袁 10、洪 17、嚴 17、黃 18，同皮本。

　　王、馬二本家無此條。

　　《書序疏》鄭玄〈書論〉亦云：民間得〈泰誓〉。（頁10）

　　《玉海》卷三十七　鄭玄〈書論〉云：民間得〈泰誓〉。（頁 744）

20.若堯知命在舜，舜知命在禹，猶求於群臣，舉於側陋，上下交讓，務在服人。孔子曰：「民可使由之，不可使知之」此之謂也。（《書·堯典疏》）

　　臧 11、孔 19、陳 21、袁 11、王 4、洪 16、嚴 16、黃 19，

---

11 《漢藝文志考證》（《玉海》本，臺北：大化書局影印元刊本，1986 年），頁 3960。

同皮本。

《書‧堯典正義》鄭玄《六藝論》云：若堯知命在舜……（中同皮本，略）孔子曰：人可使由之，不可使知之，此之謂也。（頁 39）

案：

1、《論語‧泰伯》「民可使用之」，唐代避太宗世宗諱，故改「民」爲「人」，若皮 19 條「黃帝元孫」當作「玄孫」，此避清聖祖玄燁諱而改作「玄」，茲依原文，不加回改也。

2、以上三條、除王、馬二本有缺外，餘各家在次序或內容上均較一致，但輯文除第 20 條《書正義》明言引《六藝論》外，餘二條則輯自〈書論〉，然〈書論〉果否爲《六藝論》中之一篇，待考。

4、詩　論

21.詩者，弦歌諷喻之聲也，自書契之興，朴略尚質，面稱不爲諂，日諫不爲謗。君臣之接，如明友然，在於誠懇而已。斯道稍衰，姦僞以生，上下相犯。及其制禮，尊君卑臣。君道剛嚴，臣道柔順。於是箴諫者希，情志不通，故作詩者，以誦其美而譏其過。（《詩譜序‧疏》，首句亦見《北堂書鈔》、《太平御覽》）

　　孔 20，袁 15，王 5，黃 20，同皮本。

　　臧 12，「諷喻」作「諷諭」。

　　洪 18，「誠懇」作「懇成」。

　　嚴 18，「諷喻」作「諷諭」，「誠懇」作「懇誠」。

　　陳本分作 22、23 條，「自書契之興」以下別爲 23 條，

又「諷喻」作「諷諭」，「朴」作「樸」。

　　馬本分作 8、9 兩條，分法同陳本，又「諷喻」作「諷諭」。

　　《詩譜序疏》《六藝論》論詩云：「詩者，弦歌諷喻之聲也，自書契之興，朴略尚質…（中同皮本，略）在於懇誠而已…（中同皮本，略）而譏其過。」（頁 4）」

　　《北堂書鈔》卷九十五　鄭玄《六藝論云》：「詩者，絃歌諷喻之聲也，禮者，序尊卑之制，崇讓合敬也。」[12]

　　《太平御覽》卷六〇八「詩者，絃歌諷喻之聲也，禮者，序尊卑之制，崇讓合敬也，春秋者，古史所記之制，動作之事也。」[13]

22.唐虞始造其初，至周分為六詩。（同上，亦見《毛詩序疏》）

　　臧 14、孔 22、陳 24、袁 14、洪 20、嚴 20、馬 10、黃 21，同皮本。

　　王 6，無「唐虞始造」四字，「六詩」下有「者，周禮六詩之文而言之耳，所謂篇卷也。」

　　《詩譜序・疏》《六藝論》云：「唐虞始造其初，至周分爲六詩。」（頁 4 又頁 16）

23.孔子錄周衰之歌及眾國賢聖之遺風，自文王創基至於魯僖四百年間，凡取三百五篇，合為國風、雅、頌。（同上）

　　臧 15、孔 23、洪 21、嚴 21，袁 15，「四百年間」作「四百季間」。

12　《北堂書鈔》（臺北：新興書局，1971 年），頁 425。
13　《太平御覽》（臺北：臺灣商務印書館影印宋刊本，1997 年），頁 2737。

陳、王、馬、黃四家無此則。

　　《詩譜序疏》《藝論》云：「孔子錄周衰之歌……（中同皮本，略）合爲國風、雅、頌。」（頁6）

24.《春秋緯・演孔圖》云：「詩含五際之情。」〈汎厤樞〉云：「午亥之際革命，卯酉之際爲改正，辰在天門，出入候聽。卯天保也，酉祈交也，午采芑也，亥大明也，然則亥爲革命，一際也。亥又爲天門出入候聽，二際也。卯爲陰陽交際，三際也。午爲陽謝陰興，四際也。酉爲陰盛陽微，五際也。其六情者，則春秋云：喜怒哀樂好惡是也。」（《詩序疏・詩考》，皮曰：「陳本無『其六情者至是也』，多『其詩含此五際』，不知何據。」）

　　孔20、袁13、洪19、嚴19、無「汎厤樞」以下。袁注云：「王氏，詩考，誤采作正文。

　　臧13，「春秋緯・演孔圖云」作「春秋緯云」，無「汎厤樞」以下。

　　陳本分25、26兩條，以「汎厤樞」以下爲第26條。「春秋緯」作「春秋」，「然則亥爲革命一際也」無「然則」二字，「亥又爲」作「辰則爲」，「陰陽」作「陰易」，無「其六情者，則春秋云」八字。

　　黃本分22，23條，同陳本，「亥爲革命」下亦同陳本。

　　王7，「五際六情」下有「者、鄭以」三字。

　　馬13，「詩含」作「詩會」。「春秋云」作「春秋之」。

　　《詩序疏》鄭作《六藝論》引《春秋緯・演孔圖》云：「詩含五際六情者，鄭以〈汎厤樞〉云：『午亥之際爲革命……

（中同皮本，略）。』其六情者，則《春秋緯》云：『喜怒哀樂好惡是也。』詩含此五際六情，故鄭於《六藝論》言之。」（頁19）

案：

《春秋緯・演孔圖》及〈汎麻樞〉云以下當非《六藝論》之文，而是孔穎達等引以說明鄭玄《六藝論》中「詩含五際六情」之語，故臧、孔、洪、黃、諸家只輯「詩含五際六情」，此方是鄭論之文。另證以他處引《六藝論》之處，均只有《六藝論》云或《六藝論》，可知《春秋緯・演孔圖》及「鄭以為」皆是孔穎達等之疏文，用以闡釋鄭論之意者。

25.河間獻王好學，其博士毛公善說詩，獻王號之曰「毛詩」。（《毛詩，國風疏》）

　　臧16、孔24、陳28、袁17、洪22、嚴22、黃25、同皮本。

　　馬11，「毛詩」下接「未有若今傳訓章句」八字。

　　王本無此條。

　　《毛詩・國風疏》《六藝論》云：「河間獻王好學，其博士毛公善說《詩》，獻王號之曰「毛詩」。」（頁11）

26.註《詩》宗毛為主，其義若隱略，則更表明。如有不同，即下己意，使可識別也。（《經典釋文・毛詩音義》）

　　孔25、袁19、洪24、嚴24、黃26、同皮本。

　　臧18、王9，「其義」作「毛義」。

　　陳29，「註」作「注」。

　　馬 12，「識別」作「議別」。

　　《毛詩・國風注》案鄭《六藝論》文，「註《詩》宗毛
爲主。其義若隱略……（中同皮本，略）使可識別也。」（頁
12）

　　《經典釋文・毛詩音義上・注》鄭《六藝論》云：「註
《詩》宗毛爲主，毛義若隱（中同皮本，略）使可識別也。」
（卷 5，頁 1，頁 53）[14]

案：

　　皮氏輯文係據《毛詩》而非《經典釋文》，其文末之出
處注明有誤。臧、王二家則據《經典釋文》，故文字稍有差
異。

27. 未有若今傳訓章句。（《詩序疏》）（皮按：「陳本上多
　　「詩初出」三字，不知何據。」）

　　臧 17、孔 23、洪 23、嚴 23，同皮本。

　　陳 27，黃 24，二家「未有」前有「詩初出」三字。

　　袁 18，自注云：「考證曰：前有『詩初出』三字，今刪。」

　　王 8，「章句」下有「明爲傳訓以來，始辨章句（《玉
海》引此上文）或毛氏即題，或在後人，未能審也（同上）」。

　　馬本併於第 11 條（皮 25）。

　　《毛詩序疏》《六藝論》云：「未有若今專訓章句，明
爲傳訓以來，始辨章句，或毛氏即題，或在後人，未能審也。」
（頁 23）

---

14 陸德明：《經典釋文》（影印通志堂刊本），北京：中華書局，1983 年。

案：

「詩初出」及「明爲傳訓以來」以下，皆非《六藝論》之文，前三字不知何據，或爲輯者所加，後者則是孔穎達釋上文之語，而爲王氏誤探。

28.文王創基至魯僖間，《商頌》不在數矣，孔子刪詩時，錄此五章，豈無意哉！商邑翼翼，四方之極，我有嘉客，亦不夷懌，豈能忘哉。景山高墳墓之所在也。商邑之大，豈無賢才哉。松柏丸丸，在於斲而遷之，方斲而敬承之，以用之爾。松柏小材，有挺而整布；眾楹大材，有閑而靜別。既各得施，則寢成而孔安矣。拱成群材而任以成國，則人君高拱仰成矣。是綢繆牖戶之義也。（《路史·後注十》，皮案：「《詩序疏》引上句作文王創基至於魯僖，則《商頌》不在數矣！」）

陳 30、王 21，同皮本。

馬 14，「創基」作「創業」，「賢才」作「賢材」。

黃 27，「以用之爾」作「以用之也爾」。

臧、孔、袁、洪、嚴、五家無此條。

《詩譜序疏》《六藝論》云：「文王創基至魯僖，則《商頌》不在數矣，而《周詩》則是孔子所錄，《商頌》則篇數先定。」（頁 6）

《路史·後紀九下·高辛紀下注》《六藝論》云：「文王創基至魯僖間，〈商頌〉不在數矣…（中同皮本，略）松柏芄芄……卷成群材而任以成國…是綢繆牖戶之義也。」（頁十）

案：

　　1、《詩譜》中「《周詩》是孔子所錄，《商頌》則篇數先定」，袁輯本作第 16 條，餘各家均無。

　　2、此條疑是〈詩譜序〉之作者說明「自文王創基至次魯僖四百年間，凡取三百五篇，合為國風，雅，頌」（皮本第 23 條）之文，而非《六藝論》，因置於〈詩譜序〉中，故羅泌誤採在前，陳、王、馬、黃，四家據《路史》誤輯於後。

5、禮　論

29.禮者序尊卑之制，崇敬讓之節也。（《北堂書鈔》九十五，《御覽》六百八引作「合敬崇讓」也。）

　　臧 19、陳 31、馬 15、黃 38，同皮本；臧、馬二家有「注」，亦同皮本。

　　孔 27，注云：引者作「崇讓合敬也」，洪 25，嚴 25，「崇敬讓之節」作「崇讓合敬」。

　　袁 20，自注考證曰：「《御覽・學部》敘經典引此曰：崇讓合敬。無『之節也』三字」。

　　《北堂書鈔》九十五「禮者序尊卑之制，崇讓合敬也。」（頁 425），並見皮 21。

　　《太平御覽》卷六〇八「禮者，序尊卑之制，崇讓合敬也。」（頁 2737）

30.唐虞有三禮，至周分為五禮。（《周禮疏》）

　　臧 21，孔 28，陳 32，袁 22，洪 27，嚴 27，黃 29，王，馬二家無此條。

《周禮‧春官‧宗伯官疏》〈禮論〉云：「唐虞有三禮，至周分為五禮。」（頁259）

31.禮其初起，蓋與《詩》同時。（《詩譜序疏》）

臧20、孔27、洪26、嚴26、袁21，同皮本。袁自注「考證曰：其上本有禮字，文重刪去。」

陳，王，馬，黃四家此條。

《詩譜序疏》《藝論》論禮云：「禮其初起，蓋與《詩》同時。」（頁4）

32.王莽時，劉歆、孔昭以為《易‧震》等六子之卦為六宗。漢武帝即位，依虞書禋于六宗，禮用大社。（《周禮‧大宗伯疏》）

各家均無此條。

《周禮‧大宗伯疏》《禮論》云：「王莽時…（中同皮本，略）禮有大社。」（下接「至魏明帝時，詔令王肅議六宗」）（頁272）

案：

1、此非《六藝論》之文，乃賈公彥引以解〈禮論〉中「六宗」沿革之語，故自漢武帝下復接魏明帝時事，且鄭玄為文，不當直言「漢武帝」而當云「孝武皇帝」，可知此為後世之文。

2、以上四條，均輯自〈禮論〉，其是否為《六藝論》之文，可疑。

33.漢興，高堂生得《禮》十七篇（《釋文》無此句），復得
　　孔氏壁中河間獻王古文《禮》五十六篇（此據《釋文》，
　　案《禮記‧奔喪疏》引云：復孔子壁中得古文《禮》五十
　　七篇，《山堂考索》亦同，《禮記‧大題疏》又引作後得
　　孔子壁中古文《禮》五十六篇、計百三十一篇、《周禮》
　　六篇（亦據《釋文》。《禮疏》、《山堂考索》均無此二
　　句），其十七篇外，則《逸禮》是也。（《禮記‧大題疏》
　　又〈奔喪疏〉五十七篇，七字誤，當作六）

　　　孔29，無「河間獻王」，「計」作「記」，餘同皮本。

　　　臧22、洪28、嚴28、臧本，「後得孔子壁中」作「後
　　孔子壁中得」，無「河間獻王」四字，「計」作「記」。洪，
　　嚴二本「孔子壁中」下同臧本。

　　　王11，無「漢興，得《禮》十七篇」及「河間獻王」；
　　「孔氏」作「孔子」；「五十六」，作「凡五十六」；無「計
　　百三十篇，《周禮》六篇」；「逸禮是也」下有「《周禮》
　　為本，則聖人體之；《儀禮》為末，賢人履之。」

　　　馬16，「孔氏」作「孔子」，「五十六篇」作「凡五十
　　六篇」，無「計百三十一篇，《周禮》六篇」。

　　　陳分作33，34兩條：

33、漢興，高堂生得《禮》十七篇，後孔子壁中得古文《禮》
　　五十七篇，其十七篇與前同而字多異。

34、後得孔氏壁中，河間獻王古文《禮》凡五十七篇，與高
　　堂生所傳同而字多異。

　　　黃本分作30，31兩條，分法同於陳本。

　　　袁本分作23，24兩條，自「後得孔氏壁中」以下為第

24 條，內容則同皮本。

　　《禮記正義》《六藝論》云：「後得孔子壁中古文《禮》凡五十六篇，其十七而與高堂生所傳同字多異。其十七篇外，則《逸禮》是也。」（頁 8）

　　《禮記・奔喪正義》《六藝論》云：「漢興，高堂生得《禮》十七篇，後孔子壁中得古文禮五十七篇，其七十篇與前同而字多異。」（頁 940）

　　《經典釋文・序錄》鄭《六藝論》云：「後得孔子壁中…（中同陳本 34 條，略）而多異。」（頁 21）

　　《群書考索・續集八》《六藝論》云：「漢興，高堂生…（中同陳本 33 條，略）而字多異。」（頁 1032）

　　案：

　　此二條當如陳、黃二家分立則可。皮本之改定，並非必要，蓋如陳、黃二條分立，更可見《禮》之源流。皮氏之改定，實失於無據也。

34.《周官》壁中所得六篇。《漢書》說河間獻王開獻書之路，得《周官》有五篇，失其〈冬官〉一篇，乃購千金，不得，取〈考工記〉以補其闕。（《禮記・大題疏》）

　　陳 35、袁 26、王 12、馬 18、黃 32，同皮本；陳、馬、黃三家無「《漢書》」以下。

　　臧、孔、洪、嚴四家無此條。

　　《禮記正義》《六藝論》云：「《周官》壁中所得，《漢書》…（中同皮本，略）補其闕。下接「《漢書》云得五篇，《六藝論》云得六篇，其文不同，未知孰是。」）

案：

　　1、《漢書》以下當非《六藝論》之文，觀《禮記正義》全文可知，孔穎達乃並列《六藝論》與《漢書》之說，且疑不知何者為是。故當依陳本等三家之文為是。

　　2、《漢書》中並無河間獻王以〈多官〉補《周官》之記載。此說首見於《經典釋文‧序錄》。

35.案《漢書‧藝文志、儒林傳》云：傳《禮》者十三家，唯高堂生及五傳弟子戴德、戴聖名在也（《禮記‧大題疏》）。五傳弟子謂高堂生之學，蕭奮、孟卿、后蒼、戴德、戴聖也。（《困學紀聞‧五》）

　　臧23、孔31、王10、洪29、嚴29，五家均無「五傳弟子謂高堂生」以下，王本此條置於皮36之前，洪本「〈儒林傳〉云」作「〈儒林傳〉曰」。

　　陳本分作 36、37 兩條，「五傳弟子謂高堂生」以下作37 條。

　　黃本分作 33、34 兩條，分法同陳本。

　　袁本併皮 35、36 兩條作第 25 條。

　　馬 19，無「五傳弟子謂高堂生」以下。「名在也」下接「又案〈儒林傳〉云：漢興，高堂生傳《禮》十七篇。而禮，魯徐生善為容，孝文帝時，徐生以容為禮官大夫，瑕丘、蕭奮，以禮至淮陽太守。孟卿，東海人，事蕭奮以授戴德、戴聖。」

　　《禮記正義》鄭君《六藝論》云：「案《漢書‧藝文志、儒林傳》云：傳《禮》者十三家，為高堂及五傳弟子戴德、

戴聖名在也。又案〈儒林傳〉云…（中同皮本，略）以授戴德、戴聖。」（頁8）

又：《六藝論》云五傳弟子者。熊氏云：「則高堂生、蕭奮、孟卿、后蒼、戴德、戴聖為五也。」（頁9）

《困學紀聞・卷五》「《六藝論》五傳弟子謂高堂生之學，蕭奮、孟卿、后蒼、戴德、戴聖也。」[15]

案：

「五傳弟子謂高堂生」以下當非《六藝論》之文，此係孔穎達作《禮記正義》時引熊氏之說以說明「五傳弟子」者，王應麟未察，載於《困學紀聞》中。袁、黃諸家又據以輯為《六藝論》之文。又馬本「魯徐善生」以下亦為孔穎達作《正義》之文，非《六藝論》也。

36.今《禮》行於世者，戴德、戴聖之學也。戴德傳《記》八十五篇，則《大戴禮》是也。戴聖傳《禮》四十九篇，則此《禮記》是也。（《禮記・大題疏》）

馬20，同皮本。

臧本分作24、25兩條，「戴德傳《記》」以下為第25條。

陳分作38、39；洪作30、31；嚴作30、31；黃作35、35，分法均同臧本。又洪本無「《戴禮》是也」及「則此《禮記》是也」。

孔本分作32、33、34三條：

---

15 《困學紀聞》（臺北：世界書局，1996年），頁286。

32、戴德傳《記》八十五篇。

33、戴聖傳《禮》四十九篇。

34、今《禮》行於世者，戴德、戴聖之學也。

袁本併於第 25 條（皮 35）；王本併於第十條（皮 35）。

《禮記正義》《六藝論》云：「今《禮》行於世者，戴德、戴聖之學也。又云戴德……（中同皮本，略）《禮記》是也。」（頁 9）

馬 16、漢興，始於魯淹中得古文《禮》五十七篇，其十七篇與今《儀禮》同，其餘四十七篇藏於祕府，謂之《逸禮》，其「投壺禮」亦此類也。（《禮記・奔喪正義》）

各家輯本均無此條。

《禮記・奔喪正義》「鄭玄《逸禮》者，《漢書・藝文志》云：漢興，始於魯淹中……（中同馬本，略）亦此類也。」（頁 940）

案：

此為《漢書・藝文志》之文。《正義》引以說明《逸禮》者。非《六藝論》之文可知也。

6、春秋論

37.《春秋》者，國史所記，人君動作之事，左史所記為《春秋》，右史所記為《尚書》（《公羊傳疏》）。《春秋》者，古史所動作之事（《御覽》六百八）。右史記事，左史記言。（《禮記・玉藻疏》）

臧 26，無「《春秋》者。國史所記…《尚書》」，「所

記動作之事」作「所記之制，動作之事」。

　　孔 34、陳 40、馬 21、黃 27，四家無「《春秋》者，古史」以下，又馬本「動作之事」下有「也」字。

　　袁分作 27、28 兩條，「右史記事，左史記言」為第 28 條。

　　王本分作 5、13 兩條，「《春秋》者，國史所記，人君……《尚書》」為第 13 條，下接「是以〈玉藻〉云：動則左史書之，言則右史書之」。以「《春秋》者，古史所記之制動作之事」併於第 5 條（皮 21，29）下。

　　洪 32、嚴 32，「《春秋》者，國史所記…《尚書》於「案語」中說明，又「古史所記動作之事」作「右史所記之制，動作之事也」。

　　《公羊傳疏》《六藝論》云：「《春秋》者…（中同皮本，略）為《尚書》。」頁（6）

　　《太平御覽》卷六〇八「《春秋》者，古史所記之制，動作之事也。」「《禮記・玉藻疏》《六藝論》云：「右史記事，左史記言。」（頁 545）

38.孔子既西狩獲麟，自號素王，為後世受命之君，制明王之法。（《左傳序疏》、《困學紀聞》）

　　臧 27、孔 25、陳 41、袁 29、王 14、洪 33、嚴 33、黃 38，同皮本。嚴本「既」作「記」。

　　馬本無此條。

　　《左傳序正義》鄭玄《六藝論》云：「孔子既西守獲麟……（中同皮本，略）制明王之法。」（頁 16）

《困學紀聞‧卷八》 鄭玄《六藝論》云：「自號素王。」
（頁 512）

39.治公羊者，胡母生，董仲舒弟子嬴公，嬴公弟子眭孟，眭
　　孟弟子莊彭祖及顏安樂，安樂弟子陰豐，劉向，王彥。（《公
　　羊傳序疏》）

　　臧 29、孔 38、陳 43、袁 31、王 16、洪 35、嚴 35、馬
22、黃 40，各家輯文均同。

　　《公羊傳序疏》《六藝論》云：「治《公羊》者…（中
同皮本，略）劉向、王彥。」（頁 3）

40.玄又為之注。（《孝經序疏》）

　　臧 30、陳 42、袁 32、洪 36、嚴 36、黃 37，同皮本。洪
本「注」作「註」。又洪、嚴二家「按」曰：此謂之《春秋》。
　　孔、王、馬三家無此條。

　　《孝經序疏》：宋均敘《春秋》云：「玄又為之注。」（頁
5）

41.左氏善於禮，公羊善於讖，穀梁善於經。（《穀梁傳序疏》）
　　臧 28、孔 36、陳 34、袁 30、王 15、洪 34、嚴 34、馬
23、黃 41，各家輯文均同。

　　《穀梁傳序疏》鄭玄《六藝論》云：「左氏善於禮，公
羊善於讖，穀梁善於經。」（下接「是先儒同遵之義也」。）
（頁 3）

7、孝經論

42.孔子以六藝題目不同，指意殊別，恐道離散，後也莫知根
　　源，故作《孝經論》以總會之。（《孝經疏》）

　　　臧 31、孔 39、陳 45、袁 33、王 19、洪 37、嚴 31、馬
　　24、黃 42、馬本「根源」作「根淵」，「總會之」下接「元
　　又為之注」。餘各家均同皮本。

　　　《孝經序疏》 鄭玄《六藝論》曰：「孔子以六藝題目
　　不同……（中同皮本，略）故作《孝經》以總會之。」（頁
　　4）

43.玄又為之注。（宋均《孝經緯注》，《唐會要》七十七孝
　　經疏）

　　　臧 32、陳 46、袁 34、洪 38、嚴 38、黃 43，同皮本。又
　　袁注「考證曰：『又《唐會要》所載宋均《孝經緯》論注』」。
　　洪、嚴二家按曰：「此謂《孝經》」。

　　　孔、王、馬三家無此條。

　　　《唐會要・卷七十七》宋均《孝經緯注》引鄭玄《六藝
　　論》云：「敘《孝經》云：玄又為之注。」（頁 407）

臧 33.遭黨錮之事，逃難注《禮》，黨錮事解，注《古文尚
　　書》、《毛詩》、《論語》。為袁譚所逼，來至元城，乃
　　注《周易》。（鄭君自序，《唐會要》七十七，《文苑英
　　華》七百六十六）

　　　嚴 39，餘各家無此條。

《唐會要・卷七十七》：「鄭君自序云：遭黨錮事……（中同臧本，略）乃注《周易》。」（頁 1406）

《文苑英華・卷七百六十六》 劉子玄〈孝經老子注易傳義篇〉引文同《唐會要》

臧 34、凡著《三禮》七十二篇。（〈鄭序〉、《儀禮疏》）各家輯本無此條。

《儀禮・士冠禮疏》 鄭敍云：「凡著《三禮》七十二篇。」（頁 3）

臧 35. 趙商字子聲，河內溫人，博學有秀才，能講難而不能劇談。（鄭玄自序，《御覽》七百四十）

各家輯本無此條。

《太平御覽・卷七百四十》 鄭玄自序曰：「趙商字子聲…（中同皮本，略）不能劇談。」（頁 3285）

案：

以上三條均曰「鄭君自序」然是否為《六藝論》卻頗可疑，如最末一條與《六藝論》實無相涉，故疑為他文之序，非為《六藝論》而作也。

結　語

孔廣林《通德遺書所見錄・序錄・六藝論弟一》云：「史傳稱鄭君質於辭訓，通人頗譏其繁，此論當不下萬有千言矣，然則十蓋未能得一也。」孔氏以《六藝論》之散佚頗多，然綜觀皮錫瑞之後，諸家論鄭氏經學而引證《六藝論》者，如周予同《經學歷史注》等，一無外於以上四十三條者。又近

人輯佚之作，如葉程義教授《禮記正義引書考》中所輯《六
藝論》之文，亦皆見於以上諸家之輯文中，故疑鄭氏此論之
文殘存於人世者僅此耳！

《續修四庫全書總目提要》易類述論

前　言

　　文獻的整理，代表一個國家對文化的重視與一個時代的學術成就。另一方面，也可以視爲一個國家興衰的指標及作爲觀察一時代學術風氣的依據。乾隆時代修編的《四庫全書》，正是清代全盛時期的產物，纂修《四庫全書》的方法，則是乾嘉之學的具體應用。

　　清嘉慶之後，雖仍採輯《宛委別藏》作爲續修《四庫全書》之準備，但國勢日衰，且內亂外患頻仍，實無暇顧及文獻整理的工作。光緒一朝，王懿榮、章梫、喻長霖、孫同康等倡議續修《四庫全書》，但限於國力，清廷實已無能力作大規模的圖書整理工作。續修《四庫》之業，有清一朝，終莫能爲之。民國初年，呂思勉等倡成立「國民自立藝文館」改造《四庫全書》爲《民國全書》，明倫倡議續修《四庫全書》等議雖多，然國家臨多事之秋，非有經費能組織機構，亦無能力此從事編纂之工作。[1]

1　詳見郭伯恭《四庫全書纂修考》（臺北：臺灣商務印書館，1984 年），附錄一〈四庫全書之續修與影印述略〉，頁 242。

　　《續修四庫全書總目》[2]爲日軍佔領華北時利用庚款從事文獻整理，作爲籠絡華北知識分子的手段，撰稿時間近二十年，總計三萬餘篇，[3]所收以清代著述爲主，兼及部份清代以前《四庫全書》漏收，或版本不同於《四庫全書》所收者，此外亦有部分已見於《四庫總目》（《續修提要》中多略作《前提要》，本文稱《四庫總目》。）之存目，因評騭不同，而再爲著錄者。

　　《續修提要》之撰述計畫，無政府之強力支援，也無完整之修撰組織。東方文化事業委員會的人文科學研究所中，雖由柯紹忞、王樹枬任正副總裁及研究員若干人，但柯氏與王氏僅掛名，實際由日人橋川時雄等人總攬其事。[4]然不論是橋川時雄或是柯紹忞等人，對收錄書目之原則、撰述體例及刊行之工作等均無作統一整齊之規畫，僅擬訂收錄的大略原則若干條，而這些原則在實際撰寫提要時也未全然遵行。[5]因此，各篇提要之用語及評騭前後不一，遺漏及重複收錄之缺失於書中隨處可見。

2　原名應作《續修四庫全書總目》，觀稿本之口題可知。臺灣商務印書館作《續修四庫全書提要》，係據京都大學藏之油印本，觀何朋〈續修四庫全書提要簡介〉一文所附之書影可知；北京中華書局作《續修四庫全書總目提要》，不知何據，然當皆非原名。然一般均簡作《續修提要》，故本文仿之。

3　《續修四庫提要》篇目數量之統計，目前並無一切確之數字，臺灣商務印書館排版出版之油印稿，或記載爲 1 萬 800 餘種，或統計爲 1 萬 013 種，其間差距不知何故。北京中國科學院所藏稿，或云 2 萬 8000 餘種，或云 3 萬多種，亦無一切確統計。

4　見梁容若〈評續修四庫全書提要〉，《談書集》頁 57，臺北：藝文印書館，1978 年。

5　見何朋《續修四庫全書提要》一文轉錄。

　　《續修提要》的缺失固然不少，但隨著時代之推移，當時參與撰述提要之學者的行誼著述等已漸散逸，不易得見，而各篇提要之撰述者多仍可考，因此藉這提要考辨撰述者之學術觀點，卻不失其若干文獻價值。較《四庫提要》先成於眾人之手，紀昀刪削於後，而乏個人之論學特色而言，《續修提要》實保存較完整的撰述者之學術主張，而觀其用語遣詞，亦略可考見學者之論學態度。就此而言，《續修提要》保存了若干不同於《四庫總目》的學術價值。

　　本文之論述以探討《續修提要》易類之收錄及內容為主，本不欲詳論《續修提要》全書之始末、撰述、價值等問題，然現今可見之《續修提要》有三種，[6]因此於論述《續修提要》易類之前略加介紹，勘其同異，以便分別。然行文論述、考察對象及所引用之資料均以北京中華書局出版之標點本為主，遇有疑義再以稿本及臺灣商務印書館之排印本考校之。

一、現行三種《續修提要》之異同

　　現行三種《續修提要》，齊魯出版社於一九九六出版的稿本係以作者為次排列。臺灣商務與北京中華書局所出版的標點本，則是以篇目分類為次。茲先探討後二者之不同。後再探討三種提要所列撰者之不同。至於稿本與中華書局本經

---

6 分別為臺灣商務印書館於民國 61 年（1972）據日本京都大學人文科學研究所館藏之油印稿排印本；1993 年北京中華書局出版中國科學院圖書館古籍整理組點校出版的《四修四庫全書總目提要》經部，及 1997 年山東齊魯書社出版的《四修四庫全書總目提要稿本》。

部篇目及著錄數量之不同，[7]則於論述著錄問題時再以易類為例作探討。

1、標點本類目順序之歧異

臺灣商務印書館於民國六十一年標點出版的《續修四庫全書提要》，係根據京都大學人文科學研究所所藏的油印本。這稿本的來龍去脈，王雲五〈續修四庫全書提要序〉已詳為說明，茲不贅述。這油印稿本應是略微整理過的，故為打字本及謄寫本，[8]而且已加以分類。據何朋的〈簡介〉，油印稿本的裝訂「只是按撰成提要的年月分冊。在每冊之中，再依所收書的性質，分成經史子集四類，每類之中又大約依《四庫全書》分類法，再分為若干細目。」其細目之下則以提要撰者為次，非如《四庫全書》以著作之時代為次，因此頗為凌亂。而且據我略觀微捲之目錄，每類以下並未分細目（屬），僅分部、分類而已。據何朋所記橋川氏之言則知這計畫之初，即已略擬門類，故各類多有負責整理之人。只是因為戰末，工作匆匆結束，因此稿本只是依提要撰寫者裝訂成冊，未暇按原分類表序列。

因為京都大學所藏油印稿本的分類甚為粗略，所以吳哲夫師〈現存續修四庫全書提要目錄整理後記〉一文略仿《四庫提要》之分類重行分類，後來臺灣商務印書館整理本之分類採之，因此與最初之擬訂類目稍有不同。

又據羅琳《續修四庫全書總目提要‧整理說明》，中國

---

7 北京中華書局本《續修提要》易類著錄 639 部，稿本則有 712 部。
8 見王雲五〈續修四庫全書提要序〉。

科學院圖書館所藏的提要原稿係按提要撰者姓名裝訂,同一
作者所撰寫之提要,則依撰成時間為次,與送至日本京都大
學之按時間分冊不同。因此,該館古籍組整理此書的第一步
工作是「將提要原稿全部蒐集在一起,將每篇提要製成索引
卡片,並編排成目錄。」[9]第三步再依經、史、子、集四部及
「北京人文科學研究所」的細部分類表做分類。

　　由於二種撰寫稿本之編排差異,可以推測當時編撰《續
修提要》時,僅有簡便之分類表,而實際編目及分類整理之
工作則未進行。至於油印稿上之分類目錄是北京人文科學研
究所為送至日本而特別整理,或京都大學在收到後,逐次整
理而成,則不得而知。

　　在分類上,因中國科學院圖書館僅整理經部,無法與臺
灣商務本之全書作比較。然今僅就經部而言,北京中華書局
本與臺灣商務印書館本在分類及類次上已有所不同。略述如
下:

(1) 經部類目之異同

　　在大類上,臺灣商務本依次分為易、書、詩、禮、春秋、
孝經、石經、五經總義、四書、樂、小學、彙編十二類。北
京中華本大類與之相同,惟五經總義作群經總義。

　　在小類上,「詩類」二者同分為毛詩及三家詩二屬;「禮
類」臺灣商務本分周禮、儀禮、禮記、三禮總義、通禮、雜
禮六屬,北京中華本則後三者併而為一;「春秋類」臺灣商
務本分左傳、公羊傳、穀梁傳、總義四屬,北京中華本分類

9　見羅琳《續修四庫全書總目提要・整理說明》。

與之同，惟「總義」作「春秋總義」；「四書類」臺灣商務本分論語、孟子、大學、中庸、總義五屬，北京中華本分類與之同，惟「總義」作「四書總義」，且孟子移於中庸之後；「小學類」臺灣商務本分訓詁、說文、字書、韻書、總義五屬，北京中華本合說文、字書為「文字」，韻書作「音韻」，總義作「文字總義」，又增「音義」一屬於音韻及文字總義之間。

（2）經部順序之不同

　　臺灣商務版之經部類目次序如上，北京中華本則「樂」在「禮」之後，「春秋」之前；「四書」、「小學」二類連接於「孝經」之後，「石經」、「群經總義」、「彙編」三類依序列於最後。基本上臺灣商務版之類次與《四庫全書總目》相同，惟加入「石經」及「彙編」二類而已。北京中華版這一類次則與何氏〈簡介〉一文所載大致相同，當是斟酌當時之類目表而加以修訂的。

　　這類目不同之原因，主要在於《續修四庫全書總目》的計畫並沒有完工，因此，所有提要稿未及按類歸檔，而類目也就未加以定案。

　　提要撰寫工作到 1942 年基本上已經停止。總計撰寫提要三萬二千九百六十篇。[10]至於將提要打印或謄寫送往日本京都大學人文科學研究所（當時稱東方文化學院京都研究所）始於 1935 年，總計一萬餘篇。然據統計，至 1938 年底，已撰成

---

10 據羅琳《續修四庫全書總目提要・整理說明》，則遲至 1945 年 7 月，還有部分作者呈繳提要稿。此篇數統計亦同見於該說明。

提要二萬零三百一十九篇[11]，相差亦近一倍。因此推斷，稿件送往日本的時間，爲其並不長，可能只在最初幾年間而已，而且並非所有稿件均打印送往。惟日藏稿件上僅記月而未記年，因此無法確知副本送往日本之時間。如有相關文獻可考，當有助於了解當時撰修《續修提要》之工作情形。

2、《續修提要》之撰稿人員

　　提要的修撰者，何朋據橋川氏所述爲八十五人，並分述各部類之負責人，此資料後爲王雲五、梁容若、吳哲夫先生等轉引之。[12]然羅琳之〈整理說明〉所記僅七十一人，而且這七十一人並非全見於何朋的〈簡介〉一文。

　　其中見於羅氏〈整理說明〉而不見於何氏〈簡介〉一文的有柯昌濟、班書閣、徐世章、張海若、葉啓勳、劉白村、羅福頤七人。其實這七人仍有見於何氏〈簡介〉一文之「每人擔任工作」中，如班書閣爲經部易類、書類等多類的提要編撰者，並任史部正史類、地理類、史評類及子部藝術類篆刻部門之主編等；葉啓勳見於經部書類、群經總義類等。

　　見於何氏〈簡介〉而不見於羅氏〈整理說明〉，則有邢端、張國溶、劉澤民、[13]徐鴻寶、李盛鐸、江忠奎、吳豐培、邵瑞彭、湯中、王照、賈思紱、江庸、胡敦復、鄭貞文、梁鴻志、楊策、王樹　、戴錫章、戴培極、何振岱、章華等二

11　同前注。
12　梁容若〈評四庫全書提要〉引用何文，但增列葉啓勳、劉詩孫，作八十七人，葉啓勳、劉詩孫均見於何氏〈簡介〉一文之「每人擔任工作」中。
13　劉澤民原名劉汝霖，在何氏〈簡介〉一文中，二名同用。

十一人。這二十一人亦非全無參與或撰寫提要者，因羅氏〈整理說明〉所列的人名資料系依據現存提要稿上之署名，但現存提要稿中未署名者頗多，因此並無法斷定這二十餘人是橋川氏誤記或是因稿件未署名而至失落記錄。

　　因未署名而失落撰稿記錄者，如余紹宋同時見於何氏〈簡介〉及羅氏〈整理說明〉，然卻不見於稿本《續修提要》之「提要撰述表」中，據何氏〈簡介〉一文之「每人擔任工作」中，余紹宋爲子部藝術類書畫部門的主編，同時爲該類之編撰者。惟臺灣商務版之《續修提要》子、集二部多未記錄撰者姓名，因此欲考究實有難處矣。

　　若綜何氏〈簡介〉、羅氏〈整理說明〉及梁氏〈評四庫全書提要〉三文觀之，參與《續修提要》之工作者已達九十三人，如能細考當時之其他文獻，參與此事者或許不僅此數。

　　又二文之用字不同者，「瞿宣穎」何氏〈簡介〉作「瞿兌之」，系以字代名。「鹿輝世」何氏〈簡介〉作「鹿煇世」，[14]「何登一」徐氏〈簡介〉誤作「何澄一」，此類不一而足。其餘臺灣商務本之誤字，梁容若及柳作梅之〈評續修四庫全書提要〉二文，[15]已多所責正，茲不贅述。

二、《續修提要》易類之撰稿者及其論易學

　　清修《四庫全書》，參與其事者近四百人，乾隆一朝之

14　鹿氏所撰之提要皆未署名，故不知何者爲確，然橋川時雄主編之《中國文化界人物總鑑》亦作鹿輝世，故當以此爲確。
15　梁文見本文注 4，柳文刊於《東海學報》13 卷，1972 年。

名臣學士多已網羅其間。《續修提要》雖由日人橋川時雄主
其事，然撰述提要之九十餘位學者皆爲中國人，故此爲中國
學者之學術觀點無疑，且觀撰述者名錄，當時華北主要大學
之學者專家，多已名列其中。[16]

　　稿本《續修提要》因按撰者編排，未經歸類整理，欲於
其中看出各部類之撰稿者及每位撰稿者所修撰之提要所涵蓋
之範圍，皆屬不易。據何朋〈續修四庫提要簡介〉一文所載，
易類的編纂者有柯紹忞、吳承仕、高潤生、葉啓勳、尚秉和、
班書閣、傅振倫、劉澤民、黃壽祺、羅繼祖、奉寬、孫海波、
劉詩孫等十三人，並由柯紹忞、吳承仕、尚秉和、黃壽祺任
整理之責。[17]今考北京中華書局本《續修提要》，修撰易類
提要之名氏可考者十九人，考稿本則另有徐世章、江瀚等人，
計二十一人。此外北京中華書局本未題撰者之篇目有六。六百
餘篇中以尚秉和、柯紹忞所撰者爲最多。合佔全類三分之二。

　　橋川時雄總攬東方文化事業委員會時，曾有計畫地調查
當時中國文化界人士傳記著作，編成《中國文化界人物總鑑》
一書，參與撰修《續修四庫提要》之學者，除少數外，該書
均著錄，雖失之簡略，亦勝於無可查考者。

　　此徵引目前可見之傳記資料，以介紹易類提要撰者之生
平及學術大要，並與其撰提要之論述相較。

16　此大體而言，當時日寇佔據華北，多有不與之妥協之學者，故不能受日
　　人驅策，如陳垣、胡適、沈兼士等人，於日人恐怕只憾無力驅逐之，豈
　　會參與其事。
17　見〈續修四庫全書提要簡介〉，《書目季刊》1 卷 1 期，1966 年 9 月。

1、尚秉和（1870-1950）

　　字節之，自號石煙道人，又號滋溪老人。世居行唐縣城西南滋河北岸之伏流村。生於清同治九年，卒於一九五〇年，年八十一。曾自作〈滋溪老人傳〉述其生平。

　　尚氏初肄業於龍泉書院，從安州魏奉宸游，後從學吳汝綸於保定蓮池書院，與傅增湘、賈恩黻同為吳任蓮池書院時之學生。光緒二十九年中進士，分工部，翌年入進士館，習法政。自云「沈浮部中者十餘年」。

　　尚氏學《易》，始於問學蓮池時，自云「讀焦氏《易林》而愛之。」其論《易》以筮、象為先，云：「欲學《易》，先明筮，而古筮法皆亡，乃輯《周易古筮考》十卷……象者，學《易》之本，而《左傳》、《國語》為最古之易師，乃著《左傳國語易象釋》一卷。」論象宗焦氏《易林》及「先天卦」，曰：

> 非《易林》之異於漢魏人，乃漢魏人之誤解《易》……凡舊解無不誤，易皆賴《易林》以通。先天卦象，清儒謂為宋以前所無，缺之數百年矣，乃《易林》無不用之，於是著《焦氏易林注》十六、《焦是易詁》十二卷，以正兩千年《周易》之誤解……。易理之真解既明，易象之亡者復得，於是漢魏以迄明清，兩千年之誤解，遂進行暴露，非前人知慧之不及，乃易象失傳之太久也……。[18]

---

18 見〈滋溪老人傳〉，《周易尚氏學》（北京：中華書局，1980 年）附錄，頁 356-364。

焦氏自傳謂「凡說易之書約有十種」，今所見，實不僅此數。蓋其自傳作於七十歲時，其晚年另有所述作。詳見尚驤後記。

尚秉和為《續修提要》易類的主要撰者，總計撰有易書提要三百零一篇，[19]近全書六百三十九篇之半。其中不乏其弟子黃壽祺代撰（詳見後），然其易學主張亦多表現於提要之中。如言象與易之關係曰：

> 夫易者，象也，象不明，則辭不能通。後世言易者多舍象言理，既已無據。而或者談象，又往往不根於古，任意比附，至流於氾濫無歸，是二者皆未能無弊。[20]

又論易象之晦及略象而論易之失曰：

> 易象至東漢多失傳，象失故易多不能解。先儒遇此，闕疑不解，《易》說疏闊，職是之由。翻則反是，於象不知者，則強命某爻以就其象……惡例一開，群視為方便，於是自唐迄清，治《易》者雖號復古，如李鼎祚、朱震、晁以道、毛大可、曾士奇、惠棟、張惠言、姚配中、俞樾等人無不用之，而焦循尤甚。於是易象義理之混雜虛偽，其害遂過於王弼之掃象矣……蓋易學之晦，厥有二因：一、虞翻不知〈說卦〉之象，略引其端，又不知經之取象與〈說卦〉常相反，不知而不闕疑，盡恃爻變卦變以為解。後之人以其便利無所不通，遂相率祖述之，而易象失真。一、王弼掃象，以空虛說易，唐宋人以其易也，學遂風行，有此二因，

---

19 此述諸家所撰之提要數量、篇目等皆以中華書局為依據，見於稿本者，於後另述。以下各家亦同。

20 《續修提要・周易闡象》，頁 74。

人遂不知易為何物矣。[21]

由其所論，知易學之轉變以漢魏之際為關鍵，而其關鍵者虞翻、王弼也，虞翻誤用易象，王弼掃除易象，二者影響深遠。

又其論宋以來之易學曰：

> 自元明以來，學者承南宋之餘風，以《程傳》、《本義》為學易之正宗，而於《周易》本大源象數之所在，反忽忘之。乃漢儒所言易象、易理不可解也。《左氏內外傳》，春秋人說《易》者，無一字不根於象，凡學者皆誦習之矣，亦茫然不知其所謂，殊可異也。[22]

王弼廢象，說以玄理，故是易學轉變之關鍵，影響元明以下之易學之大者，實是宋人，而宋人多非象者，尚氏論之曰：

> 夫〈說卦〉言象：「象者，易之本。」故韓宣子至魯，不曰見《周易》，而曰見易象也。象學至宋，久以失傳，故見〈說卦〉言象，專為筮人設也，此直不知易為何物，若〈雜卦〉與筮人，更何與哉？況筮人律以周公多才多藝，夫子多能之旨，未為下也。乃程子鄙視管輅、郭璞；歐陽修賤視筮人。虛矯之氣，中於社會，故自宋以後，學術日低落，職是之由。[23]

論明代之易學曰：

> 蓋自明初學者，以胡廣之《周易大全》為正宗，而《大全》以程朱為主體，不知象數為何物，而鄉曲之士，見聞孤陋，幾不知《程傳》、《本義》、《大全》之

21　《續修提要‧孫輯虞翻周易注》，頁 11-12。
22　《續修提要‧周易》，頁 3。
23　《續修提要‧童子問》，頁 29。

外，尚有其他易解，虛偽支離，無足怪也。[24]
其鄙視明代易學，與《四庫總目》幾如一轍。

由以上數言，可知尚氏於易象之重視，與對宋明以下專
講義裡之易學之不滿也。其餘或感嘆易象之失傳，或論元明
代學者於易學之浮妄虛偽，或論清人雖宗漢學於易象實不知
等，各篇提要中，時有論之者，不一一徵引也。

2、柯紹忞（1850-1933）

字奉蓀，[25]又作奉笙，亦作奉生，晚號蓼園，山東膠縣
人。生於清道光三十年，卒於民國二十二年，年八十四。

柯氏父薡母，李長霞，均工詩，有《春雨草堂詩選》、
《錡齋詩集合刻》。父早卒，母督課甚嚴。紹忞承家學，詩
文訓故、天算輿地，靡不經究。同治六年中舉，光緒十二年
登進士第，充翰林院編修、侍讀、國子監司業、提督湖南學
政、貴州提學使學部右參議、京都大學堂總監督等。

民國成立後，選為參政、約法會議議員，均未就。清史
館延為總纂，趙爾巽卒，兼代館長，總持紀稿，多所刪正，
撰〈天文〉、〈時憲〉、〈災異〉三志。初紹忞以宋濂《元
史》蕪雜疏漏，後人所編，亦未饜人意，遂殫四十餘年之力，
撰《新元史》二五七卷、《考證》五十八卷。民國八年，徐
世昌總統明令列入正史。日本得其書，付文部評定，咸推服

---

24 《續修提要·周易本義引蒙》，頁 48。
25 奉蓀，柳詒徵〈柯紹忞〉作「鳳孫」，見《柳翼謀先生文錄》及《柳詒
徵史學論文續集》。茲據方豪〈柯紹忞〉，見《傳記文學》第 22 卷第 4
期，1973 年。

以爲不可及，贈以文學博士。

柯氏晚歲校勘群經，擬刻石於曲阜，未及刊而卒。著有《春秋穀梁傳補注》、《爾雅注》、《校勘十三經札記》、《新元史》、《佚史補》、《文獻通考注》、《文選補注》、《蓼園詩鈔》、《蓼園文集》等。柯氏爲近代著名學者，其傳略頗多，要者有王森然〈柯紹忞先生評傳〉、柳詒徵〈柯紹忞〉、姚漁湘〈柯紹忞傳略〉、方豪〈柯紹忞〉等。[26]

柯氏爲東方文化事業委員會之總裁，並爲經部易類整理及提要撰述人之一，今《續修提要》易類中，氏撰有一五一篇，近全類之四分之一。柯氏精通史學，於《易》未見專著，所撰各篇提要中，多撮取各書序跋內容章節而成，於著作之旨、易學之流變等均少有論斷之語。然蓋亦是宗舊注而不取《程傳》、《本義》者也，其論之曰：

> 自宋元以後，崇尚程朱之學，孔沖遠之《周易正義》，以弁髦棄之，然注疏究爲易學根柢，不可誣也。阮文達公謂經學當從注疏始，空疏之士，高明之徒，讀注疏不終卷而思臥者，是不能潛心研索，終身不知有聖賢經傳之言。實爲先正格言。[27]

由其所述，殆亦以漢魏儒者之舊注，方爲易學之根本者也。

---

26 王文見於《國聞周報》1933 年 10 卷 36 期、《近代二十家評傳》；柳文刊載 1948 年《國史館館刊‧國史擬傳》、《柳翼謀文錄》、《柳詒徵史學論文續集》；姚文見於《大陸雜誌》1962 年 24 卷 7 期；方文見於《傳記文學》1973 年 22 卷 4 期。

27 《續修提要‧周易通義》，頁 95。

3、吳承仕（1884-1939）

　　字檢齋，安徽歙縣人，生於光緒十年，[28]卒於民國二十八年，年五十五。少有才名，光緒二十八年中舉人，入北京「譯學館」習法律，三十三年朝考第一。三十四年，於東京從章太炎研習文字、音韻、經史之學。民國肇建，任職司法部門十餘年，公餘研習理學，服膺王陽明，治《尚書》、《三禮》，皆有所成。民國十六年，因憤李大釗被害，辭去官職，歷任北平師範大學、民國大學、中國大學、東北大學、北京大學等校教授，受重於士林，與黃侃有「北吳南黃」之稱，又合黃侃、錢玄同、汪東為「經學四大師」。七七事變後，於天津刊行地下刊物鼓吹抗日，民國二十八年遭日軍殺害。先生學問淹通，著述頗多，如《國故概要》、《三禮名物》、《古籍校讀法》、《淮南舊注校理》、《經典釋文敘錄疏證》、《經典釋文舊音疏證》等，北京師大編為《吳檢齋遺書》，於一九八二年起陸續出版。

　　《續修提要》中先生之撰稿凡六十三篇，其中以易類為多，計有四十七篇。北京師大合為《檢齋讀書提要》一書，於一九八六年出版。

　　吳氏精通經學及其流變，於《易》亦不取朱子之《本義》：其論朱子之言象曰：

　　　　案王氏《略例》稱「互體不足，遂及卦變，變又不足，

28　或作生於清光緒七年（1991），詳見《傳記文學》第 43 卷第 3 期，頁142。此據《章太炎論學集》（北京：北京師範大學出版社，1982 年）。附錄〈吳承仕大事年表〉。

推致五行，一失其原，巧愈彌甚。」故有忘象存意之
談。朱子亦以漢儒納甲飛伏之法，雖幸而中，要亦附
會穿鑿，不可保信，然聖人做易，所以教人卜筮，故
《本義》之釋象辭爻辭，皆以觀象玩占而言，正所以
懲荀虞之未失，刪輔嗣之玄談，著作之旨，昭然若
揭⋯⋯《本義》之弊，在於拾陳、邵之餘唾，衍河、
洛之詭義，嘵嘵不已，貽誤後學。[29]

此於王弼之玄理易學之旨及朱子之言象，多有所議，其非信
守王弼、朱子可知也。

4、高潤生（1859-1937）

字菜坡，又字春飄，號笠園耕夫。河北固安人。生於清
咸豐九年，卒於民國二十六年，年七十八。

高氏爲前清進士，翰林院編修，畢生獎勸農業，以爲振
興國家之路，曾組織農會，並任會長。著有《爾雅穀名考》、
《歷代勸農考》等。亦精於《說文》，著有《說文提要箋》、
《文字蒙求箋》等。

高氏獎勸農業，亦從事中國農業之研究，《續修提要》
中，氏所撰亦以農書爲主，如《養羊法》、《澤農要錄》、
《農具記》等書提要。易類則撰有三十五篇。

5、黃壽祺（1911-1990）

生於清宣統末年（西元 1911）字之六，卒於一九九〇年。

---

29 《續修提要·易經補義》，頁 65。

福建霞浦人，早年畢業於北京中國大學，師事尚秉和。故其論《易》多本尚氏。曾任中國大學、協和大學、北京師範大學、福建師範大學等校教授。著有《六庵讀易錄》、《讀易隨筆》、《易學群書平議》、《昭明文選全譯》等，並與張善文合作《周易譯注》，合編《易學論文集》等。

　　《續修提要》修撰時，黃氏年二十餘，任教中國大學國文系講師。撰修提要凡八十餘篇，以經部之易類、三禮為多，並負禮類整理之責，其中易類提要凡三十篇。

　　然其師尚秉和所撰之各書提要，當有不少為黃氏代撰，以氏著《易學群書平議》相較，可見其大要。如〈周易京氏傳〉、〈周易王注殘卷〉等提要，《續修提要》題為尚秉和，但亦見於《易學群書平議》中。又《易學群書平議·凡例》云：「本書每篇均承先生詳為審定。」則可知《續修提要》與《易學群書平議》相同之篇章，係黃氏所撰而題尚氏之名耳。

　　其論道家及圖書說易之所源曰：

> 以道家之言解易，論者咸謂始於王弼，實則虞翻納甲之術，既同於《參同契》，而其注引《老子》之言者，亦時有之，則易學雜入道家，蓋自虞氏已然。殆及宋世，圖書之學興，陳、邵之術猶鄰於方外，儒者復取以附經，而後易之為書，時雜道家言而至不可分離，然圖書、先天、後天之說，雖云盛起於宋，而淵源亦有自矣。[30]

30　《續修提要·易理闡真》，頁87。

又論史事易學曰：

> 《易經》原文中，如「帝乙歸妹，以祉元吉；康侯用
> 錫馬蕃庶，晝日三；接箕子之明夷利貞；高宗伐鬼方，
> 三年克之」之屬，原與史事相涉；傳文中如「文王以
> 箕子以之；顏氏諸子，其庶幾乎」諸條，已開史證經
> 之先河。漢、晉古注今可考見者，如鄭玄、干寶之徒，
> 亦時以史事引證經文。論者謂至宋李光、楊萬里參證
> 史事，易遂啟其論端。實者啟論端者，非自李、楊，
> 特李、楊為甚耳。[31]

此二者皆顯見其駁《四庫總目・易類敘》之意。又其師尚氏
論南宋以來易學，多責其失象而不解易旨。黃氏於此又嘆南
宋以後學者宗朱子《本義》而流於固陋也。其論曰：

> 夫自南宋以後，朱學甚行，即以易一書而論，篤信《本
> 義》者，實繁有徒，如胡方平、胡一桂、胡炳文等，
> 父子祖孫，數世謹守朱義，不敢稍諭繩墨，尊之不可
> 謂不至。然其意尚為發揮易義而作，雖不免固陋，猶
> 不失其真意。至松（韓松）此書專為作文而作，名為
> 尊朱，實則去朱亦甚遠，時在今日，益不足觀已。[32]

黃氏之論易多同於其師尚氏，故立論多與《四庫總目》相異，
尤於程朱之易理及象數之說為明顯。

6、葉啟勳（1900-待查）

字定侯，號更生居士，湖南長沙人，生於清光緒二十六

31　《續修提要・易經徵實解》，頁46。
32　《續修提要・易義闡》，頁67。

年，爲著名版本學家葉德輝之從子，名其書齋爲「拾經樓」，取拾經眼之書之意。著有《四庫全書目錄版本考》若干卷，其體例略同於邵懿辰《四庫全書簡明目錄標注》及莫友芝《邵亭知見傳本書目》，而詳明過之。另有《拾經樓紬書錄》、《拾經樓目錄》等若干種。

　　《續修提要》中葉氏所撰以史部目錄類、經部小學類、文集爲多。其中易類提要計二十四篇。其論易蓋以象爲本，曰：

> 考《左傳》韓起適魯，見《易象》、《春秋》，古人既以象名，知象爲易之本旨，故〈繫辭傳〉曰：易者象也，象也者像也。王弼以下，變而談理；陳摶以下，變而言數，而數又自孟喜、焦贛、京房以下，歧爲數派，其法不可殫舉，而易於是乎雜。[33]

又論圖書易學曰：

> 圖書之說，雖言之有故，執之成理，乃修鍊術數二家，旁分易學之支流，而非作易之根柢。日昇謂學易莫先於學圖，可謂弊精神於無用者也。[34]

葉氏所論，多本於《四庫總目》之易類敘及各書提要，其所論之流派、圖書等均是，《續修提要》易類撰稿諸家，蓋以葉氏最崇信《四庫總目》。

7、孫海波（1910-1972）

　　字涵博，生於清宣統二年，卒於一九七二年，年六十二。河南省潢川人。畢業於北京師範大學研究院，曾任國立師範

33　《續修提要・周易象義串解》，頁117。
34　《續修提要・易經圖解》，頁42。

大學、私立中國學院、私立東北大學教授、河南省歷史研究所研究員。從羅振玉研究古文字及殷周史，著有《古文聲系》、《甲骨文編》、《甲骨文錄》、《誠齋殷虛文字》、《河南吉金圖志賸稿》、《新鄭彝器》、《濬縣古器圖錄》、《魏三字石經集錄》《中國文字學》等，爲當代著名甲骨學家。

　　何氏〈簡介〉一文載孫氏於《續修提要》中，負責小學類整理之責，並任甲骨文字類著述提要之主要撰稿人。今考稿本，孫氏所撰提要以文字、音韻爲多，兼及部分筆記。易類提要則十八篇。其論《易》曰：

> 易之爲書，聖人損過就中之道也，聖人之裁成卦象，皆約之于中，中即性命之理，易之大用在此。其他則以言者尚其辭；以動者尚其變；以制器者尚其象，以卜筮者尚其占，四者乃易之餘事。[35]

此以性命之理爲易之大用，然孫氏亦頗重視象數於易之關係。曰：

> 蓋六經皆載理之書，惟《易》則理於象數之中。不明乎象，無以見天下之賾而擬諸形；不明乎數，無以見天下之動而觀其會通。漢人治易莫不由象數以求易理。自王輔嗣舍象理而言理，其親切處未嘗不簡明，特未能觀其會通耳。[36]

又曰：

> 易義艱深，漢儒言互卦變體旁通，其流而爲占陰陽災

---

35 《續修提要・河上易注》，頁99。
36 《續修提要・周易函書補義》，頁68。

　　　　變；宋儒言命與天道，其流而為庸迂之談。[37]

此言易之象與理須合而觀之，方能會通易義，若僅就象、理
而論易，其流弊也大。蓋綜觀歷代易學流弊之深刻體會。然
以「究中之道、性命之理」為易之大用，似又流於程、朱之
餘流也。

8、劉白村

　　生平不詳，橋川氏《中國文化界人物總鑑》無其傳略。
何氏〈簡介〉一文亦無記載劉白村參與之工作。今考稿本，
劉氏所撰以經部子部佛教及緯書為多，易類則有《周易用初》
等八篇，其中緯書有《河圖稽命徵》、《河圖緯》、《河圖
聖洽符》三種，皆為黃奭《漢學堂叢書》本。

9、韓承鐸（1909-待查）

　　字仲文，山東黃縣人，生於清宣統二年。北平大學商學
院肄業，曾任中國營造學社圖書部書記等。著有《燕都名園》、
《潘季馴年譜》、《燕都第宅考》、《中國佛像瑞像志》等。橋
川氏《中國文化界人物總鑑》有傳，然亦簡略。

　　何氏〈簡介〉一文，易類中未題韓氏之名，而見於史部
政書類、子部兵家、農家等類，今觀稿本，亦以農書後二者
為多，亦有部分詩集提要。其撰易類提要有《易學節解》、
《易學三編》、《易學彙說》、《周易或問》等四種，前三
者均為清丁澤安所著，後者清文天駿著，二者均為貴州人，

37　《續修提要・周易舉例》，頁79。

故其論清代貴州之易學曰：

> 貴州學者治易學，當以陳定齋《易箋》最著，後此則
> 風湧雲起，代有其人，而蕭光遠暨澤安，又後來居上，
> 奇譬精思，無與倫比云。[38]

觀其所言，大體爲能辨章學術源流之變者。

10、奉　寬（1876-待查）

　　字仲嚴，號遠鶴，蒙古人，生於清光緒二年。蒙古姓博
爾濟吉特，爲成吉思汗三十世孫。自習而精通滿蒙等文字，
清末任職軍機處、陸軍部、海軍部。民國肇建，任北京研究
院史學研究會編輯等，後任教北京大學、燕京大學及故宮博
物院文獻專門委員會委員等。

　　奉氏除精通滿、蒙文字外，亦經通中國邊境少數民族語
言，如托忒、維吾爾、西番、八思巴等及印度等外文。著有
《清理紅本記》、《漢嚴印齊書錄》、《元國書字母表解》、
《元國書官印考釋》等。

　　因奉氏精通外文，故《續修提要》中邊境語文及辭典等
多屬其任之。何氏〈簡介〉云其爲小學類之主編，又於史部
政書類曰：

> 奉寬精滿、蒙文字及掌故，有關滿蒙文實錄提要，多
> 出其手。

然以稿本考之，奉寬所作提要，實以語文爲多，如《蒙漢字
典》、《滿漢合璧蒙文舉要》等。至於〈簡介〉云其經部易

---

38 北京中華書局版《續修提要》，頁161。

類、春秋類及史部正史、編年等類之撰稿，實皆甚爲有限，
其中易類僅《理象解原》、《易學管窺》二書之提要，皆爲
滿人所撰。其言曰：

> 蓋陰陽氣化之機，左右逢源，言之無不可通，注《易》
> 者多於他經，職是故也。

其語蓋本於《四庫總目‧春秋類敘》「六經之中，惟《易》
包衆理，事事可通；《春秋》具列事實，亦人人可解，一知
半見，議論易生，著錄之繁，二經爲最。」之言。

11、羅繼祖（1913-2002）

　　字奉高，號蕺齋，浙江上餘人，生於民國二年。爲羅振
玉之長孫。其生平爲考。曾任滿日文化協會「國民文庫」編
輯，任教滿州醫科大學等。著有《乘軺錄》、《明宰相世臣
傳》、《朱笥河先生年譜》、《李蛋園先生年譜》、《段懋
堂先生年譜》、《王國維之死》、《程易疇先生年譜》、《羅
振玉年譜》、《蛋園集拾遺》、《遼史校勘記》、《遼漢臣
世系年表》、《願學齋叢刊》及《庭略-回憶祖父》等，橋川
氏《中國文化界名人總鑑》有傳。

　　據何氏〈簡介〉所載，羅氏參撰《續修提要》頗多，如
經部易類、書類、史部別史、目錄、子部術數、小說類、集
部別集類等名列其中，然今考稿本，殆以子部雜家、術數及
集部的楚辭別集爲多，而易類之提要實僅《魏了翁周易集義
殘本》一書耳。

12、謝興堯（1904-待查）

字五知，四川射洪人，生於清光緒三十年。先後卒業於國立四川高等師範學院、北京大學史學系及研究所。曾任北京大學女子文理學院文史系、河南開封大學文史系、國立新民學院等校教授。並任《文史》、《逸經》等期刊主編。著有《中國歷史教科書》、《太平天國的社會政治思想》、《太平天國史事論叢等》。

謝氏頗專注於《續修提要》之事，橋川氏《中國文化界人物總鑑》載其爲「續修四庫全書提要史部、雜史類、地理類修纂」。據何氏〈簡介〉一文，則爲史部編年、紀事本末、職官類、子部天文算法等類之主編及負責整理工作，其餘參與類提要之撰述亦多。然今考稿本，謝氏所撰以子部算學、筆記二類爲最多。易類則僅有《易傳燈》、《四益易說》二書之提要。

謝氏言易，亦以漢代以後，易義即晦而不見也。其論曰：

> 蓋《周易》一書，自漢京房而後，其義日晦，鮮有明其本義者。此編以人事立論，謂《周易》與《春秋》皆聖人言人事之書也，《春秋》言人事于已然，而有褒貶誅賞之旨；《易》言人事于未然，而有吉凶悔吝之文。其體雖異，其爲世教同也。[39]

謝氏雖云漢代以後，易之本義不顯，然其所謂本義與尙秉和所論，實頗有不同。

---

[39] 《續修提要・易傳登》，頁32。

13、劉思生

生平不詳，橋川氏《中國文化界人物總鑑》無其傳略。何氏〈簡介〉一文雖於有列其名，然無記載劉思生切確參與撰述之部類。今考稿本，劉氏所撰僅七十篇，各類均有，且頗爲專注，所引用資料皆注明出處，提要後並附有參考資料。其中易類則僅有《周易象義》、《易學全書》二書之提要。

14、班書閣（1897-1973）

字曉三，河南杞縣人，生於清光緒二十三年，卒於一九七三年，父詩召爲孝廉，故自幼庭訓頗嚴。北京大學研究所國學門及燕京大學國學研究所畢業。曾任河北省立女子師範學院史地系主任及河北省考試委員等。參與《續修四庫》之編撰時任國立新民學院教授。著有《中國史學概論》、《五代史纂誤釋例》、《五代史記引用書考》、《書院制度考》、《東晉僑制郡縣考》、《曲赦考》、《宋元版書著錄表》等。

班氏精於史學，在《續修提要》之工作，亦以史部爲主，何氏〈簡介〉記其爲史部正史類、編年類、地理類、史評類及子部藝術類篆刻部門主編，參與撰稿則有經部易類、小學類等。今考稿本，班氏所撰以史部正史之史記、地理類之方志、金石類爲多，亦有部分詩文評，然經部僅《三墳書》、《易經注》二書之提要耳。

15、劉啟瑞（1878-待查）

字翰臣，號韓齋，江蘇寶應人，生於清光緒四年，光緒

二十九年中舉，三十年登進士第。曾任內閣中書、內閣侍讀等。《中國文化界人物總鑑》有傳，餘不甚可考。著有《韓齋詩存》、《韓齋文存》、《寶應學案》、《續白田風雅》等。

　　劉氏參撰《續修提要》以文集爲多，易類則有《易學講義》、《周易兼兩》二書之提要。

16、張壽林（1907-待查）

　　字任甫，安徽壽縣人，生於清光緒三十三年，畢業於燕京大學國學研究院。曾任燕京大學、民國大學（中國大學）、北京女子師範學院等校教授，世界日報編輯。著有《三百篇研究》、《論詩六稿》、《李清照研究》、《雲壓軒集》等。

　　《續修提要》中張氏所撰以集部楚辭、詩文評、史部方志及子部道教爲多，亦有部分經部春秋類。易類提要則僅有《易因上下經》一書，係出於《道藏續集》。

17、傅振倫（1906-1999）

　　現代人，清光緒三十二年（西元 1906 年）生於直隸新河縣。民國十八年畢業於北京大學史學系。

　　曾任新河縣志主編，任教北京大學、北平女子大學，並任職故宮博物院，撰《故宮方志書目提要》。抗戰期間負責清理戰時文物損失及參與挖掘宋代平陽遺址等。抗勝利年後，應瀋陽東北中正大學之聘，任圖書館館長及歷史系主任。一九五一年兼任北京文教委員會文物調查組主任。文革期間被劃爲右派，派任中華書局古代史組編輯，一九六九年被下放勞改，前後五年。下放期間，著《中英對照中國陶器名詞

類編》、《中英對照中國文物字典》、《中國科技史文選注》，
又注《陶說》、《景德鎮陶錄》等。一九七四年遭勒令退休，
但仍著述不斷。

　　一九七九年後任蘭州大學、鄭州大學、湘潭大學等校教
授，講授考古、古陶瓷、史學、科技史等。其後參與中國考
古、博物等學會，任理事、名譽理事等，一九八八年任《中
國美術全集工藝美術編》中的《元明清的陶瓷美術》等。

　　傅氏爲當代著名文博學者，著作等身，其生平著述詳見
《中國當代社會科學家》及〈傅振倫自傳〉[40]等。

　　《續修提要》中，傅氏所撰以史部史鈔、方志及集部中
的變文（如敦煌藏《王昭君變文》等）爲多。易類則僅有《敦
煌寫本周易註》一部。

18、倫　明（1875-1944）

　　字哲如，廣東東莞縣人，生於清光緒元年，卒於民國三
十三年，年七十。[41]倫明爲前清舉人，又畢業於京師大學堂，
後返廣東從事教育推廣工作，曾任中小學教員、校長等職，
後入張鳴歧幕府。民初任廣東省視學官。四年，舉家遷北京，
六年，任參議院秘書，其後歷任北京大學、北平師範大學、
輔仁大學、民國學院等校教授。

　　倫氏於民國十九年應日本研究漢學團體「斯文會」之邀，

40　傅氏生平參略〈傅振倫自傳〉，收於《傅振倫文錄類選》，北京，學苑
　　出版社，1994 年。
41　倫明一說卒於 1942 年，詳見徐紹棨〈廣東藏書紀事詩〉，此據惲如莘《書
　　林掌故續編》、蘇精《近世藏書三十家》。

至東京鑑定古籍，後任東方文化事業委員會研究員。

　　倫氏於民國十三年起立志續修《四庫全書》，因自號室名曰「續書樓」。他認爲《四庫全書》應全面增補、重校、續修，三者之中又以後者爲要。然國事紛仍，這三事終無一完成。

　　倫明於續修《四庫全書》之事，立志既早且積極從事，因此東方文化委員會從事修纂《續修提要》之前，已陸續於燕京學報上發表不少續修之提要。《續修四庫提要》之工作正式進行時，倫明擔任委員之一，且負責書類、四書類及緯書的主編及整理工作。

　　《續修提要》中，倫氏所撰除書類外，經部之詩、四書類、史部之地理、年譜等類亦多。而易類則僅有《周易大象應大學說》一部。

19、趙錄綽（1902-待查）

　　字孝孟，山東安邱人，生於清光緒二十八年。爲柯紹忞之弟子，精於版本目錄學、金石文字等。著有《北平圖書館善本書目》乙編四卷、續編四卷、《簇清館金文彙編》、《許印林年譜》、《歷代溝洫志》、《中國族譜總目初編》、《山東藝文志全錄》、《海岱文徵》等。橋氏《中國文化界人物總鑑》有傳。

　　趙氏精於譜錄之學，所傳撰提要亦以族譜爲多，亦有若干詩文集、詩文抄等，易類僅《周易研翼》一種。

20、徐世章（1889-1954）

　　徐世章爲徐世昌之堂弟，爲當時著名之文物鑑賞家，其

名氏生平不見於何氏〈簡介〉一文，橋川氏《中國文化界人
物總鑑》無其資料，北京中華書局本《續修提要》亦不載其
名。然觀稿本，則所撰提要甚多，其中易類之提要，亦有七
十餘篇，如《周易姚氏學》、《周易月令通論》、心易詳說》、
《三陳九卦說》、《讀易筆記》、《易說》、《易圖》等。
然皆未見於中華書局本，不知何故。

　　綜觀以上諸家之論易，雖所論多不相同，以象為本，則
無可疑義。因而，以義理為本之《程傳》、《本義》，雖自
宋代以後影響深遠，然《續修提要》之撰稿者，多不取之也。

　　又以上易類提要之二十餘位撰者，有大半僅寥寥數種，
易類六百多篇（以稿本計則七百多篇）提要中，實則多出於
尚秉和、柯紹忞、吳承仕、高潤生、黃壽祺、葉啓勳、孫海
波等數人之手。而班書閣、羅繼祖、奉寬、傅振倫等名見於
何氏〈簡介〉之易類編撰者中，然撰稿多僅一、二篇，實不
相合。更有甚者，何氏〈簡介〉之易類編撰者中有劉澤民、
劉詩孫二氏，北京中華書局本及稿本中竟無易學論著之提
要。於此可見何氏所轉載橋川時雄之言，實不甚可靠，頗有
待斟酌考查之處。

四、《續修提要》易類之收錄析論

1、《續修提要》易類之著錄範圍

　　臺灣商務本《續修提要》收錄不及北京中華書局版的三
分之一，而中華書局本之收錄雖亦非全部，然因其已分類整

理，故易於分析探討。故此探討《續修提要》之特色係以北
京中華本爲依據，再參酌稿本而論之。在析論之前，仍將二
書易類之收錄作一簡單之比較。

　　北京中華書局本《續修提要》收錄六百三十九部，其中
一般著作（含輯佚書）五百六十八部，緯書六十二部，外國
著作九部（朝鮮八部，日本一部）；臺灣商務本易類則僅收
錄一九九部，未錄緯書及外國著作。

　　一般著作中，北京中華書局本《周易》白文二部，宋以
前著作七部（不含輯佚書及《三墳》），此九部均不見於臺
灣商務本。其餘前者著錄輯佚書七十八部，宋人著作十三部，
元人著作二部，明人著作二十五部（含《三墳》三部），清
人著作四四一部；後者著錄輯佚書三十二部，宋人著作五部；
元人著作一部；明人著作六部；清人著作一六五部。但因前
者頗多同一書而有不同人撰述提要者，如蔣衡之《易卦私箋》
有劉白村、高潤生二人所撰提要；茹敦和之《周易小義》則
有柯紹忞、尚秉和二人所撰提要，因此前者所著錄書種實僅
六百零三種。表列如下：

版本＼著作時代	北京中華本	臺灣商務本	前者重複著錄	說明
輯佚書	78	32		不同人所輯不視爲一種。
周易白文	2	0		
宋以前	7	0	2	不含輯佚書
宋	13	5		
元	2	1		
明	25	6		
清	441	165	32	其中三種各重複提

				要三篇
緯書	62	0		
外國著作	9	0		
總　　計	639	199	34	前者實著錄 603 種

　　《續修提要》易類之著錄以清代著述爲主，由此表可明白看出。若與現今可見之清代藝文志相較，更可看出《續修四庫》收錄之完備。

　　章鈺等編修之《清史稿‧藝文志》易類著錄三三四部（含緯書）。武作成編《清史稿藝文志補編》易類著錄一百八十六部。二者合計五二〇部。

　　彭國棟《重修清史藝文志》易類著錄四二三部，輯佚九五部，合計五一八部。

　　由比較可以看出，除輯佚書外（所收輯佚書於後另節討論），《續修四庫提要》於清人著述收錄範圍之廣，非其他書目所能望其項背。因此《續修提要》雖然在體例、論述等各方面頗多招人物議之處，然略其所短，正其錯誤，擇其精當及完備之處，未嘗不可以爲作爲瞭解清代學術之基本參考資料，由易類之著錄，可知此書之疏漏錯誤雖多，其價值固然「不值得吹求」[42]，然卻非毫無用處可言，端看用者如之何耳。

2、稿本與中華書局本《續修提要》易類篇目之異同

　　齊魯書社出版的稿本，係依作者爲次，然同一作者亦非全在一處，故略顯凌亂，而且在檢索上也頗爲不易。因此編有索引一冊內含分類索引、書名筆順索引、作者（指原書作

---

42 梁容若語，見〈評續修四庫全書提要〉。

者，非提要撰者）筆順索引三種。其分類索引即是《續修提要》之所有書目，其編排方式略一朝代先後，與《續修提要》亦大致相同，因此，利用該索引可以近一步瞭解原本提要撰寫之情況。

就易類而論，北京中華本著錄六百三十九部，而稿本著錄有七百一十二部。且中華書局本之六百三十九部，並非全見於稿本中。茲將其篇目互相參照，略述不同者如下：

> 見於中華書局本而不見於稿本者有十七部，如《周易費氏易》[43]、《周易新講義》、《周易鄭注》、《易觸》、《周易集解纂疏附易筮遺占》、《周易經史彙纂附易經集說》、《退思易話》、《易義致用》、《易說》、（以上提要為柯紹忞撰）；《讀易筆記》、《沈氏改正撰著法》（以上提要為尚秉和撰）；《易卦私箋》[44]、《周易用初》、《周易異同商》（以上提要為劉白村撰）；《易學節解》、（提要為韓承鐸撰）；及未題撰者之《周易述翼》、《周易玩辭》等。

見於稿本而不見於中華書局本者有八十一篇，其中徐世章所撰之提要，中華書局本皆未收，如《周易姚氏學》[45]、《周易通論月令》[46]、《心易詳說》、《三陳九卦說》、《讀易

---

43 中華書局本著錄二種《周易費氏易》，皆為馬國翰輯本，提要分別為柯紹忞、尚秉和所撰，前者不見於稿本目錄。

44 中華書局本著錄二種《易卦私箋》，提要分別為劉白村、高潤生所撰，前者不見於稿本目錄。

45 《周易姚氏學》稿本著錄二種，分別為柯紹忞、徐世章撰，前者北京中華書局本著錄，後者則否。

46 《周易輯義初編》稿本著錄三種，分別為尚秉和、高潤生、孫海波撰，前二者北京中華書局本著錄，後者則否。

筆記》、《易說》、《外翼》、《易圖》、《四聖一心錄》、《周易大傳附注》、《見易編》、《汪氏易原》、《易研》、《易意》、《一四二三參兩說》、《大成意旨》、《易微》、《周易拾遺》、《周易詮義》[47]、《述贊》、《周易玩辭半解》、《彖象求是說》、《周易偶記》、《周易雜卦反對互圖》、《讀易義例》、《讀易經》、《卦本圖考》、《大卦旁通》、《周易觀我》、《易學管窺》、《周易困學錄》、《周易考占》、《六十四卦會圖》、《周易正蒙》、《大易筮法直解》、《易音》、《周易臆見》、《周易溫故所知錄》、《千頃堂讀易家訓》、《易經直解》、《易象探微》、《周易學統》、《十億逸文》、《讀易筆記》、《周易觀玩錄》、《矩軒周易》、《翼義叢言》、《周易臆見補義》、《周易傳義參遺》、《周易本義正》、《周易本義旁參》、《周易精義纂》、《周易集注》、《易學待旦》、《讀易》、《周易廓》、《先後天圖說》、《易經釋義》、《易義別觀》、《周易外傳》、《周易四聖通義一卷、略例一卷》、《周易小識》、《易圖駁議》、《伯山易錄》、《箕子明夷解》、《讀易心得》、《周易費氏學八卷、卷首末各一卷》、《周易初學快觀》、《易卦圖象》、《周易議平》、《易述》等七十一部。

　　除徐氏所撰外，中華書局本遺漏尚多，如《周易輯義初編》[48]、《周易通解》（以上提要為孫海波撰）、《滿漢合璧

47　《周易詮義》稿本著錄二種，分別為吳承仕、徐世章撰，前者北京中華
　　書局本著錄，後者則否。
48　《周易通論月令》稿本著錄二種，分別為吳承仕、徐世章撰，前者北京
　　中華書局本著錄，後者則否。

周易上下篇義》、《滿漢合璧筮儀》（提要爲奉寬撰）、《勿軒易學啓蒙圖傳通義》（提要爲劉思生撰）、《經義圖說》（提要爲江瀚撰）、《周易本義正解》、《讀易筆記》（以上提要爲尚秉和撰）、《周易函書補義》、《篤志齋周易經解三卷附春秋解二卷》（以上提要爲高潤生撰）等十部。

　　書名或卷數不同者，如尚秉和撰《周易觀象》之提要，北京中華書局本作無卷數，稿本作八卷。如清・汪紱《周易如　》，稿本作《周易如話》；清・崔志遠《易註》，稿本作《易注》等。

　　此外，稿本中尚有一作者有同一書之二篇提要，此殆爲膽寫稿，如尚秉和所撰之〈西樓易說提要〉，稿本有二，而整理本僅列一條。

　　又稿本有誤植者，如易類中闌入《靜修堂詩經解》等。因此，稿本與北京中華書局本之總數有些微之差距，不細究也。

　　齊魯書社影印之稿本，同一作者所撰之提要常分置數處，且同一作者中亦未分列編排，亦於其中縱觀各部類提要內容或檢索提要殊屬不易，幸其編訂之索引（含分類、書名、作原者）已出版，可解決檢索困難之問題及減省不少檢索之時間。而藉由分類篇目也可以看出北京中華書局本的若干疏失之處。

3、重複見於《四庫總目》易類之著錄

　　何氏〈簡介〉一文所述之著錄原則第三條曰：

　　　雖爲《四庫全書》所收的書，但以後發現更好、更完

整的版本時，《續提要》仍予以著錄，並將原來的提
要改作。

就易類而論，《續修提要》所著錄中，《四庫總目》已著錄
者凡十三部。此十三部多為不同版本或題名不同。略述如下：

《子夏易傳》，《四庫全書》著錄為內府藏本，不云
出於何人之手，僅辨其非既非韓嬰所撰，亦非出於張
弧之偽造。《續修提要》著錄黃奭、張澍及孫馮翼三
家輯本，提要皆為柯紹忞所撰，云其非出於韓嬰，則
與《前提要》同。不同者《前提要》著錄十一卷，後
者黃奭輯本不分卷，張、馮二家皆僅一卷耳。

《周易鄭注》，《四庫總目》著錄二種，分別為王應麟輯及
惠棟所編，前者取其創始之功，後者取其考覈精密。《續修
提要》亦著錄二種，一為張惠言新輯，一為丁杰取王應麟輯
本修訂，復經張惠言後定者，因此此二書皆優於《四庫全書》
所著錄。尚秉和撰提要稱前者曰：

惠氏（惠棟）好改經，雅雨堂《李氏集解》經惠氏審
定，擅改經文，不可勝數，後如頗罪其亂經，乃輯鄭
注注文，為惠氏增改者尤多，初學不知，幾疑經文注
文原即如是，最淆亂耳目，惠言於會氏改字，皆為指
出⋯⋯以正惠氏之妄，則此書之功也。[49]

柯紹忞撰提要稱張惠言訂正之《周易鄭注》曰：

盧文弨〈序〉稱其扶微振墜，良非溢美。惠言湛深漢
《易》，復加訂正，精覈之處尤多⋯⋯博引旁徵，足

49　《續修提要》頁9。

> 為鄭學之羽翼，欲研究鄭《易》者，故不能不以此本
> 為根柢也。[50]

清初宗漢學，於鄭玄用力頗深，後出轉精，勢所必然，《續修提要》之所著錄，自然有優於《四庫全書》者也。

《陸氏易解》，即陸績《易注》，《四庫全書》所著錄為明姚士粦所輯，《續修提要》著錄為黃奭輯本，題作《陸績易述》，且云此書經馬國翰、孫堂等先後輯校，至黃奭後出而最精，故錄而存之。

王弼《周易注》，《續修提要》著錄二種均為敦煌本，前者為法國巴黎國家圖書館藏殘卷，後者為羅振玉影印敦煌石室唐寫本，二者時代略有差別，提要分別為傅振倫、尚秉和所撰。

蘇軾《易解》，《四庫總目》題作《東坡易傳》，又云「一名《毘陵易傳》」。《續修提要》著錄作《蘇軾易解》，蓋版本不同，尚秉和作提要，辨之甚詳，此本為明萬曆甲午刊本。又《四庫總目》所著錄為九卷，此本則八卷。

《周易新講義》，《四庫全書》所著錄為耿南仲撰，《續修提要》所著錄則為龔原所撰，柯紹忞撰提要引晁公武《郡齋讀書志》稱耿南仲、龔原二人皆為王安石門人，所作《新講義》偕行於場屋中，靡為當代宗師。而耿氏書刊入《四庫全書》，龔氏之書則久佚，惟日本有活字本，日本林衡刊入《佚存叢書》者即是。

《周易象義》，《四庫總目》著錄為永樂大典輯本，《續

50　《續修提要》頁33。

修提要》則據原刻本著錄。

　　《易象彙解》，《續修提要》云：

　　　　《前提要》據兩淮馬裕家藏本著錄，當是馬氏之舊
　　　　本，為《歸雲別集》不全之帙。

《周易大象說》，該書為《讀易餘言》中之第三卷，《四庫
總目》已著錄《讀易餘言》，且云：

　　　　此書第三卷即大象說，彝尊以為別本單行，遂析為
　　　　二，偶未考也，今附於此，不更複出焉。

而《續修提要》云其著錄之由曰：

　　　　是書有單行刻本，《前提要》李石《方舟集》已附《方
　　　　舟易學》，又列《方舟易學》於存目，今沿其例，仍
　　　　列是書於存目焉。[51]

同例而為《續修提要》著錄者尚有《參兩通極》一書。

　　《易因》，《四庫總目》著錄於存目，作《九正易因》
而卷數，《續修提要》所著錄為《道藏》本上下經各三卷。
而二書評價頗為不同，《四庫總目》稱其「此書尚不詆訾孔
子，較他書為謹守繩墨；《續修提要》則評此書曰：

　　　　大旨以禪機為主，藉混洋恣肆之談，以自攄其意。蓋
　　　　贄本遂於釋氏之學，而卑侮孔孟，故必援儒入釋。不
　　　　知各家之學，自有源流，必欲以儒言淆於異學，則根
　　　　本已謬，其是非故不待辨矣。[52]

二者評價之差異頗大，實有待明辨矣。

　　《易學全書》，《四庫總目》著錄於存目，為殘本，僅

---

51 前者見《四庫總目》卷五，後者見《續修提要》頁34。

52 李贄《易因》，見於《前提要》卷7；《續修提要》頁38。

十二卷，《續修提要》所收爲原稿，計五十卷。

　　以上所重複者，著錄於《四庫全書》者十種，見於存目者三種，除《周易大象說》、《參兩通極》外，要皆優於《前提要》者也。

4、收錄之輯佚書

　　中國古代文獻受限於載體之不易保存，所以散逸甚多。孔子距古未遠，即有文獻不足而夏殷之禮不得徵之嘆。漢代劉向斠讎群籍，但以蒐集、編目、整理異文爲主，未著力於散逸古書之輯存上。由後人所補編之《漢書藝文志》上，略可看出劉向所整理之著述係以當代通行者爲主，對於已散逸之先秦著作，並未特別蒐輯。

　　然輯存古代散逸之書以便研覽，卻亦由來已久，東晉梅賾所獻之《僞古文尚書》，即是輯佚之先起。宋代王應麟輯鄭玄《易注》，爲輯佚舊著之示範，元、明學風重於研討心性，於古籍舊注殊不重視，因此雖亦有學者從事斠讎、輯佚及古籍整理之工作，然範圍既小[53]，成就亦有限。

　　輯佚古籍舊注之風興起於清初，其原因有二：

　　其一，古籍舊說爲考證論述之重要依據。考據學初起於明代，至清初，在方法已漸臻完備。而論證之首要即是資料之蒐集，引用前人已有之論說，以明己說之有據。因此，輯存古代散逸之典籍舊注以作爲論證之用，遂爲考據學家重要之手段之一。然考據學者之輯存古籍多爲論述某代某家之

---

53 詳見梁啓超《中國近三年學術史》第14章，〈清代學者整理舊學之總成績（2）〉。

用，因此，並不專志於輯佚之工作。所輯補諸書，也多疏漏。
然因考據學家言必稱漢學，論必稱鄭玄，影響所及，清代之
輯佚書以漢魏爲主，部分及於隋唐。宋元以下散佚之述作，
鮮有從事蒐輯者。

　　其二，《四庫全書》從《永樂大典》蒐輯佚書之示範。
乾隆三十八年軍機大臣朱筠建請從《永樂大典》中輯錄當時
流傳已少或已失傳之書，並校以《古今圖書集成》等書，總
計輯錄五百一十二種，其中著錄三百八十五種，存目一百二
十七種。其中不乏重要之作，如薛居正《舊五代史》、李燾
《續資治通鑑長編》等。而「此種工作，遂爲後此輯佚家模
範」，且「清儒好古成狂，不肯以此自甘，於是更爲向上一
步之輯佚。」[54]

　　由於以上二種原因，在清代二百六十餘年間，時有孜孜
於輯佚工作之學者。而輯佚學成爲清代學術的一大特點，輯
佚書也成爲清代學者保存古代文獻的重要成就。

　　《續修四庫提要》易類著錄輯佚書七十八部，此七十八
部分別出於閔　觀道人《閩竹居叢書二十八種》、張澍《二
酉堂叢書》、王保訓《木犀軒叢書》、王謨《漢魏遺書鈔》、
臧庸《問經堂叢書》、孫堂《漢魏二十一家易注》、胡薇元
《玉津閣叢書》、馬國翰《玉函山房輯佚書》、黃奭《漢學
堂叢書》[55]及張惠言所輯等。其中以馬國翰輯本最多，黃奭
爲次。表列如下：

54　梁啓超《中國近三年學術史》，頁363。
55　《漢學堂叢書》後名《黃氏逸書考》，《續修提要》中多作《漢學堂叢書》。

叢書名　　朝代	漢以前	兩漢	三國	兩晉	南北朝	隋	唐	總計	說明
閩竹居叢書	1							1	
張惠言輯本		1						1	
二酉堂叢書		1						1	
木犀軒叢書		1						1	
漢魏遺書鈔		1	1					2	
問經堂叢書		1						1	
漢魏二十一家易注		2	2	1				5	
玉津閣叢書		1						1	
玉函山房輯佚書	2	15 (16)	4 (5)	10	14	2	6	53 (54)	
漢學堂叢書		3 (4)	5		3			11 (12)	
總計	3	26	12	11	17	2	6	77	外加《漢魏二十家易注》，計 78 部

　　《續修提要》在著錄輯佚書並無一致之體例，其缺失之要者，如：

　　一、一書而分列數條者，如既已著錄 輯之《荀爽周易注》、《向秀周易義》、《干寶周易注》等書，又著錄孫堂之《漢魏二十一家易注》，而前數種均收於《漢魏二十一家易注》中，重複之處顯而易見。

　　二、同一書不同人所輯，或分為數條，或並為一條，如《子夏易傳》分題黃奭、張澍所輯，《周易周氏義疏》輯者分題黃奭、馬國翰等。但《馬融易傳》一書，則注明有《二十一家易注》本、玉函山房本、《漢學堂叢書》本，僅列一條，其中亦無說明三家有何不同。郭璞《周易易林》之情形亦似。

　　除體例不一外，清代諸家所輯之佚書仍多爲《續修提要》所未著錄，馬國翰《玉函山房輯佚書》中易類六十四種，《續修提要》僅著錄五十四種；如黃奭《漢學堂叢書》輯有易類三十四種，《續修提要》僅著錄十二種。其餘如《漢魏遺書鈔》中多有《續修提要》所未收者。

　　《續修提要》所著錄之輯佚書雖有疏漏之處，然收錄之範圍既廣，且其提要中不乏評介各家之來源、優劣等，可作爲輯佚資料運用之指引。如柯紹忞論馬國翰所輯之《連山》曰：

> 國翰所輯多本之黃佐《六藝流別》、羅泌《路史》二書，亦稗販於他書者，然爲劉炫之僞撰《連山》無疑也。[56]

此述輯佚書之所本也。又如尚秉和評馬國翰曰：

> 蓋馬氏之弊，在貪多務得，故往往不免濫取。如謂凡諸引張作某字者，蓋即向本，故亦復向義中，此何足據。[57]

又如柯紹忞論張澍輯存之《子夏易傳》曰：

> 同時有孫馮翼輯本，少《漢上易傳》十餘條，又據臧庸說標爲韓易，殊嫌武斷，故著錄澍之輯本，存馮翼本於書目……至於馬國翰本輯佚書，以澍之輯本鈔爲《丁氏易》，又鈔爲《韓氏易》，疊床架屋，徒充卷帙，尤無謂也。[58]

此則分別評述張澍、孫馮翼、馬國翰三家輯本之優劣及其所

56　《續修提要》頁 2。
57　《續修提要》頁 17。
58　《續修提要》頁 3。

本，於各家輯佚書之瞭解與利用，深有所助益也。

五、《續修提要》易類之缺失探討

自臺灣商務整理油印稿本之《續修提要》以來，學者固有表彰其貢獻，贊其有功於學術文化之流傳者。然非議此書，責其誤謬及正其疏忽者，亦時有其人。[59]然後者評論所依據多為臺灣商務出版之標點本，部分疏失未必為原書所有，如柳作梅氏論其缺失中的類目、文字錯誤之疏失等，梁氏評其校印之草率等。

《續修提要》最初進行時，擬仿《四庫總目》分為著錄及存目二種，然其既無四庫館所作之校鈔工作，分著錄、存目已無意義，又因大部分撰稿者在撰寫提要時並無作此項分別，因此中國科學院圖書館整理時中已將此項說明刪除。今雖於部分提要中仍可分辨撰稿者分別著錄或存目之意，然其既已無作用，故此混淆不清之情形，不多贅述。

《續修提要》為未完成之作，故其中牴牾之處不少，又因各撰稿中缺乏整體之規畫，因此體例不一、內容重複之處亦多。茲以易類為例，舉其缺失之要者論述之：

1、篇目重複、評價不一

《四修提要》之篇目重複者，大體有二：

---

59 前者如吳哲夫師〈現存續修四庫全書提要目錄整理後記〉；後者如梁容若〈評續修四庫全書提要〉、方豪〈續修四庫全書提要札記〉、柳作梅〈評續修四庫全書提要〉等。

其一為書名相同，而提要撰述者不同，此因於事前未擬具體書目，事後又未經總整之故。評《四庫總目》之缺失者，多以此為攻伐之要點，然觀著錄之書名相同者，所據版本多所不同，如《周易函書補義》分別有尚秉和、孫海波所撰之提要，然前者所撰為同治刊本，後者為光緒刊本，刊行先後不同，又如《虞氏易言》分別有柯紹忞、尚秉和所撰提要，然前者據《茗柯全書》本，後者據《張皋文全集》本，二者亦有所不同，此等之重複，尚有指引之用，不足病也。

其二為既著錄全書，復著錄其中若干種者，如前所述之輯佚書中之《漢魏二十一家易注》等，此種情形尚多，如既著錄焦循《雕菰樓易學》四十卷，又著錄《易圖略》、《易章句》、《易通釋》，實則這三種合為《雕菰樓易學》。尚秉和撰提要中已言之，然其亦撰《易圖略》一書之提要，重複之處明顯可見。

《續修提要》不僅著錄之書籍時有重複，且撰述提要者於該書之評價頗有不一者，如《周易周氏義疏》，尚秉和所撰提要曰：

> 大抵梁、陳之間說易者，皆染王弼餘風，義尚空虛，辭多浮誕，魏管輅所謂美而多偽也，故宏正之說，李氏《集解》無一採錄。

尚氏之評價可為低矣，然柯紹忞所撰提要曰：

> 是時輔嗣之學盛行，而宏正獨兼收鄭說，亦可為碩果矣。[60]

尙、柯二氏評價之不一，明顯可見。又如《周易小義》，柯
氏所撰提要曰：

> ……皆自逞胸臆，不免支離，慈銘不為芟去，何耶？

尙氏則曰：

> 書雖名小義，然通貫經文，浩浩落落，其致博，其識
> 精，視清代諸易家，隨人俯仰，且自稱家法，以諱其
> 短者，相去遠矣。[61]

觀柯、尙二氏之評，直若非同一書矣。於此可見，《續修提
要》之修撰者，雖學術頗有淹通之處，然評論前人諸家之學，
多有憑自己之好惡及意氣，未能秉持客觀至公之論，因此有
所偏頗之處。而《續修提要》也因於而不足以成為治學之門
徑及瞭解清代學術之指引。甚為可惜焉。

2、論述體例不一

　　體例不一者，可分為數項論之：

　　其一，原撰者之傳略或繁或略或不一。如《周易本義注》
之撰者胡方，柯紹忞所撰提要曰：

> 清胡方撰，方字大靈，番禺人，歲貢生。

尙秉和所撰提要曰：

> 清胡方著，方字信天，一字大靈，新會人，歲貢生。[62]

又如茹敦和，柯紹忞所撰提要曰：

> 敦和字遜來，號三樵，會稽人，乾隆十九年進士，官

61　《續修提要》頁 58。
62　《續修提要》頁 46。

德安廳同知。[63]

尚秉和所撰提要曰：

> 敦和會稽人，字遜來，乾隆十九年進士，歷官南樂大
> 名知縣、大理寺左評事、湖北德安府同知。[64]

高潤生所撰提要曰：

> 敦和會稽人，字遜來，又字三樵，乾隆進士，官知縣。[65]

以上柯紹忞、尚秉和、高潤生等人所撰之胡方、茹敦和二人
傳略多所歧異，或用詞不一，或繁簡不一，實為缺失。

其二，輯佚書之原撰者題名，茲徵引諸家所撰馬國翰《玉
函山房輯佚書》之不同體例：

《周易沈氏要略》：

> 南齊沈驎士撰，清歷城馬國翰輯，載《玉函山房輯佚
> 書》中，按《南齊書・沈驎士》，字雲禎，吳興人，
> 徵聘皆不就，史稱其高尚。

《周易崔氏注》：

> 歷城馬國翰輯，載《玉函山房輯佚書》中。崔氏者崔
> 覲，《隋書・經籍志》云：《周易》十三卷崔覲注，
> 得其名矣。

《周易張氏義疏》：

> 陳張譏撰，清馬國翰輯。譏字直言，清河武成人，陳
> 國子博士。

以上諸書皆為馬國翰《玉函山房輯佚書》中之輯本，原撰者

63　《續修提要》頁 57。
64　《續修提要》頁 57。
65　《續修提要》頁 61。

或在馬國翰之前，或在其後，或名於前，傳略於後。其餘諸篇提要，尚有未題輯佚者之名，此類不一之處頗多，均係最初擬定體例未完整之故。

　　其三，不同版本之書或分列數條，或並爲一條。此於前論輯佚書時已略論之，茲不贅述。

　　其四，同一叢書中之易學論著，或合爲一種，或分列數種，如莊存與所撰《味經堂遺書》中之《彖傳論》、《彖象論》、《彖象傳繫辭傳論》、《八卦觀象解》等四種，柯紹忞所撰提要併爲一條。而丁澤安《自得齋易學》中之《易學節解》、《易學三編》、《易學彙說》等三種，則分列三條，其餘如俞樾所撰易學諸書，當可合併一條，而提要多分列數條。此皆是體例未明之故也。

3、用字不一

　　《續修提要》中用字不一之處頗多，書名如《四庫全書總目》多略作《前提要》，然亦作《欽定提要》或作《四庫全書》者。

　　人名如柯紹忞所撰《周易宋氏注》提要中，宋衷或作宋忠，文中敘述或忠或衷，莫得一衷。又如《華陽國志》之撰者常璩，提要中或作常據，亦莫衷一是。

　　其餘錯字或原撰者之誤，或手民之誤，書中隨處可見，茲不贅述矣。

4、斷句粗漏

　　北京中華書局之標點本僅以圈點斷句，因此提要中連引

數人，時斷開，時不斷，頗不一致，未斷者如《魏了翁周易
集注殘本》提要書了翁謫靖州後取濂溪諸儒。自濂溪康節二
程張呂謝尹游五峰漢上屏山悔庵宣公成公及李隆山子心傳等
十七家。融會而成。[66]

又如：

> 其所援引，自程朱傳義外，為王介甫司馬君實蘇軾父
> 子郭兼山呂叔平項平甫楊廷秀楊敬仲王景孟馮儀之
> 王伯厚吳幼清俞玉吾熊任重丘可行胡庭芳父子蔡介
> 夫下迄李晉卿等。二十餘家。[67]

將人名斷開者如：

> 自唐迄清。治易者雖號復古。如李鼎祚。朱震。晁以
> 道。毛大可。惠士奇。惠棟。張惠言。姚配中。俞樾
> 等人。無不用之。[68]

北京中華書局本之提要中，連續之人名大多未斷句，斷句者
殊屬少數。除人名斷句之不當外，其餘斷句亦流於破碎，多
使句法不完整也。

5、分類錯誤

　　稿本提要中多以擬定該篇所屬部類，然無論北京中華書
局之標點本或山東齊魯書社所編之索引，其中分類錯誤者，
各有之，前者如《鄭氏易譜》，提要曰：

> 故其書雖以《易》名，仍退而列術數中。

66　《續修提要》頁 32。
67　《續修提要》頁 56。
68　《續修提要》頁 12。

由尚秉和所撰提要，知其當置之子部術數類，而整理時誤植於經部易類。若觀稿本提要分類索引之子部術數類中易學論著之書僅寥寥數種，則可推斷，整理本易類中，尚有不少當歸入子部術數類。

稿本提要之分類索引中易類著錄《靜修堂詩經解》，亦是明顯誤植之處。

其餘疏失之處尚多，如方豪考證《周易補注》之撰者德沛之字濟齋誤爲濟亭，柳作梅、梁容若指出各提要中之之錯字等等，本文不擬於其細節一一考證，責正其誤，考證其失，蓋有待方家。

本文雖以北京中華書局本爲對象，所論之缺失以易類爲範圍，然或可推之於全書。茲略述如上已矣。

六、與《四庫全書總目》之論《易》相較

《四庫總目》雖是成於眾人之手，然於評騭學術，綜論源流之大旨，乾隆之告諭示之於前，紀昀之總整筆削於後。因此，《四庫總目》表現出較爲一致的學術觀點，從某些角度而言，這二百卷的內容代表了乾隆及紀昀的學術主張，也反映出乾嘉時代漸趨一致的學術思潮及治學風尚。在這方面相對而言，《續修提要》則因時代因素，學術觀點漸趨多元，論述多方，亦因於無人總成其事，因此在全書中所呈現的是各篇提要撰述者的學術主張，而乏整體一致之論點。

相較而言，前書可以視爲乾嘉時期學術思潮的代表，可作爲探討當時學術流變之依據；後者則保留了個人論學之主

張，可藉以瞭解撰述者個人的學術觀點。

　　清初修《四庫全書》，雖云「不名一格，兼收並蓄」，[69]
意圖平議漢宋，〈經部總序〉云：

> 漢學具有根柢，講學者以淺陋輕之，不足服漢儒也；
> 宋儒具有精微，讀書者以空疏薄之，亦不足服宋儒
> 也。消融門戶之見，而各取所長，則私心祛而公理出，
> 公理出而經義明矣。[70]

各書提要所論也似乎有評議漢宋之意，如〈四書章句提要〉
曰：

> 蓋考證之學，宋儒不及漢儒；義理之學，漢儒不及宋
> 儒。言豈一端，要各有當。[71]

然細考《四庫總目》之整體學術觀，仍是輕宋學而重漢學。
如〈周易述提要〉論宋元以下之易學曰：

> 自王弼《易》行，漢學遂絕。宋元儒者，類以意見揣
> 測，去古浸遠，中間言象數者，又歧為圖書之說，其
> 書愈衍愈繁，而未必四聖之本旨。故說經之家，莫多
> 於《易》與《春秋》，而《易》尤為叢雜。[72]

其餘如言「宋末元初，說經者多尚虛談」，「大抵斷之以理，
不甚觀書」等，不一而足，撰修《四庫總目》館臣輕視宋學
之心溢於言表，不稍掩藏。然清初崇尚理學，康熙於朱子頗
為尊崇，且程試所用，仍是朱學，因此，四庫館臣雖揚漢抑

69　《四庫全書總目‧凡例》，卷首，頁 17。
70　《四庫全書總目‧經部總序》，卷 1，頁 1。
71　《四庫總目》卷 35，頁 294。原作《大學章句》、《論語集注》、《孟
　　子集注》、《中庸章句》。
72　《四庫總目》卷 6，頁 44。

宋，於朱子卻是多加推崇，如云「宋代諸儒，惟朱子窮究典籍」。[73]同時，論及漢宋之易學流派，宋代以後之圖書象數易學固然斥之為無稽之談，但以漢魏之象數易學與程朱之以儒理之說《易》相較，《總目》於後者之推崇卻遠尚於前者，此或因於漢代象數易學多涉附會，不為館臣所理解亦不為所喜，因之於提要中多所責斥。《四庫總目》雖宗漢學，於《易》諸說，卻不取漢儒象數之學矣。如〈方舟易學提要〉之論漢易曰：

> 漢儒說《易》，多主象占。後孟喜、焦贛、京房流為災變，鄭玄又配以爻辰，故不免有所附會。自王弼掃滌舊文，並謂互體、卦變皆無足取，於是棄象不論，夫納甲五行，本非《易》義所在，棄之可也。若互卦、及動爻之變，其說見於〈繫辭〉，其法著於《左傳》，歷代諸儒相承有自，概從排斥，未免偏涉玄虛。[74]

此可見《四庫》館臣，於漢象數易及鄭玄之說，多有保留，非如他經之宗漢也。又如〈周易參義提要〉之贊儒易曰：

> 其大旨以程《傳》主理，《本義》主象，稍有異同，因融會參酌，合以為一，又旁採諸儒之說以闡發之……其詮釋經義，平易近人，言理而不涉玄虛，言象而不涉附會。大都本日用常行之事，以示進退得失之機，故簡切詳明，迴異他家之轇轕。雖未能剖析精微，論其醇正，要不愧為儒者之言。[75]

73　〈經稗提要〉，《四庫總目》卷33，頁278。
74　《四庫總目》卷7，頁48。
75　《四庫總目》卷4，頁27。

稱梁寅《周易參義》之醇正爲儒者之言，併觀前論，則可《四庫總目》論《易》之大要矣。

　　《續修提要》易類提要之各家撰述者於漢象數易學或宋儒理易學並無一定之宗主，然於朱子《本義》並不特爲推崇，則眾家多如是。如尙秉和論《程傳》、《本義》曰：

> 其實宋人如《程傳》、《本義》，所詳者義理，非易理也。義理者乃治國平天下、修身齊家之事，如《程傳》云某爻之才，皆借易以演其內聖外王、治人治己，經世涉世之務，而於易理，多不相涉，且多相背之處。《本義》大體以《程傳》爲本，然義理之中，兼顧易理，故優於《程傳》。至於象數，自王弼掃象後，歷唐迄宋，舉不知易象爲何物。朱子晚年，始悟其非，謂《程傳》云：「吾所治者辭，辭明而象自得，豈知辭猶象生，先識象然後能明辭，吾枉費多年工夫。」是《本義》雖不重象，然能識象爲易本。[76]

尙氏以「義理」、「易理」之不同論象爲易之根本，說明《程傳》、《本義》之不足，然《四庫總目》所推崇「論其醇正，要不愧爲儒者之言」者，正是「義理」而非「易理」也。尙氏於此，則評《四庫總目》不議其非之失允曰：

> 《程傳》、《本義》，前書已著錄。自明清以來，國家功令，尊尚程朱，故《前提要》絕不議其是非。茲略爲評議，以補前書之不足……程子不言象，《本義》亦不言；程子誤解，《本義》往往從之，少正者。然

> 朱子晚年云：「《易》出門便是象」又云：「程子謂
> 名辭則象數在其中，吾以為先見象數，方說得理，不
> 然事無實證，虛理易差。」……是朱子晚年，深知程
> 子之說，而自悔其盲從，後世不察，反以本人極不滿
> 意之書為宗主，是定功令者之失考。[77]

尚氏以《四庫總目》推崇程朱之說，爲明清功令之故，然實
不盡然也，清初康熙帝本身即雅號程朱之學，頗有著述，且
當時理學餘流尚在，漢學之盛尚不及理學，故修撰《四庫總
目》之學者，仍多宗尚程朱之說者也。

　　《續修提要》立論與《前提要》不同者有之，然宗取其
說亦不乏，前介紹撰者時已略有徵引，此復引提要數則以證
之。如葉啓勳論史事易學曰：

> 易道廣大，變化無窮，得其一端，皆足以為說，大氏
> 舍人事而談天道，正後儒說易之病。《四庫總目》於
> 《誠齋易傳》，既經著錄，館臣且未以引史證經病萬
> 里，並稱其說究不可磨滅，則顯鶴是編，亦易中之一
> 義，固當存之，以備說易者之參考。[78]

此明引《四庫總目》以立說者也。葉氏於易學流變之立說蓋
多本於《前提要》，又如：

> 陳摶推闡易理，衍為諸圖，其圖本準易而生，故以卦
> 爻反覆研求，無不符合。傳者務神其說，遂歸圖於伏
> 羲，謂易反由圖而作。德清胡渭辨之至精，大氏圖書
> 之說，雖言之有故，執之成理，乃修鍊術數二家，旁

77　〈周易傳義音訓提要〉，《續修提要》，頁30。
78　〈讀易窗易述提要〉，《續修提要》，頁125。

分易學之支流，而非易之根柢，此又不可不知者也。[79]
葉氏以圖書之學非易之根本，蓋與《四庫總目‧易類敘》所
言「夫六十四卦大象，皆有君子以字，其爻象則多戒占者，
聖人之情，見乎詞矣，其餘皆易之一端，非其本也。」相合。

其餘諸家之所言，或本之《四庫總目》，或駁其誤謬，
約已見於前，茲不贅述。大體而言，論及易學流變，諸家與
《前提要》多相合，或有所增補。論及程、朱之易學，則多
有議論，尤以尚秉和、吳承仕、黃壽祺等諸人精於象數易學
及漢魏學術流變者爲最。

七、《續修四庫全書》易類之著錄書籍

《續修提要》去除輯佚書、提要重複、緯書、外國著作
及《四庫全書》已著錄者，總計四百餘種。這四百餘種以清
代爲主，可視爲《四庫全書》修纂之後或清代中葉以降較重
要之易學論著。

上海古籍出版社於一九九五年起出版之《續修四庫全書》
（下略稱《續四庫》），這書基本上可視爲清末以來續修《四
庫全書》及《續修提要》工作之延續，觀其〈纂修緣起〉及
〈凡例〉所言之收錄範圍及體例可知。目前已出版經部二百
六十冊中，易類四十冊，收錄二二二部[80]（含緯書論著五部）。
約爲《續修提要》所著錄之一半。

《續修四庫全書》所收之書，以明、清二代爲主，元及

---

79 〈易學真詮提要〉，《續修提要》，頁134。
80 一部或合若干種，如《學易五種》、《方氏易學五書》等《續四庫》中
　　併爲一種，茲如之。

以前僅十九部。所著錄明代之易學論著中，有大半見於《四庫總目》之存目。

　　茲將此二百一十七部略分爲見於「四庫存目」、《續修提要》及未見於前二者三類以論述之。

1、見於《四庫存目》之論著

　　《續四庫》易類所收，見於《四庫》存目者總計四十七部，其中以明人論著爲多。茲依時代先後略述如下：

　　唐一部：《關氏易傳》[81]。舊題北魏關朗撰、唐趙蕤注，《前提要》云其出自宋阮逸偽撰。

　　宋一部：《晦庵先生校正周易繫辭精義》。《前提要》作《周易繫辭精義》並引陳振孫《書錄解題》云其爲偽託祖謙之名。

　　元一部：《周易訂疑》。《前提要》並《序例》、《易學啓蒙》、《周易本義原本》四種合併著於存目。

　　明三十七部：書名卷數全同者十七（十八）部：

　　《八卦餘生》、《學易象數舉隅》、《易經圖釋》、《易學四同》、《易學四同別錄》（以上二書《前提要》併爲一書）、《胡子易演》、《周易傳義補疑》、《易學》、《易筌》、《易象管窺》、《周易象通》、《周易可說》、《周易揆》、《正易因》、《周易宗義》、《周易爻物當名》、《大易則通十五卷、閏一卷》。

　　書名或卷數不同者十七部：

────────────────

81　《四庫總目》與《續四庫》之書名卷數均同者，不一一著出卷數，若有不同，於文中述明之。

《周易旁註二卷、卦傳十卷、前圖二卷》，《前提要》作《周易旁注圖說》二卷。

《周易贊義》十七卷存七卷，《前提要》逕作七卷，云「原書實有七卷……今本僅存七卷」。二書實相同。

《涇野先生周易說翼》，《前提要》逕作《周易說翼》。

《周易議卦》二卷，《前提要》作一卷。

《蓮谷先生讀易索隱》，《前提要》逕作《讀易索隱》。

《涇野先生周易說翼》，《前提要》逕作《周易說翼》。

《周易義叢十六卷、首一卷》，《前提要》逕作《周易義叢》十六卷。

《周易不我解》六卷存一卷卷一，《前提要》作《周易不我解》二卷。

《今文周易演義十二卷、首一卷》，《前提要》逕作《今文周易演義》十二卷。

《周易象義六卷、讀易雜記四卷》，《前提要》逕作《周易象義》十卷。

《新刻易測》，《前提要》作《新刻易測》。

《周易正解二十卷、首讀易一卷》，《前提要》逕作《周易正解》二十卷。

《石鏡山房周易說統》十二卷，《前提要》逕作《周易說統》。

《周易古本全書匯編》十七卷，《前提要》作《古易匯編》十七卷。

《周易古文鈔》四卷，《前提要》作二卷。

《易經增註十卷、易考一卷》，《前提要》逕作《易經

增註》十卷。

　　《周易時論合編》二十三卷，《前提要》作二十二卷。

　　另《易圖親見》、《卦義一得》、《讀易隅通》三部之作者來集之，《前提要》題為明人，《續四庫》則作清人。此依《前提要》，置於明代之末。

　　清六部：《易互》及《易學圖說會通八卷、續聞一卷》（《前提要》分列二書）二部《續四庫》與《前提要》相同。

　　書名或卷數不同者，有下列四部：

　　《周易說略》八卷，《前提要》作四卷。

　　《陸堂易學十卷、首一卷》，《前提要》逕作《陸堂易學》十卷。

　　《周易古本全書匯編》十七卷，《前提要》作《古易匯編》十七卷。

　　《周易解》九卷，《前提要》作《空山易解》四卷。

　　以上四十七部約佔《續四庫》經部易類之四分之一。然其書名卷數多所不同，此多因於版本之差異，如《晦庵先生校正周易繫辭精義》，《前提要》所據為「兩淮馬裕家藏本」，《續四庫》則用楊守敬所刊自日本舊藏之《古逸叢書》本。

2、見於《續修提要》之論著

　　《續四庫》所收之易學著作於除已見於《四庫總目》之存目者，其餘多見於《續修提要》中，茲亦以朝代為次，略考述之：

　　魏一部：《敦煌周易殘卷》，《續修提要》著錄該書有二，分別為影印巴黎國家圖書館藏之寫本及羅振玉敦煌石室

遺書之唐寫本。《續四庫》僅言「敦煌本」，不知以影印取於何者。

　　唐一部：《周易經典釋文殘卷》，《續修提要》作《周易釋文》，亦著錄二種，一爲敦煌石室寫本，另一爲明初刻八行大字本，《續四庫》僅言「敦煌本」，當係據前者。

　　宋五部：

　　《易經解》，《續修提要》作《朱長文易經解》，著錄爲碧琳琅館本，《續四庫》則據明崇禎四年刻本。

　　《周易新講義》，《續修提要》著錄爲《逸存叢書》本，《續四庫》則據「日本文化五年活字版」。當爲同一本。

　　《古易音訓》，《續修提要》著錄爲式古堂本，《續四庫》則據「嘉慶七年刻本」。不知是否同一版本。

　　《泰軒易傳》，《續修提要》著錄爲《逸存叢書》本，《續四庫》則據「日本文化五年活字版」。當爲同一本。

　　《勿軒易學啓蒙圖傳通義》，此僅見於稿本《續修提要》，《續四庫》則據「清抄本」。

　　元二部：

　　《周易經疑》，《續修提要》著錄爲自刻本，《續四庫》則據清抄本。

　　《周易》，《續修提要》作《易經註》著錄爲鈔本，《續四庫》則據清抄本。

　　明八部：

　　《周易通略》，《續修提要》著錄爲《豫章叢書》本，《續四庫》則據明抄本。

　　《學易記》，《續修提要》著錄爲惜音軒本，《續四庫》

則據明嘉靖刻本。

《易象彙解》，二者著錄同爲《歸雲別集》本。

《九正易因》，《續修提要》著錄爲《道藏》本，卷數爲上下經各三卷，《續四庫》則據清汲古閣刊本，不分卷。此書亦見《四庫》存目，亦作不分卷。

《易說》，《續修提要》著錄《婁東叢書》本，作《王育易說》，《續四庫》則據「道光十三年刻本。

《周易禪解》，《續修提要》著錄爲民國四年金陵刻經處刊本，《續四庫》則據清初釋通瑞刻本。

《說易》，《續修提要》作《喬中和說易》著錄爲自刻本，《續四庫》則據明崇禎十年躋新堂集刻本。

《易經解醒》，《續修提要》作《易說醒》著錄爲同志間洪氏刊本，《續四庫》則據明末東吳銘新齋刻本。

清代一百一十七部，茲略舉二者著錄版本相同及書名卷數或版本不同者各若干種以述之。

二者著錄版本相同者：

《周易大象解》、《周易內傳、發例、外傳》《續修提要》分列三種、《易觸》、《易圖解》、《周易詳說》、《彖傳論》、《繫辭傳論》、《八卦觀象、卦氣解》以上三種《續修提要》併作一條、《易經揆》、《周易篇第》、《易考、易續考》《續修提要》分列二種、《周易略解》、《孫氏周易集解》等。

二者著錄書名、卷數及版本有異者：

《周易本義註》，《續修提要》作《周易本義注》，二者同爲粵雅堂本。

　　《易經徵實解》，《續修提要》作不分卷，《續四庫》著錄一卷。二者同爲排印本

　　《易經如話》，《續修提要》作《易經如　》，二者同爲活字印本。

　　《周易本義辯證》，《續修提要》作《周易本義辨正》五卷，著錄蔣氏省吾堂本，《續四庫》作六卷，著錄惠氏紅豆齋抄本。

　　《觀象居易象箋》，《續修提要》著錄《汪氏七種》本，《續四庫》僅作清刻本。

　　《畏齋周易客難》，《續修提要》作《周易客難》，二者同爲道光二十六年刻《十三經客難》本。

　　《古醫匯詮》，《續修提要》記無卷數分四冊，著錄雍正刊本，《續四庫》作四卷，著錄民國九年鉛印本。

　　《易學啓蒙補》，《續修提要》，著錄嘉慶刊本，《續四庫》著錄乾隆刻本。

　　《易守、易卦總論》，《續修提要》著錄自刻本，無《易卦總論》，《續四庫》著錄嘉慶十五年慎餘齋刻本。

　　《退思易話》，《續修提要》著錄自刻本，無《易卦總論》，《續四庫》著錄道光十年芳椶堂刻本。

　　《易卦圖說》，《續修提要》著錄道光刊本，《續四庫》著錄道光三十年《嶺南遺書》本。

　　《周易引經通釋》，《續修提要》著錄嘉慶甲戌刊本，《續四庫》著錄嘉慶鶴陰軒刻光緒七年王家璧補修本。

　　《周易恆解》，《續修提要》著錄致福樓重刊晚年定本，作六卷，《續四庫》著錄嘉慶刻本，作《周易恆解五卷、首

一卷》。

　　《周易述補》，《續修提要》著錄自刻本，《續四庫》
著錄《皇清經解續編》本。

　　《易說》，《續修提要》著錄自刻本，作十三卷，《續
四庫》作《易說十二卷、便錄一卷》，二者同為《郝氏遺書》
本。

　　《周易虞氏義》，《續修提要》著錄《茗柯全書》本，
《續四庫》著錄《琅環仙館》本。

　　《周易虞氏消息》，《續修提要》著錄《茗柯全書》本，
《續四庫》著錄《琅環仙館》本。

　　《虞氏易言》，《續修提要》著錄《張皋文全集》本，
《續四庫》附《虞氏易言補》，著錄道光元年合河康氏刊本、
清抄本。

　　《虞氏易禮》，《續修提要》著錄《茗柯全書》本，《續
四庫》著錄道光元年合河康氏刊本。

　　《虞氏易事》，《續修提要》著錄《茗柯全書》本，《續
四庫》著錄光緒刻《仰視千七百二十九鶴叢書》本。

　　《於是易候》，《續修提要》著錄《茗柯全書》本，《續
四庫》著錄道光元年合河康氏刊本。

　　《周易鄭荀義》，《續修提要》著錄《茗柯全書》本，
《續四庫》著錄道光元年合河康氏刊本。

　　《周易條辨》，《續修提要》著錄《茗柯全書》本及道
光刊本後者無卷數，《續四庫》著錄道光元年合河康氏刊本。

　　《周易述補》，《續修提要》著錄《續皇清經解》本，
《續四庫》著錄嘉慶刻本。

《易章句》、《易通釋》、《易圖略》，以上三種《續修提要》著錄《焦氏叢書》本，《續四庫》著錄《雕菰樓易學》本。

《周易補疏》、《易話》、《易廣記》，以上三種《續修提要》著錄《焦氏叢書》本，《續四庫》著錄道光六年半九書塾刻《六經補疏》本。

《李氏易解賸義》，《續修提要》著錄《讀畫齋叢書》、《槐廬叢書初編》本，《續四庫》著錄嘉慶重學齋刻本。

《易經異文釋》，《續修提要》著錄《讀畫齋叢書》本，《續四庫》著錄《皇清經解續編》本。

其餘版本不同者尚多，茲不贅述，略加統計而觀之，《續四庫》所著錄之清代易學著述多不同於《續修提要》所著錄者，其間版本互有優劣，甚難一體論之。

3、其他版本之易學論著

《續修四庫全書》之修纂距修撰《續修提要》時已有五十餘年，隨著幾十年來大規模的圖書整理工作，如《中國叢書綜錄》、《中國古籍善本書目》的編纂等，許多清初修《四庫全書》及修撰《續修提要》時未見的書籍，都被一一發現。因此，《續修四庫全書》所著錄之典籍或選用之版本多有不同於《四庫全書》及《續修提要》者，其著錄與《續修提要》之版本不同者，已如前述。此略述《續四庫》所著錄未見於《四庫總目》及《續修提要》者。

《續四庫》所著錄未見於《四庫總目》及《續修提要》者凡三十八部。此亦依時代先後列之：

唐以前三部：《馬王堆帛書周易經傳釋文》、《周易正義》、《周易注疏》。其中《馬王堆帛書周易經傳》出土於1972年，釋文爲今人廖明春所作。《周易正義》十四卷爲宋刻本。《周易注疏》十三卷爲宋刻元遞修本。[82]

宋一部：《易經訓解》。

元二部：《周易通義、發例、識蒙、或問》、《太易鉤玄》。

明八部：《易經旁訓》、《讀易記》、《讀易纂》、《易經正義》、《易原》、《周易參疑首編、外編》、《生生篇》、《周易疏義》。

清二十四部：《周易本義爻徵》、《易內傳、易傳外篇》、《周易疏略》、《讀易便解》、《讀易管見》、《易通》、《學易慎餘錄》、《子夏易傳釋存》、《周易卦象彙參》、《易圖存是》、《學易五種》、《干常侍易注疏證、集證》、《學易管窺、易文言傳》、《易古訓》、《周易漢學通義、略例》、《周易推》、《周易考異》徐堂撰、《易經本意》、《十翼後錄》、《李氏易傳校》、《易漢學舉要、訂誤》、《河圖洛書原舛編》、《易緯通義》、《周易繁錄》。

雖《續修提要》與《續四庫》之著錄範圍大致相同，皆上補《四庫全書》所漏收，下續《四庫全書》之後出著述。然由其著錄來看，不論是不見於《續修四庫》或版本不同者，《續四庫》之著錄所取於《續修提要》者並不多，已見於《四庫存目》及《續修提要》未著錄者近半數，見於《續四庫》之百二十餘種中，版本亦多不同。由此一方面可以看出《續

82　《周易正義》，《四庫全書》已著錄，《續四庫》著錄因其版本不同，下所列各書，因無版本異同之比較，故其選用版本略之。

修提要》在某方面的不足，如重要著述之漏收、或於諸書版本未加甄別，提要中多亦未加論述說明等等。

結　語

《續修四庫提要》問世以來，各家評論，毀譽參半，其受冷落亦近半世紀。二十餘年前，臺灣商務印書館整理且出版京都大學所藏之稿本，世人方見其大概，然其書既不全，且整理校讎皆不精，故問世以來，譽者實不及貶之者。近年隨著北京中國科學院組織人力整理之經部問世，世人方知此書之一斑，觀整理之成果，僅以圈點斷句，且斷句亦嫌疏陋，頗令人感到遺憾，現又因於某些因素，全書稿件未能全部整理完成，則實遺憾之至。幸而全書已影印出版，且編有詳盡之索引，使用上較爲方便。然未能重新標點及分類整理，終究不便於學術利用，亦減少其參考價值。

觀其稿本，字跡工整，撰稿一絲不苟者有之；字跡凌亂，莫從辨識者亦不乏。至於各篇提要，原本即缺乏一致之體例及統合之整理，因此凌亂錯雜，頗爲人詬病。然另一方面，也保存了撰稿者之原本面貌及論學風格，不乏可用之處。

再者，近人雖多評驚《續修提要》之漏收清人重要著述，然其著錄卻遠在各種藝文志之上，使得欲瞭解清代著述者不得不參看此書。且其著錄之書，經過數十年之變易及文革浩劫，部分今已不易得見，正賴此書之所述以存其梗概而已。

附錄一：先師喬衍琯先生事略

　　先生姓喬氏，譜名延琯，以避先祖名諱，改作衍琯。江蘇連雲港市人，生於民國十八年四月十二日。自號望雲樓主人，以母姓取別名張義德；父迺作公，母張夫人名梅。迺作公性耿介，嗜讀博通典籍，尤喜地理方志及筆記小說，往來文林，淵善著稱。先生自幼聰穎，好推理，喜算數，迺作公命其研讀科學以赴國事；然先生以閱讀爲樂，經史典章，戲曲掌故，無不了然於胸。高中時，國文老師通儒王子約勉其研究傳統學術要義，發揚民族文化，遂棄數學而就國學，民國三十八年，考進臺灣省立師範學院國文學系就讀。

　　國文系四年，先生修習許世瑛「讀書指導」、潘重規「訓詁學」、王叔岷「校勘學」等科目，貫串條例，遂識辨析學術源流之門徑，爲其後攻讀版本目錄學及從事圖書文獻工作，建立深厚基礎。大學畢業後，先後在宜寧中學及臺南高工擔任國文教師。

　　民國四十六年春，先生回校就讀國文研究所目錄學組，從蔣復璁學習「版本學」，從高明研讀「校讎學」，旁聽鄭騫「戲曲概論」，諸先生屢加讚賞，期間作〈跋敦煌本史記殘卷〉，發表在《國文研究所集刊》第二期，其說至今仍受學界廣泛引用。

　　先生就讀國文研究所，同時在中央圖書館編目組實習，積極盡力，屢自請擔任新書編目工作，以此體驗在校所學，除爲《叢書集成》編目外，並完成《國立中央圖書館藏線裝舊籍目錄》、《蘇東坡著作展覽目錄》等不同形式之目錄。

　　民國四十九年春，先生以《增訂書目答問補正史部》爲題，自臺灣師大國文研究所碩士班畢業，並留任中央圖書館特藏組，前後十餘年。期間在蔣復璁、昌彼得指導下，從事整理舊籍、撰寫書志提要、編訂善本書目及管理善本書室等相關工作，中央圖書館之珍本佳槧，因之得以公諸於世，此爲保存典籍英華，發揚傳統文化貢獻卓著；亦提供學界研究莫大便利，爲臺灣之圖書文獻學，奠立深厚根基。而先生以工作經驗累積而成之版本目錄學見識，洵成一家之學，備受海內外欽崇。其時所輯《書目叢編》，前後四編，收書八十餘種，各書先生親撰敘錄一文，介紹作者生平及著作源流，並闡述其內容之特色與價值。此體例創啓當代古籍整理之先河，而先生論述之精善，後學仍難望其項背。

　　民國六十一年夏，先生應高明之聘至政大中文系所任教，至民國八十五年退休，前後二十五年，以講授「版本」、「目錄」及「校勘」、「輯佚」、「辨僞」等文獻學爲主，亦任「國文」、「經學通論」、「紅樓夢」等課程，先生從學術源流角度論述經學發展及詩文小說要義，並以自身經歷及體會印證，精闢通澈，妙趣橫生，既令學子深受啓發，亦由衷敬佩。又當時學校辦理空中行專，暑假須至各地親授課程，校內同儕每以爲苦，而先生則自請從事，因此足跡遍歷全臺。先生每至一地，即以學員爲師，探詢當地文化風俗及

圖書藝文之相關建設，課暇則考察鄰近名勝景物，以印證載籍之記錄及學員所論云。

先生素性閒曠，沈潛謙退，寡欲儉約，平時以讀書為樂，然不以收藏相尚。自政大退休時，僅留平日喜讀之傳記小說數十種。雖一讀再讀，然至佳構妙趣或體悟新得，仍不覺手舞足蹈，歡喜之情，溢於言表。

先生喜登山健行，身體素康健爽朗，然退休後數年間，屢遭運厄，以致行動不便，精力耗損，遂至不起，於民國九十七年二月十七日棄世，年八十。著有《千字文今解》、《史筆與文心：文史通義》、《崇文總目研究》、《陳振孫學記》、《宋代書目考》、《古籍整理自選集》等，編有《歷代輿地沿革圖索引》等，論文兩百五十餘篇，尚待裒集成帙。配鄭德慧女士，先於民國九十四年九月十日病故，年七十五。女二：宗恧，國立臺灣大學人類學碩士，任職國立臺灣史前文化博物館。宗念，美國羅格斯大學傳播資訊碩士及圖書館學碩士，任職國立臺北藝術大學圖書館。孫四：俐祈、珈祈、子玲及友祈，均就讀小學。（撰於 2008 年）

附錄二：《歷代藝文志考評稿》後記

　　《中國歷代藝文志考評》原是喬老師與國立編譯館簽約的著作。著作合約簽訂的時間甚早，但書寫過程中，由於部分文獻考證和資料闡釋的問題，必須親見較早或較完善的版本，纔有可能得到結論，卻苦於時間的重重限制，無法比較確實的進行，簽約之後雖曾在學術期刊上，陸續發表數篇相關的論文，但正文卻一直無法動筆，喬老師逼不得已，在民國八十四年（1995）主動提出退還簽約金解約的請求，並獲得國立編譯館的諒解同意，喬老師因此纔鬆了一口氣。解約其實只是為了減少心理壓力，並非放棄履約的承諾。同年喬老師自政治大學中文系退休，並且逐年停掉研究所的目錄、版本、校勘、輯佚、辨偽等課程。當時喬老師的構想是：退休之後，可以專心思索問題，訪視、整理相關研究成果與資料，並以自己畢生用力的版本目錄學知識，完成《中國歷代藝文志考評》一書，以履行之前的承諾。

　　喬老師希望藉由退休後的充裕時間，完成三十章的《中國歷代藝文志考評》，並藉此建構個人目錄學思想體系的構思，卻因為種種的人生意外而無法遂行。首先是喬老師退休的隔年，師母發生意外而必須長期復健，陪伴師母到三軍總醫院就醫，就成為喬老師唯一關心的大事，自然也就無心於

計畫了。更不幸地是再隔一年，一場嚴重的車禍，不僅導致喬老師無法正常行動，同時還重創了老師的思考力，《中國歷代藝文志考評》當然也就很難再按原計畫完成了，現在出版的稿件，實際上僅是喬老師退休後半年內進行的若干記錄而已，《講述稿》前半部的內容，就是這時期完成的「總論」一部分的稿件。至於後半部「分論」部分的〈《舊唐書·經籍志》考評〉及〈《文獻通考·經籍考》考評〉二篇，則是依據舊稿刪改增補而成。

　　喬老師最初的書寫計畫是：總論及結論部分，先擬訂講述大綱，老師以口述方式進行詳細的解說，由蕭及聰先生和筆者錄音後，逐字逐句的整理成文字稿，再由老師親自修改爲定稿，可惜老師因前述的意外，僅修改了其中少部份的內容而已。分論部分，已有論文者，則取舊文刪改增補。進行的程序是依照老師指示，先將分散在各篇的資料彙整在一起，並蒐集近人的相關著述作爲參考，然後重新組織成文；未有專文探討者，則以口述的方式爲之。附錄的〈漢書藝文志表解〉，即是依據老師指示完成的表格，但老師後來無法進行後續的工作，這表格自也無從發揮其既有的功用，僅能附錄於此，以誌其事。

　　喬老師曾在〈歷史藝文志漫談〉（《國立中央圖書館臺灣分館館刊》第 1 卷第 2 期，1994 年 12 月）一文中，將歷史藝文志分作六類，這也就是全書分論部分要探討的內容，這六類分別是：

1、正史藝文志。如《漢書·藝文志》、《隋書·經籍志》、《清史稿·藝文志》等。

2、補志。正史中無藝文志，後人補撰，如姚振宗《補後漢藝
　文志》、《補三國藝文志》、及王仁俊《西夏藝文志》等。

3、志補。正史中有藝文志，而因所載不夠完備，後人因加以
　增補。如姚振宗《漢書藝文志拾補》、武作成《清史稿藝
　文志補》、彭國棟《重修清史藝文志》。諸書雖或可自成
　一書，但實質上仍是志補。

4、非正史的藝文志。如《通志·藝文略》、《文獻通考·經
　籍考》、《玉海·藝文部》等。

5、考志。如王應麟《漢藝文志考證》、姚振宗《漢書藝文志
　條理》，陳國慶《漢書藝文志注釋彙編》等。

6、綜合探討。如鄭樵《通志略》、章學誠《校讎通義》、梁
　啓超《圖書大辭典部錄之部》及哈佛燕京學社編印的《二
　十種藝文志綜合引得》等。

以上六類除《隋書·經籍志》外，大部分都有相關討論的論
文，《漢書·藝文志》雖未寫出專文，但也有〈漢書藝文志
中的篇與卷〉一文論及相關的問題。

　　喬老師若全以舊稿為基礎，再進行小部分的增刪改補，
則完成《中國歷代藝文志考評》當非難事。但喬老師並不願
意編輯舊稿成書，反而希望藉此機會完成一部具有「辨章學
術，考鏡源流」功能的目錄學流變史專著，舊稿因此需要大
量增補資料，內容更須大幅度修改，甚至重寫。更由於兩岸
學術交流越來越頻繁，大陸學者的某些觀點，或者值得參考，
或者須要辨正，這些現實的考慮，不僅使《中國歷代藝文志
考評》的分量增多，同時也增加了撰寫的困難度。

　　這分《講述稿》分別有口述整理本及舊稿修改本的不同，

因此整理工作也略有差異。〈《新唐書‧藝文志》考評〉及〈《文獻通考‧經籍考》考評〉兩篇舊稿，增加的內容是由老師口述，筆者直接補入，新增的表格，則依據老師的指導繪製。腳註部分，主要是統一體例及修正訛誤，舊稿出處有誤者逕行更正，不另作說明，正文徵引解說若與原文意旨不合，則在腳註中略加疏通說明。口述錄音中部分人名、書名不甚清楚，喬老師也已經無法分辨，整理時僅能儘量依據老師的著作和論文查核，但疏失不免。口述內容的注釋，則是整理之際加入，目的是希望有助於對內容的了解。還有老師博學多聞，幽默風趣，講述時偶爾會穿插其他非關主題的情實，這部分將儘量移出，另成獨立小段或暫時保留，以使每一段的內容前後連貫，整理的稿件因此與原講述的順序不盡相同。

臺北文史哲出版社彭先生，有感於老師在版本目錄學上的成就與貢獻，除計畫出版老師的著作集外，並責令筆者將書稿整理，公諸於世，以供研究者參考。筆者渥蒙老師不棄，多年的學術指導與生活照顧，使下愚如我者，不僅得以略識治學門徑，同時在生活上亦能免於風雨之憂。眼見種種的意外，使得老師無法完成《中國歷代藝文志考評》的素志，自己又無能為力，真是既羞愧又感慨，現在依照老師及彭先生的指示，將稿件整理出版，或許可以稍稍彌補心中的愧疚之情，書成，因略誌心中感念之意。

筆者才疏學淺，既未能窺老師學術之萬一，又未有老師的勤敏專注，因而整理之際的疏失錯誤，自難避免，不過以老師的寬厚，應該會原諒學生纏對，另則還請方家先進多多包涵指正。

徵引書目

一、古籍（略依朝代為次）

〔漢〕司馬遷（約前 145-前 87）：《史記》，北京：中華書局，1965 年。

〔漢〕班固（32-92）：《漢書》（《百衲本二十四史》本），臺北：臺灣商務印書館，1996 年。

〔漢〕班固：《漢書》（標點本），北京：中華書局，1962 年。

〔漢〕班固：《漢書藝文志》，臺北：世界書局，1985 年。

〔晉〕陳壽（233-297）：《三國志》，北京：中華書局，1959 年。

〔晉〕梅賾：《古文尚書》附《尚書逸文》（《叢書集成新編》），臺北：新文豐出版公司，1997 年。

〔南朝宋〕范曄（398-445）：《後漢書》，北京：中華書局，1961 年。

〔南朝宋〕劉義慶（403-444）：《世說新語》，臺北：世界書局，1965 年。

〔梁〕蕭統（501-531）：《昭明文選》，上海：上海古籍出版

社，1986 年。

〔唐〕陸德明（550-630）：《經典釋文》（《通志堂經解》本），北京：中華書局，1983 年。

〔唐〕虞世南（558-638）：《北堂書鈔》，臺北：新興書局，1971 年。

〔唐〕杜佑（735-812）：《通典》，北京：中華書局，1988 年。

〔唐〕法琳（572-640）：《辨正論》（大正《大藏經》本），臺北：新文豐出版公司，1980 年。

〔唐〕孔穎達等（574-648）：《十三經注疏》（影印嘉慶二十年南昌府學校刊本），臺北：藝文印書館，1989 年。

〔唐〕孔穎達等：《十三經注疏》，（李學勤主編標點本），臺北：臺灣古籍出版社，1997 年。

〔唐〕房喬（579-648）：《晉書》，北京：中華書局，1974 年。

〔唐〕釋道宣（596-667）：《廣弘明集》（大正《大藏經》本），臺北：新文豐出版公司，1983 年。

〔唐〕長孫無忌（597-659）：《隋書》（影印武英殿刊本），臺北：藝文印書館，1972 年。

〔唐〕長孫無忌：《隋書》（標點本），北京：中華書局，1973 年。

〔唐〕劉知幾（661-721）：《史通》，臺北：里仁書局，1993 年。

〔後晉〕劉昫（887-946）：《舊五代史》，北京：中華書局，1978 年。

〔宋〕王溥（922-982）：《唐會要》，臺北：世界書局，1966
　　年。

〔宋〕李昉（925-996）：《太平廣記》，北京：中華書局，2003
　　年。

〔宋〕邢昺（932-1010）：《爾雅注疏》（李學勤主編《十三
　　經注疏》標點本），臺北：臺灣古籍出版社，1997年。

〔宋〕孫奭（962-1033）：《孟子注疏》（李學勤主編《十三
　　經注疏》標點本），臺北：臺灣古籍出版社，1997年

〔宋〕朱震（-1138）：《漢上易傳》，臺北：廣文書局，1974
　　年。

〔宋〕胡仔（1095-1170）：《苕溪漁隱叢話》，臺北：廣文書
　　局，1971年。

〔宋〕鄭樵（1104-1162）：《通志二十略》，北京：中華書局，
　　1995年。

〔宋〕羅泌（1131-1189）：《路史》（《四部備要》本），臺
　　北：臺灣中華書局，1965年。

〔宋〕陳振孫（1183-1262）：《直齋書錄解題》，上海：上海
　　古籍出版社，1987年。

〔宋〕王應麟（1223-1296）：《漢藝文志考證》（《玉海》本），
　　臺北：大化書局，1986年。

〔宋〕王應麟：《漢藝文志考證》（《二十五史補編》本），
　　北京：中華書局，1995年。

〔宋〕王應麟：《困學紀聞》，臺北：世界書局，1996年。

〔元〕馬端臨（1254-1323）：《文獻通考》，臺北：新興書局，
　　1965年。

〔元〕馬端臨：《文獻通考經籍考》（華東師範大學古籍研究所標校本），上海：華東師範大學出版社，1985 年。

〔明〕胡應麟（1551-1602）：《少室山房筆叢》，臺北：世界書局，1980 年。

〔清〕顧炎武（1613-1682）：《顧亭林詩文集》，北京：中華書局，1975 年。

〔清〕朱彝尊（1629-1709）：《經義考》，臺北：中央研究院中國文哲研究所，1999 年。

〔清〕沈炳震（1679-1737）：《唐書經籍藝文合鈔》，臺北：世界書局，1976 年。

〔清〕浦起龍（1679-1762）：《史通通釋》，臺北：里仁書局，1993 年。

〔清〕盧文弨（1717-1796）：《抱經堂文集》，北京：中華書局 1990 年。

〔清〕盧文弨：《群書拾補》，北京：中華書局 1990 年。

〔清〕王鳴盛（1722-1797）：《蛾術編》（《王鳴盛讀書筆記十七種》本），臺北：鼎文書局，1979 年。

〔清〕王鳴盛：《尚書後案》（《皇清經解》本），臺北：漢京文化公司，1980 年。

〔清〕錢東垣（-1797）：《崇文總目》，臺北：臺灣商務印書館，1979 年。

〔清〕王謨（1731-1817）：《漢魏遺書鈔》（《漢魏叢書》本），臺北：大化出版社，1988 年。

〔清〕孫志祖：《讀書脞錄》，臺北：廣文書局，1963 年。

〔清〕余蕭客（1732-1778）：《古經解鉤沉》，臺北：廣文書

局，1972 年。

〔清〕段玉裁（1735-1815）：《說文解字注》，臺北：漢京文化公司，1985 年。

〔清〕桂馥（1736-1805）：《說文通訓定聲》，北京：中華書局，1987 年。

〔清〕嚴蔚：《春秋內傳古注輯存》（《續修四庫全書》本），上海古籍出版社，2002 年。

〔清〕章學誠（1738-1801）：《文史通義》，北京：中華書局，1994 年。

〔清〕章學誠：《章學誠遺書》，北京：書目文獻出版社影印劉刻《章氏遺書》，1985 年。

〔清〕永瑢（1744-1809）：《四庫全書總目》，北京：中華書局，1987 年。

〔清〕孔廣林（1745- ）：《通德遺書所見錄》，光緒 16 年山東書局刊本，1890 年。

〔清〕孔廣林：《孔叢伯說經五稾》，光緒 16 年山東書局刊本，1890 年。

〔清〕袁鈞（1752-1806）：《鄭氏佚書》，光緒 14 年浙江書局刊本，1888 年。

〔清〕孫星衍（1753-1818）：《平津館文稿》（《四部叢刊》本），臺北：臺灣商務印書館，1967 年。

〔清〕孫星衍：《五松園文稿》（四部叢刊本），臺北：臺灣商務印書館，1967 年。

〔清〕張惠言（1761-1802）：《張惠言易學十書》（《皇清經解》本），臺北：廣文書局，1978 年。

〔清〕張惠言：《易義別錄》（《皇清經解》本），臺北：廣文書局 1978 年。

〔清〕嚴可均（1762-1843）：《鐵橋漫稿》，臺北：世界書局，1990 年。

〔清〕嚴可均：《全上古三代秦漢三國六朝文》，北京：中華書局，1958 年。

〔清〕阮元（1764-1849）：《揅經室二集》，北京：中華書局，1993 年。

〔清〕陳壽祺（1771-1834）：《五經異義疏證》（《續修四庫全書》本），上海：上海古籍出版社，2002 年。

〔清〕陳壽祺：《左海文集》，道光 26 年小琅嬛館寫刻本，1846 年。

〔清〕陳壽祺：《尚書大傳》，道光 26 年小琅嬛館寫刻本，1846 年。

〔清〕沈欽韓（1775-1831）：《漢書疏證》，上海：上海古籍出版社，2006 年。

〔清〕黃本驥（1781-1856）：《歷代職官表》，上海：上海古籍出版社，1989 年。

〔清〕李貽德（1783-1832）：《春秋左傳賈服注輯述》（《續修四庫全書》本），上海：上海古籍出版社，2002 年。

〔清〕錢儀吉（1783-1850）：《碑傳集》，北京：中華書局，1993 年。

〔清〕劉寶楠（1791-1855）：《論語正義》，北京：中華書局，1990 年。

〔清〕馬國翰（1794-1857）：《玉函山房輯佚書》，日本京都：

中文出版社，1986年。

〔清〕張聰咸：《春秋左氏古義》（《叢書集成初編》本），
　　北京：中華書局，1985年。

〔清〕陳喬樅（1809-1869）：《三家詩遺說考》（《續修四庫
　　全書》本），上海：上海古籍出版社，2002年。

〔清〕黃奭（1809-1853）：《黃氏逸書考》，日本京都：中文
　　出版社，1986年。

〔清〕周壽昌（1814-1884）：《漢書注校補》（《周陳二氏漢
　　書補證合刊》本，臺北：鼎文書局，1977年。

〔清〕張之洞（1837-1909）：《書目答問》，北京：三聯書店，
　　1998年。

〔清〕陸心源（1838-1894）：《宋史翼》，北京：中華書局
　　1991年。

〔清〕王先謙（1842-1917）：《漢書補注》，臺北：藝文印書
　　館，1956年。

〔清〕王先謙：《荀子集解》，北京：中華書局，1996年。

〔清〕姚振宗（1842-1906）《隋書經籍志考證》（《二十五史
　　補編》本），北京：中華書局，1995年。

〔清〕姚振宗：《漢書藝文志拾補》（《二十五補編》本），
　　北京：中華書局，1995年。

〔清〕郭慶藩（1844-1896）：《莊子集釋》，北京：中華書局，
　　1997年。

〔清〕孫詒讓（1848-1908）：《周禮正義》，北京：中華書局，
　　1987年。

〔清〕孫詒讓：《墨子閒詁》，北京：中華書局，2007年。

〔清〕皮錫瑞（1850-1908）：《經學歷史》，臺北：藝文印書
　　館，1987 年。

〔清〕皮錫瑞：《尚書中候疏證》（《續修四庫全書》影印湖
　　南思賢書局光緒 25 年刊本），上海：上海古籍出版社，
　　2002 年。

〔清〕簡朝亮（1851-1933）：《尚書集注述疏》（《續修四庫
　　全書》本），上海：上海古籍出版社，2002 年。

〔清〕何文煥：《歷代詩話》，北京：中華書局，1981 年。

〔清〕唐晏（1857-1920）：《兩漢三國學案》，北京：中華書
　　局，1986 年。

〔清〕葉德輝（1864-1927）：《書林清話》，臺北：文史哲出
　　版社，1988 年。

〔清〕汪榮寶（1878-1933）：《法言義疏》，北京：中華書局，
　　1996。

《十三經》（影印《四部叢刊初編》本），上海：上海書店，
　　1998 年。

二、近人論著（略依作者姓氏筆畫為次）

王欣夫（1901-1966）：《文獻學講義》，臺北：臺灣商務印書
　　館，1992 年。

王仁祿：《今傳西漢史籍考》，臺北：臺灣中華書局，1972
　　年。

王天海：《荀子校釋》，上海：上海古籍出版社，2004 年。

王玉德：《輯佚學稿》（《古籍整理研究八種》收錄），武漢：

武漢工業大學，1989 年。

王重民（1903-1975）：《中國目錄學史論叢》，北京：中華書局，1984 年。

王重民：《校讎通義通解》，北京：中華書局，1987 年。

中國大百科全書編輯委員會：《中國大百科全書・哲學卷》，北京：中國大百科全書出版社，1987 年。

支偉林：《清代樸學大師列傳》，臺北：藝文印書館，1970 年。

左玉河：《從四部之學到七科之學—學術分科與近代中國知識系統之創建》，上海：上海書店，2004 年。

朱維錚（1936-2012）：《周予同經學史論著選集》，上海：上海人民出版社，1983 年。

余嘉錫（1884-1955）：《目錄學發微》，臺北：藝文印書館，1987 年。

余嘉錫：《目錄學發微》，北京：中華書局，2007 年。

吳哲夫師：《四庫全書纂修之研究》，臺北：國立故宮博物院，1990 年。

吳楓（1926-2001）：《中國古典文獻學》，濟南：齊魯書社，1982 年。

吳樹平：《東觀漢紀校注》，鄭州：中州古籍出版社，1987 年。

宋宇農：《術數珍藏》，臺北：宋林出版社，1995 年。

岑仲勉（1886-1961）：《隋書求是》，臺北：史學出版社，1974 年。

李紀祥：《史記五論》，臺北：文津出版社，2007 年。

李瑞良：《中國目錄學史》，臺北：文津出版社，1993 年。

李經野（1855-1943）：《曲阜縣志》，臺北：成文出版社，1968
　　年。

李零：《中國方術正考》，北京：中華書局，2006。

李澤厚：《華夏美學》，臺北：三民書局，1996 年。

杜維運（1928-2012）：《中國史學史》，臺北：三民書局，1992
　　年。

汪辟疆（1887-1966）：《目錄學研究》，臺北：文史哲出版社，
　　1973 年。

來新夏：《古典目錄學淺說》，北京：中華書局，1981 年。

來新夏：《近三百年人物年譜知見錄》，上海：上海人民出版
　　社，1983 年。

尚秉和（1870-1950）：《周易尚氏學》，北京：中華書局，1980
　　年。

昌彼得、潘美月：《中國目錄學史》，臺北：文史哲出版社，
　　1991 年。

金毓黻（1887-1962）：《中國史學史》，臺北：鼎文書局，1994
　　年。

姚名達（1905-1942）：《中國目錄學史》，臺北：臺灣商務印
　　書館，1981 年。

柳詒徵（1880-1956）：《柳詒徵史學論文續集》，上海：上海
　　古籍出版社，1991 年。

胡楚生：《中國目錄學》，臺北：文史哲出版社，1995 年。

胡楚生：《中國目錄學研究》，臺北：華正書局，1987 年。

孫猛：《郡齋讀書志校證》，上海：上海古籍出版社，2006

年。

孫德謙（1869-1935）：《漢書藝文志舉例》（《二十五史補編》本），北京：中華書局，1995 年。

徐世昌（1855-1939）：《清儒學案》，北京：中華書局，2008年。

徐復觀（1903-1982）：《中國藝術精神》，臺北：臺灣學生書局，1992 年。

袁詠秋、曾季光：《中國歷代圖書著錄文選》，北京：北京大學出版社，1997 年。

高明士：《中國中古的教育與學禮》，臺北：臺灣大學出版中心，2005 年。

高準：《中國繪畫通史導論》，臺北：文史哲出版社，1997年。

張舜徽（1911-1992）：《四庫提要敘講述》，（《舊學輯存》收錄），濟南：齊魯書社，1988 年。

張舜徽：《清人文集別錄》，北京：中華書局，1963 年。

張舜徽：《漢書藝文志通釋》（《二十五史三編》本），長沙：岳麓書社，1994 年。

張舜徽：《漢書藝文志釋例》，北京：中華書局，1963 年。

張舜徽：《舊學輯存》，濟南：齊魯書社，1988 年。

曹書杰：《中國古籍輯佚學論稿》，瀋陽：東北師範大學出版社，1998 年。

梁容若（1904-1997）：《談書集》，臺北：藝文印書館，1978年。

梁啟超（1873-1929）：《中國近三百年學術史》，臺北：臺灣

中華書局，1966 年。

梁啓超：《中國近三百年學術史》，臺北：臺灣中華書局，1987
　　年。

梁啓超：《清代學術概論》，臺北：臺灣中華書局，1966 年。

梁啓超：《圖書大辭典簿錄之部》，臺北：臺灣中華書局，1958
　　年。

梁啓超：《圖書大辭典簿錄之部》，臺北：臺灣中華書局，1958
　　年。

章炳麟（1869-1936）：《國故論衡》，北京：中華書局，2008
　　年。

章炳麟：《章太炎論學集》，北京：北京師範大學出版社，1982
　　年。

許世瑛（1910-1972）：《中國目錄學史》，臺北：中國文化大
　　學出版社，1982 年。

郭伯恭（1905-1951）：《四庫全書纂修考》，臺北：臺灣商務
　　印書館，1984 年。

陳文和：《嘉定錢大昕全集》，南京：江蘇古籍出版社，1998
　　年。

陳奇猷（1917-2006）：《呂氏春秋校釋》，上海：學林出版社，
　　1984 年。

陳奇猷：《韓非子新校注》，上海：上海古籍出版社，2000
　　年。

傅振倫（1906-1999）：《傅振倫文錄類選》，北京，學苑出版
　　社，1994 年。

傅榮賢：《漢書藝文志研究源流考》，合肥：黃山書社，2007

年。

喬衍琯師（1929-2008）：《中國歷代藝文志考評稿》，臺北：文史哲出版社，2008 年。

喬衍琯師：《柳翼謀先生文錄》，臺北：廣文書局，1970 年。

喬衍琯師：《陳振孫學記》，臺北：文史哲出版社，1980。

彭吉象：《藝術學概論》，北京：北京大學出版社，2006 年。

惲如莘：《書林掌故續編》，香港：中山圖書公司，1972 年。

湯志鈞、錢杭：《西漢經學與政治》，上海：上海古籍出版社，1994 年。

程千帆（1913-2000）、徐有富：《校讎廣義・目錄編》，濟南：齊魯書社，1988 年。

程元敏：《三經新義輯考彙評》，臺北：國立編譯館，1986 年。

黃暉：《論衡校釋》，北京：中華書局，2006 年。

黃錦鋐：《秦漢思想研究》，臺北：學海出版社，1979 年。

黎翔鳳：《管子校注》，北京：中華書局，2004 年。

葉長清：《漢書藝文志答問》，臺北：正中書局，1988 年。

葉瑛：《文史通義校注》，北京：中華書局，1994 年。

趙善詒：《新序疏證》，上海：華東師範大學出版社，1989 年。

趙善詒：《說苑疏證》，上海：華東師範大學出版社，1985 年。

趙爾巽（1844-1927）：《清史稿》，北京：中華書局，1977 年。

蔣禮鴻（1916-1995）：《商君書錐指》，北京：中華書局，1986

年。

劉咸炘（1897-1932）：《校讎述林》（《推十書》本），成都：成都古籍出版社，1996年。

劉咸炘：《推十書》，成都：成都古籍書店，1996年。

劉師培（1884-1919）：《左盦集》，南京：江蘇古籍出版社，1997年。

鄭奮鵬：《鄭樵的校讎目錄學》，臺北：學海出版社，1983年。

錢亞新（1903-1990）：《鄭樵校讎略研究》，臺中：文宗出版社，1974年。

錢穆（1895-1990）：《兩漢經學今古文平議》，臺北：東大圖書公司，1983年。

錢穆：《秦漢史》，臺北：東大圖書公司，2001年。

韓碧琴：《劉向學述》，《國立臺灣師範大學國文研究所集刊》，第29期，1985年。

羅根澤（1900-1960）：《中國文學批評史》，北京：商務印書館，1934年。

龐俊、郭誠永：《國故論衡疏證》，北京：中華書局，2008年。

蘇精：《近世藏書三十家》，臺北：傳記文學出版社，1983年。

顧力仁：《永樂大典及其輯佚書研究》，臺北：文史哲出版社，1985年。

顧實（1878-1956）：《漢書藝文志講疏》，臺北：臺灣商務印書館，1980年。

《稿本續修四庫提要》，濟南：齊魯書社，1996 年。

三、期刊論文（依出版時間為次）

王森然：〈柯紹忞先生評傳〉，《國聞周報》第 10 卷 36 期，1933 年。

柳詒徵：〈柯紹忞〉，《國史館館刊》，1948 年。

姚漁湘：〈柯紹忞傳略〉、《大陸雜誌》第 24 卷 7 期，1962 年。

何朋：〈續修四庫全書提要簡介〉，《書目季刊》第 1 卷 1 期，1966 年 9 月。

吳哲夫師：〈現存續修四庫全書提要目錄整理後記〉，《故宮文獻季刊》第 1 卷第 3 期，1970 年。

柳作梅：〈評續修四庫全書提要〉，《東海學報》第 13 卷，1972 年。

方豪：〈柯紹忞〉，《傳記文學》第 22 卷第 4 期，1973 年。

喬衍琯師：〈郡齋讀書志研究〉，《國立政治大學學報》第 49 期，1984 年。

喬衍琯師：〈通考經籍考述略〉，《國立中央圖書館館刊》第 17 卷第 1 期，1984 年 6 月。

喬衍琯師：〈崇文總目考略〉，《國立政治大學學報》第 52 期，1985 年。

喬衍琯師：〈宋史藝文志考評〉，《國立政治大學學報》第 56 期，1987 年。

喬衍琯師：〈新唐書藝文志考評〉，《國立政治大學學報》第

57 期，1988 年。

張永堂：〈中國古代術數的流傳與運用〉，《歷史月刊》第 66
　　期，1993 年 9 月

俞曉群：〈數術對哲學與科學史研究的意義〉，《科學史通訊》
　　第 16 期，1997 年 12 月。

殷善培：〈四庫全書子部術數類圖書著錄評議〉，《淡江中文
　　學報》（臺北：淡江大學中文系）第 4 期，1997 年。

劉美玲：〈由中國歷代目錄的分類談藝術類系統的發展〉，《國
　　立中央圖書館臺灣分館館刊》第 4 卷 4 期，1998 年 6 月。

張寶三：〈漢代章句之學論考〉，《臺大中文學報》第 14 期，
　　2001 年 5 月。

劉美玲：〈《四庫全書總目》分類體系中藝術相關類目之探析〉，
　　《國立中央圖書館臺灣分館館刊》第 7 卷 4 期，2001 年
　　12 月。

紀健生〈再釋《漢書‧藝文志》總序「今刪其要」〉，《史學
　　史研究》2003 年 2 期。

張秋升：〈劉向治學特點綜論〉，《齊魯學刊》2007 年第 5
　　期，總 200 期。